广视角·全方位·多品种

皮书系列为"十二五"国家重点图书出版规划项目

权威·前沿·原创

中国总部经济蓝皮书

BLUE BOOK OF
CHINA'S HEADQUARTERS ECONOMY

北京市社会科学院 / 编
谭维克 / 总编　许传玺　赵　弘 / 副总编

中国总部经济发展报告
（2012~2013）

ANNUAL REPORT ON CHINA'S HEADQUARTERS ECONOMY
(2012-2013)

主　编 / 赵　弘

社会科学文献出版社
SOCIAL SCIENCES ACADEMIC PRESS (CHINA)

图书在版编目(CIP)数据

中国总部经济发展报告. 2012~2013/赵弘主编. —北京：社会科学文献出版社，2012.9
（中国总部经济蓝皮书）
ISBN 978-7-5097-3787-3

Ⅰ.①中… Ⅱ.①赵… Ⅲ.①企业经济-经济发展-研究报告-中国-2012~2013 Ⅳ.①F279.24

中国版本图书馆CIP数据核字（2012）第214908号

中国总部经济蓝皮书
中国总部经济发展报告（2012~2013）

主　　编／赵　弘

出 版 人／谢寿光
出 版 者／社会科学文献出版社
地　　址／北京市西城区北三环中路甲29号院3号楼华龙大厦
邮政编码／100029

责任部门／皮书出版中心 (010) 59367127　　责任编辑／陈　颖
电子信箱／pishubu@ssap.cn　　　　　　　　责任校对／王彩霞　丁爱兵
项目统筹／周映希　　　　　　　　　　　　　责任印制／岳　阳
经　　销／社会科学文献出版社市场营销中心 (010) 59367081　59367089
读者服务／读者服务中心 (010) 59367028

印　　装／北京季蜂印刷有限公司
开　　本／787mm×1092mm　1/16　　　　　印　张／23
版　　次／2012年9月第1版　　　　　　　　字　数／398千字
印　　次／2012年9月第1次印刷
书　　号／ISBN 978-7-5097-3787-3
定　　价／69.00元

本书如有破损、缺页、装订错误，请与本社读者服务中心联系更换
▲ 版权所有　翻印必究

中国总部经济蓝皮书编委会

主　　任　谭维克
副 主 任　许传玺　赵　弘
委　　员　周　航　殷爱平　许传玺　赵　弘

《中国总部经济发展报告（2012~2013）》研究组

组　　长　赵　弘
成　　员　王林凤　赵燕霞　刘宪杰　张劲文　单联香
　　　　　汪　淼　张静华　唐晓密　何　芬　哈妮丽
　　　　　赵　毅　蔡苏文　李　麟　陈柳钦　徐国亮
　　　　　徐金发　刘志彪　张永庆　姚　莉　程　诗
　　　　　刘良飞　余　莹　王跃凌　潘永明

主编简介

赵 弘 1962年生，研究员，博士后导师，北京市社会科学院副院长，兼经济研究所所长、中国总部经济研究中心主任，享受国务院特殊津贴专家，北京市人民政府专家顾问团顾问。主要研究方向为区域经济、产业经济、首都经济、总部经济等。

赵弘研究员在国内首次提出"总部经济"理论，多年来对总部经济进行持续深入的探索研究，出版中国第一部总部经济理论专著《总部经济》，该成果先后获"北京市科学技术进步奖二等奖"和"北京市第九届哲学社会科学优秀成果二等奖"。

近年来，赵弘研究员先后主持完成国家社科基金项目"以总部经济模式推动大城市与中小城市分工合作协调发展研究"以及北京、深圳、重庆、南京、沈阳、青岛、宁波、成都等城市或其中心城区相关总部经济发展研究及规划编制课题10余项。应清华、北大等高校以及上海、广州等几十个城市及区县政府邀请，举办总部经济专题报告、讲座180余场。自2005年起每年主编一部《中国总部经济发展报告》，发表了总部经济相关学术论文近50篇。

前　言

自 2000 年我国正式提出实施企业"走出去"战略以来，我国企业海外投资步伐加快，对外投资规模不断扩大，投资领域和投资区域不断拓展，有力地提升了我国参与国际竞争与合作的能力。特别是金融危机爆发后，世界经济格局进入新一轮调整期，中国在世界经济体系中的地位逐步提升，国内企业规模实力大幅提升，"走出去"跨国投资经营迎来了新的战略机遇期。

总部经济是企业基于内部功能链条对不同区域资源实现跨区域配置的一种有效模式，对于进一步增强企业的资源配置能力、提升企业综合竞争力具有积极作用。从跨国公司海外投资演变历程来看，跨国公司主要就是采取总部经济模式进行全球资源配置和生产力布局，进而形成对全球经济的控制和影响。积极探索以总部经济模式推动企业"走出去"发展的新路径，支持企业跨国布局生产基地、地区总部以及研发中心、销售中心等分支机构，不仅有助于企业拓展国际市场、应对国内生产成本上涨压力与资源能源约束、提升自主创新能力和品牌影响力，而且对于推动国民经济健康持续发展、加快经济发展方式转变、提升我国在全球经济格局中的地位也具有重要而深远的意义。

《中国总部经济发展报告（2012~2013）》结合当前国内外经济形势的深刻变化以及新形势下我国科学发展、大国崛起的战略要求，以"总部经济助推'走出去'战略实施"为主题，深入研究企业以总部经济模式"走出去"的动力机制，探索以总部经济模式加快企业"走出去"的新路径，从理论与实践两个层面为企业"走出去"发展、相关政府部门制定支持企业"走出去"发展政策提供参考与借鉴。全书主体分为总报告、评价报告、专题报告和城市（区）报告四大部分。

总报告——总部经济助推"走出去"战略实施。报告从我国加快实施企业"走出去"的紧迫性入手，深入分析了企业以总部经济模式"走出去"的动力机制。在此基础上，重点研究了设立海外研发机构、设立地区总部或投资性公司、建立全球供应链网络等以总部经济模式"走出去"的新路径及其实现的关注点；结合地区政府的实际工作需求，着重阐述了京沪等综合性总部经济区域、东南沿海外向型经济发达区域、传统制造业发达区域等不同类型区域支持企业以总部经济模式"走出去"发展的具体策略。同时，报告针对企业广泛关注的重点问题，从法律法规建设、加大金融支持力度、完善管理与服务体系、健全海外投资风险防控体系等方面提出了切实可行的对策建议。

评价报告——中国35个主要城市总部经济发展能力评价报告（2012）。报告根据总部经济理论研究最新成果，基于数据的可获取性，对总部经济评价指标体系中部分指标进行了适当调整，并采用2010年统计数据，对我国35个主要城市总部经济发展能力进行评价、排序和分析述评。在对前十名城市进行总体评价的基础上，围绕本年度主题，对各城市企业"走出去"发展情况进行述评。

专题报告。结合本年度研究主题，重点围绕总部经济提升我国企业"走出去"竞争力的作用机制、中国企业以总部经济方式"走出去"的发展模式、发展境外企业总部加快企业"走出去"的对策、总部经济对区域的税收贡献等热点问题开展专题研究，为总部经济理论和实践研究提供借鉴和参考。

城市（区）报告。重点选择了宁波市、中关村科技园区丰台园管理委员会、宁波江东区、南京鼓楼区、杭州下城区、武汉市、成都锦江区、青岛市南区、成都成华区、大连西岗区、温州瓯海区、江西丰城市等总部经济发展相对成熟、特色较为明显的城市（区），展示了这些城市（区）在总部经济引领产业结构升级、总部经济推动区域发展方式转变、企业以总部经济模式走出去发展等方面的成功经验，为我国其他地区总部经济发展提供了参考和借鉴。

目 录

BⅠ 总报告

B.1 总部经济助推"走出去"战略实施 ………………………………… 001
  一 我国加快实施企业"走出去"战略的紧迫性与重要意义 …… 002
  二 企业以总部经济模式"走出去"的动力机制 ………………… 013
  三 企业以总部经济模式"走出去"的新路径及其实现的
    关注点 …………………………………………………………… 021
  四 不同类型区域以总部经济模式支持企业"走出去"研究 …… 035
  五 促进企业以总部经济模式"走出去"的对策措施 …………… 044

BⅡ 评价报告

B.2 中国35个主要城市总部经济发展能力评价报告 ………………… 052

BⅢ 专题报告

B.3 发展境外企业总部加快企业"走出去"的对策 ………………… 125
B.4 江苏"总部经济与'走出去'战略"的实践与探索 …………… 135
B.5 总部经济发展提升我国企业"走出去"竞争力的作用机制分析 … 146
B.6 总部经济与中国企业"走出去"战略研究 ……………………… 157
B.7 落户上海的浙江企业总部离沪原因及其影响研究 ……………… 166

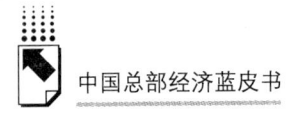

B.8 第二波经济全球化、总部经济与中国企业"走出去" …………… 178
B.9 中国企业以总部经济方式"走出去"的发展模式研究 ………… 192
B.10 总部经济模式下我国大型企业跨国经营的新选择 ……………… 202

BⅣ 城市（区）报告

B.11 宁波市总部经济发展现状及策略研究 …………………………… 213
B.12 总部经济在中关村丰台科技园区的理论实践 …………………… 221
B.13 宁波市江东区总部经济转型发展路径探析及对策研究 ………… 230
B.14 南京市鼓楼区总部经济发展实践与展望 ………………………… 241
B.15 杭州市下城区总部经济现状及发展策略研究 …………………… 248
B.16 武汉发展总部经济的战略思考 …………………………………… 259
B.17 成都市锦江区大力发展总部经济，打造国内一流的
      现代化国际性生态型精品城区 …………………………………… 265
B.18 青岛市市南区大力发展总部经济，加速企业国际化进程 ……… 274
B.19 成都市成华区总部经济引领内陆企业国际化新路径 …………… 285
B.20 大连市西岗区大力发展总部经济走内涵式强区之路 …………… 297
B.21 瓯海总部经济园：产业转型发展的领跑者 ……………………… 304
B.22 丰城市加快总部经济发展，引领产业转型升级 ………………… 310

BⅤ 附　录

B.23 一　全国部分城市新近出台鼓励总部经济发展政策辑要 ……… 317
B.24 二　2011～2012年中国总部经济发展大事记 …………………… 340

B.25 后　记 ……………………………………………………………… 350

皮书数据库阅读使用指南

CONTENTS

B I General Report

B.1 The Headquarters Economy Boost the Implementation of
"Going Global" Strategy / 001

    1. *The Urgency and Significance for China to Speed Up the Implementation of*
"Going Global" Strategy of the Enterprises / 002

    2. *Mechanism of Implementation of "Going Global" Strategy of the*
Enterprises with Headquarters Economy Model / 013

    3. *New Path and Concerns of Implementation of "Going Global" Strategy*
of the Enterprises with Headquarters Economy Model / 021

    4. *Research of Different Regions Where Implementation of "Going*
Global" Strategy of the Enterprises with Headquarters Economy
Model is Supported / 035

    5. *Measures to Promote Implementation of "Going Global" Strategy*
of the Enterprises with Headquarters Economy Model / 044

B II Evaluation Report

B.2 The Evaluation Report of Developing Capacity for Headquarters
Economy in China's 35 Major Cities / 052

B Ⅲ   Special Reports

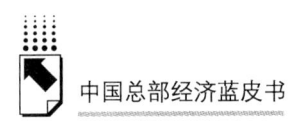

B.3　The Measures of Developing Overseas Headquarters to Accelerate the Implementation of "Going Global" Strategy of the Enterprises　/ 125

B.4　Practice and Exploration of the Strategy of Jiangsu Headquarters Economy and "Going Global"　/135

B.5　The Mechanism of Developing Headquarters Economy to Enhance Competitiveness of Chinese Enterprises for "Going Global"　/ 146

B.6　Research of Headquarters Economy and the Implementation of "Going Global" Strategy of Chinese Enterprises　/ 157

B.7　The Research of the Causes and Impact of the Relocation of Headquarters Out of Shanghai for Zhejiang Enterprises　/ 166

B.8　The Second Wave of Economic Globalization, Headquarters Economy and the "Going Global" Strategy of Chinese Enterprises　/ 178

B.9　The Research of the Implementation of "Going Global" Strategy of Chinese Enterprises with Headquarters Economy Model　/ 192

B.10　New Choice for Multinational Operations of Large Enterprises in China with the Headquarters Economy Model　/ 202

B Ⅳ   Urban Reports

B.11　The Research of the Development of Headquarters Economy in Ningbo　/ 213

B.12　The Practice of Headquarters Economy in Fengtai Science and Technology Park of Zhongguancun　/ 221

B.13　The Analysis of Transitional Development of Headquarters Economy in Jiangdong District of Ningbo　/ 230

| CONTENTS

B.14　The Practice and Perspective of Headquarters Economy in Gulou District of Nanjing　/ 241

B.15　The Research of the Development of Headquarters Economy in Xiacheng District of Hangzhou　/ 248

B.16　The Strategy of Developing Headquarters Economy in Wuhan　/ 259

B.17　Developing Headquarters Economy and Building China's First-rate Modern, International and Ecological City in Jinjiang District of Chengdu　/ 265

B.18　Developing Headquarters Economy and Accelerating the Globalization of Enterprises in Shinan District of Qingdao　/ 274

B.19　The Globalization of Inland Enterprises Led by Headquarters Economy in Chenghua District of Chengdu　/ 285

B.20　Developing Headquarters Economy in Xigang District of Dalian　/ 297

B.21　Ouhai Headquarters Economy Park: the Leader of the Industrial Transformation and Development　/ 304

B.22　Accelerating the Development of Headquarters Economy and Leading the Industrial Transition and Upgrading in Fengcheng　/ 310

B V Appendix

B.23　The Policies Lately Put Forward to Encourage the Development of Headquarters Economy in Some Cities of China　/ 317

B.24　The Memorabilia of the Development of China's Headquarters Economy 2011-2012　/ 340

B.25　Postscript　/ 350

总 报 告

General Report

B.1
总部经济助推"走出去"战略实施*

北京市社会科学院中国总部经济研究中心

北京方迪经济发展研究院

"走出去"发展是企业在国际范围内优化生产力布局、利用全球资源提升企业规模实力的战略选择。目前，发达国家跨国公司几乎垄断了全球的贸易市场、先进技术和战略性资源。积极推动企业"走出去"，培育壮大具有国际影响力的跨国公司也是国家提高国际竞争力的重要途径，世界主要发达国家通过其所聚集的跨国公司的全球布局深刻影响着全球经济的发展。随着经济全球化的深入发展和我国经济实力的不断增强，我国加快实施企业"走出去"战略，积极培育我国的跨国公司，取得积极成效。特别是金融危机爆发后，国际经济格局发生深刻变革，我国国际影响力迅速提升，企业"走出去"面临新的发展形势和历史机遇，企业通过并购等方式加速"走出去"参与全球竞争。

总部经济是基于企业内部跨区域资源配置推动区域专业化分工的一种新经济

---

* 课题组组长：赵弘；课题组成员：赵燕霞、刘宪杰、赵毅、单联香、汪淼、张静华。

形态和运行模式。企业"走出去"拓展海外生产能力,也是总部经济的一种表现形式。总部经济模式下,企业内部价值链基于区域的比较优势,将总部与生产基地实现空间上的分离,在不同国家、不同地区进行空间布局,实现企业利益最大化。积极探索以总部经济推动企业"走出去"的新模式、新路径,将有助于推动我国加快实施企业"走出去"战略,增强国际竞争力。

一 我国加快实施企业"走出去"战略的紧迫性与重要意义

(一) 我国实施企业"走出去"战略的总体历程

我国企业"走出去"战略是在2000年3月全国人大九届三次会议上正式提出的。"走出去"战略作为"四大新战略"之一,也被正式写入中国《国民经济和社会发展第十个五年计划纲要》。实际上,改革开放以后,我国即开始酝酿推动企业"走出去"发展。1979年8月,国务院提出"出国办企业",第一次把发展对外投资作为国家政策。1979~1982年,我国开始尝试性、极为有限地对外直接投资。1992年党的十四大上,江泽民同志在《加快改革开放和现代化建设步伐,夺取有中国特色社会主义事业的更大胜利》的报告中第一次提出了"走出去"战略的指导思想。十四大以后,"走出去"战略成为引领我国企业发展的重要战略方向。

改革开放30年来,我国企业"走出去"的步伐与国家经济发展形势、我国对外投资管理体制与政策的演变紧密相关,大体经历了"探索—起步—调整—加快"四个阶段。

探索阶段(1979~1984年) → 起步阶段(1985~1992年) → 调整阶段(1993~2000年) → 加快阶段(2000年以后)

图1 我国企业"走出去"发展阶段

1. 探索阶段(1979~1984年)

新中国成立以后,我国最早在建筑工程等领域开始支持国有企业积极拓展国外市场，以援外项目为依托开展对外工程承包和劳务合作，开启了我国企业"走出去"的探索和尝试。随着国民经济的恢复和发展，我国对外经贸联系日益活跃，中国化工进出口总公司、上海机械进出口公司等一批专业外贸公司以及国际经济技术合作公司开始探索开设海外代表处或合资企业，外贸出口成为这一阶段我国企业"走出去"的主要方式和重要内容。

党的十一届三中全会以后，我国开始尝试对外直接投资。相对于外贸出口、对外工程承包和劳务合作而言，我国企业对外直接投资发展较为缓慢，对外直接投资的企业数量不多，规模不大。1979~1984 年，我国企业在国外投资兴办非贸易性企业 113 家，总投资额 2 亿多美元[1]。总体上看，改革开放初期我国企业对外投资项目少、规模小，投资主体以国有企业为主，所涉及的产业主要包括贸易、航运、金融保险、承包工程、餐饮业等领域，投资区域主要分布在港澳地区和周边发展中国家，企业"走出去"还处于探索和尝试阶段。

2. 起步阶段（1985~1992 年）

经过几年的积极探索和实践，政府逐步放宽了对企业海外投资的限制，我国企业"走出去"进程也进一步加快，1985 年出现了第一次对外直接投资高潮。1992 年党的十四大提出扩大对外投资和跨国经营的战略思想，进一步推动了企业"走出去"发展。截至 1992 年底，我国已有 4117 家企业通过合资、独资和合作生产等多种方式参与海外投资，投资区域涵盖了包括部分发达国家在内的 120 多个国家和地区[2]，投资金额达 40 亿美元[3]。海外投资领域日趋多元化，投资重点逐步由服务、贸易领域向资源开发、加工制造、交通运输等 20 多个行业拓展[4]。海外投资的企业类型不断增加，贸易型企业、大中型工业企业、以金融为基础的信托投资公司、科研机构纷纷参与跨国经营活动。本阶段我国企业海外投资规模和投资领域迅速扩张，企业"走出去"保持了良好的发展态势。但受体制机制不完善、战略研究不足、经济发展相对落后等因素的影响，企业"走出去"的主体仍以涉外经验丰富、进出口渠道众多的大中型国有企业为主，民营企业海外投资总量很低。

---

[1] 胡倩：《人民币汇率变动对我国对外直接投资影响初探》，《改革与开放》2011 年 8 月刊。
[2] 杨硕：《关于中国企业"走出去"的模式选择及对策分析》，吉林大学博士学位论文。
[3] 国家商务部、国家统计局、国家外汇管理局：《2010 年度中国对外直接投资统计公报》。
[4] 刘英奎：《中国企业实施"走出去"战略研究》，中国社会科学院研究生院博士学位论文。

3. 调整阶段 (1993~2000年)

随着经济的高速发展,我国国民经济逐渐暴露出发展过热、物价上涨过快、投资结构不合理等突出问题。1993~1996年,我国对过热的国民经济采取了一系列的宏观调控措施,同时也对企业"走出去"战略进行了调整,先后出台了《境外企业管理条例》、《境外贸易公司、代表处管理办法》等文件,对企业海外投资实行严格的审批政策,企业对外投资总体上呈下降态势。同时受亚洲金融危机等因素的影响,我国企业对外投资规模进一步下降,至2000年跌至低谷①(图2)。

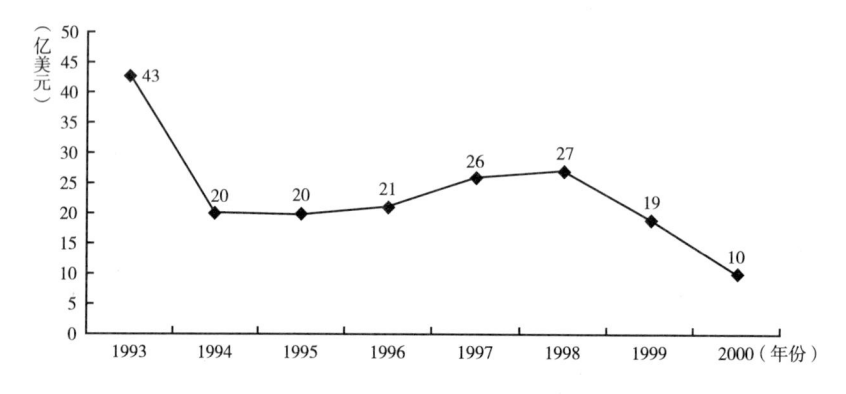

图2 1993~2000年我国企业对外投资总体态势

这一阶段,我国企业对外投资涉及的领域以林业、矿业、渔业等资源开发和各类加工、生产、装配等加工制造为主,对外投资主体逐步从贸易公司向大中型生产企业转变,生产企业境外投资所占比重不断提高。这一阶段我国深入总结了企业对外投资的经验教训,加强了对企业海外投资的监管,完善了支持和规范企业"走出去"的配套政策措施,提出了发展海外投资的新的战略方针,为推动我国企业"走出去"新一轮快速发展奠定了坚实基础。

4. 加快阶段 (2000年以后)

1997年亚洲金融危机后,我国出台了《关于鼓励企业开展境外带料加工装配业务的意见》,鼓励有实力的国有企业开展境外加工装配、就地生产就地销售或向周边国家销售,积极扩大出口,有力地推动了我国企业"走出去"发展。

---

① 国家商务部、国家统计局、国家外汇管理局:《2009年度中国对外直接投资统计公报》。

从 2000 年起，我国企业对外投资呈现高速增长势态。到 2005 年，我国海外直接投资达 122.6 亿美元①，成为对外投资规模最大的发展中国家。席卷全球的国际金融危机爆发后，世界各国对外投资均出现大幅下降，2009 年全球外国直接投资流出流量同比下降 43%，而我国的对外直接投资却逆势上扬，对外直接投资净额同比增长 1.1%②。

经过十几年的快速发展，我国企业"走出去"已形成一定规模，海外投资领域和投资区域不断拓展，投资形式和投资途径也日益丰富。我国企业"走出去"发展主要表现出以下几个特征和趋势。

一是投资规模迅速扩大。据统计，我国企业对外投资总额由改革开放初期的 2 亿美元（1979~1984 年总和）增长到 2011 年的 600.7 亿美元，尤其是近四年（2008~2011 年）对外投资发展尤为迅速，近 4 年对外投资合计相当于前 29 年（1979~2007 年）对外投资总和的 2 倍③（图 3）。随着企业对外投资规模的不断增加，我国在全球对外投资中的比重也在不断提升。2010 年，我国对外投资当年流量占全球的 5.2%，居全球第 5 位；对外投资年末存量占全球的 1.6%，居全球第 17 位④（图 4）。

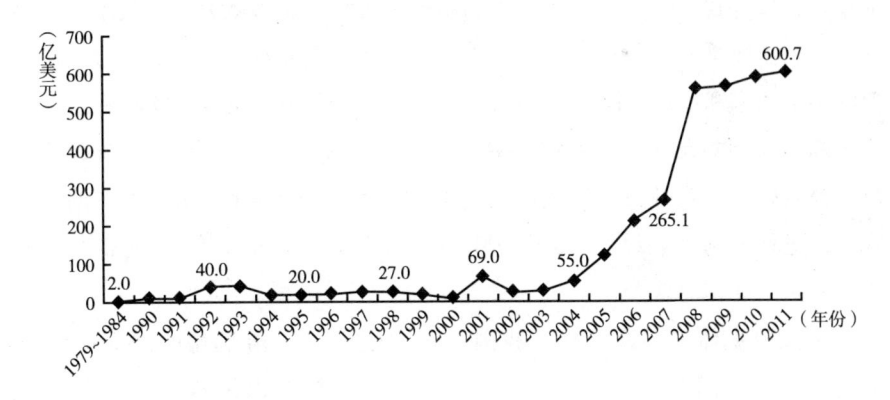

图 3　改革开放以来我国企业对外投资规模变化趋势

---

① 国家商务部、国家统计局、国家外汇管理局：《2005 年中国对外投资统计公报》。
② 国家商务部、国家统计局、国家外汇管理局：《2009 年度中国对外直接投资统计公报》。
③ 国家商务部、国家统计局、国家外汇管理局：《2009 年度中国对外直接投资统计公报》；2011 年数据为非金融类对外投资额，来自商务部发布的"我国非金融类对外直接投资简明统计"。
④ 国家商务部、国家统计局、国家外汇管理局：《2010 年度中国对外直接投资统计公报》。

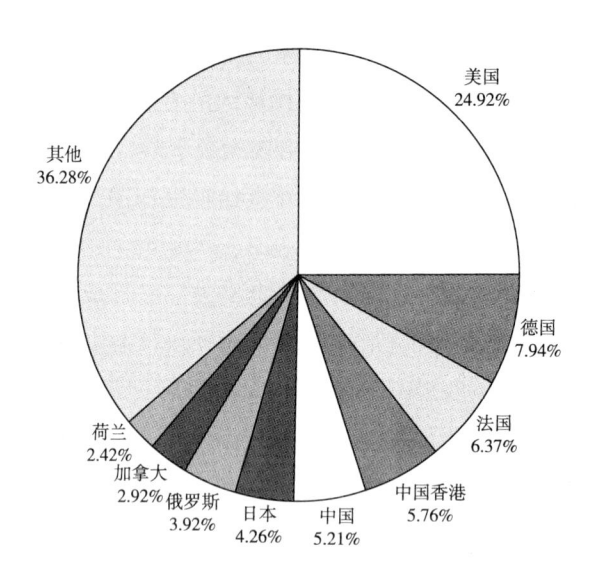

图4　2010年世界主要国家（地区）对外投资流量占全球比重

二是投资范围日益拓展。从投资的产业范围来看，我国企业对外投资的产业领域得到极大拓展，但总体上看仍以投资控股为主的商务服务业、国有垄断的金融业以及批发零售、采矿、交通运输和制造等传统产业领域为主，技术密集型的产业领域比重较低。从投资的区域范围来看，我国企业对外投资的足迹已遍布世界200多个国家和地区，除亚洲国家和地区外，对非洲、拉美、欧洲和北美的投资也不断增加，多元化的市场格局基本形成①（图5）。从投资的环节来看，生产环节是我国企业对外投资的重点，主要是将其生产的某个环节、经营的某项业务在海外进行复制（如设立新的生产基地、开办新的营业厅等），而企业管理职能向海外的拓展相对较少。

三是投资主体日益多元化。我国企业"走出去"由最初的以大中型国有企业为主逐步向国有企业、民营企业并重，并最终向以民营企业为主的方向发展。从所有制结构来看，近年来有限责任公司对外投资异军突起，在我国对外直接投资者构成中占绝对比重，国有企业对外投资所占比重呈下降趋势②。

---

① 国家商务部、国家统计局、国家外汇管理局：《2010年度中国对外直接投资统计公报》。
② 国家商务部、国家统计局、国家外汇管理局：2006年度、2010年度中国对外直接投资统计公报。

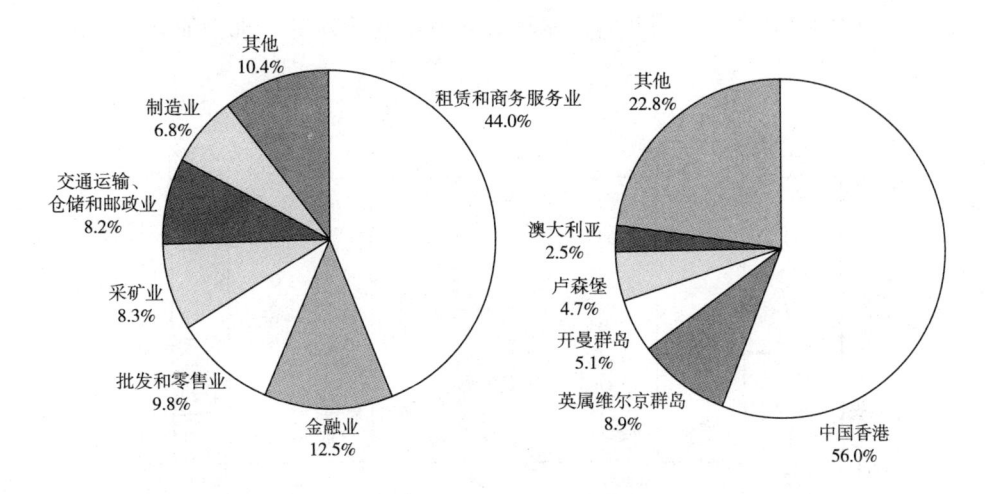

图5 2010年我国企业对外投资的行业构成和国家（地区）构成

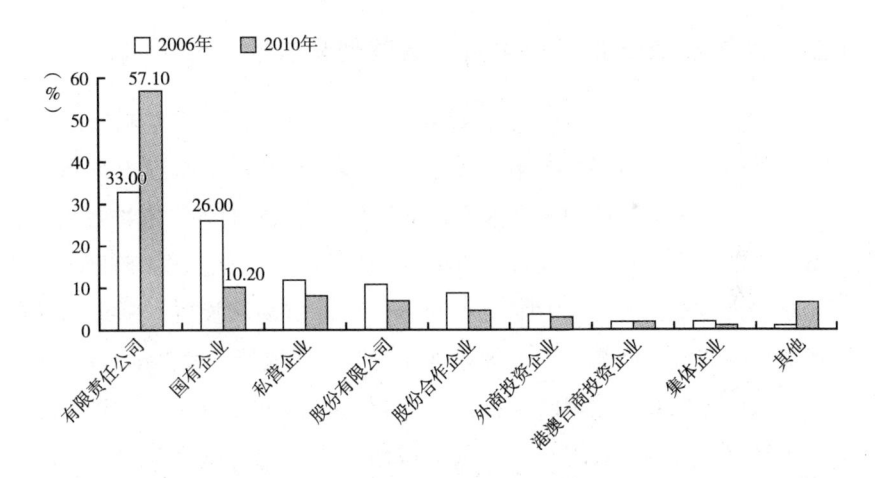

图6 2006年与2010年我国境内投资主体按企业登记注册类型分布情况

四是投资经营形式日益丰富多样。我国企业对外投资除通过对外工程承包、劳务合作、建立海外办事处、投资建厂等传统投资方式开展以外，近年来跨国收购、海外上市、海外兼并等新型投资方式逐步兴起，尤其是国际金融危机爆发以来，跨国并购日益成为我国企业"走出去"的主要途径[①]，涌现出联

---

① 国家商务部、国家统计局、国家外汇管理局：2006~2010年度中国对外直接投资统计公报。

想并购 IBM PC 业务、吉利并购沃尔沃、北汽收购萨博等一批企业并购的成功案例。

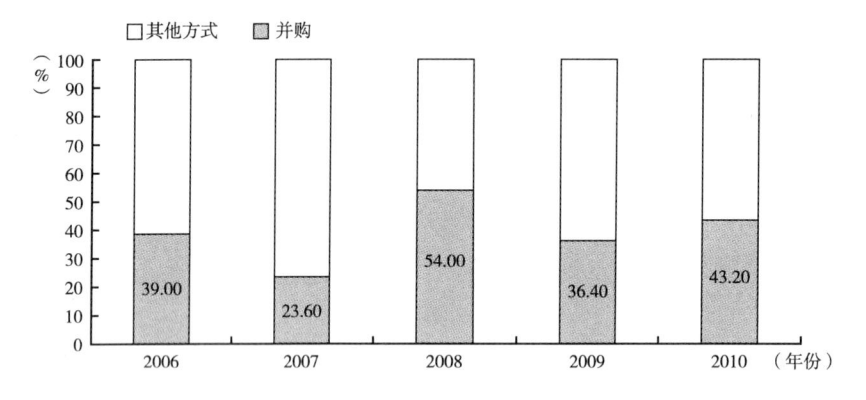

图 7　2006～2010 年我国企业对外投资经营形式构成

（二）加快实施企业"走出去"战略的紧迫性

企业"走出去"发展不仅是企业规模实力的象征，也是国家和地区整体影响力的重要体现。从世界范围来看，发达国家很早就开展了跨国投资和对外贸易，英国、荷兰、美国、德国、日本等老牌资本主义国家对外资本扩张都有上百年甚至数百年的历史。在长达几百年的对外扩张过程中，发达国家跨国公司几乎垄断了全球绝大多数的技术发明、产品创新、国际贸易和投资，掌控着全球金融、技术等高端资源和能源、矿产等战略性资源。据统计，世界排名前 20 名的跨国石油巨头已经控制了全球已探明优质石油储量的 80% 左右①，对世界经济发展起到举足轻重的影响。我国"走出去"战略起步较晚，在很多领域已经失去了发展先机。随着我国综合实力的不断提升，国内越来越多的企业具备了"走出去"发展的能力，开始加速实施"走出去"战略，在更高层次上积极参与国际经济竞争与合作。与此同时，我国长期以来粗放式经济增长所带来的各种问题也愈发凸显，国内产能过剩、资源环境矛盾加剧、生产要素成本上升、人民币升值、贸易摩擦增多等一系列问题对我国经济持续发展带来严峻挑战，迫切需要加快实施企业"走出去"战略，在全球范围内优化高端资源配置和产业结构的战

---

① 21 世纪经济报道，2012 年 6 月 14 日。

略性调整，推动我国经济的持续快速发展。

1. 加快企业"走出去"是适应全球政治经济格局深刻调整、加速提升我国国际竞争力和国际资源配置能力的迫切需要

席卷全球的国际金融危机导致国际发展环境和形势发生深刻变化，全球经济增速普遍放缓，尤其是美、日、欧等主要发达经济体将在较长一段时期内面临经济低速增长的压力，世界经济格局将重新"洗牌"。经过改革开放30年的快速发展，我国逐步改变贫穷落后面貌，如今已成为全球重要的制造业大国，GDP总量、对外贸易总额均居世界第二位，逐步发展起华为、联想、海尔、TCL等一批在国际上具有一定影响力的新兴跨国公司，企业主动适应国际环境变化，加快"走出去"发展的能力大大提高。我国有实力、有条件在新一轮全球经济变革中抢占发展机遇，加快实施企业"走出去"战略，进一步提升我国国际竞争力和对国际资源的配置能力。同时，我国经济的持续发展成为稳定和推动世界经济发展的重要力量，据国家统计局有关数据，2009年中国拉动世界经济增长大约0.6个百分点，许多国家都加大了吸引中国企业的投资力度，我国企业"走出去"处于难得的历史机遇期。

专栏1　我国在世界经济中的地位不断提升

我国经济规模在世界经济总量中的份额不断提高。改革开放以来，我国经济保持了持续快速增长势头，我国经济总量占世界经济的份额从1990年的1.63%提高到2009年的8.56%①，2010年我国GDP总量居世界的位次上升到第2位，仅次于美国。

我国在国际贸易市场上的地位和作用不断提高。1978年，中国货物进出口总额在世界货物贸易中排名第32位，占世界比重不足1%；2010年我国货物进出口总额达29740亿美元，成为世界货物贸易第一出口大国和第二进口大国②。

我国在世界的金融话语权不断提高。2010年4月，中国在世行的投票权提高到4.42%，成为世行第三大股东国，仅次于美国和日本③。2010年11月，我

---

① 根据国家统计局公布的2010年《国际统计年鉴》计算所得。
② 国务院新闻办公室：《中国的对外贸易》白皮书。
③ 新浪财经：http://finance.sina.com.cn/j/20100426/01367823006.shtml。

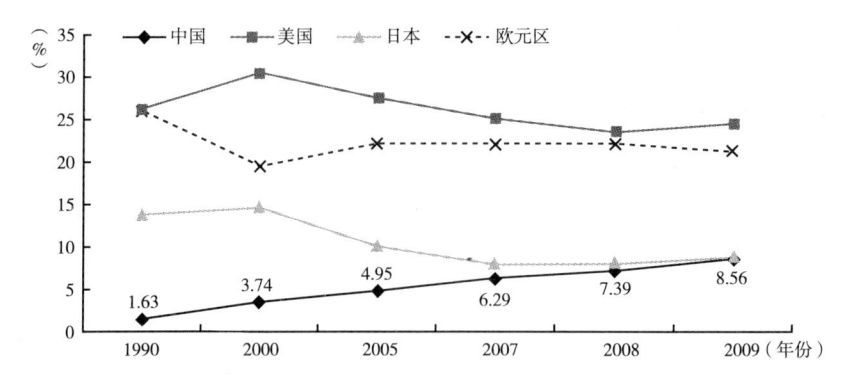

图 8　1990～2009 年主要国家（地区）在世界经济中的比重变化

国在国际货币基金组织的份额占比增加至 6.394%，排名从并列第六跃居世界第三①，在国际经济中的影响日益扩大。

积极顺应时代发展潮流，加快推动我国企业"走出去"发展，有利于我国企业充分利用国际高端资源，拓展发展空间，在更大范围、更广领域和更高层次上参与国际经济技术合作与竞争。加快推动我国企业"走出去"，尤其是以总部经济模式推动企业在全球展开经济布局，建立海外生产基地和研发中心、地区总部等分支机构，也是我国企业强健生产"肌体"，强化"头脑"功能，学习、吸收国外先进的生产技术和管理经验，参与国际经济秩序重构与管理，提升我国企业在国际经济事务中话语权的重要途径，对培养我国自己的跨国公司、推动我国企业向国际价值链的中高端延伸、提升我国国际竞争力和影响力具有重要意义。

2. 加快企业"走出去"是有效规避贸易壁垒、拓展国际市场的重要战略选择

长期以来，对外贸易一直是我国国民经济发展的重要支撑。据海关统计，2010 年我国货物进出口贸易总额达 2.97 万亿美元（图 9），规模跃居世界第一。但随着国际金融危机的爆发及其对各国实体经济影响的日渐深入，全球贸易形势日趋严峻，国际贸易保护主义日渐加强，我国正面临着来自美国、欧洲、南美等世界各地的各种贸易壁垒。全球贸易预警组织公布的数据显示，最近 12 个月里，中国出口产品遭遇了 100 项贸易保护措施，而自 2008 年以来累计高达 600 项，

---

① 和讯网：http://funds.hexun.com/2011 - 01 - 21/126935603.html。

中国已经连续17年成为遭遇贸易摩擦最多的国家。其中,技术性贸易壁垒已成为阻碍我国出口贸易发展的第一大非关税壁垒,给我国出口带来长期的负面影响。据统计,我国有60%的出口企业遭遇过国外技术性贸易壁垒的限制,使我国出口额每年损失500亿美元左右①。同时,隐性绿色壁垒等新型贸易壁垒,不仅对我国进一步扩大外贸出口造成重大影响,而且对我国外向型产业的持续健康稳定发展造成严重影响。2009年7月美国的《美国清洁能源安全法案》中提出所谓的"碳关税"条款(即美国有权对来自不实施碳减排限额国家的进口产品征收"碳关税"),迫使发展中国家采纳超出其资源偿付能力的环保标准,对中国等发展中国家的国际贸易产生较大的负面影响。我国对美国出口的80%属于机电、建材、化工、钢铁、塑料制品等传统高碳产品,如果碳关税全面实施,"中国制造"将面对国际市场上平均26%的关税,制造业出口将下滑21%。

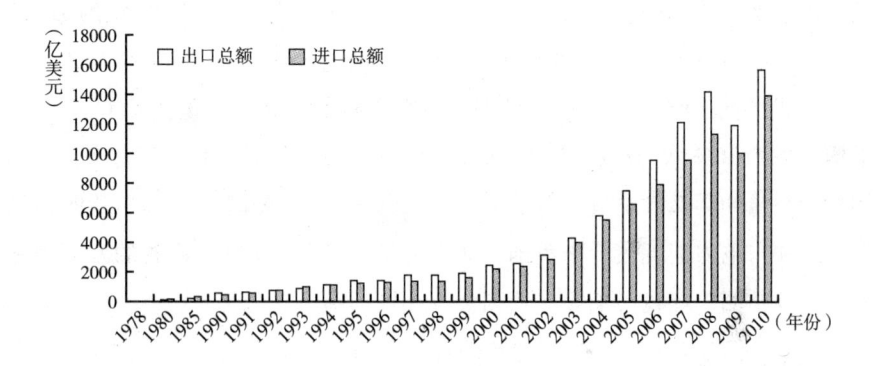

图9 1978~2010年中国货物进出口情况

与此同时,自20世纪90年代中期以来,我国部分工业领域中出现了不同程度的产能过剩,生产能力利用不足现象非常明显,而且潜在扩张倾向很强。据全国第三次工业普查结果,900多种主要工业产品生产能力有半数利用率在60%以下,最低的只有百分之十几。特别是以电冰箱、彩电为代表的白电中低端产品产能过剩现象明显。中国家用电器协会提供的数据显示,2011年,空调全年内销加出口的总量为1亿台,但实际产能达到1.5亿台以上;总销量为7000万台的冰箱,产能也超过1.2亿台。而钢铁、水泥、平板玻璃、煤化工等传统产业由于

---

① 张秀娥:吉林省社会科学基金项目"国外技术性贸易壁垒对我国出口的影响及对策研究",项目编号:2004009。

盲目扩张和重复建设,生产(建设)能力均富余30%以上。国内企业纷纷把开拓国际市场作为解决产能过剩的重要途径,但传统领域的产品出口将面临更多更严重的贸易壁垒。

面对国外贸易壁垒和国内产能过剩的双重压力,我国企业迫切需要加快"走出去"发展,加大对外投资力度,积极拓展海外生产基地等分支机构,绕过国外贸易壁垒和贸易保护措施直接进入国际市场,缓解与有关国家的贸易不平衡,在互利共赢中壮大我国企业规模,提升企业国际竞争力。

3. 加快企业"走出去"是突破国内资源能源瓶颈,推动我国发展方式转变的迫切需要

改革开放以来,我国经济一直保持较快增长速度,但高投入、高消耗的粗放式发展方式也造成经济增长对能源资源投入的长期、高度依赖。相关数据显示,我国能源消费量持续增长,由1978年的5.71亿吨标煤上升到2010年的32.49亿吨(图10);2010年我国一次性能源消费总量已经占世界总量的20%,但是GDP不足世界的10%,人均能源消费与世界平均水平相当,但人均GDP仅为世界平均水平的50%。与能源消费相比,国内资源消耗问题则更为突出,目前我国钢材消耗量约为2.5亿吨,约占世界的50%,接近美国、日本和欧盟钢铁消耗量的总和;电力消耗仅低于美国,居世界第二位[①]。同时,粗放的发展方式也带来了能源枯竭、环境污染等一系列资源环境问题。

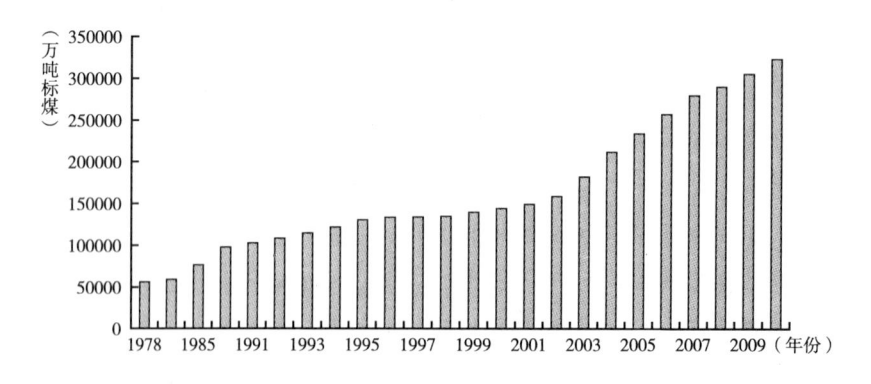

图10 1978~2010年我国能源消费情况

① 中华人民共和国住房和城乡建设部网站:《我国资源拥有与消耗状况》,http://www.mohurd.gov.cn/xytj/tjzldtyxx/dfjsxzzgbmxx/200804/t20080423_160556.html。

从资源能源供给来看，我国资源能源总量较为丰富，但人均储量较低，其中，煤炭和水力人均资源拥有量约为世界平均水平的50%，石油、天然气资源人均拥有量约为世界平均水平的1/15，耕地资源不足世界人均水平的30%。预计到2020年，我国45种主要矿产中，可以保证需求的矿产仅为9种，其他36种矿产难以保证需求，特别是铁、锰、铜、铝铁矿、钾盐等关系国家经济和安全的大宗矿石将严重短缺①。资源能源供求长期存在缺口，造成我国对国际能源和重要原材料进口依赖度越来越高，自1993年起，我国由能源净出口国变成净进口国。2011年我国原油进口依存度超过56%，铁矿石进口占到世界贸易总量的60%以上。同时，近年来，国际能源品价格基本呈波动上行态势，各国对能源的争夺越来越激烈。资源能源高度依赖进口使得微观经济对国际能源和原材料的价格波动越发敏感，加上对国际能源、原材料的定价话语权有限，我国企业只能被动地接受价格上涨所带来的利润下降。2012年1～5月，我国钢铁、有色金属、建材化工、四大高耗能产业利润均出现下滑，其中钢铁冶炼及加工业利润同比下降68.2%。

资源短缺、环境压力增大等复杂环境，客观上要求我国能源、资源类企业加速"走出去"，积极开拓国际市场，扩大海外资源能源市场供给，增强资源能源定价中的话语权。另外，也要求我国制造业企业加快"走出去"，在全球范围内进行生产力布局，将生产环节转移到资源更加丰富的国家和地区，缓解国内资源能源压力，通过生产要素优化配置来提升企业的国际竞争力。

二 企业以总部经济模式"走出去"的动力机制

企业以总部经济模式"走出去"，即企业将加工生产、技术创新、产品设计、市场销售、售后服务等不同环节跨国进行重新配置，通过企业组织模式的创新，更好地利用区域间资源禀赋的差异，以寻求经营成本最小化和利润最大化，提高运营管理效率和劳动生产率。企业以总部经济模式"走出去"，不仅能够有效拓展全球生产能力和国际市场空间，也是企业获取和掌控国际高端要素、增强

---

① 世界废料网：《我国资源消费现状》，http://china.worldscrap.com/modules/cn/newstrade/cndick_article.php?aid=16987。

核心竞争力、影响世界经济发展的重要途径。

从跨国公司全球布局的演变历程来看,跨国公司就是以总部经济模式"走出去"在全球进行资源配置和生产力布局,实现企业的规模扩张,并增强其对全球经济的控制力和影响力的。跨国公司按照总部经济模式"走出去"发展经历了由低级阶段向高级阶段演变的过程(图11)。在第一阶段,跨国公司经过在国内大规模扩张之后,开始走向国际市场,早期主要通过国内外进出口商或代理商负责海外的销售业务,出口额较大且稳定后,则采取设立销售网点的方式直接销售。在第二阶段,跨国公司往往为了降低生产成本、解决贸易摩擦以及适应海外市场需求等诸多原因,通过建立海外工厂和生产基地,加快向境外转移加工、制造等低端环节,出现了总部在母国,生产制造基地在其他国家的总部经济布局雏形。在第三阶段,跨国公司在境外设立生产基地的同时,也开始向境外转移部分研发、设计和销售环节。进入第四阶段,随着海外工厂与分支机构数目的不断增长、规模的不断扩大,跨国子公司的管理难度也越来越大,跨国公司通常在全球范围内设立国外地区总部来统一管理国外某一区域内的子公司,同时不断将研发中心、营销中心等职能部门向其他国家转移和重新布局,把自己占优势的资本、技术、人才、管理等资源同东道国的优势结合起来,有效运用全球资源,控制全球市场,最终形成了多层次的总部经济格局。

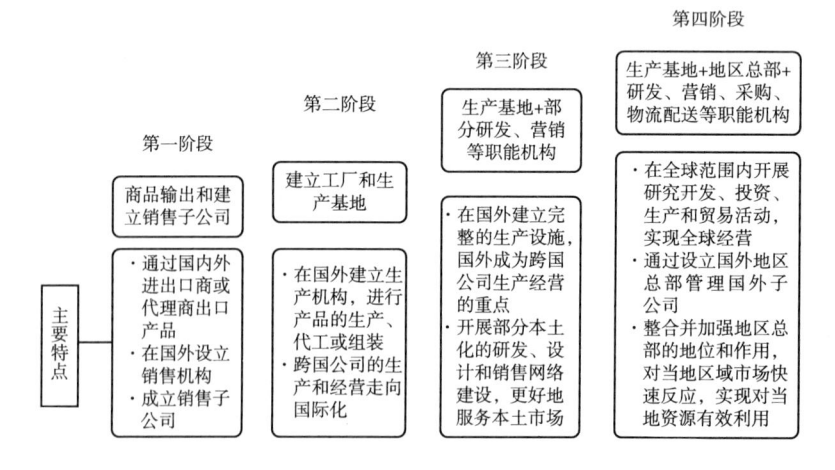

图11 跨国公司以总部经济模式开展全球战略布局的阶段及特点

（一）市场动因：拓展国际市场，增强国际化经营能力

企业凭借其在本国形成的比较优势，以总部经济模式"走出去"，努力开拓新市场和新资源，扩张企业规模，是企业跨国经营最重要的动因。同时，企业在以总部经济模式拓展国际市场的过程中，能够更好地掌握国际规则，增强企业的国际化经营能力。

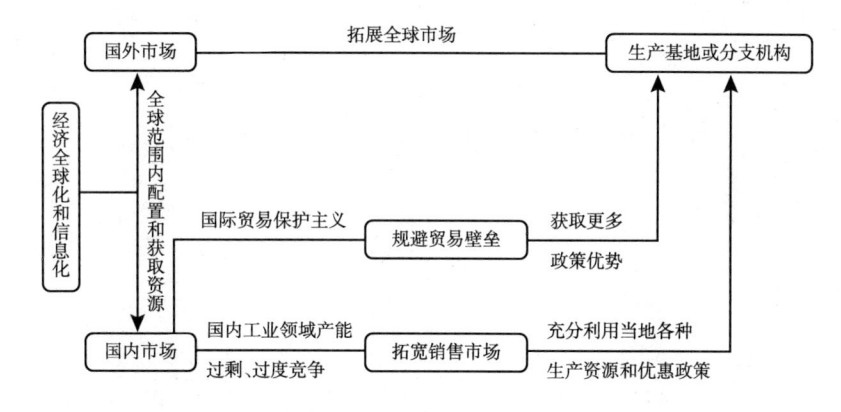

图12　企业"走出去"拓展全球市场动力机制

推动企业市场导向型国际化的因素很多，归纳起来，主要有两个方面的原因。一是拓展销售市场的需要。近年来，我国国民经济尤其是制造业蓬勃发展，国内市场上许多产品已相对过剩，部分制造领域竞争激烈，利润空间小。从长远看，仅仅依靠国内市场不可能支撑经济的高速增长。企业以总部经济模式"走出去"，在东道国当地设立生产基地开展生产经营，可充分利用当地销售渠道和营销网络，根据当地市场偏好和居民购买力情况，调整产品结构，拓展业务领域，更有效地组织售后服务，树立公司在当地的形象，扩大产品的市场占有率。例如，无锡光明集团是一家外贸出口公司，1997年以来，集团实施"走出去"战略，在柬埔寨、蒙古、马达加斯加、美国、捷克等国家和地区设立了生产基地等分支机构，充分利用当地资源、市场和政策优势，不断拓宽国际市场。目前，光明集团拥有10余家中外合资企业以及外贸进出口公司、设计中心等，产品95%以上销往美国、法国、意大利、德国、英国、澳大利亚、巴拿马、日本、加拿大以及中国港、澳等50多个国家和地

区。与"走出去"之前相比，集团资产增长了4倍，净资产增长了3倍，销售额增长了近4倍，利税增长近5倍，自营出口额增长接近6倍[①]。现阶段，中国企业跨国经营还处于初级阶段，未来拓展海外市场的空间还很大，市场驱动力还将发挥很重要的作用。据统计，2011年中国100大跨国公司的平均跨国指数仅为13.37%，不仅远低于2011年世界100大跨国公司60.78%的平均水平，而且也低于2011发展中国家100大跨国公司40.13%的平均跨国指数[②]（图13）。

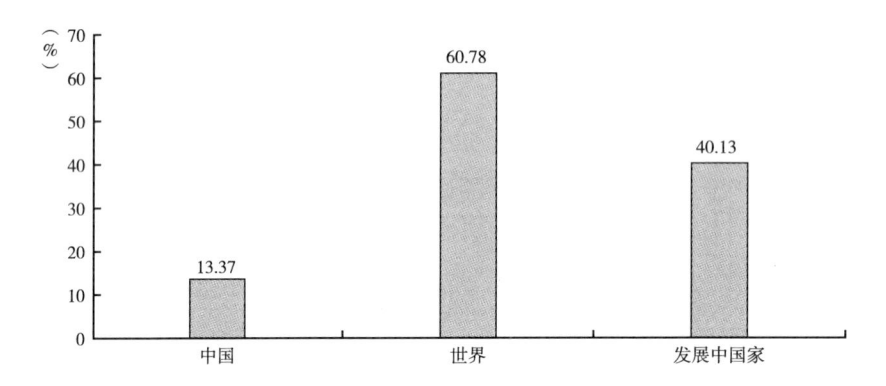

图13　2011年不同区域100大跨国公司平均跨国指数

二是更好地规避贸易壁垒的需要。我国企业积极"走出去"设立海外生产基地，利用东道国当地资源组织生产和销售，可以避开国内原产地的限制，绕过部分关税及贸易壁垒限制，提高我国企业进入国际市场的能力。企业以总部经济模式"走出去"规避贸易壁垒，一方面可以在针对我国有严重贸易壁垒的目标市场国设立生产基地，在目标市场国内组织开展产品生产和销售；另一方面由于海外生产基地的产品在销售和出口时纳入东道国的出口统计，我国企业可以在享有国际贸易优惠政策的国家设立生产基地，利用东道国在国际贸易方面的政策优势，依托海外生产基地开展产品生产、销售与出口，绕过贸易壁垒进入目标市场国。设立海外生产基地不仅可以增加东道国劳动就业和税收，促进当地经济发

[①] 中国贸促会"走出去促进计划"调研资料之二——中国企业"走出去"案例分析。
[②] 中国企业联合会、中国企业家协会发布的"2011中国100大跨国公司及跨国指数"，http：//www.cec-ceda.org.cn/view_news.php？id=6304。

展,还可以减少我国与相关国家的国际贸易摩擦,促进国际收支平衡。与直接的产品出口相比,设立海外生产基地是一种更容易为东道国所接受的方式,是我国企业规避贸易壁垒进入国际市场的有效途径。以浙江诸暨健力集团为例。健力集团是我国最大的轴承钢管生产企业和石油专用管专业生产商,集团80%的产品销往美国。2009年,美国商务部决定对中国石油管材征收从10.9%至30.69%不等的临时反补贴税率和从36.53%到99.14%不等的临时惩罚性关税,受此影响,健力集团对美石油管材出口大幅下滑。面对这一问题,健力集团采取"走出去"发展战略,投资3.3亿美元把年产50万吨石油专用管的生产基地整体搬到美国得克萨斯州,不仅有效规避了贸易壁垒,也为集团国际化发展奠定了坚实基础。

(二) 成本动因:低成本获取资源能源,增强成本竞争优势

纵览发达国家制造业在全球范围内的布局转移我们可以发现,跨国公司在全球的生产力布局,一方面是基于企业全球发展战略的总体部署,积极拓展全球市场,另一方面也是跨国公司应对国内生产成本上涨、在全球寻求低成本发展空间的一种战略选择,许多跨国公司将其制造环节向生产成本更低的国家(地区)转移,或在生产成本更低的国家寻找代工工厂。

从我国发展情况来看,我国也正在经历着企业生产成本不断上涨的过程。改革开放30年来,我国经济保持了长期的高速增长,创造了世界经济史上的"奇迹"。但高速发展的国民经济也带来了巨大的资源能源消耗,国内原材料成本不断上升,传统产业领域企业用于获取资源能源与环境保护方面的成本日益高涨,企业的生存、发展面临着日益严峻的挑战。

同时,随着国民经济的快速发展和城市化进程的加快推进,我国劳动力、土地等要素成本也持续快速上升。近年来,我国在岗职工实际平均工资一直保持上升的趋势,城镇单位就业人员平均工资上涨势头更为迅速,除个别年份外,平均工资增长率总体上都在10%以上[1](图14)。与周边国家和新兴经济体相比,我国劳动力成本优势正在逐渐丧失。商务部副部长钟山在2012中国外贸形势报告会上表示,"越南的制造平均工资现在每个月大概是1000元,印度大概是600

---

[1] 国家统计局:《中国统计年鉴2011》。

元，我国东部沿海大概在 2500 元到 3000 元。我们的劳动力成本已经大大地高于周边的国家。"目前部分跨国公司已经开始在东南亚等中国周边地区寻求发展空间，布局生产制造基地。例如，阿迪达斯、耐克等一批跨国公司正将生产基地由我国向越南、孟加拉国等东南亚地区转移，以保证其低生产成本竞争优势。

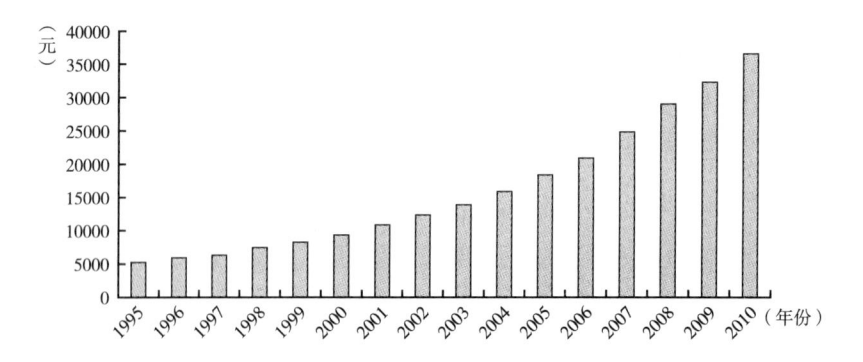

图 14　1995～2010 年我国城镇单位就业人员平均工资变动情况

除劳动力价格上涨之外，企业还面临着土地价格不断上涨的压力。近年来，我国出台了一系列对建设用地、工业用地供应和土地价格的调控政策，加大了对土地供应量和用地价格的管理力度，土地供应与土地需求差距加大，土地价格持续上升。以工业用地价格为例。2005 年，我国主要城市工业用地平均价格为 492 元/平方米（约合 32.8 万元/亩）；截至 2011 年底全国主要城市工业用地地价为 652 元/平方米①（约合 43.49 万元/亩），较 2005 年上涨了 32.52%。

表 1　全国工业用地出让最低价标准

单位：元/平方米

土地等别	一等	二等	三等	四等	五等	六等	七等	八等
最低价标准	840	720	600	480	384	336	288	252
土地等别	九等	十等	十一等	十二等	十三等	十四等	十五等	
最低价标准	204	168	144	120	96	84	60	

资料来源：关于发布实施《全国工业用地出让最低价标准》的通知，国土资源部文件（国土资发〔2006〕307 号）。

① 国土资源部 2005 年、2010 年全国主要城市地价状况分析报告。

在资源能源和劳动力成本持续高涨的压力下，企业按现有生产模式继续留在国内发展，必将进一步压缩企业利润空间，企业生存发展压力增大，生产成本的上升倒逼企业重新布局产能。我国制造业企业可以借鉴发达国家跨国公司全球布局经验，将生产环节迁出国门，通过在生产成本更加低廉的国家和地区布局，在国外组织开展能源、原材料开采和产品生产加工，保持企业的成本竞争优势，实现可持续发展。

（三）创新动因：利用国际高端创新要素，增强核心竞争力

近年来我国对外直接投资增长迅速，企业"走出去"的步伐进一步加快，但企业创新能力不足仍然是我国企业在国际竞争中面临的突出问题，提升创新能力成为我国企业在全球竞争中做大做强的关键。推动企业以总部经济模式"走出去"，充分利用国际创新资源和创新环境，是提升我国企业创新能力、增强企业核心竞争力的重要选择。

总部经济模式下，企业可以通过设立海外研发中心等途径充分利用发达国家人才、技术等创新资源，吸收发达国家先进管理经验，不断提升企业的创新能力。从跨国公司海外研发机构发展经验来看，早在19世纪60年代欧美一些大型化学、电器设备制造公司就开始在海外建立研发实验室，到20世纪30年代，美欧等发达国家的大型企业约有7%的研发费用用于海外研发支出。二战以后，主要发达国家均加快海外研发机构布局，海外研发支出占企业研发费用的比重稳步上升。1986年荷兰、瑞士跨国公司的国外实验室数量已超过国内，美国对国外的研发投资占总研发投资比重从1985年的6%上升到1993年的10%，英国、加拿大、荷兰、奥地利、俄国等国家的海外研发投入比重也在10%以上[1]。目前，我国许多公司已经开始这方面的探索，如华为、中兴等公司在许多国家和地区建立了海外研发机构。以中兴通讯公司为例，中兴在瑞典、美国、法国以及我国京沪等地设立了15个研发机构，与欧美主流运营商共同建立了十大国际联合创新中心，整合利用国内外创新资源开展协同研发，推动中兴在行业技术领域取得世界领先地位，PCT国际专利申请量跃居全球企业第1位。而且，通过设立海外研

---

[1] 祝影：《全球研发网络：跨国公司研发全球化的空间结构研究》，华东师范大学博士论文。

发机构，企业可以跟踪发达国家的领先技术，加快缩小与跨国企业创新能力的差距。目前，我国一些后发企业就采取了这种以研发国际化带动企业国际化的发展战略。如中国长安汽车，该公司目前在海外设立的4家研发机构都主要服务于母国公司，早期成立的意大利都灵研发中心（2003）和日本横滨研发中心（2008）主要功能是获取发达国家的先进技术，改进母国产品技术；2010年后设立的英国诺丁汉研发中心（2010）和美国底特律研发中心（2011）的职能主要是开发新产品、新技术、新工艺。

按照总部经济模式"走出去"发展，还可以促进企业更好地融入全球研发体系中。对于跨国公司而言，跨国研发目的不仅仅是使自身产品更快地适应、融入东道国市场，依赖全球研发体系直接获得研发成果也是全球各大跨国公司开展国际创新活动的重要原因之一。随着经济全球化程度的不断加深，跨国公司的研发活动全球化趋势逐步增强，企业突破了仅仅依靠自身研发的发展瓶颈，通过研发活动外包、技术并购、海外分支机构直接收购中小企业研发成果等多种途径都能够实现将全球研发成果内部化的目标。与其他经济活动类似，跨国开展全球研发活动同样遵循成本最优和利润最大化原则，根据各国比较优势组织全球研发分工、以较低的成本获取研发成果已经成为跨国公司提升自主创新能力的重要途径。以全球领先的互联网设备和解决方案供应商思科公司（CISCO）为例。思科公司实施了技术并购战略，通过收购掌握技术的公司来提升自身的核心竞争力：1993～2000年并购的处于成长阶段的小企业达到71家，2000年仅一年就并购23家，截至2006年思科收购的企业数量已经超过100家，目前思科还继续保持企业收购的步伐。在技术并购战略的推动下，该公司创造了仅用13年时间就进入世界500强的奇迹。

此外，在经济全球化深入发展与新一轮科技革命背景下，寻求良好的创新环境已成为跨国公司全球经营的重要动因之一。良好的知识共享、信息交流、设施条件、知识保护等创新环境有利于跨国公司设立研发中心、技术并购、研发外包等各类海外创新活动。因此，跨国研发机构一般会在著名的大学或高科技工业园区内选址，如美国的硅谷、我国的中关村等地区，以便更好地把握世界领先技术发展动向，并调增企业自身的科研开发方向和发展重点，同时还可以与各国顶尖的科研团队开展多种多样的交流与合作。另外，东道国良好的创业投资、风险投资等创新创业金融环境也是保证企业科技成果迅速转化的重要条件，为企业研发与产业化的良性循环创造良好环境。以美国硅谷为例，硅谷云集了美国一半的创业资本公司和300多家风险投资公司，为各类高新技术成果的产业化提供了必要支撑，仅1999年一年硅谷吸引的风险投资资金总额就达到190亿美元，占当年全世界风险投资总额的1/6，其中90%以上来自民间资本；长期以来，硅谷的风险投资总额在全美风险总额的比重始终保持在1/3左右，硅谷每年能够产生大量的优质创业项目与其完整的创新创业生态系统密不可分。

表2　1998～2005年硅谷风险投资额

年份	风险投资总额（亿美元）		硅谷/美国(%)
	美国	硅谷	
1998	214.4	59.2	27.6
1999	547.5	191.0	34.9
2000	1062.2	339.0	31.9
2001	408.0	127.6	31.3
2002	211.9	71.6	33.8
2003	196.2	65.6	33.5
2004	217.7	79.0	36.3
2005	223.8	79.0	35.3

整体来看，在市场、成本、创新三个最主要的驱动力作用下，企业以总部经济模式"走出去"，不仅能够促进企业降低成本、实现利润最大化，而且对于提升企业品牌价值、增强对全球资源配置能力、提升企业的国际竞争力都具有积极的推动作用。

三　企业以总部经济模式"走出去"的新路径及其实现的关注点

经过近30年的快速发展，我国企业逐步形成了较强的经济实力，在跨国投资经营方面也积累了一定的经验，参与国际合作与竞争的能力不断增强，为大规模"走出去"发展奠定了良好基础。随着我国加快企业"走出去"战略的深入实施，我国企业海外投资面临着更加宽松的宏观环境。新形势下，我国企业可积极借鉴发达国家跨国公司以总部经济模式推动海外投资的成功经验，通过总部与生产基地及其他分支机构相分离的方式，在全球范围内重新优化配置企业内部资源，进一步提升企业在全球资源配置中的话语权，实现企业整体利益最大化。结合我国提升国际竞争力的战略需求以及我国企业"走出去"发展的现状特征，现阶段在加快于海外设立生产基地、营销网络等的同时，应积极探索开展设立海外研发机构、设立海外地区投资性总部、建立全球供应链网络等企业"走出去"的新模式与新路径，为企业以总部经济模式"走出去"提供理论支撑和路径参考。

（一）设立海外研发机构

跨国公司在加快向海外布局生产基地的同时，也不断将研发中心向海外拓展，强化跨国公司对全球创新资源的配置力。跨国公司海外研发中心的发展为我国企业"走出去"提供了有益借鉴，我国企业也要关注和顺应跨国公司全球发展的这种发展趋势，积极设立海外研发中心，在强化全球生产能力的同时，提升企业核心竞争能力。

1. 后金融危机时期我国企业加速在海外设立研发机构

随着我国制造业规模迅速提升，我国企业也日益认识到科技创新在企业发展中的重要作用，企业持续加大研发投入力度。从近几年的统计数据来看，我国企业研发创新的各项指标均有较大幅度的提升（表3），截至2010年，我国大中型企业中有研发活动的企业占28.3%，设立了各类研发机构16717个，拥有研发人员148.5万人，研发经费内部支出4015.4亿元①，企业研发创新逐步进入加速发展的新阶段。

表3 近5年我国大中型企业研发情况

	2006年	2007年	2008年	2009年	2010年
有研发活动的企业比重(%)	24.00	24.70	24.90	30.50	28.30
企业办R&D机构数(个)	10464	11847	13241	15217	16717
企业办R&D机构人员数(万人)	75.8	88.3	107.5	128	148.5
研发经费内部支出占主营业务收入比重(%)	0.77	0.81	0.84	0.96	0.93
申请专利数(件)	69009	95905	122076	166762	198890
有效发明专利数(件)	29176	43652	55723	81592	113074

---

① 《2011年中国统计年鉴》。

特别是在全球经济危机背景下，对我国企业自主创新能力建设提出了更为迫切的要求。全球经济危机往往孕育着新的科技革命，催生新的技术突破，推动新一轮经济增长。当前随着国际金融危机影响的深化，全球经济持续恶化的风险不断加大。后金融危机时期发达国家在进一步强化现有产业领域科技优势的同时，纷纷围绕新能源、新材料、航天科技、"绿色技术"等科技领域抢占世界科技制高点，寻求在全球新一轮经济发展中继续保持领先优势。近年来，我国制造业快速发展，生产技术水平不断提升，但与发达国家相比，我国的科技水平总体上还不高，尤其是主要行业创新能力较弱，自主核心知识产权较少，关键设备与核心技术仍基本依赖进口。在全球加速推进科技创新的大背景下，我国企业迫切需要加强自主创新能力建设，逐步缩小与发达国家跨国公司的技术差距，以争取抢占新一轮全球竞争的战略高地。

随着我国企业"走出去"步伐的不断加快，我国部分企业逐步具备了参与国际竞争的能力，并开始积极探索和尝试在海外设立研发机构，从全球获取创新资源支撑企业创新能力建设。据对科技部、国资委和全国总工会认定的550家创新型（试点）企业的数据统计，2010年共有68家企业设立了106家海外研发机构，其中大部分海外研发机构是2000年以后建设的，大约1/3是2008年以后建设的，我国企业海外研发机构建设呈逐步加快的趋势①。我国企业加快推进自主创新，可以借鉴跨国公司发展经验，结合企业全球生产力布局的需要，加大海外科技研发投入力度，推动企业研发环节"走出去"，设立海外研发机构，通过对全球研发资源的整合，积极利用国外优势科技资源，在新的更高技术起点上参与国际科技竞争与合作，缩小与发达国家跨国公司的技术差距，进一步提升企业自主创新能力和核心竞争力。

2. 设立海外研发机构的典型方式

20世纪80年代以来，发达国家跨国公司的研发中心不只限于布局在母国，已经逐步开始向海外拓展。通过海外研发中心，跨国公司不仅可以更好地了解当地市场需求特征，研发生产出更加适销对路的新产品，同时可以有效吸收当地高端人才，跟踪世界先进技术，把握行业发展方向。越来越多的跨国公司选择设立海外研发机构，尤其是在全球金融危机的后续影响下，国际科技与产业转移呈现出新特点，跨国公司将研发中心转移到海外的趋势更加明显。与此同时，跨国公

---

① 国家科技部、国资委、全国总工会：《中国创新型企业发展报告2011》。

司设立海外研发机构的方式也开始多样化，许多跨国公司通过收购、兼并、参股、合作等多种方式拓展海外研发机构，加速推动了企业研发国际化进程。在今后的"走出去"发展过程中，我国有实力的企业也要学习和借鉴跨国公司设立海外研发机构的方式和路径，积极拓展海外研发机构。总体上看，设立海外研发机构主要有以下三种典型路径和方式。

一是绿地新建海外研发机构。绿地新建是跨国公司设立海外研发机构最直接、最普遍、最主要的模式和途径。据统计，英国、德国、意大利、荷兰和瑞士跨国公司有超过50%的实验室设在了母国以外[1]，2000~2004年日本跨国公司建立的海外研发机构数量递增了70%，达到310个[2]。拥有最新先进技术、品牌等专有资产的跨国公司往往倾向于采用绿地新建海外研发机构的方式拓展海外研发能力。绿地新建研发机构投资主体单一，研发方向和重点明确，不涉及或很少涉及与其他企业在利益分配和研发方向上的协调，跨国公司开展各项海外研发任务拥有较大的自主权。新建的海外研发机构与跨国公司在文化、管理等方面的隔阂与障碍较小，跨国公司的管理成本相对较小，有利于实现跨国公司对海外研发机构与母公司、生产基地以及其他分支机构的整合。但绿地新建海外研发机构意味着跨国公司需要开展大量的研发载体建设、设备采购、研发团队建设等前期准备工作，新建海外研发机构的成本相对较高。

二是并购海外研发机构。随着经济全球化的快速推进，许多跨国公司通过并购海外研发机构的方式加速其研发国际化步伐。例如，2006年摩托罗拉公司正式并购明基移动公司位于丹麦的一家从事无线电通信业务的技术研发中心，整体接管了明基拥有250名工程师的研发团队。随着经济实力和国际经营能力的不断提升，我国企业也开始了并购海外研发机构的积极探索。2005年联想集团并购了包含PC业务研发体系的IBM PC业务部，之后于北卡罗来纳设立实验室；2006年上汽集团在英国雷明顿并购设立了上汽欧洲研发中心。跨国公司并购海外研发机构，可以充分利用被并购方先进的技术资源和配套服务网络，大大缩短海外研发机构的建设周期，在试验、检测设施与基础建设等方面投入也相对较

---

[1] 上海研发公共服务平台：《跨国公司研究开发国际化分析》，http：//www.sgst.cn/xwdt/shsd/200705/t20070518_123514.html。

[2] 《跨国公司海外研发机构"版图"》，2012年7月25日《科技日报》。

少，跨国公司可以获取现成的研发能力、知识产权和研发团队，能够在较短的时间内形成海外研发能力，投资少，见效快。并购海外研发机构也同样面临着诸多困难和问题，主要表现在：海外研发机构已经形成的明确的研发方向和重点研发领域，积累了一定的品牌、研发技术和上下游配套网络，企业对这些资源的整合与消化并不是通过简单的并购和资产转移就能实现的；不同国家、不同地区在文化和生活习惯等方面存在较大差异，海外研发机构真正融入跨国公司全球生产力体系需要经过一段时间的适应和磨合，并购之后整合、吸收被并购方的技术、管理技能的难度较大；并购海外研发机构往往受到东道国各种法律和政策限制，尤其是在发达国家进行研发机构并购受到的各种限制特别明显。此外，对研发机构资产状况的评估也是企业并购海外研发机构的一项重点和难点问题，特别是对研发机构的专利、品牌、人才等无形资产真实价值的评估难度较大，往往影响着海外并购的成败。

  三是共建国际研发联盟。20 世纪 80 年代以来，科学技术的迅猛发展推动越来越多的跨国公司选择通过建立国际研发联盟等合作研发方式促进研发资源的全球优化配置。据统计，20 世纪 80 年代至少产生了 3800 个跨国研发联盟，进入 21 世纪这种联盟的发展更为迅猛，到 2007 年已增加到 14700 个①。在研发国际化过程中，跨国公司往往与数家企业建立战略技术联盟，通过研究合作、联合研发协议等方式，形成庞大的企业间战略技术联盟网络。例如，奥地利 62% 的创新公司有一个以上的合作伙伴，在挪威、西班牙这一比例分别是 75% 和 83%，在丹麦更是高达 97%②。跨国公司通过建立研发联盟等形式开展国际研发合作，一方面可以分担跨国公司的研发成本与风险，加速创新投资的回收；另一方面可以有效避免与竞争对手在非核心领域激烈竞争带来的过度损耗，使跨国公司更加专注于核心技术研发，保持核心技术领域的先进地位。同时，通过国际研发合作，跨国公司还可以充分利用合作伙伴的研发体系和信息网络，及时应对瞬息万变的国际创新环境，快速抢占国际技术制高点，提升企业的核心竞争力。然而，并非所有企业都能够通过建立国际研发联盟的形式开展国际研发活动。从国际经验来看，以国际战略联盟方式进行海外研发合作的企业，一般拥有一定的规模，具备一定的技术优势和一定的品牌影响力，具备与其他跨国公司优势互补共同开

---

① 刘静、陈建、汪婧：《对跨国公司研发全球化的思考》，《经济问题》2008 年第 8 期。
② 祝影：《全球研发网络：跨国公司研发全球化的空间结构研究》，华东师范大学博士学位论文。

展技术研发和市场开拓的实力。对于有实力的企业而言，选择合适的联盟对象，建立恰当的治理结构和协调合作机制，推动企业间文化融合，这些都是企业建立国际研发联盟过程中应该关注的重点问题，对联盟建设起到至关重要的作用。

3. 我国企业在海外设立研发机构的主要关注点

整体上看，我国企业布局海外研发机构还处于探索起步阶段，我国企业在海外设立的研发机构无论在数量上还是在质量上，与发达国家跨国公司相比都有很大差距。我国企业海外研发机构未来发展过程中，要积极学习借鉴发达国家的经验，积极关注设立海外研发机构的重点问题，保证海外研发活动的顺利开展。

一是要积极申请海外专利。从国际经验来看，国际跨国公司非常重视申请海外专利，申请东道国专利成为跨国公司低成本获取海外知识产权的重要途径。美国是跨国公司研究与开发投资最多、研发机构最为集中的国家，也是跨国公司专利申请最多最集中的地区。研究发现，从1945年到1990年，美国政府授予外国居民的专利占其所授专利总数的比率从8.2%增加到19.9%[1]。从我国专利授权情况来看，跨国公司的发明专利数量在我国专利总数中占有很大比重。我国企业设立海外研发机构，不仅要强调利用海外研发资源获取先进生产技术，还要学习发达国家的经验，积极申请海外专利，更好地保障企业自身权益。目前，跨国公司申请海外专利主要通过《巴黎公约》和《专利合作条约》两种途径，这两种途径一般都需要母国专利业务部门的审查、支持和配合，程序烦琐且进展缓慢。随着海外研发活动的日益活跃，国外许多跨国公司积极依托海外研发机构申请东道国专利。例如，富士通2011年在华申请专利项目为460件，其中200个项目来自中国研发中心，计划2年后将建立不通过日本国内申请专利业务部门由在华研发中心独立开展申请专利业务的体系[2]，加快在华专利布局。我国"走出去"企业也要积极探索建立海外研发中心独立开展海外专利申请的业务体系，强化海外专利申请，提高在国际市场上的竞争能力。

二是要注重与当地创新体系的融合发展。发达国家跨国公司海外研发机构非常重视与东道国当地企业建立前向、后向技术联系，在保障企业核心技术安全的

---

[1] 廖春：《论跨国公司研发（R&D）的国际化趋势及对我国政策的影响》，《内蒙古财经学院学报》2003年第4期。
[2] 中华人民共和国商务部网站：《日企加快在华申请专利项目步伐》，http://www.mofcom.gov.cn/aarticle/i/jyjl/j/201203/20120308043442.html。

前提下，加强与当地企业研发机构在研发设计不同环节上的分工合作，形成良好的"产业生态环境"，最大限度地融入当地研发体系。例如，德国西门子公司与慕尼黑工业大学、亚琛工业大学、麻省理工学院、加州大学伯克利分校、清华大学、同济大学保持着战略合作伙伴关系，IBM 与全国 60 多所大学建立了合作伙伴关系，成立了 24 个高校—IBM 技术中心、100 多个合作实验室和合作技术中心①。我国企业要实现在东道国扎根和长久发展，要更加注重海外研发机构与东道国的合作，推进产品和服务的研发、设计等环节与当地创新体系的融合发展，依托当地技术基础和人才资源开展更高水平的技术研发。比如可以与当地企业建立创新合作伙伴关系，通过公司间的技术互补、信息共享与文化融合，实现企业研发本地化（图 15）。同时，我国企业在海外建设研发机构要注重国际人才队伍建设，在海外研发中心人员配置上，尽可能利用东道国高质量的研发人员，打造国际化的研发团队，以更好地融入当地研发体系。

图 15 海外研发机构融入东道国研发链条

三是要注重产品的本土化创新。海外研发机构作为企业在海外的重要分支机构，其一项重要基本职能是研发适宜当地市场需求的产品，支撑企业在东道国生产基地的制造活动。这就要求海外研发机构非常了解东道国当地的文化习俗和消费习惯，根据当地市场消费需求不断推进产品的本土化创新，实现产品与当地需求的紧密对接，以巩固和拓展海外市场。例如，海尔的海外研发中心非常注重对当地市场需求的学习掌握，在海外市场拓展过程中实施了当地生产、当地营销和当地研发的"三位一体本土化"战略，基于当地消费习惯积极开展产品的本土化创新，2007 年海尔欧洲研发中心开发了"法式对开门冰箱"，2008 年开发了"意式三门式冰箱"②，很快打入欧洲市场，取得良好的市场反响。

---

① 王秀山：《知识视角下的跨国公司技术创新优势研究》，大连理工大学管理科学与工程博士学位论文。
② 刘恕：《创新型企业：研发机构如何"走出去"》，2012 年 7 月 25 日《科技日报》。

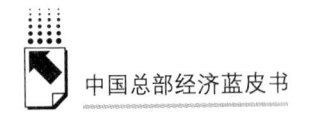

（二）设立地区总部或投资性公司

近年来我国企业"走出去"步伐进一步加快，新建生产基地、设立研发中心、跨国并购等海外直接投资活动日渐活跃。未来随着企业"走出去"规模的不断扩大，企业的海外分支机构将越来越多，一些有实力的企业需要在全球范围内布局产业链和价值网络。建立地区总部或投资性公司，将更加有利于我国企业加快拓展国际市场和提升国际经营管理能力，是我国企业在更高层次上推动全球化战略实施的重要途径之一。

1. 跨国公司通过建立地区总部（或投资性公司）实现一体化经营

随着跨国公司在全球业务的不断拓展和跨国经营程度的不断提高，大多数的跨国公司采取"全球化布局、区域化经营"的战略，设立地区总部或投资性公司这一职能机构，强化对区域内各类型机构的管理、组织与协调。跨国公司地区总部在东道国肩负着决策与管理的重要职能。一方面，跨国公司设立地区总部（或投资性公司）有利于提高企业的组织管理和运行效率，更好地统筹东道国内部各子（分）公司之间的关系，拓展业务领域，更有效地实施企业全球发展战略；另一方面，跨国公司通过地区总部可以加强与当地政府的沟通，更好地融入东道国，更好地实现对区域性资源的合理配置。

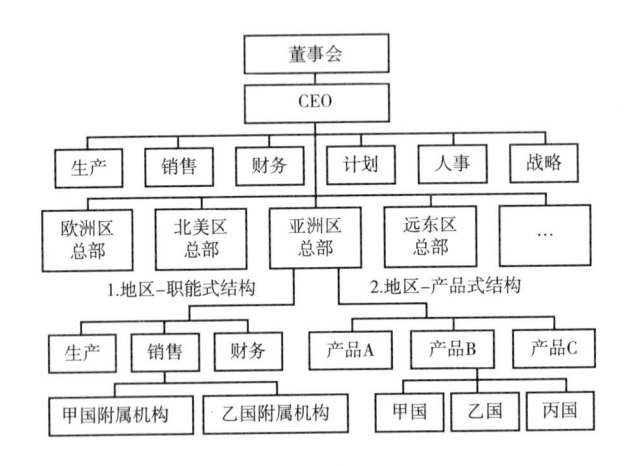

图 16　跨国公司组织结构

从跨国公司在华发展实践来看，大多数跨国公司在业务整合阶段都纷纷建立了地区职能总部和管理型总部。截至 2011 年底，跨国公司在上海设立的地区总部已经达到380家、投资性公司253家；在北京设立的地区总部达到112家，投资性公司198家。大部分跨国公司的地区总部以母公司的次级子公司为主要形式，在海外经营一般作为战略决策者、市场开拓者和组织管理者的角色，通过对采购、营销、研发等环节的组织与整合，实现跨国公司在国内的一体化经营。此外，不少跨国公司在华地区总部职能由投资性公司承担，如日本神户制钢2012年1月在上海成立的中国总部神钢投资有限公司，其主要职能就是管理在中国的投资（包括M&A项目），并通过资金集中管理提高资金使用效率，加强集团的风险管理，支援各种业务开展。

借鉴跨国公司的发展经验，我国"走出去"企业应及早谋划，积极构建全球组织架构，通过设立地区总部或投资性公司加快全球产业布局、提升跨国公司经营能力。另外，一些新兴领域的后发企业，也可以先设立地区总部或投资性总部，抢占发展先机和战略制高点，再根据其制定的国际化战略优化海外分支机构布局。

2. 设立地区总部（或投资性公司）需要关注的重点问题

结合跨国公司海外发展经验和我国企业"走出去"的趋势，企业在海外设立地区总部时应重点关注以下问题。

一是企业应结合未来国际市场拓展方向设立地区总部（或投资性公司）。目前，我国"走出去"的企业主要集中在资源类、制造类等传统领域。未来资源类企业的地区总部（或投资公司）布局应重点考虑非洲、南美洲等资源丰富区，以便更加接近市场，便捷地获得相关信息，快速对国际资源供求波动情况作出应对；传统制造业企业在海外地区总部（或投资公司）布局时，应重点向劳动力、土地等生产要素成本较低的东南亚、非洲等地区拓展，进一步降低生产成本、提升自身竞争力。从国际发展经验来看，美、日等发达国家对外投资重点产业大都经历了"资源开发型—制造业—第三产业"的发展过程。未来随着我国对外直接投资结构的不断优化，一些高技术领域和服务业领域的骨干企业将成为海外直接投资的重要力量，此类企业的地区总部（或投资公司）应重点考虑向欧洲、美国的一些知识经济密集、生产性服务业发达的地区拓展，一方面有利于企业贴近市场需求，获得相关配套服务，另一方面有利于企业学习发达国家先进的管理经验和技术，更容易获得当地的创新、人才等高端要素，提升自身的核心竞争力。

二是海外地区总部应符合东道国产业布局的趋势要求。在制定海外拓展战略时，企业设立海外地区总部（或投资性公司），一般还应结合东道国的产业布局政策和不同区域的产业基础等因素。一方面在产业布局时可依托区域较为成熟的产业基础，考虑区域已经形成的主导产业和市场情况，这样更容易找寻产业链上下游的专业供应商、服务商和产品服务需求者，有利于提高分支机构嵌入当地产业集群和融入国际市场的程度；另一方面借助产业集群效应，企业很容易获取某一产业的专业信息、资源和技术等特殊生产要素，从而降低企业的生产成本和交易成本，共享产业集群的知识溢出效应和区位品牌效应。此外，当地的商业环境，包括经济发展情况、市场竞争状况、东道国政府对外资的支持程度等因素也对海外分支机构的布局有一定的影响。

三是充分利用当地的金融服务体系支撑海外投资扩张。一些资金较为紧张、国内融资难的企业，可以考虑在资本市场较为发达、融资成本较低的地区设立投资性公司，通过资本市场直接融资或海外投资基金融资、项目融资、境外贷款贸易融资等多种方式拓宽融资渠道。同时，我国企业在设立投资性总部时还可积极与我国海外或东道国的金融服务机构合作，实行集团框架内分子公司财务集中管理制度，以有效调剂资金的盈余和短缺。如英国石油（BP）公司将资金结算、控制流程与经营业务流程有机融合，对流动资金进行有效的统一调度和使用。同时，企业还可以向当地金融管理机构申请设立财务公司作为海外资金管理平台，其职能主要是为分支机构提供资金管理、融资支持、财务咨询等综合化的服务，该模式已被全球各大跨国公司普遍应用。

（三）建立全球供应链网络

随着经济全球化的不断深化，国际贸易逐渐演变为金字塔形的分工格局。越来越多的跨国公司以总部经济模式构建全球供应链网络，作为全球供应链运营商，处于金字塔的顶端，掌握着国际贸易分工链条的核心环节。以总部经济模式构建全球供应链网络，已成为跨国公司实施全球战略的重要组织形式。

1. 建立全球供应链网络体系是跨国公司全球布局的最高级形态

以总部经济模式建立全球供应链网络是指企业在全球各大区域分别设立地区总部，通过各大区域的地区总部控制不同地区供应链网络的成员企业，进而实现总部企业对全球生产、销售、融资、品牌等进行有效控制和优化配置的一种重要途径。通过全球供应链网络实现总部企业全球扩张，是企业开展跨国布局的最高级发展形态。在这一阶段，跨国公司总部重点负责制定总体的战略规划，掌握核心技术并在母国进行技术研发；地区总部承担着各区域行政管理、战略决策、资本经营、研究开发、信息搜寻、管理当地生产与销售等企业运营所需的全部职能，同时与各区域范围内的供应商建立战略合作关系，通过契约或资金等控制供应链成员企业；职能总部一般包括销售、研发、采购、投资等职能，承担相应职能范畴内的活动内容；工厂、生产基地则主要负责核心部件的生产；企业中非核心业务由供应链上的成员企业完成，供应链上的成员企业相当于跨国公司总部的外延，成为跨国公司在全球生产力布局的重要组成部分。

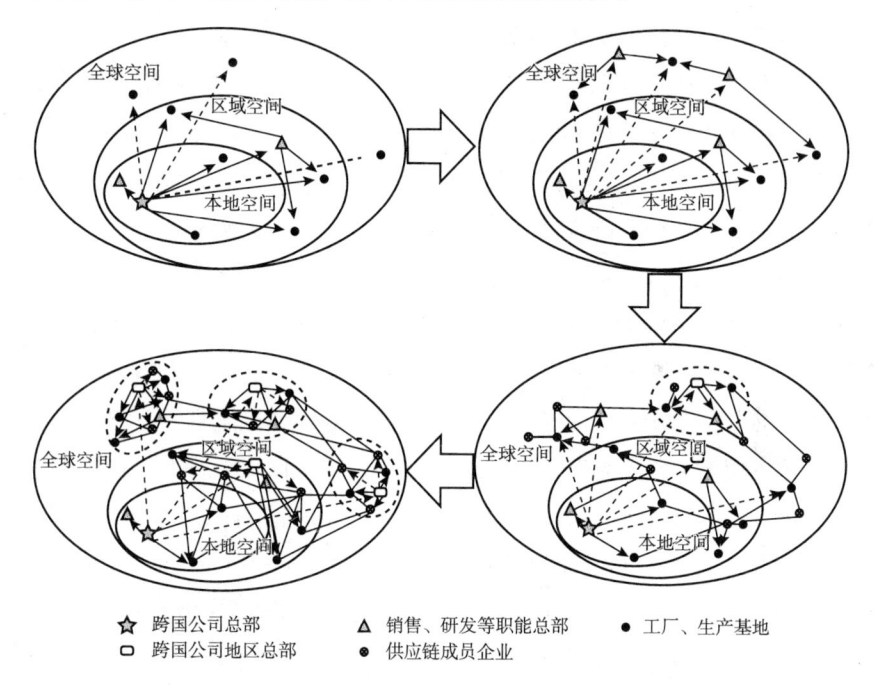

图17　不同阶段总部企业跨国布局空间组织形式

近年来，国际竞争日益激化和复杂，跨国公司依靠自身力量参与国际竞争的难度越来越大，在国际分工日益深化发展的今天，以跨国战略联盟的形式提升供应链整体竞争实力，已经成为一种发展趋势和潮流。以总部经济模式构建全球供应链网络，对企业国际化发展具有重要推动作用：一是可以使跨国公司集中有限的资源和能力，更加专注于自身核心业务，发挥自己的专长，创建和保持长期竞争优势，提升核心竞争力。二是能够推动企业在更大范围内整合和利用资源。一方面，简化了跨国公司总部对企业具体经营事务的管理，使之更专注于公司的战略决策和战略规划，通过在全球各大区域设立地区总部，建立起地区内产品开发、生产、销售、财务等业务活动独立完成的机制，控制各区域的供应链网络；另一方面，可以通过其强大的信息整合能力、业务流程整合能力来对全球范围内的资源、合作伙伴进行整合，形成跨地区的高度协调，提高对全球资源要素的掌控能力。三是有利于跨国公司与供应链成员企业共担风险，共同拓展市场，提升整体竞争力。跨国公司与有实力的少数供应商建立长期的合作关系，通过地区总部有效协调产品的生产、销售等各个环节，形成区域范围的供应链网络，有利于适应不稳定环境下的高度变化，保证供应链的稳定性。

当前，我国企业正加快实施"走出去"战略，加速在全球范围内布局。通过总部经济模式建立全球供应链网络整合全球产业链资源，是提升企业国际竞争力的一种很有效的手段。一方面，我国要积极在全球设立各种类型的独资机构，不断延长和拓展全球产业链条；另一方面，可以积极通过股权投资、寻求战略合作伙伴等各种方式整合国外企业的生产和管理环节，探索以总部经济模式构建全球供应链网络体系，解决我国企业在跨国发展过程中面临的融资、产业链体系整合等问题，提升对全球资源的控制和优化配置能力。以 APPLE 公司为例，APPLE 公司采用区域分部式结构，按照区域性目标而非国家性目标来分派雇员，强调区域内的协调，而不是跨地区协调或与全国总部的关系，使公司决策更有利于联系实际，有助于公司的独立发展。APPLE 公司并不拥有生产基地和工人，也不管理库存，通过地区总部统筹管理各大区域的销售运营及代工企业的生产，通过向低利润的制造和组装业务进行大规模投资获得了供应商的支持。这不仅使 APPLE 拥有了必要的生产能力，也使苹果可以在不拥有生产部门的情况下掌握生产。

2. 以总部经济模式建立全球供应链网络的关注点

全球供应链管理强调系统优化，但是由于供应链网络的复杂性和各成员企业目标的差异性，供应链各成员企业之间可能会出现利益冲突。以总部经济模式构建全球供应链的企业面对着不同国家和地区的不同环境，异构的信息系统以及各地经济发展程度的差异，企业在传递信息时遇到延迟和不准确的情况相当普遍，供应链网络协作存在众多的不确定性因素，这些直接影响全球供应链网络信息有

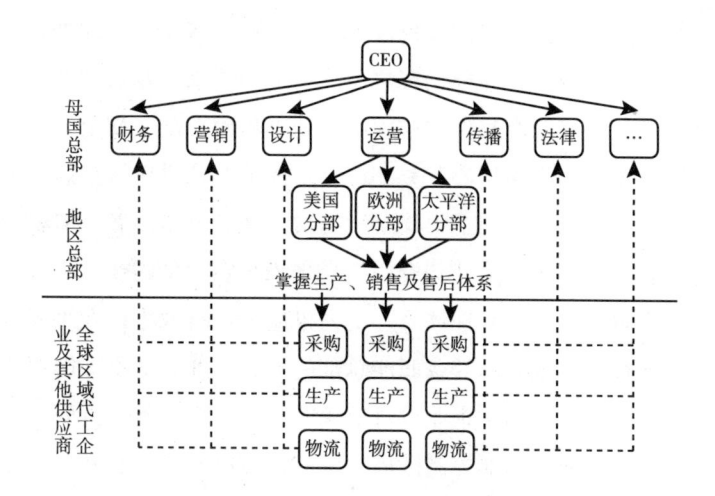

图 18　APPLE 公司的组织结构

效传递与共享，导致供应链网络内耗，进而降低全球供应链的整体效益。如何有效规避这些问题，实现供应链资源的合理配置，提高供应链的效率，实现供应链收益的最大化，是实现全球供应链协调必须关注的问题。企业建立全球供应链网络，应重点关注以下几点。

一是聚焦核心业务，增强企业核心竞争力。现代竞争理论认为，企业致力于自身核心业务开发，并与其他具有独特优势的企业开展合作是企业成功发展的关键。在跨国公司以总部经济模式构建的全球供应链网络中，业务外包是最常见的组织形式。企业将非核心业务外包给其他企业的同时，在核心业务上的纵向发展强化了公司的核心竞争力，而且通过各地区总部高度集中的计划控制和采购管理来提高供应链的运营效率。企业通过这种资源的外向配置，与外部的合作伙伴共担风险，使企业变得更有柔性，实现了最佳收益和最佳组合，更能适应不断变化的外部环境。

香港利丰集团（Li&Fung）的运作模式是一个很好的例证。利丰公司是实行"分散生产"（Dispersed manufacturing）的倡导者，它的总部在香港从事设计和质量控制等高附加值业务，而把附加值较低的业务分配到全球其他地区，使产品制造达到真正意义的全球化。例如，要生产一件衣服，利丰集团按照最终用户的需求分解优化价值链，详细剖析生产供应链各个环节的成本效益，以寻求符合客户需求的最低成本生产方案：将劳动密集型的纺织过程安排在劳动力成本较低的中国内地进行，染色工作安排在染色技术高的台湾地区完成；此外，考虑到泰国的配额和劳动力条件较好，并根据客户迅速交货的要求，在泰国的五个工厂里同时进行服装生产。在整个产品生产过程中，利丰集团总部实质上充当了供应链网络内领导企业的角色，将非核心业务外包，发挥了全球供应链信息和关系管理的作用。当客户提出需求时，利丰集团所做的增值服务就是以客户需要为中心，按照产品的特性和交货期进行最佳的资源组合来满足客户的需要。

二是建立完善的供应链管理体系，提高供应链运行效率。在供应链管理体系中，企业可以通过设立地区总部或职能总部的形式，加强对供应链关联区域的资源统筹管理，一方面，有利于企业自身资源的有效管理，另一方面，下放跨国公司总部的权力，通过地区总部控制区域范围的供应链网络，有利于保证供应链的稳定性，增强对企业外部资源的统筹管理。同时，加强供应链企业间的信息交流、实现信息共享是建立供应链合作的大前提。跨国公司地区总部对全球供应链网络中的各种资源具有较强的配置力，在销售信息共享、计划预测信息交流、新产品开发信息等供应链信息平台建立中起到重要作用。例如，海尔集团通过电子商务采购平台和定制平台，与供应商、销售终端形成紧密的互联网关系，与供应商、消费者实现了互动沟通。通过采用信息化的手段，海尔不仅提高了生产效率，更重要的是提高了管理流程化、业务标准化的水平，提高了企业的竞争力水平。

三是建立供应链战略联盟，打造完整供应链。建立跨国供应链联盟是企业构建全球供应链的一种重要途径，也是跨国公司降低经营风险、巩固市场地位、增强竞争优势的有效手段（图19）。与相关的国际企业建立广泛的供应链战略联盟，企业可以在自身资源不足的情况下，充分利用跨国公司的当地化经营战略，更加直接地进入国际分工体系和世界市场网络，提高资金、技术、管理和人才等方面的合作层次，有效提高自身的核心竞争力。我国大型企业可以结合自身实际情况，对供应商、物流配送商及销售商进行筛选，同时努力与主要核心跨国公司总部建立稳定的长期合作关系，建立相互信任的合作基础。例如，韩国三星电子公司（SAMSUNG）基于面板制造、CDMA、IP电话等产业链不同环节和领域的发展需求，与索尼、高通公司、美国 Avaya 公司、微软公司、国美电器等价值链上各个环节的全球领先厂商组成战略联盟，通过开展联合研发、技术转让合作以及成立合资公司等形式，三星电子不但提高了三星总部的全球资源整合控制能力，也实现了联盟 $1+1>2$ 的整合优势。

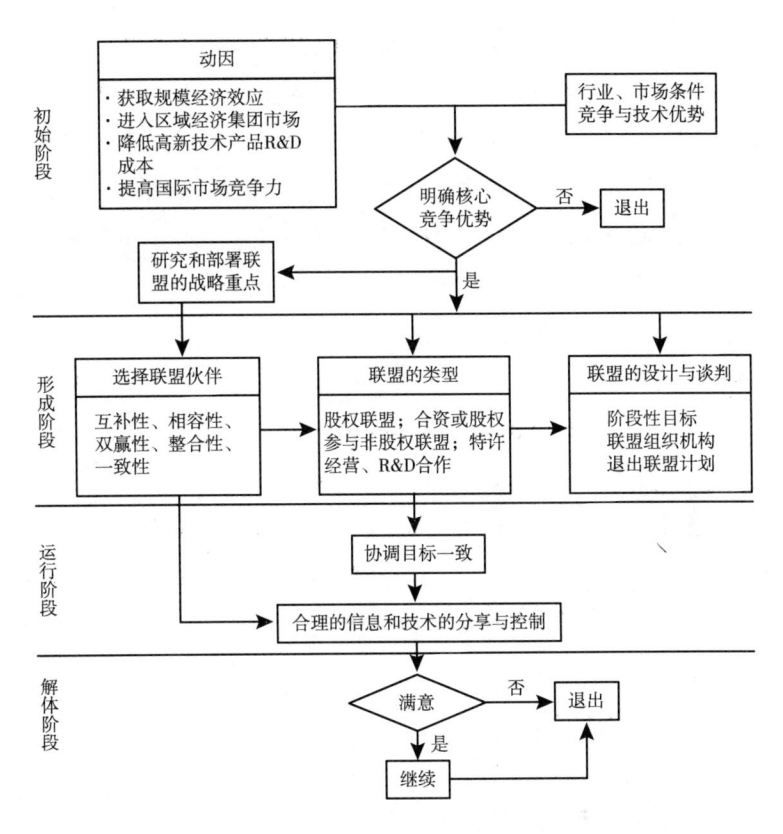

图 19　国际战略联盟形成阶段

四　不同类型区域以总部经济模式支持企业"走出去"研究

在经济全球化的大背景下，我国企业"走出去"不仅受自身能力的限制，还面临着特殊的环境和要求，承受着特殊的经营风险和竞争压力。不同区域的发展基础不同，企业发展面临的问题有所差异，企业"走出去"发展的战略重点也不尽相同，需要因地制宜，区别对待。

（一）京沪等综合性总部经济区域

京沪等综合性总部经济区域既是我国吸引跨国公司地区总部的主要地区，也是我国大型企业总部最集中的区域。在 2011 年《财富》公布的世界 500 强企业总部中，北京有41家，上海有5家，京沪两地占我国全部入选企业的75.4%，占大陆地区的80.7%；2011年，京沪共有130家企业入选中国企业500强，占全国的26%（图20）。这些大型企业总部在一定程度上代表了我国最具竞争力的企业集群，是我国有实力"走出去"发展的群体。京沪等综合性总部经济区域要着眼于提升我国企业的全球竞争力，积极鼓励和支持企业通过并购、供应链联盟等方式"走出去"发展，增强对全球资源的配置力。

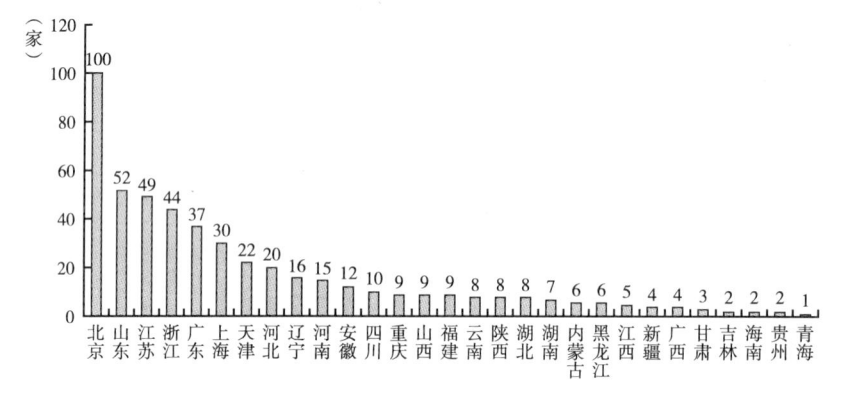

图20　各省区市入选2011年中国500强企业的数量情况

1. 以总部经济模式整合全球研发资源

京沪等综合性总部经济区域集聚了大批有实力的创新型总部企业和国际知名的大企业，代表着国家的创新实力和创新水平，是我国企业参与国际竞争的重点区域。京沪等综合性总部经济区域要重点支持企业以总部经济模式整合利用全球研发资源，增强对全球科技等高端要素的支配能力，提升我国企业在全球的竞争力。目前，京沪等地已涌现许多企业到海外设立研发中心，并呈现加速发展趋势。例如，中关村示范区企业海萤尔能源科技有限公司在美国加利福尼亚州设有研发中心，并与美国加州大学洛杉矶分校、罗克维尔科技中心、斯坦福大学和中国科学技术大学等研究机构建立了紧密的技术合作研发网络，专门从事研制、开发能源高效利用技术与设备、绿色能源利用技术与设备和石油天然气工程软件。再如，上海电气在2002年并购了日本秋山后，对秋山公司进行重组，迅速恢复了制造设计能力，并建立了跟踪世界先进印刷技术的研发基地。同时，上海电气积极推进日本秋山技术与国内技术的整合创新，通过消化吸收再创造，旗下光华公司开发了具有自主产权的P24740中高单纸胶印机，推动上海电气的印刷机械研发水平快速提高 15~18 年，实现了跨越发展。

未来京沪等总部经济集聚区要充分发挥区域内企业经济实力和科技创新能力较强的比较优势，积极构筑集政策、资本、技术、人才、市场等创新要素在内的发展平台，鼓励和引导总部企业通过在海外设立研发中心或建立创新联盟等方式，整合利用国外高端科技资源，激发各类主体的研发创新活力，提升企业的科技创新能力和核心竞争力。一是各级政府部门要研究制定针对本土企业设立海外研发中心的鼓励政策，并给予财政支持和税收优惠，支持本土企业海外研发中心的创新活动。二是积极探索由地方政府与国外政府或经济组织牵头搭建合作平台，减少企业"走出去"的风险，助推本地企业到海外设立研发中心，利用海外科技资源与人才。

2. 鼓励大型龙头企业建立全球供应链网络

构建全球供应链网络可以显著增强企业对全球资源的统筹配置能力，提升我国企业在全球生产体系中的分工地位。京沪等综合性总部经济区域吸引了众多跨国公司地区总部、研发中心和国内大企业集团等各类总部企业聚集发展，基本具备了建立全球供应链网络、整合利用全球资源的实力和能力。目前，京沪等综合性总部经济区域已有部分企业开始在全球范围内建立供应链网络，不断整合海外资源。例如，中钢集团一直致力于冶金矿产资源全球配置的探索和实践，先后在澳大利亚、南非、印度、新加坡、巴西、德国、加蓬、柬埔寨、印度尼西亚、越南、土耳其等国家和我国香港、澳门地区建立了 17 个公司和 2 个代表处，在香港成立中钢国际控股有限公司，构建了全球化的采购、销售网络，建立起安全、稳定、可靠的资源供应体系。与此同时，很多企业已经介入跨国公司的全球供应链中，通过与相关跨国公司建立广泛的跨国供应链联盟，积极获取企业缺乏的海外市场信息和相关知识，加快技术升级和开发进程，同时不断拓展海外目标市场，提高企业管理水平，提升企业国际竞争力。以中科红旗为例。2008 年，北京中科红旗软件技术有限公司正式加盟 OASIS（Organization for the Advancement of Structured Information Standards）组织，通过与 OASIS 组织成员企业在供应链各环节的战略合作，强化了与国际市场的技术协作和业务合作。跨国供应链联盟的建立加速中科红旗国际化发展，推动红旗 Linux 发展成为世界第三、亚洲第一的 Linux 开发商。

京沪等综合性总部经济区域提升国际影响力和对全球高端资源的支配力，一方面,应积极鼓励更多本土企业介入跨国公司供应链体系,增强与跨国公司在资金、技术、管理和人才等方面的合作,充分利用跨国公司的资源、信息和市场,更加直接地进入国际分工体系和世界市场网络,迅速增强自己的国际竞争力。另一方面,支持和鼓励国内大型企业以总部经济模式建立自己的全球供应链网络,通过并购、参股等多种方式设立海外生产基地和研发中心、营销中心乃至地区总部等分支机构,整合和利用国内外供应商、中间商、合作伙伴资源,以总部经济模式构建全球研发、生产、物流、销售、运营供应链网络体系,推动企业规模扩张和市场拓展,提升国际竞争力。

3. 支持与国际中心城市功能紧密相关的企业"走出去"

随着国际经济一体化发展步伐的加快,国际中心城市在世界经济中的地位和作用愈来愈重要,处于世界城市格局顶层的城市往往也是国际贸易、金融、科技、信息和文化中心,对全球经济社会发展具有举足轻重的作用。在提升国际中心城市全球影响力的过程中,企业的国际化发展起到重要推动作用。例如,纽约、伦敦和东京三大世界城市集中了世界上最重要的金融机构,世界 25 家最大证券公司资产的 99.3% 集中在三大城市中[①]。这些金融企业通过开展国际金融业务、设立海外分支机构等方式影响着全球金融市场,一定程度上也提升了这些世界城市的金融影响力。以渣打银行为例。总部位于伦敦的渣打银行是世界上国际化程度最高的银行之一,在亚太、南亚、中东、非洲、欧洲及美洲等 70 个国家和地区拥有 1700 多家分支机构[②],构筑了覆盖全球的国际金融业务网络,在全球金融业具有重要影响,同时通过总部与这些分支机构、附属机构的业务联系,进一步增强了伦敦国际金融中心的地位。

京沪等综合性总部经济区域要建设具有世界影响力的国际大都市,也可以借鉴国际经验,积极引导和支持与国际中心城市功能紧密相关的企业"走出去"发展,提升城市国际影响力。目前,京沪等城市金融、文化创意等行业国际化发展已形成一定的基础和优势,但与纽约、伦敦、东京等国际中心城市相比,还存在较大差距。2008 年北京跨国金融企业的国际化指数仅为 1.5%,与国际金融中心城市相差悬殊(图 21)。未来,京沪等城市可结合各自城市建设和国际化发展

---

① 彼得·霍尔:《全球性城市》,《国际社会科学杂志》1997 年第 1 期。
② 渣打银行中国网站:http://www.standardchartered.com.cn/about-us/zh/。

战略目标，把握当前我国企业"走出去"快速发展的总体趋势，通过功能型企业"走出去"，整合利用海外优质资源，提升城市相关服务功能，进而增强京沪等综合性总部经济区域对国际经济的影响力。如北京建设中国特色世界城市还需要强化科技创新、金融、文化服务等核心功能，应重点支持科技、金融、文化等领域的大型总部型企业建立海外分支机构，提升企业在国际事务中的话语权；上海应围绕"现代化大都市和国际经济中心、国际金融中心、国际贸易中心、国际航运中心"四大中心建设，推动一批金融、国际贸易、国际物流等特色领域的企业"走出去"，提升城市在世界城市体系中的地位。

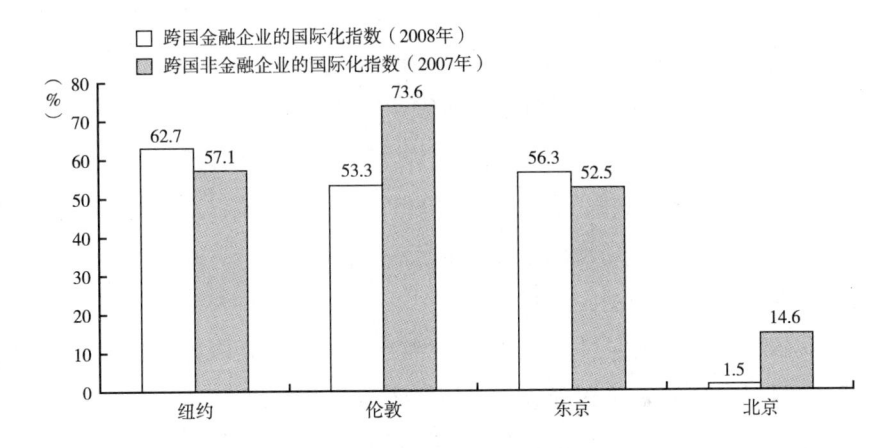

图21 世界主要城市金融业国际化水平

（二）东南沿海外向型经济发达区域

东南沿海外向型经济发达区域内企业以中小型对外加工贸易企业为主。在原料价格上涨、人民币升值、劳动力成本上涨、外需萎缩和国外非关税壁垒等因素的影响下，我国外贸加工企业生存发展的压力不断增大。未来东南沿海外向型经济发达区域在加快促进外贸型企业拓展国内市场的同时，应积极推进企业以总部经济模式"走出去"发展。

1. 以龙头企业带动产业集群整体"走出去"

以龙头企业带动产业集群整体跨国经营，在产业链上下游的不同行业之间形成高度灵活的专业化协作网络，企业之间相互独立但又相互关联，可以最大限度地降低成本，提升国际竞争力。在龙头企业带动集群"走出去"发展方面，国外跨国公司已经积累了一定经验。例如，诺基亚牵头带动全球18家移动通信设备配套厂商在北京经济技术开发区投资兴建了星网工业园，形成了以诺基亚为龙头的世界级移动通信生产基地。星网工业园企业全部为外资企业，其中有3家是中外合资企业，包括诺基亚（中芬合资）、一家电子零配件公司（中美合资）和物流公司（中英合资），其他15家企业都是外商独资企业，其中芬兰3家，美国3家，日本2家，瑞典2家，新加坡2家，德国、中国台湾和中国香港各1家。星网工业园将跨国公司原有的产业链整体移植，形成"飞地"式的跨区域型群体投资，在开发区内实现产业链在空间上的高度集聚，不仅降低了交易和配套成本，而且可以将原有生产协作优势在异地进行复制，促进产业链生产的高度协同，同时产生品牌效应，迅速形成强大的生产力，提高竞争力。

经过多年发展，东南沿海外向型经济发达区域已逐步形成了一批特色制造业产业集群。据中国社会科学院工业经济研究所在上海公布的"中国百佳产业集群"名单显示，中国最具特色和发展潜力的100个产业集群大多数分布于东南沿海地区。在珠三角和长三角地区，电子信息、装备制造、家用电器等产业集群已经具备了世界级规模，有些企业已经通过"走出去"形成大型企业集团。东南沿海外向型经济发达区域企业"走出去"发展，可以充分依托这些产业集群已经形成的产业合作网络，通过龙头企业的带动，整合和利用产业集群的可供资源和经济实力，实现集群整体"走出去"。一方面，集群内的龙头企业可以通过股权参与或契约安排等方式对上下游企业进行并购和资产重组，形成以产业集群龙头企业为核心的大型跨国企业集团，借助产业集群的力量进一步提升龙头企业的国际竞争优势，通过企业集团的跨国生产经营带动产业集群整体"走出去"发展。另一方面，产业集群重点龙头企业可凭借自己的核心技术和实力开展海外生产经营，并依托东南沿海地区已经形成的专业化协作网络，通过业务上的联系与合作，将原有的集群生产协作网络在海外进行复制，带动上下游企业集体"走出去"，降低投资风险。

2. 通过建立海外工业园的形式引导中小加工贸易企业"走出去"

在经济全球化和贸易保护主义并存的背景下，大量中小企业开始"抱团"从事海外投资、开拓国际市场，通过在境外其他国家建立海外工业园区和营销网络，利用产业集聚的优势增强自身的国际市场竞争力，化解海外风险。海外工业园通常由熟悉境内外产业政策、具有丰富境外产业投资及运营经验与资源整合能力的专业管理团队作为海外产业园区开发运营商,或由行业协会牵头按地区或行业组成松散的组织形式。中国台湾、新加坡企业拓展中国大陆市场时,就是采取在我国大陆设立台湾工业园、新加坡工业园的形式,引导越来越多的台湾、新加坡中小企业利用产业集群优势拓展中国大陆市场。

我国东南沿海外向型经济发达区域企业多数为中小规模企业,这些中小外贸企业"走出去"面临的最大问题在于企业规模实力较小、风险抵御能力弱。我国东南沿海外向型经济发达区域可以借鉴台湾、新加坡等地区推动中小企业"走出去"的成功经验,结合区域自身产业基础和特征,进一步加强与相关国家和地区的合作,积极建立海外工业园区,或鼓励大型企业集团建立海外工业园区,并通过金融、保险、出入境、税收等方面的配套扶持,引导东南沿海中小加工贸易企业集体"走出去",拓展海外生产能力。

专栏2 泰中罗勇工业园带动我国企业"走出去"

泰中罗勇工业园开发有限公司是由中国华立集团与泰国安美德集团在泰国合作开发的面向中国投资者的现代化工业区,园区于2006年3月开始开发建设,2006年被国家商务部认定为首批"境外经济贸易合作区"之一。根据华立集团的设想,罗勇工业园将成为包括浙江资本在内的中国产业资本集群式"走出去"的平台,成为我国传统优势产业在泰国的一个产业集群中心与制造出口基地。在泰中罗勇工业园内的企业可以享受泰国投资促进委员会(BOI)的优惠政策,其中仅所得税一项就可以享受"八免五减半"(即前8年豁免全部所得税,之后的5年免半);园内企业利润汇回中国总部时,利润退回税为零。自2007年第一家企业入园以来,泰中罗勇工业园已经吸引了来自浙江、江苏、重庆、广东、辽宁、山东、河北、河南、四川等地27家企业入园,带动了汽配、摩托车整机制造及其他机械、电子等行业的中小企业"走出去"发展。

(三)传统制造业发达区域

我国传统制造业发达区域主要分布于东北地区、西部地区和部分中部地区,一般以机械、钢铁、煤炭、化工、纺织等基础工业或传统重化工业为主导产业。随着部分地区矿产资源的枯竭,传统制造业发达区域的资源型企业在发展中面临着越来越严峻的生存压力,而这类企业的生存对于当地经济的持续发展和社会的稳定至关重要。同时,一些传统产业发展给当地资源环境造成了巨大压力,各地区也在积极探索转型升级的途径和方式,逐步推动传统产业向高端延伸,发展一批新兴产业。在这种形势下,以总部经济模式带动传统产业转型升级、促进传统制造企业"走出去"将成为推动传统制造业发达区健康、可持续发展的重要途径之一。

1. 加快传统生产制造环节向海外转移,推动区域转型升级

随着城市化的快速推进和区域经济的快速发展,一些距离城市中心地区较近的传统区域土地价格不断提升,交通变得拥堵,人口逐渐密集,传统制造环节已经不符合城市发展要求,区域发展面临着紧迫的转型压力。同时,在劳动力、土地等生产要素成本不断上涨的背景下,传统制造业长期依赖的低成本比较优势逐渐减弱,一些高能耗、高投入的传统制造业发展举步维艰,面临着严峻的生存压力。

目前,国内传统制造企业转型发展的典型模式主要有两种:一是企业全部搬迁,在生产成本更加低廉的地区发展,这种转型模式往往会导致企业失去原来的人才、技术工人等优势,还会给传统工业区带来产业真空、人才流失、富余劳动力安置等复杂经济社会问题;另一种模式是采取"总部—生产基地"分离的模式,一方面可以使企业既通过保留总部留住了企业的高端人才,同时通过生产制造环节外迁降低生产成本,从而使企业重获生机;另一方面最大限度减少了对原有区域经济贡献的损失,而且为区域传统制造业升级提供了一种现实可行的路径,有利于新时期城市产业结构调整。以传统钢铁企业转型发展为例。继首钢涉钢生产环节全部搬迁后,国内多个钢厂已经开始或正在计划实施搬迁,2012年上海宝钢宣布在未来5年内陆续将约30%的钢铁产能迁出上海,但是其总部仍然留在上海。

在此背景下,传统制造业发达区应积极推进产业结构调整,积极支持有实力的制造业企业以总部经济模式将生产制造环节向生产成本更低廉、资源能源更丰富的国家或地区转移,充分利用当地成本较低的生产要素组织生产,以更环保的方式拓展海外基地,实现企业可持续发展。同时支持保留在国内的企业总部专注于企业管理、技术研发、产品营销等战略性业务,并通过强化总部对海外生产、销售环节的统筹管理,提升企业对区域资源的配置能力,进而提升企业的整体实力和国际影响力。生产环节搬迁后腾退置换的空间资源则可以围绕制造业总部的环节发展商务、金融、研发等服务业，进一步聚集相关产业领域总部，促进区域的可持续发展。

2. 鼓励资源能源型企业开辟海外市场，破解区域发展瓶颈

我国许多传统制造业发达区域都是在地区资源禀赋的基础上形成的传统工业区，其中部分地区资源已经濒临枯竭，资源型产业发展遇到瓶颈，另外一些资源尚未消耗殆尽的资源的区域，随着资源开采成本的上升，传统产业发展也面临着较为严重的成本约束。同时资源型产业的发展也带来了环境污染、资源枯竭、生态破坏等一系列阻碍区域可持续发展的严重问题。

经过几十年的发展，某些资源型产业已经积累了较多的发展经验，技术相对成熟，如果将此类产业完全清退，将损失几十年积累的技术和市场。推动资源型企业"走出去"不但可以实现现有资源型产业的跨国生产，还可以利用成熟的技术扩大国际市场和国内资源能源供给，增强我国企业对国际资源能源定价的话语权。目前，在非洲等资源丰富的国家和地区，中国企业的海外投资主体大都是中石油、中石化等大型央企，地方性企业很少。地区性的资源型企业"走出去"面临着诸多困难，有的企业资金较少，有的企业有投资资本却不了解投资需求，有的企业不熟悉东道国的投资环境和政策。

未来，传统制造业发达区域应积极鼓励地方性资源能源企业"走出去"发展，在这一过程中要发挥政府引导作用：一是多渠道为资源能源型企业提供资金支持，可通过建立"走出去"专项资金、搭建企业与金融机构合作对接平台等方式支持地方本土能源企业"走出去"。二是要引导企业采取不同方式进入不同市场，比如在文化、法律等差异较小的国家可以选择绿地投资的方式开展海外投资，而在文化、法律、政治差距较大的地区可以选择并购当地资源型企业的方式进入市场。要充分发挥政府在信息搜集、整合方面的比较优势，为企业提供东道国投资环境、政策服务等全方位的信息服务。三是传统制造业发达区域还可以通过各类重大对外援助项目、对外资源开发合作项目等带动资源能源类企业"走出去"，为资源能源企业争取更多"走出去"的机会。

3. 推动优势生产领域加速向海外拓展，构建全球生产经营网络

传统制造业发达区除了部分高消耗、低效益的制造业外，在机械制造、电子信息等领域也形成了一定的比较优势，涌现出一大批具有良好发展基础和发展前景的企业，如三一重工、中联重科、沈阳数控机床、东软医疗等。但同时我们也应看到，在高端装备制造领域，部分关键技术和工业母机还长期依赖进口，一些高端装备产品（如机床）的精度、效率和可靠性与国外发达国家同类产品相比存在较大差距，传统制造业企业发展还存在创新能力不足、产业化水平不高等多方面问题。积极鼓励优势企业"走出去"参与国际竞争、学习国际领先技术、不断提升创新能力与综合竞争力，推动区域转型发展，进一步提升我国制造业发展基础与发展能力。

一方面，要鼓励优势企业在一些发展中国家或资源丰富地区建立海外生产基地，充分利用当地的政策和优势资源以降低企业整体生产成本，拓展国际市场，提升竞争力和对全球资源配置能力。同时积极向发达国家拓展，瞄准世界领先技术标准和国际市场，积极拓展高端服务，或与国际一流跨国公司开展合作，以增值类、中间环节类服务融入全球产业价值链。另一方面，要鼓励和引导优势企业积极与国际接轨，通过独立或与国内外研发机构联合设立海外研发中心等方式扩充自身研发实力，吸收国外优秀创新人才和创新资源，缩小与世界领军企业的技术差距，为集团内部企业提供研发、技术支持咨询等服务。此外，要鼓励企业通过跨国并购、技术引进等多种渠道获取世界领先技术和创新资源，缩短技术开发时间，降低研发成本。

五 促进企业以总部经济模式"走出去"的对策措施

（一）健全支持企业"走出去"的法律法规体系

为规范和促进我国企业的海外经营与投资活动，有关部门已经先后出台了一系列法律规定，如商务部颁布实施的《境外投资管理办法》、国家外汇管理局发布的《境内机构境外直接投资的外汇管理规定》等，在优化企业海外投资环境方面初步取得了积极的成效。但现有法律法规一般重在监管，在保护和促进方面针对性不足，与国际法规的接轨程度不高，支持企业海外投资经营活动的法律体系还有待进一步完善，这与我国企业大量"走出去"的形势以及企业最大限度规避法律风险的要求存在一定差距。

1. 完善境外投资相关法律法规

从国际发展经验来看，境外投资比较发达的国家在鼓励、管理和保护海外投资方面都制定了一系列的法律制度。以美国为例，美国的境外投资法律主要包括对海外投资的援助、海外税收优惠等，20世纪70年代美国多次修订《对外援助法》，1969年还设立了海外私人投资公司OPIC作为海外投资保证和保险的专门机构。在对资源型行业海外经营行为的鼓励和保护政策中，《谢尔曼反托拉斯法》允许美国资源型行业实行行业垄断，以培育企业规模，提升企业竞争优势；《经济合作法》、《共同安全法》等则扩大了跨国企业在海外资源开发中的保护范围。借鉴国外发展经验，我国应进一步从立法层面对现有部门规章进行整合，对审批程序、资金融通、劳动力来源、税收政策等作明确规定，结合实践逐步启动海外投资相关法规的立法程序。在国家层面制定促进企业境外投资的条例，在完善海外投资的外汇管理和纳税监督的基础上，进一步保障企业海外经营的自主权，包括海外经营权、对外投资权、海外融资权等，尤其是为民营企业营造公平的海外经营环境，进一步激发各类企业海外经营的活力。

2. 加强对企业海外经营活动的法律指导

除了完善境外投资的相关法律法规，有关部门还应加强司法解释，在国家层面适时出台相关指导性文件，引导企业化解政治、法律风险，帮助企业解决法律纠纷。同时，建立和完善地区（国家）海外经营法律顾问制度，组织法律专员、专家学者组成法律顾问委员会，对国际、国内的宏观经济形势、投资环境、法律法规、文化和意识形态差异等企业海外生存环境进行研究，通过座谈走访、培训讲座、约谈汇报等方式，为涉外企业提供全方位、综合性的法律服务。另外，从企业层面来看，要积极鼓励企业设立法律事务部门，帮助企业建立政治、法律风险防控制度，保证企业与国家驻外机构、涉外部门进行有效对接。建立法律风险预算投资制度对于企业抵御海外法律风险也是行之有效的方法，例如在美国，企业支出的平均法律风险费用约占企业总收入的1%，而目前中国企业的法律投入仅为0.02%。

3. 加强法律保护体系建设

在法律保护体系建设方面，一方面，要进一步提升法律服务机构在国际经济、金融、贸易、航运、国际工程服务等领域的服务能力，鼓励各类商会组织发展，建立多级统筹协调的海外企业法律援助机构，帮助企业通过国际法律诉讼、仲裁等手段解决法律纠纷。例如，德国的各类工商会组织（如德国工商总会、各地工商会以及各类海外商会和行业协会等）是保护企业海外合法权益的重要力量，其基本职能是协助企业加强与东道国政府的沟通与联系，帮助企业解决海外纠纷，其中德国联邦外贸批发商协会拥有80个行业和地区协会，代表约3万家企业，在全球设有代表处。另一方面，应加快完善我国与各国的双边投资保护协定体系，营造公平、开放的双边或多边贸易环境，进一步促进和发展与各国的友好关系，为企业争取更多的缔约国待遇和法律救济。例如，日本为保证海外企业权益，与中国、俄罗斯等国家签订了双边贸易保护协定，以确保最惠国待遇，促进与缔约国的资金、技术交流。

（二）加大支持企业"走出去"的金融支持力度

目前，我国企业对外投资的融资渠道以利用公司自有资本和向银行借款为主，融资渠道相对单一。企业在海外融资通常缺乏信用基础，融资时面临着贷款门槛高、额度少、利率高、期限短等障碍，企业"走出去"面临着突出的融资难问题，开展境外投资和跨国经营的资金压力很大。一份针对企业对外投资现状的调查显示，有超过60%的企业认为融资困难是制约企业对外投资的决定性因素或重要因素。加快实施"走出去"战略，迫切需要进一步加大支持企业"走出去"的金融支持力度，完善海外金融服务体系，为企业提供更多的融资渠道和更加方便快捷的金融服务，补足融资困难、结算烦琐、金融服务不足等制约我国企业"走出去"的金融短板，为"走出去"企业在海外融资提供支持。

1. 鼓励我国海外金融机构支持"走出去"企业

从发达国家跨国公司发展历程来看，企业对外直接投资的顺利进行，与这些国家跨国银行集团的支持密不可分。20世纪60年代以来，美国等发达国家的银行建设了大量的海外分行、代理行和代表处，以满足本国跨国公司的需要。例如，1960年美国银行在海外的分支机构仅有124个，到1973年猛增至573个；1950年在英国开设分支机构的外国银行为53家，而到1966年这一数字跃升为100家，到1975年达到335家[①]。目前，中资银行的海外资产已超过2700亿美元，海外机构已超过1200家，业务遍及各大洲。但与快速发展的企业海外投资相比，中资银行在海外的营业网点以及海外金融产品、服务仍显滞后，我国企业"走出去"亟须进一步提升海外金融支持力度。中国国际贸易促进会发布的《中

---

① 孔庆洋：《商业银行国际化研究》，华东师范大学博士学位论文。

国企业对外投资现状及意向调查报告（2008~2010）》显示，企业在对外投资过程中最希望获得的是财税和金融政策的支持，35%的受访企业认为需要加大金融政策对海外投资的支持力度。我国加快实施"走出去"战略，要积极吸取美国、日本等发达国家经验，一方面要加大我国金融机构海外建设力度，加快金融机构在海外建点布网，推进我国金融国际化发展。另一方面，还要鼓励海外金融机构拓展业务领域，在传统商业银行业务的基础上，积极开展投行、租赁、保险等其他金融业务领域，为"走出去"企业提供综合化的金融服务。

2. 完善支持企业"走出去"的金融服务体系

在政府的大力推动下，一批以银行为主的金融机构积极开展服务企业"走出去"的业务，但总体上看服务企业"走出去"的范围和力度还有待加强，亟须完善全球化的金融服务网络，为"走出去"的企业提供更全面的金融服务。一是创新支持企业"走出去"的金融服务产品。目前，银行等金融机构服务企业"走出去"的金融产品同质化现象较为突出，与企业海外融资需求还有很大差距。未来可以依托国家政策性银行，创新境外投资贷款和对外承包工程贷款等业务产品，与国外金融机构合作开展综合授信、货币互换、联合贷款等融资业务，为企业海外项目提供援助。二是完善企业"走出去"的信用担保制度，比如开展"金融跟踪服务"，对信誉良好的国内企业在海外建设分支机构时，可以国内企业总部、生产基地等资产进行质押贷款，用于海外项目建设。三是鼓励金融机构创新服务企业"走出去"的方式和途径，比如投行、PE等金融机构可以通过与企业共同持股等方式参与企业海外投资，解决国际化推进过程中的融资问题。四是鼓励国内金融机构为企业"走出去"提供中介服务，积极开展融资安排、全球资金调拨、现金管理、对外担保、顾问咨询、外汇交易、杠杆收购、保险等一系列中间业务，为企业"走出去"提供全方位服务。

3. 积极设立各种类型的企业海外投资基金

在企业的海外投资中，企业海外投资基金是银行等金融机构直接融资的重要补充。加快实施"走出去"战略，要鼓励各种类型的投资主体积极发起设立企业海外投资基金，为企业海外投资提供融资服务。比如，金融机构可多在海外设立一些私募股权基金、海外并购基金、风险投资基金等，通过基金的运作实现产业资本与金融资本的有机结合，为企业并购海外优质资产提供资金支持；各级政府部门可积极主导设立企业海外投资基金，广泛吸收社会资本，专门支持企业海

外投资；一些有实力的大型企业可以设立海外投资基金，通过企业的各种渠道吸引国内外战略合作者，积极吸收国内外资源用于企业海外拓展。

（三）完善企业"走出去"的管理与服务体系

自我国实施"走出去"战略以来，有关部门相继出台了一系列境外投资管理政策，包括简化境外投资审批程序、放松外汇管制、完善法律法规等，为我国企业更好地参与国际经济合作与竞争提供了便利的境外投资管理服务。随着企业自身实力的增强和我国参与国际贸易机会的增加，我国企业"走出去"的管理与服务体系还需要进一步调整与完善。

1. 构建完善的"走出去"信息服务体系

目前，由于信息获取不畅，对投资国的投资环境、文化习俗、合作伙伴缺乏了解、不熟悉境外法律制度等问题，我国企业"走出去"依然遇到诸多困难，增加了企业投资经营风险。我国应积极对接各级政府的海外投资服务平台，整合分散在不同政府部门的海外市场信息，搭建统一的企业"走出去"信息服务平台，搜寻整理国外对外投资的政策、门槛要求及审批流程等方面的信息，为企业提供对外投资、对外承包工程、国际人力资源合作、海外投资风险防范、对外援助等领域权威、及时、有效的公共信息和业务指导。搭建企业对外投资信息共享与交流平台，组织成功"走出去"的企业和有意向开展海外投资的企业，围绕国际市场开拓、海外法律环境和文化习俗、投资风险防范、"走出去"的方式与路径选择等方面开展定期交流。

2. 完善加快企业"走出去"的支持政策

进一步明确和完善鼓励企业进行国际化经营的审批、税收、关税、外汇、投资、金融等方面的相关政策，健全"走出去"服务体系。针对国内不同类型区域对外投资特点，制定海外投资的不同政策措施，采取重点扶持一批有条件的大型企业和普遍加大对中小企业的政策扶持力度相结合的策略，打造一批跨国企业。在境外有比较优势的区域建立一批投资合作区，引导企业建立海外工业园，以点带面，逐步扩展；出台相关财税扶持政策，加大品牌企业扶持力度，鼓励企业从"贴牌"中"走出来"，扶持一些企业建立和打造民族品牌，实现中国制造向中国创造的转变。

3. 完善对外直接投资管理服务体系

我国各境外投资主管部门已采取一系列措施简化境外投资审批手续，支持企业"走出去"开拓国际市场。为了适应海外投资不断增多的趋势，在项目分类和企业分类的基础上，应对海外投资申请进行分类管理，减少审批类别。对于获得当地产业发展所需自然资源与零部件、改善地区贸易收支失衡、鼓励技术开发和技术引进、协助当地经济进行产业结构调整的投资项目，结合境外投资联合年检的情况，对实力雄厚、管理规范的投资主体给予一定限额内的境外投资自主权，实行登记制。对必须审批或者得到政府财政、非财政支持以及不符合有关政策规定的限制类投资项目，进行严格审查。

4. 积极发展为企业"走出去"服务的中介机构和行业组织

着力培育一批有资信、有经验的国际性专业中介机构，鼓励发展针对海外并购的资产评估、财务、法律、尽职调查、交易工具和专项融资等专业咨询服务。加强海外投资前项目可行性研究和国内外市场调查，进一步发挥涉外经济咨询、法律、会计、市场调查中介机构作用，加强对外贸、投资、承包、劳务等市场交流和研究，为广大企业特别是中小企业提供经营信息、投资招商、参展、项目可行性研究、协助谈判等服务。鼓励和促进对外经济合作机构加强与国际同业组织的交流与合作，提高自身的档次、水平以及服务的质量，积极发挥政府和企业之间桥梁和纽带作用。

（四）建立健全企业海外投资风险防控体系

近年来，在我国企业跨国投资快速发展的同时，各种政治、经济、文化、安全等风险也接踵而至。有研究认为，"中国企业的海外投资，除面临正常的商业风险和由具体企业自身原因造成的个体风险外，更多、更严重的问题来自系统性的外部风险"。如何有效地防范和控制企业海外投资面临的各种风险，保障海外资产安全顺利发展，成为各级政府和企业迫切需要解决的突出问题。

1. 建立完善的海外投资风险评估体系

当前，我国企业"走出去"发展可能面临的风险主要包括政治风险、主权风险、安全风险、法律风险、文化风险、工会风险、环保风险等七大类，在企业面临的各种风险中，最突出的问题表现在企业的国际化经营和国际化管理能力严重不足，特别是组织文化整合和人力资本整合方面的能力还非常欠缺。据统计，大约有

60%的企业并购没有实现期望的商业价值,其中2/3是出于并购后企业的文化整合问题[1]。例如,2004年上汽集团以5900亿韩元(时值5亿美元,约合41亿元人民币)的价格收购了韩国双龙汽车48.92%的股份,成为该公司第一大股东。但随后的整合过程中管理层一直未能处理好与工会的关系,在技术转让、裁员等重大问题上都未能得到工会的支持与合作。文化和管理等方面的巨大差异产生了严重后果,双方信任危机频发,工会罢工不断。2009年"双龙汽车协同会债权团"通过"双龙回生计划"(即破产重组程序),上汽集团收购双龙汽车最终以失败告终。

我国加快实施企业"走出去"战略,要积极支持企业开展海外投资风险评估,制定长远的海外战略发展规划,并对企业自身的市场竞争地位和战略需求、聚合人力资源的机制与能力、购并双方企业的整合与协同效应,以及东道国的文化习惯、风土人情、环保标准、法律法规等要开展全面、深入、细致的研究和评估,针对"走出去"可能面临的种种风险,重点建立风险预警机制和突发事件的应对机制,在"走出去"之前对可能存在的风险有较为充分的认识,提前采取相应的防范和应对措施。

2. 建立企业海外投资的保险制度

借鉴美国、日本等发达国家经验,建立与企业"走出去"相适应的海外投资亏损准备金制度,以外汇储备、国有企业利润、公共财政资金等作为海外投资亏损准备金的主要来源,由政府为海外投资企业特别是中小企业提供海外投资担保,对投资政治风险较大、经济不稳定的发展中国家或地区的企业给予税收补贴,以弥补投资风险。同时,也可积极利用企业自有资金,按照企业境外投资总额的一定比例作为风险准备金并允许税前扣除,明确风险准备金的使用年限和计提方式:在境外投资发生亏损时,风险准备金可用于抵充亏损;如果企业在海外的投资未发生亏损,或亏损额小于每年计提的风险准备金额,应将风险准备金余额逐年转回并计入应税所得[2]。此外,还可以广泛吸收社会资本探索建立企业"走出去"风险防范基金,为我国企业"走出去"提供风险保障。

---

[1] 汪段泳:《中国海外直接投资风险评估报告:2008~2009》。
[2] 马克和、侯伟、陈启英:《进一步优化我国企业境外投资合作税收制度》,《涉外税务》2010年第8期。

专栏3　日本的"海外投资亏损准备金制度"

日本是继美国之后世界上第二个设立海外投资保险制度的国家,由政府部门为企业,特别是中小企业提供海外投资担保。同时日本积极与其他国家签署双边投资保证协定,以改善对外投资环境。

日本于20世纪60年代设立了"海外投资亏损准备金制度",为海外投资企业提供各种税收上的优惠。对投资政治、经济方面不稳定的发展中国家或地区的企业,首先进行税收补贴,以弥补投资风险。同时在70年代专门设立了资源海外开放亏损准备金,以弥补其国内资源缺乏短板。

资料来源:《当海外投资遭遇政治风险》,http://money.163.com/special/focus262/。

3. 加强对国有企业海外分支机构的监管与考核

目前,许多"走出去"企业,尤其是国有企业对海外分支机构的业务考核过于强调上缴利润和经营规模等少数指标,对分支机构的发展质量缺乏有效的监督与考核,为海外投资和经营带来了隐患。企业以总部经济模式"走出去",要积极发挥企业总部的宏观管理职能,明确海外地区总部、研发中心以及生产基地的具体职能,创新管理方式,在利润指标的基础上,加强对资产损益、市场开拓、产品开发、技术创新等方面的管控力度,强化企业总部对海外资产发展质量的监管与考核,降低和防范海外经营风险。

此外,在积极构建企业海外投资风险防控体系的大环境下,企业也要充分发挥海外分支机构的积极作用,在一定程度上降低企业海外投资风险。比如,企业总部可以鼓励和引导海外地区总部、技术研发中心,尤其是设在发达国家的海外分支机构积极参与制定有利于国内企业发展的国际行业技术标准,并通过企业总部的信息集散和中转职能,推动技术标准与企业海内外不同地区生产基地的有效对接,使企业的产品和服务更好地适应国际市场需求,提升企业抵御国际技术风险和标准风险的能力。

评价报告

Evaluation Report

B.2
中国35个主要城市总部经济发展能力评价报告[*]

北京市社会科学院中国总部经济研究中心
北京方迪经济发展研究院

一 总部经济发展能力评价指标体系构建

按照总部经济的内涵、发展规律及发展条件，构建一套较为科学、完善的总部经济发展能力评价指标体系，运用层次分析法对中国35个主要城市总部经济发展水平进行测度与评价。2012年的具体指标在前七年评价指标体系的基础上，根据总部经济理论和实践发展的最新研究成果，按照连续性、全面性和可操作性的原则，进行了相应的调整与修订。该指标体系由6个一级指标、15个二级指标和52个三级指标构成（表1），其中一级指标和二级指标保持不变，三级指标依据数据的可获得性进行了适度调整。

---

[*] 课题组组长：赵弘；课题组成员：王林凤、赵燕霞、张劲文、单联香、汪淼。

表1 城市总部经济发展能力评价指标体系

一级指标	二级指标	编号	三级指标	指标说明
基础条件	经济实力	1	地区生产总值	区域经济发展综合实力
		2	人均地区生产总值	区域经济发展水平
		3	财政收入	政府对区域经济调控能力
		4	固定资产投资总额	经济发展的资金保障能力
		5	第三产业占GDP比重	经济发展的结构水平
	总部资源	6	国内大型企业总部数	总部存量资源条件
		7	跨国公司地区总部数	总部存量资源条件
	基础设施	8	机场飞机起降架次	区域对外交通条件
		9	人均城市道路面积	区域对外交通条件
		10	人均居民生活用水量	城市生活设施水平
		11	人均居民生活用电量	城市生活设施水平
		12	人均居民生活用气量	城市生活设施水平
	社会基础	13	每十万人拥有中、小学教师数	城市基础教育服务水平
		14	每十万人拥有医生数	城市医疗水平
		15	每百万人拥有影剧院数	城市娱乐设施水平
		16	每百人公共图书馆藏书	城市文化教育服务水平
		17	人均住房使用面积	城市住房条件
	人口与就业	18	城镇化率	城市化水平
		19	城镇就业率	城市就业情况
		20	第三产业从业人员比重	城市就业结构
		21	城镇家庭人均消费性支出	城市居民消费水平
	环境质量	22	人均绿地面积	城市绿化水平
		23	生活污水处理率	城市水环境污染治理程度
		24	生活垃圾无害化处理率	城市固体废弃物治理程度
		25	空气质量达到及好于二级的天数	城市空气质量
商务设施	商务基本设施	26	办公楼竣工房屋面积	商务办公楼供给水平
		27	商业营业用房竣工房屋面积	商业基础设施条件
		28	星级饭店数	商务会议等设施条件
	信息基础设施	29	每百人拥有固定电话数	信息化水平
		30	每百人拥有移动电话数	信息化水平
		31	每百人拥有国际互联网用户数	信息化水平
研发能力	人才资源	32	从事科技活动人员数	技术创新的人力投入水平
		33	每万人拥有高等学校在校学生数	研发人才的可供给能力
	研发投入	34	研发经费占地区生产总值比重	研发投入强度
		35	R&D经费	研发投入总量

续表

一级指标	二级指标	编号	三级指标	指标说明
研发能力	科技成果	36	专利申请授权数量	创新产出水平
		37	技术合同金额	技术创新活跃程度
		38	科技成果登记数	创新产出水平
专业服务	金融保险	39	年末金融机构贷款余额	资金投入强度
		40	年末金融机构存款余额	资金供给能力
		41	保费收入	保险服务能力
	专业咨询	42	商务服务业从业人员	咨询服务能力
		43	文化传媒业从业人员	文化娱乐服务能力
政府服务	—	44	政府办事效率	政府服务能力
		45	政府服务态度	政府服务能力
		46	政府服务质量	政府服务能力
开放程度	区域开放	47	客运总量	区域间人员联系的活跃程度
		48	货运总量	区域间货物流通与市场的活跃程度
		49	人均邮电业务收入	区域间信息交流程度
	国际开放	50	外贸依存度	国际间贸易联系紧密程度
		51	当年实际利用外资额	区域吸引国际投资能力
		52	入境旅游收入	城市的国际知名度

35个主要城市总部经济发展能力评价过程主要采用IMD国际竞争力指数评价方法，指标数据主要采用2011年各类统计年鉴正式发布的数据，包括《中国城市统计年鉴2011》、《中国区域统计年鉴2011》、《中国科技统计年鉴2011》、《中国房地产统计年鉴2011》、《2010年度中国对外直接投资统计公报》，35个主要城市的2011年统计年鉴、2010年国民经济和社会发展统计公报、2011年政府工作报告以及国家有关部委和行业协会协助提供的相关数据。

二 中国35个城市总部经济发展综合能力排名与分析述评

（一）2012年35个城市总部经济发展能力排名

2012年全国35个主要城市总部经济综合发展能力的评价结果如表2所示。

表 2 35 个主要城市总部经济综合发展能力排名（2012）

城市	综合实力		分项指标											
			基础条件		商务设施		研发能力		专业服务		政府服务		开放程度	
	得分	排名	得分	排名	得分	排名	得分	排名	得分	排名	得分	排名	得分	排名
北京	88.66	1	82.53	1	99.57	1	87.80	1	99.99	1	84.19	8	85.75	2
上海	86.35	2	81.38	2	96.90	2	82.55	2	92.37	2	93.25	1	84.36	3
深圳	75.81	3	76.51	4	64.32	7	75.64	3	70.29	4	84.19	7	87.49	1
广州	74.27	4	76.57	3	81.52	3	70.42	4	78.19	3	57.86	13	74.12	4
杭州	62.92	5	59.82	5	68.22	5	60.45	9	58.21	7	90.88	3	56.42	10
天津	59.34	6	58.18	6	66.14	6	61.06	8	58.59	6	49.13	19	65.41	5
南京	57.62	7	53.86	7	53.65	11	62.49	6	48.11	9	89.66	4	53.93	11
成都	54.38	8	53.35	8	55.61	9	54.84	10	54.88	8	47.09	20	62.59	6
武汉	52.15	9	51.44	9	53.44	12	61.14	7	46.06	11	53.79	15	46.32	14
宁波	52.00	10	46.88	15	58.81	8	44.08	13	44.73	13	86.91	5	61.10	8
青岛	49.94	11	49.88	11	54.30	10	41.57	19	39.56	19	83.63	9	49.64	13
厦门	49.45	12	50.66	10	45.78	17	42.45	16	32.18	27	92.99	2	53.27	12
重庆	49.39	13	41.71	20	68.49	4	38.86	23	59.34	5	50.15	18	61.39	7
长沙	47.05	14	48.79	13	34.99	22	42.09	18	39.05	21	86.55	6	38.60	19
大连	46.29	15	48.81	12	44.38	18	38.60	24	40.80	16	53.51	16	57.24	9
西安	46.21	16	40.99	21	42.74	19	68.41	5	46.21	10	29.04	24	43.35	15
济南	45.89	17	45.37	17	33.41	25	53.83	11	39.69	18	69.34	11	33.48	22
沈阳	43.44	18	47.70	14	48.95	13	41.02	20	45.34	12	24.63	26	40.66	17
合肥	41.47	19	40.90	22	33.50	24	42.13	17	31.83	28	76.33	10	34.76	21
昆明	41.30	20	43.57	19	46.93	14	29.45	29	39.46	20	61.98	12	33.25	23
福州	40.02	21	39.97	23	46.40	15	27.01	32	42.25	15	54.81	14	40.57	18
郑州	39.61	22	36.36	27	46.25	16	39.71	21	42.88	14	43.59	22	35.22	20
长春	37.45	23	35.21	30	36.07	21	39.31	22	37.75	23	50.67	17	30.22	28
太原	36.44	24	38.05	24	28.20	27	45.58	12	37.35	24	23.77	28	30.81	26
海口	35.35	25	43.63	18	23.45	31	32.55	28	28.68	33	25.94	25	42.46	16
呼和浩特	34.55	26	46.18	16	23.01	32	33.74	27	29.64	32	17.00	29	28.52	31
南昌	33.67	27	34.67	32	28.04	28	42.82	15	32.30	26	24.13	27	29.32	29
哈尔滨	33.57	28	33.71	33	39.38	20	36.36	26	39.85	17	15.35	30	27.28	32
石家庄	33.53	29	34.96	31	34.23	23	28.04	31	38.49	22	30.22	23	31.16	25
南宁	33.44	30	37.01	26	27.37	29	25.08	34	34.20	25	44.96	21	28.85	30
贵阳	31.17	31	35.80	29	24.93	30	37.28	25	31.23	31	7.37	33	30.40	27
乌鲁木齐	30.83	32	37.41	25	31.25	26	28.22	30	31.67	29	7.15	34	31.28	24
兰州	29.56	33	29.77	34	21.69	34	42.98	14	31.54	30	11.16	31	24.19	35
银川	27.70	34	36.02	28	22.93	33	25.20	33	27.67	34	7.38	32	24.57	34
西宁	22.98	35	25.61	35	18.38	35	23.69	35	26.65	35	6.43	35	24.88	33

总体上看，我国35个主要城市总部经济发展能力排名主要呈现以下几个特点。

1. 北京、上海、深圳、广州稳居第Ⅰ能级城市，总部经济发展引领全国

与上年相比，北京、上海、深圳、广州依然高居中国总部经济发展能力排行榜前四位，总部经济发展能力综合得分分别为88.66分、86.35分、75.81分和74.27分，是我国总部经济最发达、竞争优势最突出的城市。其中，北京、上海的综合得分在80分以上，北京的基础条件、商务设施、研发能力、专业服务四个分项指标均排在全国首位；上海的政府服务优势明显，排在第一位，基础条件、商务设施、研发能力和专业服务仅次于北京，均排在全国35个城市的第二位。从总部经济存量资源看，北京、上海更是领先全国，两市分别拥有国内500强企业109家和48家，远高于其他城市，合计拥有的国内500强企业占全国的31.4%；拥有的世界500强在华地区总部、分支机构等占全国的68%以上。紧随其后的深圳、广州综合得分在70~80分之间，深圳开放程度位列全国第一，是我国对外开放的重要窗口；广州的基础条件、商务设施、开放水平等均在全国处于领先地位。

2. 区域性中心城市发展强劲，总部经济综合发展能力逐步提升

随着《长江三角洲地区区域规划》、《成渝经济区区域规划》、《促进中部地区崛起规划》等一批区域性规划的出台和实施，一批重大项目的落地建设和相关政策的落实极大地促进了这些地区特别是区域中心城市的快速发展，其中以南京、武汉、长沙、厦门、大连、成都为代表的区域性中心城市在增强经济实力、提高科技创新能力、强化基础设施建设、改善服务环境等方面取得了不同程度的进步，发展总部经济的综合能力逐步提升。如近年来，武汉围绕"我国中部地区的中心城市"定位，大规模推进城市建设，提升中心城市功能，特别是在获批建设东湖国家自主创新示范区、开展"两型社会"建设综合配套改革试验以来，武汉的综合实力有了较大提升，基础条件得分51.44分，从上年度的第11位提高到本年度的第9位，研发能力从第8位升至本年度的第7位。

3. 部分城市特色竞争优势彰显，总部经济发展方向重点突出

部分城市依托自身发展基础和天然条件，重点巩固和提升优势领域的发展水平和竞争力，以特色城市品牌和独特竞争优势，吸引特定领域和重点类型的总部企业聚集，提升城市总部经济发展水平。从35个主要城市总部经济发展能力来看，一部分城市依托研发优势加速研发型总部的聚集发展，如西安近年来研发能力排名一直排在前5位，而且研发能力得分呈上升态势，从上年度的66.42分提高至本年度的68.41分，丰富的研发资源促进了宝德科技集团研发总部、迈瑞研发中心、清华紫光区域研究总部等一批知名企业研发总部的聚集发展。一部分城市则依托良好的区位优势着力提升对外开放水平，吸引了一批跨国公司区域性总部的聚集。比如大连、青岛、厦门、宁波等沿海城市以外向型经济为核心，大力发展总部经济，营造更好的投资环境，吸引越来越多的国际要素聚集，成为港澳台及国外大型企业区域总部青睐并选择落户的城市。如大连市总部经济取得较快发展势头，至2012年5月全市共有总部企业126家，其中世界500强企业53家，国内500强企业8家，商务部认定或备案的跨国公司地区总部企业19家，国家和中央部门确定的大型企业集团达到35家①。

（二）四能级城市总部经济发展能力年度述评

根据35个主要城市总部经济发展能力的综合得分，并结合各城市总部经济发展现状，将35个城市总部经济发展能力划分为以下四大能级（图1）。

第Ⅰ能级城市（综合得分＞70）：包括北京、上海、深圳和广州4个城市，总部经济发展综合能力得分分别为88.66分、86.35分、75.81分和74.27分。

第Ⅱ能级城市（50＜综合得分≤70）：包括杭州、天津、南京、成都、武汉、宁波共6个城市，排名从第5位到第10位，城市数量占35个城市的17.1%。

第Ⅲ能级城市（40＜综合得分≤50）：包括青岛、厦门、重庆、长沙、大连、西安、济南、沈阳、合肥、昆明和福州共11个城市，排名从11位到21位，城市数量占35个城市的31.4%。

第Ⅳ能级城市（综合得分≤40）：包括郑州、长春、太原、海口、呼和浩特、南昌、哈尔滨、石家庄、南宁、贵阳、乌鲁木齐、兰州、银川和西宁共14个城市，排名从第22到35名。

从城市总部经济发展能力综合得分与四个能级划分结果看，35个城市总部经济发展能力和条件存在较为明显的差异，适合发展的总部经济类型和层次也有所不同。处于第Ⅰ能级的四个城市总部经济发展能力强劲、优势明显，北京、上海应以世界500强和国内大型企业集团的全国总部为重点；深圳、广州应以国内外企业的地区总部、华南区总部和研发中心、营销中心、采购中心等职能总部为

---

① 《大连市总部经济发展步入快车道》，2012年5月21日《大连日报》。

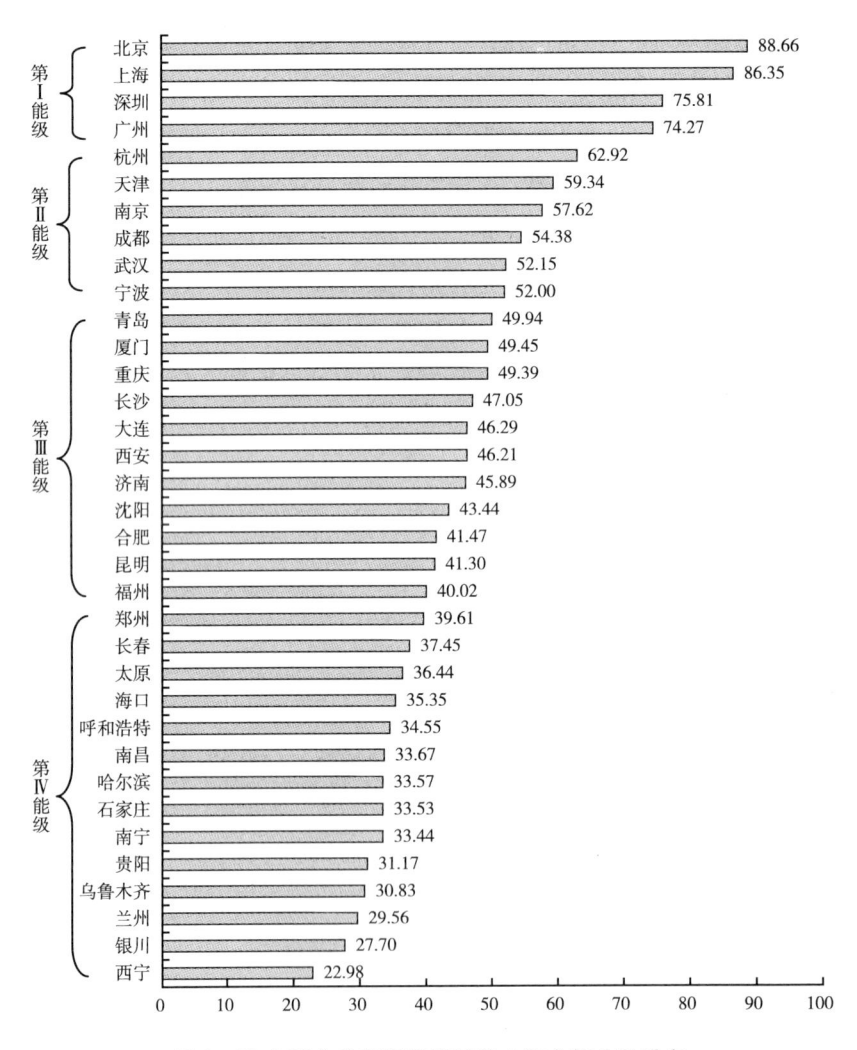

图 1　35 个城市总部经济发展能力综合得分及排名

能级	城市	得分
第Ⅰ能级	北京	88.66
第Ⅰ能级	上海	86.35
第Ⅰ能级	深圳	75.81
第Ⅰ能级	广州	74.27
第Ⅱ能级	杭州	62.92
第Ⅱ能级	天津	59.34
第Ⅱ能级	南京	57.62
第Ⅱ能级	成都	54.38
第Ⅱ能级	武汉	52.15
第Ⅱ能级	宁波	52.00
第Ⅲ能级	青岛	49.94
第Ⅲ能级	厦门	49.45
第Ⅲ能级	重庆	49.39
第Ⅲ能级	长沙	47.05
第Ⅲ能级	大连	46.29
第Ⅲ能级	西安	46.21
第Ⅲ能级	济南	45.89
第Ⅲ能级	沈阳	43.44
第Ⅲ能级	合肥	41.47
第Ⅲ能级	昆明	41.30
第Ⅲ能级	福州	40.02
第Ⅳ能级	郑州	39.61
第Ⅳ能级	长春	37.45
第Ⅳ能级	太原	36.44
第Ⅳ能级	海口	35.35
第Ⅳ能级	呼和浩特	34.55
第Ⅳ能级	南昌	33.67
第Ⅳ能级	哈尔滨	33.57
第Ⅳ能级	石家庄	33.53
第Ⅳ能级	南宁	33.44
第Ⅳ能级	贵阳	31.17
第Ⅳ能级	乌鲁木齐	30.83
第Ⅳ能级	兰州	29.56
第Ⅳ能级	银川	27.70
第Ⅳ能级	西宁	22.98

发展重点。第Ⅱ能级城市也具有较强的总部经济发展优势，应着重突出自身优势与特色，打造区域性总部经济中心。第Ⅲ能级城市大多数发展特色鲜明，在区域发展中具有一定的竞争优势，发展总部经济应充分结合各个城市的产业和资源特色，积极发展优势产业领域的跨国公司职能总部、国内企业区域性总部。第Ⅳ能级城市的总部经济综合实力和分项能力大部分低于 35 个城市的平均水平，尚不完全具备吸引外埠总部资源的条件，应以完善城市基础设施、配套服务为出发点，不断提升城市整体投资环境。

本评价报告采用六西格玛标准，结合每个城市总部经济发展能力各分项得分，将其平均值（$\bar{x}$）和反映离散程度的指标标准差（σ）结合起来，反映城市该分项指标在35个主要城市中的地位。将$\left|\dfrac{x-\bar{x}}{\sigma}\right|$与1进行比较，分项得分$x \geq (\bar{x}+\sigma)$，说明城市该项指标在35个城市中处于优势水平；$x \leq (\bar{x}-\sigma)$，说明城市该项指标处于劣势水平；$(\bar{x}-\sigma)<x<(\bar{x}+\sigma)$，说明城市该项指标处于一般水平。

表3 六个分项指标的分类标准

分项	优势水平	一般水平	劣势水平
基础条件	得分≥61.08	32.82＜得分＜61.08	得分≤32.82
商务设施	得分≥66.25	25.37＜得分＜66.25	得分≤25.37
研发能力	得分≥62.68	29.12＜得分＜62.68	得分≤29.12
专业服务	得分≥62.48	27.64＜得分＜62.48	得分≤27.64
政府服务	得分≥78.83	20.32＜得分＜78.83	得分≤20.32
开放程度	得分≥63.61	26.84＜得分＜63.61	得分≤26.84

综合考虑城市总部经济发展能力分项指标的均衡性①，以及各分项指标在35个城市中所处的地位，着重对影响四个能级城市总部经济发展能力的主要因素进行比较和分析，以帮助城市全面深入地把握各自发展总部经济的优势条件和不足之处。

1. 第Ⅰ能级城市总部经济发展能力评述

北京、上海、深圳和广州4个第Ⅰ能级城市发展总部经济的条件优越、优势突出，其综合实力和大部分分项发展水平得分均远超35个城市的优势水平（图2）。其中北京、上海的六个分项指标发展基本均衡，能够为吸引各类总部企业集聚发展提供完善的条件支撑。北京的商务设施得分99.57分，排名第1，比35个城市的优势水平高33.31分；专业服务99.99分，比优势水平高37.51分；研发能力87.80分，比优势水平高25.1分；政府服务较其他各分项指标相对靠后，仅排35个城市的第8位。上海的基础条件、商务设施、研发能力、专业服务、开放程度均列第2位，政府服务稳居榜首，高出优势水平14.42分；深圳、广州综合实力均远高于35个城市的优势水平，深圳的研发能力、开放程度以及广州

---

① 报告用雷达图表示城市总部经济发展能力的各分项指标情况。城市总部经济发展能力指数值位于［0，100］的区间，雷达图中城市分项指标的得分越靠近100，说明该指标的发展水平越高，越靠近0，说明该指标的发展水平越低；由表示城市各分项指标水平的点所组成的菱形越规则，说明各分项指标的发展能力和水平越均衡，反之则越不均衡。

的基础条件、商务设施、专业服务均位列前三，其中深圳开放程度得分87.49分，高出优势水平23.88分，居全国首位。

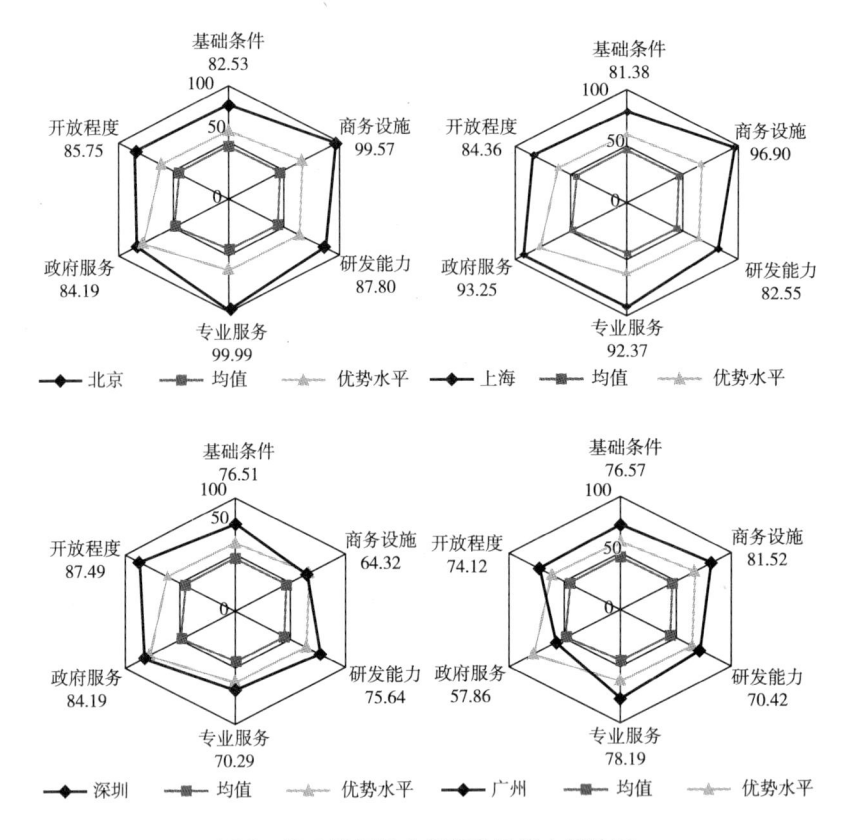

图2 第Ⅰ能级城市分项发展能力雷达图

2. 第Ⅱ能级城市总部经济发展能力评述

杭州、天津、南京、成都、武汉、宁波6个城市处于第Ⅱ能级，属于我国总部经济发展水平第二梯队城市，这些城市发展总部经济具有较强的竞争优势。从六个总部经济发展水平评价分项指标来看（图3），这些城市各分项指标发展较不均衡，相对而言，部分城市强势项非常突出，部分城市弱势项亦极其明显，影响了城市总部经济发展水平的整体提升。其中，杭州、南京和宁波的政府服务能力相对于其他各分项指标优势极其突出，天津、成都政府服务能力则严重滞后其他各分项发展水平；武汉的研发能力较其他分项指标水平脱颖而出。综合来看，今后这些城市在发展总部经济的过程中，既要充分发挥整体竞争优势，全面提升总部经济综合发展能力，又要找准优势分项和薄弱环节，扬长补短，全力推动总部经济综合发展能力的全面提升。

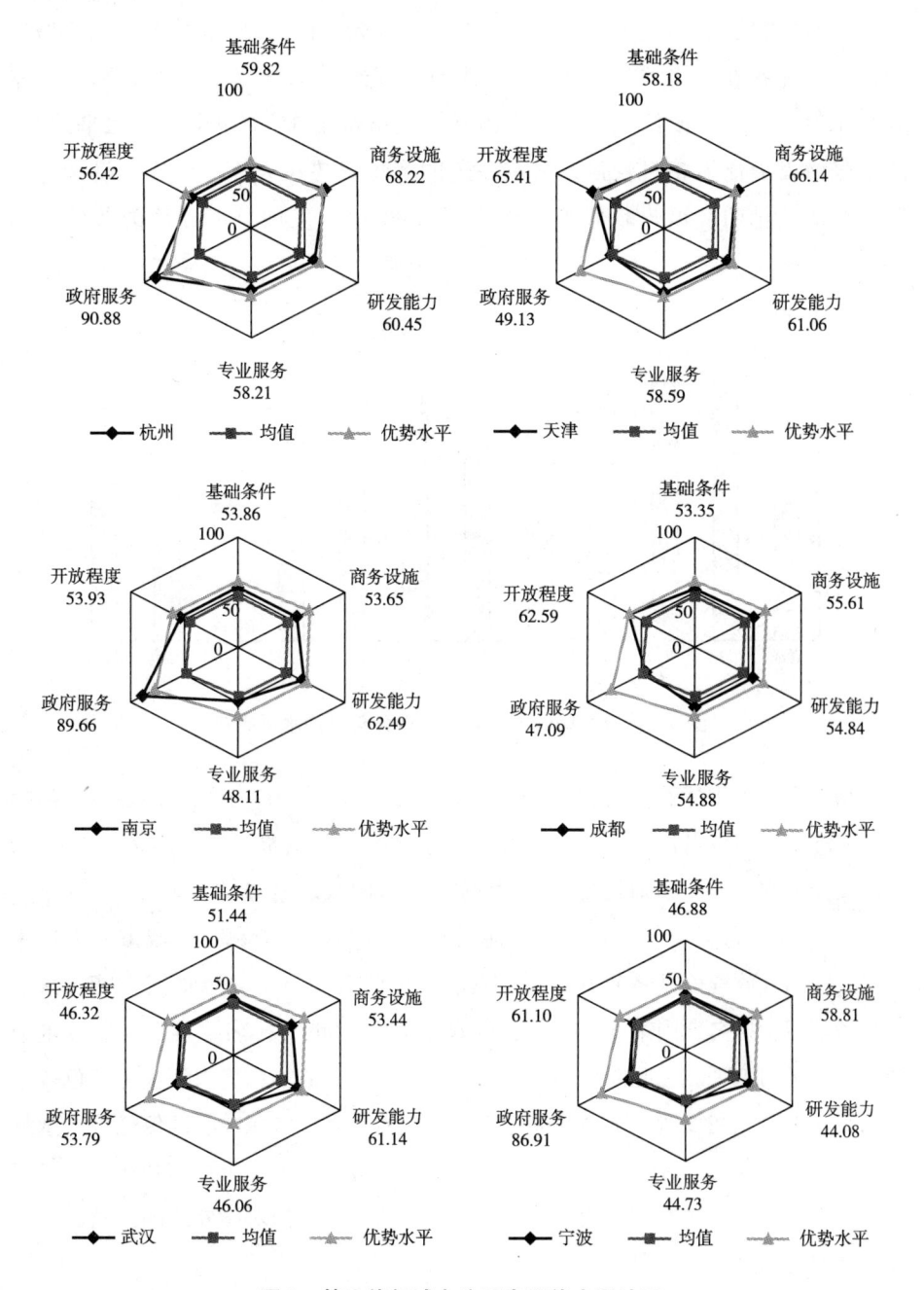

杭州：基础条件 59.82、商务设施 68.22、研发能力 60.45、专业服务 58.21、政府服务 90.88、开放程度 56.42

天津：基础条件 58.18、商务设施 66.14、研发能力 61.06、专业服务 58.59、政府服务 49.13、开放程度 65.41

南京：基础条件 53.86、商务设施 53.65、研发能力 62.49、专业服务 48.11、政府服务 89.66、开放程度 53.93

成都：基础条件 53.35、商务设施 55.61、研发能力 54.84、专业服务 54.88、政府服务 47.09、开放程度 62.59

武汉：基础条件 51.44、商务设施 53.44、研发能力 61.14、专业服务 46.06、政府服务 53.79、开放程度 46.32

宁波：基础条件 46.88、商务设施 58.81、研发能力 44.08、专业服务 44.73、政府服务 86.91、开放程度 61.10

图3 第Ⅱ能级城市分项发展能力雷达图

3. 第Ⅲ能级城市总部经济发展能力评述

青岛、厦门、重庆、长沙、大连、西安、济南、沈阳、合肥、昆明、福州11个城市处于第Ⅲ能级。从总部经济发展综合能力情况来看，11个城市发展水平能存在一定差距。以35个城市总部经济综合发展能力的平均水平为分水岭，青岛、厦门、重庆、长沙4个城市位于35个城市平均水平之上，总部经济发展能力相对较强，具有一定的竞争优势；大连、西安、济南、沈阳、合肥、昆明、福州略低于平均水平（图4），发展总部经济的整体实力一般。

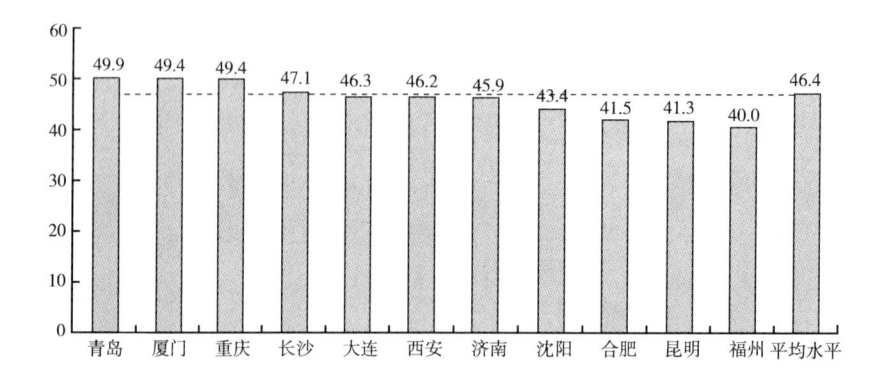

图4 第Ⅲ能级城市综合能力得分与平均水平比较

从六个分项指标看，这11个城市中除大连外，其他10个城市的各分项指标都不够均衡，但各具优势，特色较为鲜明（图5）。如青岛的政府服务排名第9，而研发能力和专业服务则均排在第19位；厦门的政府服务排名第2、基础条件居全国第10位，但商务设施、研发能力和专业服务则不及35个城市的平均水平；大连的开放程度排名前10，但研发能力排在第24位；西安的研发能力具有强劲竞争力，排名全国第5，远高于第16位的综合能力排名，其政府服务水平却远低于平均水平。在此能级的城市大多为区域性中心城市，由于优势特色领域较为明显，因此在发展总部经济的过程中，应着重发挥区域中心区位优势，做强做响区域特色优势品牌，重点留住并培育特色优势领域的本土总部企业，同时积极补足区域总部经济发展分项短板，逐步积累实力，增强对国外跨国公司职能总部和外埠总部企业的吸引力。

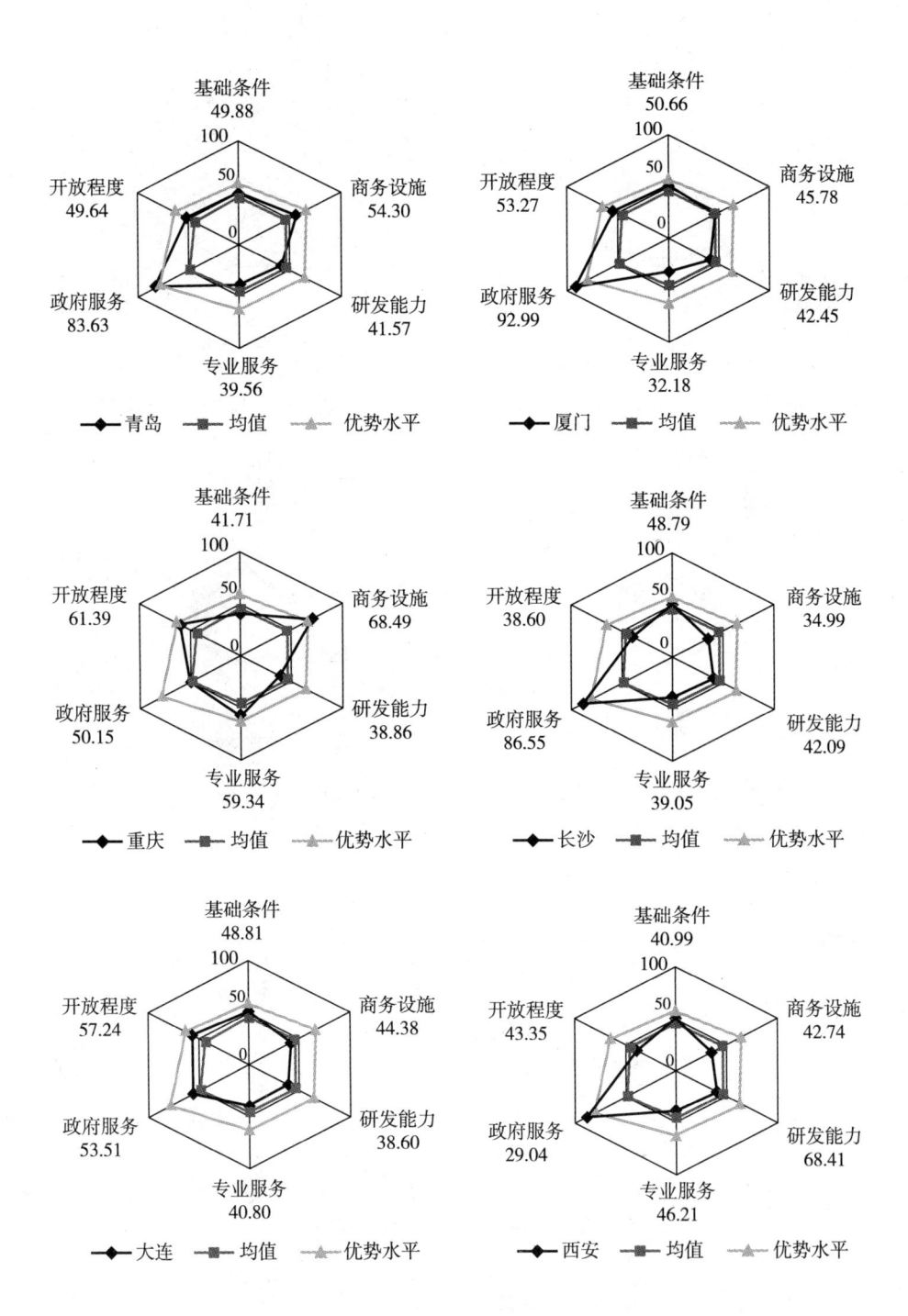

中国35个主要城市总部经济发展能力评价报告

青岛
- 基础条件 49.88
- 商务设施 54.30
- 研发能力 41.57
- 专业服务 39.56
- 政府服务 83.63
- 开放程度 49.64

厦门
- 基础条件 50.66
- 商务设施 45.78
- 研发能力 42.45
- 专业服务 32.18
- 政府服务 92.99
- 开放程度 53.27

重庆
- 基础条件 41.71
- 商务设施 68.49
- 研发能力 38.86
- 专业服务 59.34
- 政府服务 50.15
- 开放程度 61.39

长沙
- 基础条件 48.79
- 商务设施 34.99
- 研发能力 42.09
- 专业服务 39.05
- 政府服务 86.55
- 开放程度 38.60

大连
- 基础条件 48.81
- 商务设施 44.38
- 研发能力 38.60
- 专业服务 40.80
- 政府服务 53.51
- 开放程度 57.24

西安
- 基础条件 40.99
- 商务设施 42.74
- 研发能力 68.41
- 专业服务 46.21
- 政府服务 29.04
- 开放程度 43.35

063

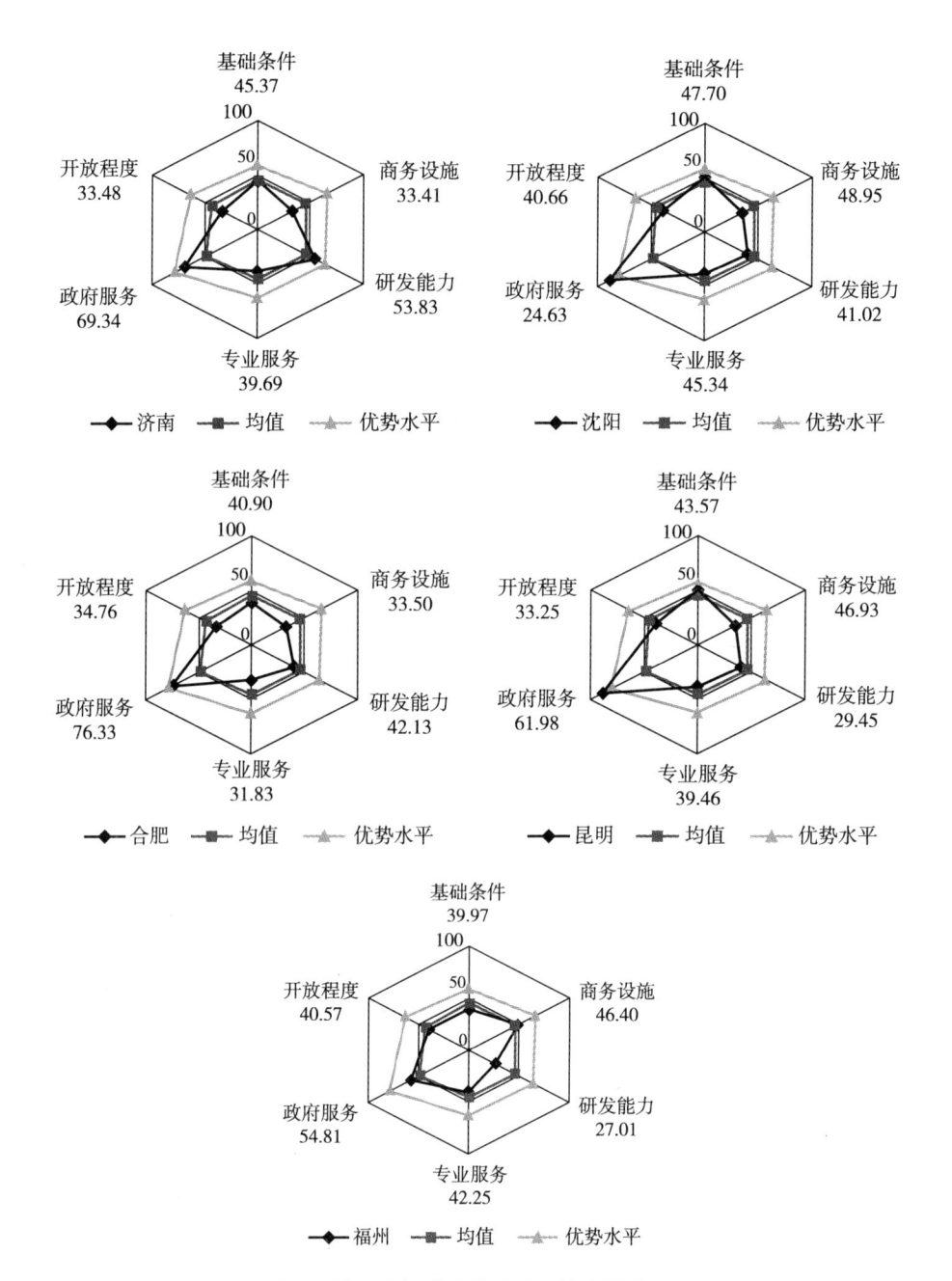

图 5 第Ⅲ能级城市分项发展能力雷达图

4. 第Ⅳ能级城市总部经济发展能力评述

与前三个能级的城市相比,处于第Ⅳ能级的 14 个城市总部经济综合发展能力远不及35个城市的平均水平,发展总部经济的整体能力较弱。这些城市应积极加强基础设施和商务设施等硬环境以及以政府优质服务为先导的软环境建设,积极培育特色产业集群和龙头骨干企业,重点做好对现有本土总部企业的服务工作,积极留住本土企业;对于一些已经具备一定发展基础的城市,可进一步做大优势力量,尝试以建设特色产业总部基地为带动,塑造区域特色品牌,吸引专业领域总部企业的入驻。从这些城市分项指标发展水平均衡来看,可以分为两大类。

第一类是分项相对均衡,部分指标折射竞争优势。包括郑州、长春、太原3个城市。总体来看,这些城市的基础条件、开放程度等分项指标发展相对均衡,大部分低于35个城市的一般水平,个别指标处于平均水平之上,如郑州的商务设施、长春的政府服务、太原的研发能力等(图6)。

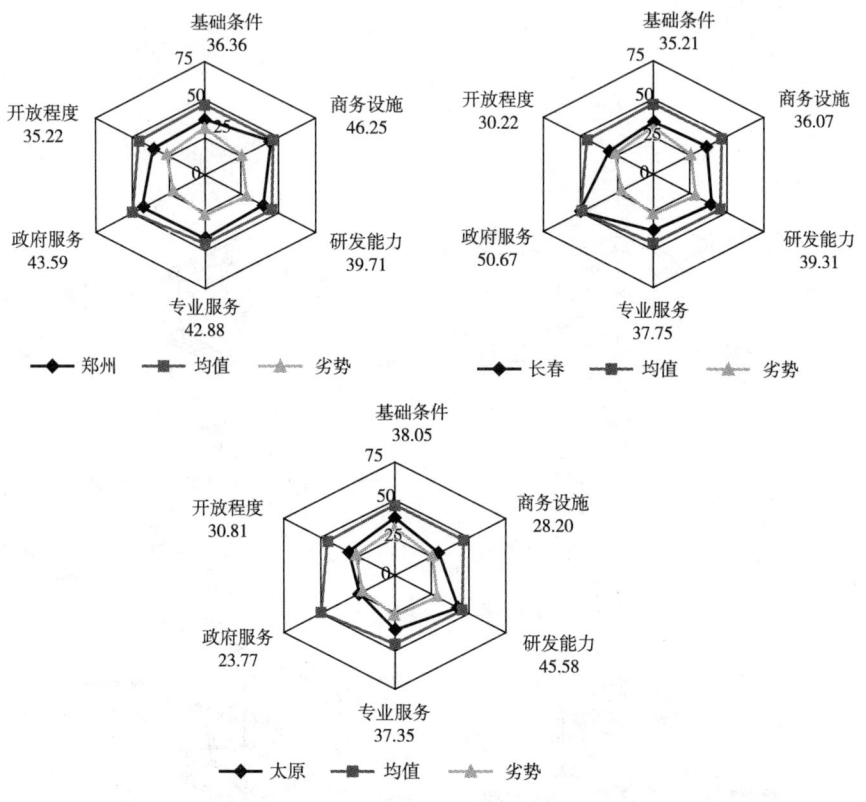

图6 第Ⅳ能级城市分项发展能力雷达图(Ⅰ)

第二类是分项相对不均衡,大部分指标不到平均水平。包括海口、呼和浩特、南昌、哈尔滨、石家庄、南宁、贵阳、乌鲁木齐、兰州、银川和西宁共11

个城市。这些城市各分项指标发展水平均相对较弱，大部分处于 35 个城市总部经济综合发展能力的平均水平之下，部分城市个别指标甚至处于劣势水平（图 7）。

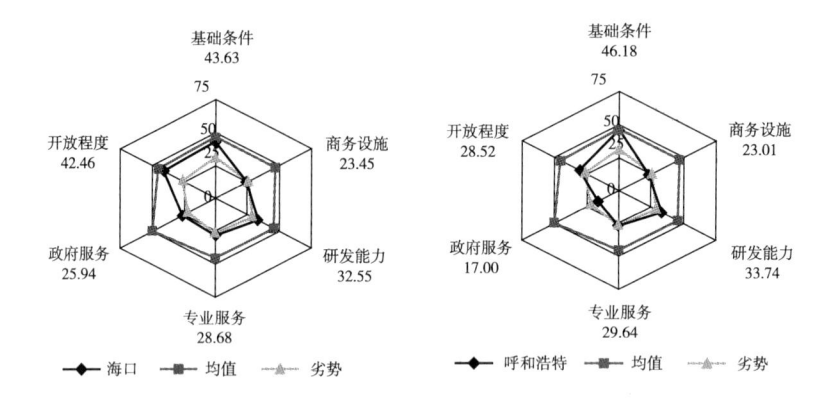

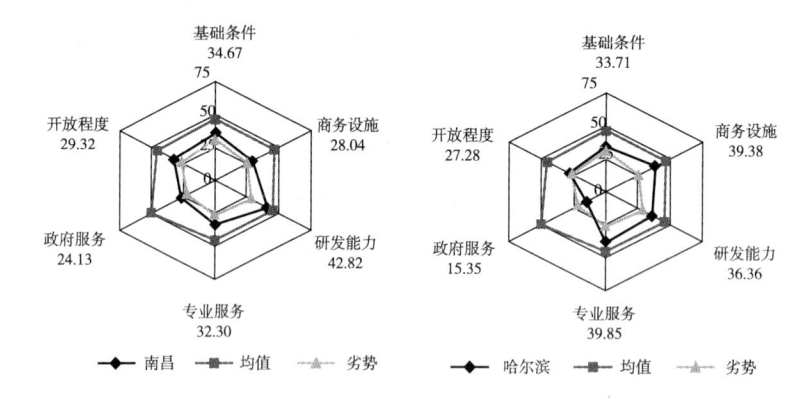

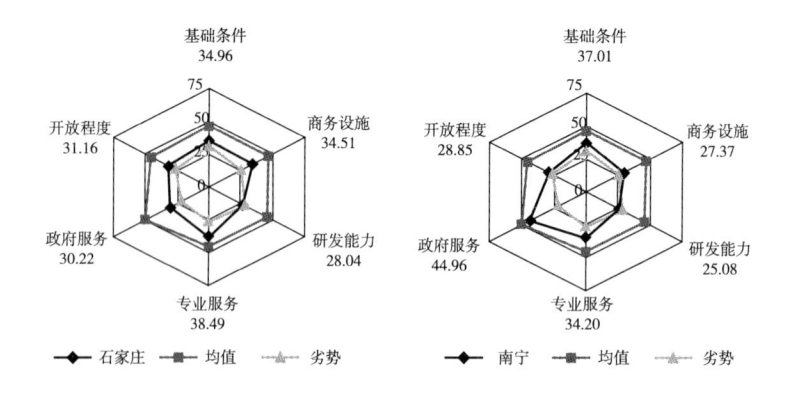

海口
- 基础条件 43.63
- 商务设施 23.45
- 研发能力 32.55
- 专业服务 28.68
- 政府服务 25.94
- 开放程度 42.46

呼和浩特
- 基础条件 46.18
- 商务设施 23.01
- 研发能力 33.74
- 专业服务 29.64
- 政府服务 17.00
- 开放程度 28.52

南昌
- 基础条件 34.67
- 商务设施 28.04
- 研发能力 42.82
- 专业服务 32.30
- 政府服务 24.13
- 开放程度 29.32

哈尔滨
- 基础条件 33.71
- 商务设施 39.38
- 研发能力 36.36
- 专业服务 39.85
- 政府服务 15.35
- 开放程度 27.28

石家庄
- 基础条件 34.96
- 商务设施 34.51
- 研发能力 28.04
- 专业服务 38.49
- 政府服务 30.22
- 开放程度 31.16

南宁
- 基础条件 37.01
- 商务设施 27.37
- 研发能力 25.08
- 专业服务 34.20
- 政府服务 44.96
- 开放程度 28.85

中国 35 个主要城市总部经济发展能力评价报告

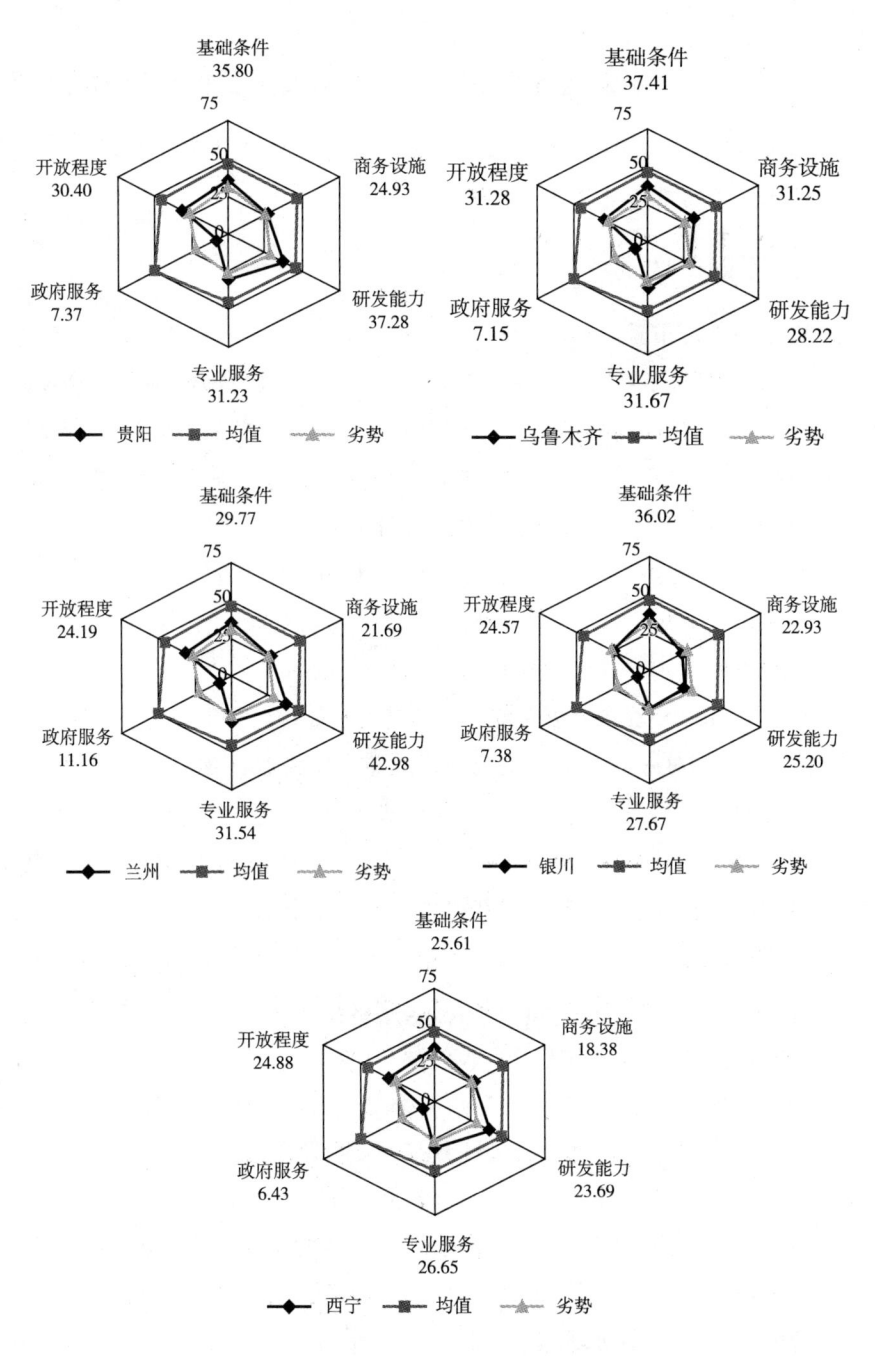

图 7 第 Ⅳ 能级城市分项发展能力雷达图（Ⅱ）

三 中国35个主要城市总部经济发展能力分项排名与分析述评

从基础条件、商务设施、研发能力、专业服务、政府服务和开放程度六个方面，对35个主要城市进行分项排名与分析。

（一）基础条件排名与分析评述

1. 35个主要城市基础条件排名

基础条件包括经济实力、总部资源、基础设施、社会基础、人口与就业、环境质量等六个细分指标，综合反映一个城市经济社会发展的基本情况。从这六个细分指标对基础条件贡献度的弹性分析看，经济实力每增加1%，基础条件增加0.3637%，对基础条件的贡献度最大；总部资源每增加1%，基础条件增加0.1818%；基础设施每增加1%，基础条件增加0.1818%；人口与就业每增加1%，基础条件增加0.0908%；社会基础每增加1%，基础条件增加0.104%；环境质量每增加1%，基础条件增加0.0909%。

2012年35个主要城市发展总部经济的基础条件排名结果如下（表4）。

（1）基础条件处于优势水平的城市。北京、上海、深圳和广州4个城市的基础条件得分均大于61.08分的优势水平。从经济实力、总部资源、基础设施等6个细分指标看，除个别指标外，这四大城市的其他细分指标均具有明显优势，居35个城市前列。其中，深圳基础条件的各个细分指标发展较为均衡，排名都居35个城市的前六位；北京、上海两个城市的环境质量水平相对较弱，还有较大的改善和提升空间；广州的经济实力、基础设施和环境质量基础较好，总部资源、社会基础和人口与就业指标还有待增强。

（2）基础条件处于一般水平的城市。杭州、天津、南京、成都、武汉等29个城市，基础条件指标得分均在32.82分与61.08分之间，处于一般水平。其中大部分城市的六个细分指标发展不均衡、排名差距较大。如杭州的总部存量资源较丰富，35个城市中排名第3，而基础设施、环境质量的排名则相对偏后，分别位于第13和第18位。又如，天津的总部资源和经济实力均排在前五名，而基础设施和环境质量与其整体水平极不相称，均排在第20位之后。今后，这些城市应重点加强基础设施建设和生态环境改善，大力补足薄弱环节短板，努力提高城市整体基础条件水平，为总部经济奠定坚实的发展基础。

表 4 35 个主要城市基础条件及其分项指标得分与排名

城市	基础条件		分项指标									
			经济实力		总部资源		基础设施		社会基础		人口与就业		环境质量	
	得分	排名	得分	排名	得分	排名	得分	排名	得分	排名	得分	排名	得分	排名
北京	82.53	1	95.70	1	100.00	1	63.96	5	64.83	6	94.11	1	38.18	27
上海	81.38	2	91.58	2	96.29	2	68.52	4	67.80	4	76.02	2	55.38	13
广州	76.57	3	88.70	3	63.21	5	79.58	2	53.23	10	66.55	5	82.07	2
深圳	76.51	4	78.67	4	63.02	6	81.96	1	81.87	1	71.15	3	83.94	1
杭州	59.82	5	61.30	6	70.81	3	49.57	13	62.10	7	58.29	8	51.64	18
天津	58.18	6	73.96	5	64.54	4	34.82	26	49.22	15	53.97	13	42.18	24
南京	53.86	7	61.07	7	53.57	7	49.61	12	41.43	23	60.85	6	39.49	26
成都	53.35	8	55.12	11	47.52	10	70.38	3	37.97	27	41.61	24	50.98	19
武汉	51.44	9	59.52	8	46.14	11	54.30	9	58.00	8	37.18	30	31.68	30
厦门	50.66	10	39.66	20	37.93	17	56.51	8	73.28	2	60.67	7	75.75	3
青岛	49.88	11	55.37	10	43.78	13	52.03	11	41.91	21	34.31	32	59.39	12
大连	48.81	12	57.01	9	43.92	12	40.45	18	30.07	33	45.53	18	64.54	6
长沙	48.79	13	47.65	16	38.85	15	61.95	6	42.11	20	40.69	25	61.70	11
沈阳	47.70	14	53.49	12	37.28	18	32.71	29	50.78	12	66.64	4	53.40	16
宁波	46.88	15	47.93	15	52.75	8	39.78	20	52.74	11	43.37	22	42.83	23
呼和浩特	46.18	16	51.28	13	33.14	27	42.70	30	53.89	9	54.03	12	63.25	9
济南	45.37	17	50.12	14	39.71	14	40.92	17	47.78	16	52.48	15	37.06	28
海口	43.63	18	35.47	24	33.43	26	39.16	21	69.05	3	58.21	9	65.62	5
昆明	43.57	19	31.44	27	35.84	19	52.74	10	67.19	5	54.66	11	54.92	15
重庆	41.71	20	46.61	17	49.66	9	38.41	24	24.51	35	31.71	35	40.06	25
西安	40.99	21	42.53	18	38.00	16	43.62	15	39.57	26	44.42	21	33.09	29
合肥	40.90	22	36.26	23	34.70	24	57.07	7	28.81	34	42.70	23	49.85	20
福州	39.97	23	34.79	25	33.91	25	45.12	15	41.24	24	38.95	26	62.22	10
太原	38.05	24	38.84	21	35.50	20	30.89	31	47.39	17	51.87	16	31.18	31
乌鲁木齐	37.41	25	34.48	26	32.66	28	39.33	22	56.54	10	24.32	32
南宁	37.01	26	27.86	30	32.66	29	37.86	25	43.28	19	45.70	17	65.75	4
郑州	36.36	27	37.04	22	35.17	23	29.80	33	33.66	29	45.10	20	43.17	22
银川	36.02	28	22.06	34	31.18	33	48.98	14	49.94	13	34.42	31	63.27	8
贵阳	35.80	29	30.11	29	31.65	30	38.94	23	37.36	28	45.28	19	49.53	21
长春	35.21	30	30.51	28	32.39	31	33.70	28	46.64	18	33.29	34	53.18	17
石家庄	34.96	31	27.64	31	35.50	20	34.19	27	41.69	22	38.21	27	54.72	14
南昌	34.67	32	25.95	32	33.14	27	40.35	19	32.89	30	33.79	33	63.93	7
哈尔滨	33.71	33	39.87	19	35.50	20	23.90	35	31.67	31	37.40	29	23.52	33
兰州	29.77	34	24.82	33	30.47	35	30.64	32	39.98	25	52.80	14	13.24	35
西宁	25.61	35	17.62	35	31.18	33	28.79	34	30.86	32	37.90	28	22.51	34

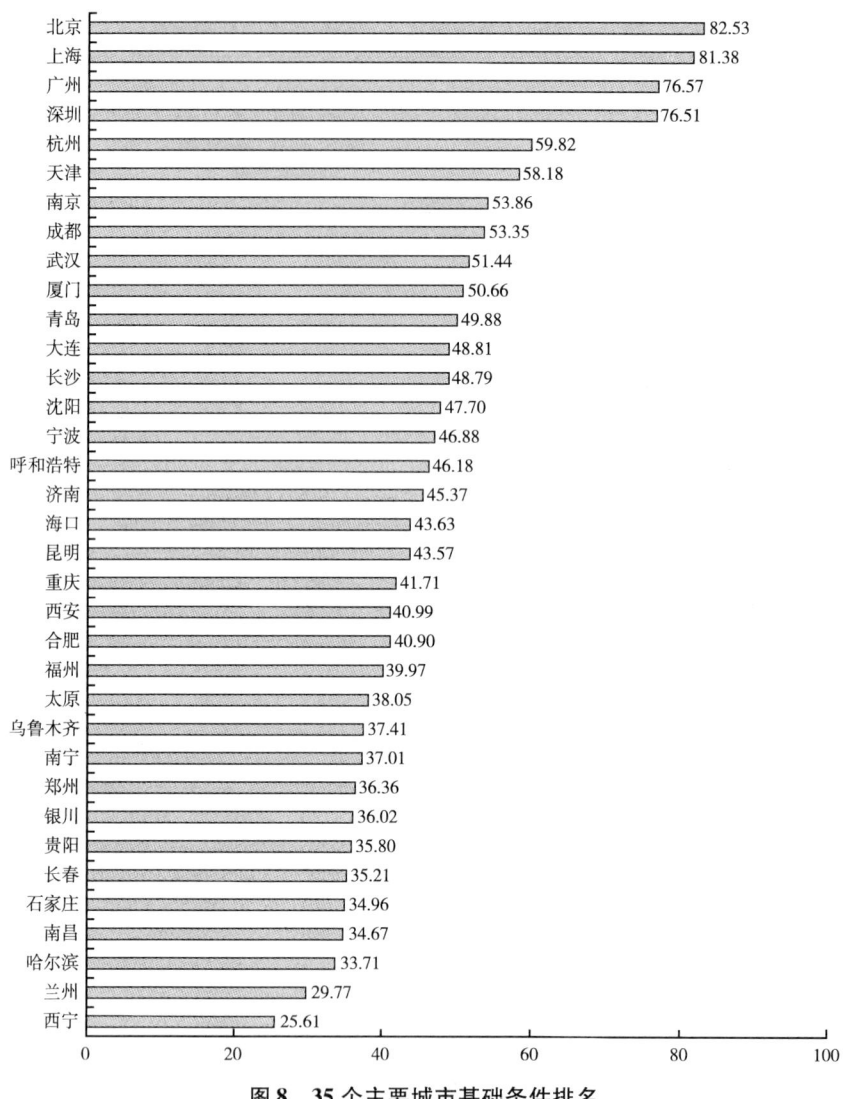

城市	数值
北京	82.53
上海	81.38
广州	76.57
深圳	76.51
杭州	59.82
天津	58.18
南京	53.86
成都	53.35
武汉	51.44
厦门	50.66
青岛	49.88
大连	48.81
长沙	48.79
沈阳	47.70
宁波	46.88
呼和浩特	46.18
济南	45.37
海口	43.63
昆明	43.57
重庆	41.71
西安	40.99
合肥	40.90
福州	39.97
太原	38.05
乌鲁木齐	37.41
南宁	37.01
郑州	36.36
银川	36.02
贵阳	35.80
长春	35.21
石家庄	34.96
南昌	34.67
哈尔滨	33.71
兰州	29.77
西宁	25.61

图8 35个主要城市基础条件排名

2. 基础条件指标与综合能力相关性分析

基础条件指标与城市总部经济综合发展能力具有很强的正相关性，两者的皮尔逊（Pearson）相关系数为0.9676（图9）。

将35个城市的基础条件与其总部经济发展综合能力进行比较，当｜基础条件排名－综合排名｜＜5时，表明该城市的基础条件与综合发展能力较协调；当｜基础条件排名－综合排名｜≥5时，表明该城市的基础条件与综合发展能力

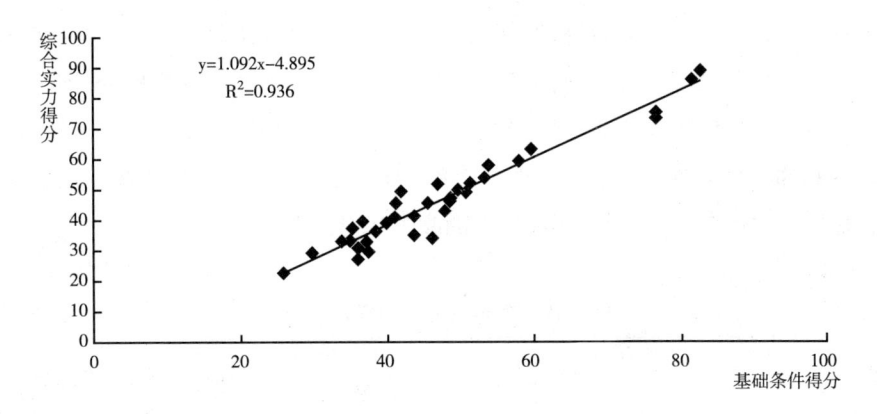

图中显示散点图，拟合方程为 $y=1.092x-4.895$，$R^2=0.936$，横轴为基础条件得分，纵轴为综合实力得分。

图9 基础条件得分与综合实力得分散点图

不够协调。据此，在35个主要城市中，大部分城市的基础条件与总部经济综合发展能力较为协调，仅11个城市的基础条件与综合发展能力不够协调。这种不协调性可分为两类：

（1）与综合排名相比，基础条件排名较靠前的城市。包括厦门、呼和浩特、海口、乌鲁木齐和银川5个城市。该类城市的基础条件与其总部经济综合发展能力相比，具有较为明显的优势，基础条件排名分别比综合能力排名高5~10个名次（表5）。如呼和浩特基础条件排在35个城市的第16位，比综合能力排名高10个名次；海口的基础条件排在第18位，比综合能力排名高7个名次，其中社会基础和环境质量优势明显，分别居35个城市的第3位和第5位。

表5 基础条件排名较靠前的城市

城市	综合能力		基础条件		|基础条件排名－综合排名|
	得分	排名	得分	排名	
呼和浩特	34.55	26	46.18	16	10
海口	35.35	25	43.63	18	7
乌鲁木齐	30.83	32	37.41	25	7
银川	27.70	34	36.02	28	6

（2）与综合排名相比，基础条件排名相对靠后的城市。包括宁波、重庆、西安、郑州、长春、南昌、哈尔滨7个城市。与自身综合发展能力相比，这些城

市的基础条件偏弱，其排名分别比各自的综合能力排名低 5~7 个名次（表 6）。例如，宁波总部经济综合能力排名较上年度提升 1 个名次，首次跻身全国第 10 名，但基础条件仅排在第 15 位，比综合能力低 5 个名次。从六个细分指标看，宁波的总部存量资源较为丰富，排名第 8，但基础设施、人口与就业、环境质量等指标则排在第 20 名之后，还有较大的改善和提升空间。

表 6　基础条件排名相对靠后的城市

城　市	综合能力		基础条件		|基础条件排名－综合排名|
	得分	排名	得分	排名	
宁　波	52.00	10	46.88	15	5
重　庆	49.39	13	41.71	20	7
西　安	46.21	16	40.99	21	5
郑　州	39.61	22	36.36	27	5
长　春	37.45	23	35.21	30	7
南　昌	33.67	27	34.67	32	5
哈尔滨	33.57	28	33.71	33	5

（二）商务设施排名与分析评述

1. 35 个主要城市商务设施排名

商务设施包括商务基本设施和信息基础设施，两个细分指标对城市商务设施水平的影响程度基本相同，影响系数均为 0.5。从弹性分析看，商务基本设施每增加 1%，商务设施增加 0.4999%；信息基础设施每增加 1%，商务设施增加 0.5%。一个城市在发展总部经济的过程中，既要不断完善商务基本设施，又要加强信息基础设施建设，不断提高城市的整体商务发展环境。

2012 年，35 个主要城市发展总部经济的商务设施条件评价结果如表 7 所示。

（1）商务设施处于优势水平的城市。根据评价结果，商务设施得分大于或等于 66.25 分的城市，其商务设施在 35 个主要城市中处于优势水平。按照这一标准，北京、上海、广州、重庆、杭州 5 个城市的商务设施均处于优势水平，这些城市的商务环境优越，商务办公设施完备，整体商务设施水平较高，能够较好地满足入驻总部企业发展的需求。

表7　35个主要城市商务设施及其分项指标得分与排名

城　市	商务设施		分项指标			
			商务基本设施		信息基础设施	
	得分	排名	得分	排名	得分	排名
北　京	99.57	1	99.94	1	99.20	2
上　海	96.90	2	94.36	2	99.44	1
广　州	81.52	3	79.03	3	84.00	3
重　庆	68.49	4	72.97	6	64.01	7
杭　州	68.22	5	72.99	5	63.45	8
天　津	66.14	6	74.57	4	57.71	12
深　圳	64.32	7	45.76	15	82.88	4
宁　波	58.81	8	66.39	7	51.22	14
成　都	55.61	9	47.13	13	64.09	6
青　岛	54.30	10	60.77	8	47.84	16
南　京	53.65	11	59.39	9	47.91	15
武　汉	53.44	12	45.33	16	61.55	10
沈　阳	48.95	13	51.35	10	46.55	18
昆　明	46.93	14	32.02	23	61.83	9
福　州	46.40	15	24.76	34	68.03	5
郑　州	46.25	16	47.19	12	45.31	19
厦　门	45.78	17	33.33	19	58.24	11
大　连	44.38	18	49.80	11	38.96	20
西　安	42.74	19	32.03	22	53.44	13
哈尔滨	39.38	20	31.98	24	46.78	17
长　春	36.07	21	46.15	14	25.99	28
长　沙	34.99	22	35.81	18	34.16	23
石家庄	34.51	23	31.85	25	37.17	22
合　肥	33.50	24	44.45	17	22.55	29
济　南	33.41	25	27.91	32	38.91	21
乌鲁木齐	31.25	26	33.19	20	29.31	24
太　原	28.20	27	28.20	31	28.19	25
南　昌	28.04	28	29.64	27	26.43	26
南　宁	27.37	29	28.66	30	26.09	27
贵　阳	24.93	30	28.77	29	21.08	30
海　口	23.45	31	29.40	28	17.50	32
呼和浩特	23.01	32	30.41	26	15.62	33
银　川	22.93	33	32.53	21	13.33	35
兰　州	21.69	34	24.87	33	18.52	31
西　宁	18.38	35	22.41	35	14.35	34

（2）商务设施处于一般水平的城市。深圳、杭州、成都、青岛等26个城市的商务设施得分在25.37分到66.25分之间，处于35个城市商务设施的一般水平。从两个细分指标看，大多数城市的商务基本设施和信息基础设施两个分项发

展不够均衡，如天津的商务基本设施优势显著，列35个主要城市的第4位，而信息基础设施仅排名第12；青岛拥有较为完善的商务基本设施，排名第8，而信息基础设施排名相对偏后，排第16；成都信息基础设施水平较高，排名第6，相比之下，商务基本设施仅排名第13，存在较大的提升空间。这些分项指标不均衡的城市未来应着重补足短板，突出强化薄弱指标水平的改善和提升。此外，武汉、石家庄、南昌等城市的两个分项指标发展较为均衡，未来应注重城市商务环境的整体优化。

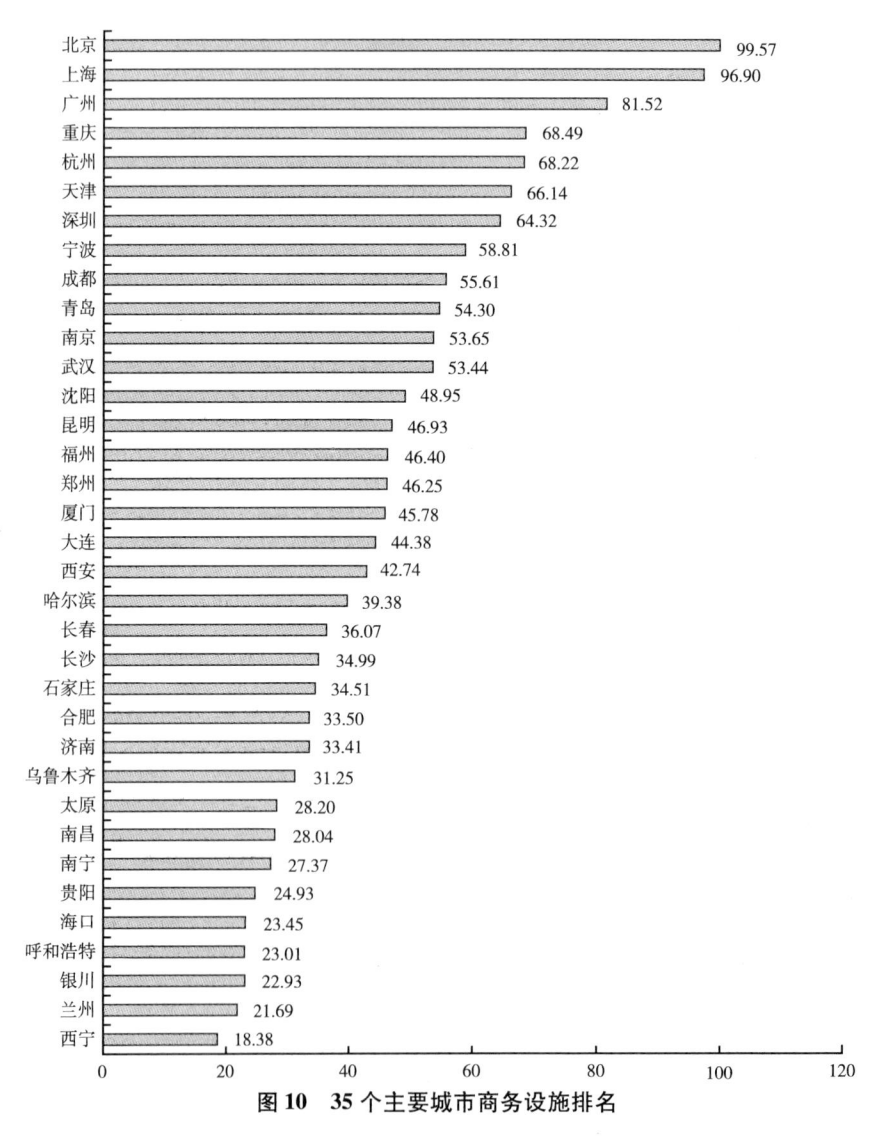

城市	得分
北京	99.57
上海	96.90
广州	81.52
重庆	68.49
杭州	68.22
天津	66.14
深圳	64.32
宁波	58.81
成都	55.61
青岛	54.30
南京	53.65
武汉	53.44
沈阳	48.95
昆明	46.93
福州	46.40
郑州	46.25
厦门	45.78
大连	44.38
西安	42.74
哈尔滨	39.38
长春	36.07
长沙	34.99
石家庄	34.51
合肥	33.50
济南	33.41
乌鲁木齐	31.25
太原	28.20
南昌	28.04
南宁	27.37
贵阳	24.93
海口	23.45
呼和浩特	23.01
银川	22.93
兰州	21.69
西宁	18.38

图10　35个主要城市商务设施排名

2. 商务设施指标与综合能力相关性分析

商务设施指标与城市总部经济发展综合能力的相关性较强，两者的皮尔逊（Pearson）相关系数为0.94（图11）。

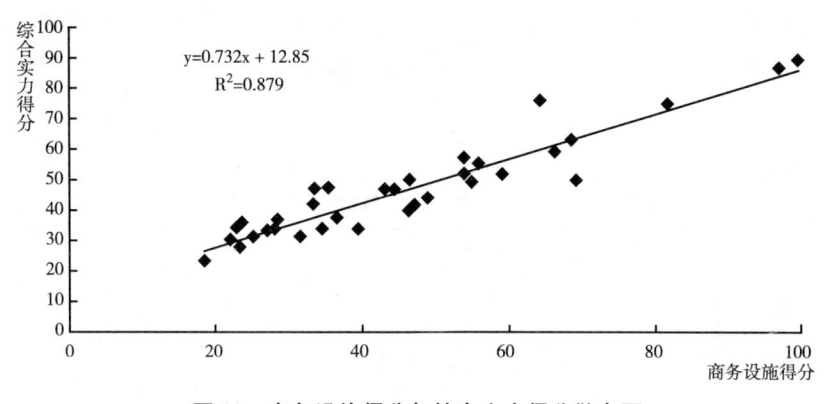

图11　商务设施得分与综合实力得分散点图

将商务设施与总部经济综合能力进行比较，当│商务设施排名－综合排名│＜5时，表明该城市商务设施水平与综合发展能力较为协调；当│商务设施排名－综合排名│≥5时，表明该城市商务设施水平与综合发展能力不协调。根据这一标准，35个城市中有14个城市的商务设施与总部经济综合能力不相协调。

（1）与综合排名相比，商务设施排名较靠前的城市。包括重庆、沈阳、昆明、福州、郑州等，其商务设施排名分别比其综合发展能力排名高5~9个名次（表8）。重庆的商务设施条件具有明显的竞争优势，排在全国第4位，仅次于北京、上海和广州，其中商务基本设施和信息基础设施发展均衡，分别以72.97分和64.01分排在第6位和第7位。

表8　商务设施排名较靠前的城市

城　市	综合能力		商务设施		│商务设施排名－综合排名│
	得分	排名	得分	排名	
重　庆	49.38928	13	68.49	4	9
沈　阳	43.43524	18	48.95	13	5
昆　明	41.29797	20	46.93	14	6
福　州	40.01538	21	46.40	15	6
郑　州	39.60815	22	46.25	16	6
哈　尔　滨	33.56909	28	39.38	20	8
石　家　庄	33.52815	29	34.51	23	6

（2）与综合排名相比，商务设施排名相对靠后的城市。包括厦门、长沙、合肥等，其商务设施排名分别比综合能力的排名低5~8个名次。这些城市的商务设施条件还有较大的改善和提升空间，应充分结合重点发展领域的总部企业需求，借鉴国内外先进地区的规划建设成功经验，大力营造与总部企业发展需求相适应的商务配套环境，提升城市总部经济发展的硬实力和吸引力。

表9 商务设施排名相对靠后的城市

城市	综合能力		商务设施		|商务设施排名 - 综合排名|
	得分	排名	得分	排名	
厦门	49.44833	12	45.78	17	5
长沙	47.05049	14	34.99	22	8
合肥	41.46664	19	33.50	24	5
济南	45.88605	17	33.41	25	8
海口	35.34877	25	23.45	31	6
呼和浩特	34.54733	26	23.01	32	6

（三）研发能力排名与分析评述

1. 35个主要城市研发能力排名

研发能力包括人才资源、研发投入和科技成果三个指标。其中，人才资源对城市的研发能力影响最大，其次是研发投入和科技成果。从弹性系数来看，人才资源每增加1%，研发能力将增加0.5%；研发投入每增加1%，研发能力将增加0.25%；科技成果每增加1%，研发能力将增加0.24997%。

2012年，35个主要城市发展总部经济的研发能力的排名结果如表10所示。

（1）研发能力处于优势水平的城市。根据评价结果，研发能力指标得分大于或等于62.68分的城市，其研发能力在35个城市中处于优势水平。该类城市包括北京、上海、深圳、广州、西安5个城市，这些城市的人才、科研机构等研发资源丰富，研发投入强度大，科技成果产出水平较高。从三个细分指标看，除西安的科技成果排在第13位外，这些城市研发能力的所有指标均排在全国35个城市的前10位。

表10 35个主要城市研发能力及其分项指标得分与排名

城市	研发能力		分项指标					
			人才资源		研发投入		科技成果	
	得分	排名	得分	排名	得分	排名	得分	排名
北京	87.80	1	76.09	2	99.96	1	99.08	1
上海	82.55	2	72.04	5	87.63	3	98.51	2
深圳	75.64	3	68.63	6	91.12	2	74.17	3
广州	70.42	4	72.58	4	73.97	5	62.56	7
西安	68.41	5	74.13	3	81.93	4	43.48	13
南京	62.49	6	82.11	1	37.82	21	47.92	11
武汉	61.14	7	63.53	7	66.90	8	50.59	10
天津	61.06	8	58.27	9	72.76	6	54.94	8
杭州	60.45	9	51.91	10	69.97	7	68.00	5
成都	54.84	10	44.46	18	62.36	9	68.09	4
济南	53.83	11	61.16	8	48.44	14	44.56	12
太原	45.58	12	46.18	14	57.93	11	32.01	25
宁波	44.08	13	35.51	23	40.87	18	64.43	6
兰州	42.98	14	49.19	12	42.96	17	30.57	29
南昌	42.82	15	48.56	13	43.57	16	30.59	28
厦门	42.45	16	44.61	17	44.03	15	36.55	20
合肥	42.13	17	40.92	22	50.70	13	36.00	21
长沙	42.09	18	50.12	11	27.72	28	40.38	16
青岛	41.57	19	35.44	24	55.88	12	39.50	18
沈阳	41.02	20	45.61	15	31.22	26	41.64	14
郑州	39.71	21	42.92	21	33.33	23	39.67	17
长春	39.31	22	43.64	19	36.60	22	33.37	23
重庆	38.86	23	32.98	28	38.25	20	51.24	9
大连	38.60	24	26.07	33	61.08	10	41.18	15
贵阳	37.28	25	43.30	20	31.43	25	31.11	27
哈尔滨	36.36	26	34.10	26	39.79	19	37.47	19
呼和浩特	33.74	27	45.04	16	15.50	35	29.39	33
海口	32.55	28	35.25	25	30.59	27	29.12	34
昆明	29.45	29	27.03	30	31.53	24	32.22	24
乌鲁木齐	28.22	30	33.12	27	16.74	34	29.90	31
石家庄	28.04	31	30.01	29	20.20	30	31.97	26
福州	27.01	32	26.64	32	19.66	31	35.10	22
银川	25.20	33	26.83	31	18.28	33	28.87	35
南宁	25.08	34	25.52	34	19.35	32	29.92	30
西宁	23.69	35	19.04	35	27.08	29	29.59	32

（2）研发能力处于一般水平的城市。南京、武汉、成都、天津、济南和长沙等23个城市，其研发能力的得分在29.12分与62.68分之间，处于35个城市

的一般水平。从细分指标看，这些城市中大多数城市的人才资源、研发投入和科技成果三个指标发展不够均衡，如南京的人才资源排在第 1 位，研发投入则排在第 21 位，科技成果排名第 11；宁波的科技成果水平排在第 6 位，但研发投入和人才资源则分别排在第 18 和第 23 位。长春、郑州等城市研发能力的三个分项指标发展相对均衡，但总体研发能力有待进一步提升。

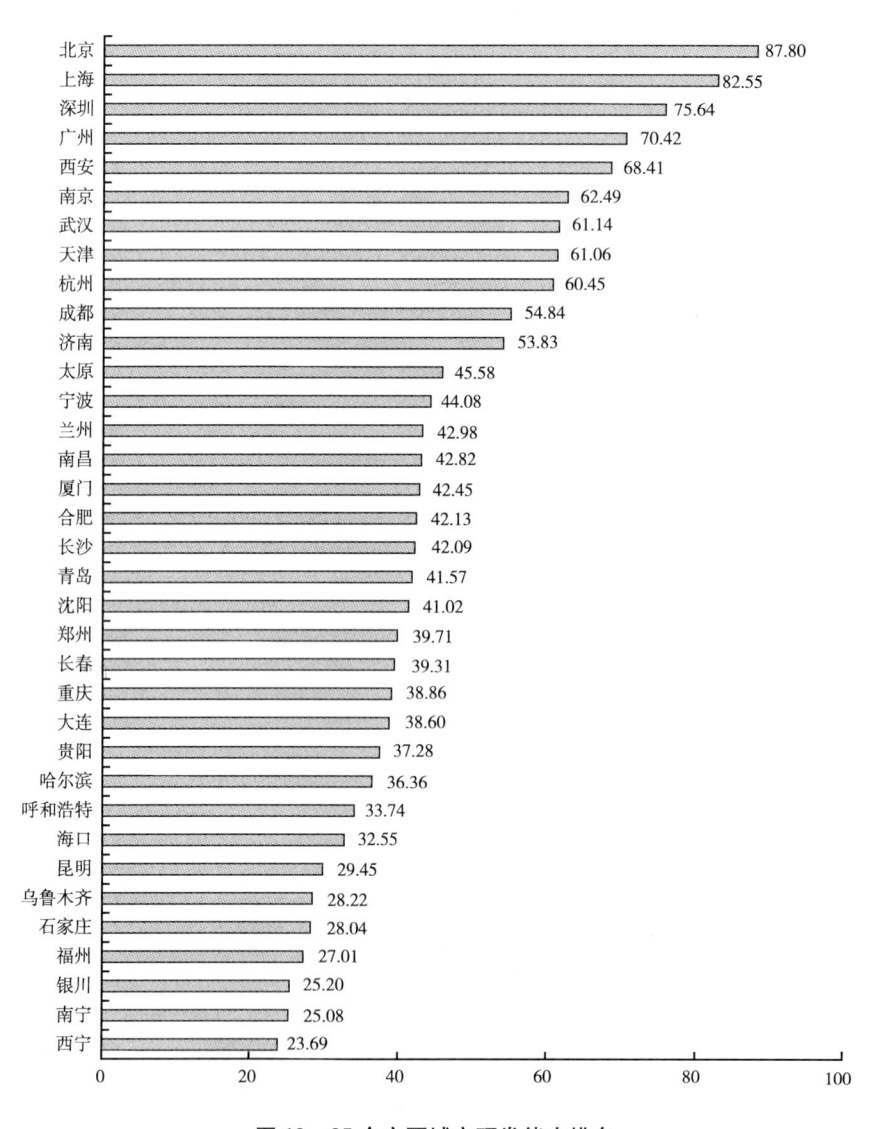

城市	数值
北京	87.80
上海	82.55
深圳	75.64
广州	70.42
西安	68.41
南京	62.49
武汉	61.14
天津	61.06
杭州	60.45
成都	54.84
济南	53.83
太原	45.58
宁波	44.08
兰州	42.98
南昌	42.82
厦门	42.45
合肥	42.13
长沙	42.09
青岛	41.57
沈阳	41.02
郑州	39.71
长春	39.31
重庆	38.86
大连	38.60
贵阳	37.28
哈尔滨	36.36
呼和浩特	33.74
海口	32.55
昆明	29.45
乌鲁木齐	28.22
石家庄	28.04
福州	27.01
银川	25.20
南宁	25.08
西宁	23.69

图 12　35 个主要城市研发能力排名

2. 研发能力指标与综合能力相关性分析

研发能力指标与城市总部经济综合能力有较强的正相关性,两者的皮尔逊(Pearson)相关系数为 0.8969(图13)。

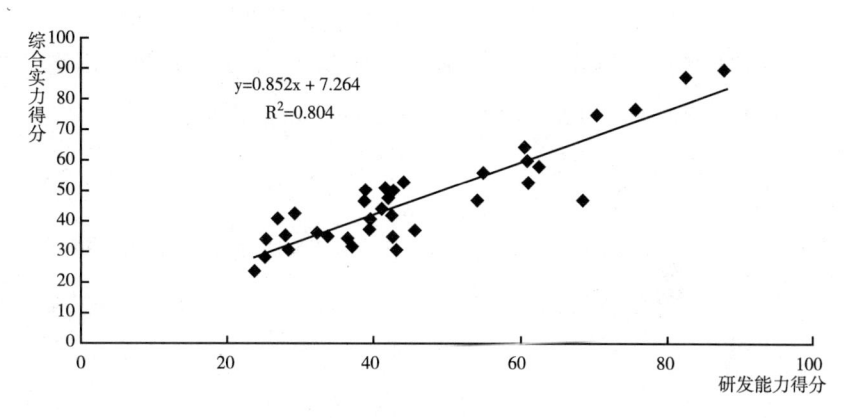

图13 研发能力得分与综合实力得分散点图

将一个城市的研发能力与总部经济综合能力比较,当│研发能力排名 - 综合排名│<5 时,表明该城市的研发能力与总部经济综合能力较为协调;当│研发能力排名 - 综合排名│≥5 时,说明该城市的研发能力与总部经济综合能力不相协调。根据这一标准,共有 11 个城市的研发能力与总部经济综合能力不够协调,这种不协调性可分为两类。

(1) 与综合排名相比,研发能力排名较靠前的城市。包括西安、济南、太原、兰州、南昌和贵阳共 6 个城市,其研发能力的排名分别比综合能力排名高 6~19 个名次(表11)。其中,西安、济南的研发能力优势明显,分别排在第 5 位和第 11 位,比各自的综合能力排名分别高 11 和 6 个名次。

表11 研发能力排名较靠前的城市

城 市	综合能力		研发能力		│研发能力排名 - 综合排名│
	得分	排名	得分	排名	
西 安	46.21	16	68.41	5	11
济 南	45.89	17	53.83	11	6
太 原	36.44	24	45.58	12	12
兰 州	29.56	33	42.98	14	19
南 昌	33.67	27	42.82	15	12
贵 阳	31.17	31	37.28	25	6

(2) 与综合排名相比,研发能力排名相对靠后的城市。包括青岛、重庆、大连、昆明和福州5个城市。这些城市的研发能力排名与综合排名相比相对靠后,分别比综合排名低8~11个名次。同时,这些城市的人才资源、研发投入和科技成果三个细分指标也存在较大的不均衡性。如青岛研发投入较高,排在第13位,而人才资源储备相对不足,仅排在第28位。今后这些城市应围绕总部经济的发展需求,着力加大研发创新投入,引进和培养高素质专业型人才资源,为总部经济提供持续的人才支撑。

表12 研发能力排名相对靠后的城市

城 市	综合能力		研发能力		|研发能力排名－综合排名|
	得分	排名	得分	排名	
青 岛	49.94	11	41.57	19	8
重 庆	49.39	13	38.86	23	10
大 连	46.29	15	38.60	24	9
昆 明	41.3	20	29.45	29	9
福 州	40.02	21	27.01	32	11

(四) 专业服务排名与分析评述

1. 35个主要城市专业服务排名

专业服务包括金融保险和专业咨询,这两个细分指标对城市专业服务业的影响程度基本相同。从弹性分析看,一个城市的金融保险每增加1%,该城市的专业服务能力将增加0.488%;专业咨询每增加1%,其专业服务能力将增加0.508%,专业咨询的贡献度略大于金融保险。

2012年,全国35个主要城市发展总部经济的专业服务能力的排名结果如表13所示。

从35个主要城市专业服务的排名结果看,除西宁的专业服务得分低于27.64分外,其他34个城市的专业服务得分或大于62.48分处于优势水平,或位于27.64分和62.48分之间属于一般水平。

(1) 专业服务处于优势水平的城市。包括北京、上海、广州、深圳4个城市。这些城市的专业服务得分均高于62.48分,金融保险、中介咨询等专业服务

表13 35个主要城市专业服务及其分项指标得分与排名

城市	专业服务		分项指标			
			金融保险		专业咨询	
	得分	排名	得分	排名	得分	排名
北京	99.99	1	99.99	1	100.00	1
上海	92.37	2	99.96	2	84.78	2
广州	78.19	3	89.75	3	66.64	3
深圳	70.29	4	79.00	4	61.57	4
重庆	59.34	5	69.22	5	49.46	7
天津	58.59	6	65.89	7	51.29	6
杭州	58.21	7	62.67	8	53.75	5
成都	54.88	8	66.09	6	43.67	13
南京	48.11	9	51.09	9	45.14	10
西安	46.21	10	47.58	11	44.84	11
武汉	46.06	11	48.89	10	43.22	16
沈阳	45.34	12	44.52	14	46.16	9
宁波	44.73	13	45.53	12	43.94	12
郑州	42.88	14	42.39	15	43.37	15
福州	42.25	15	36.42	20	48.08	8
大连	40.80	16	45.22	13	36.38	26
哈尔滨	39.85	17	36.94	19	42.76	18
济南	39.69	18	36.99	18	42.39	20
青岛	39.56	19	42.27	16	36.85	24
昆明	39.46	20	35.47	23	43.46	14
长沙	39.05	21	35.59	22	42.50	19
石家庄	38.49	22	39.63	17	37.36	23
长春	37.75	23	32.54	24	42.96	17
太原	37.35	24	35.95	21	38.75	22
南宁	34.20	25	27.86	28	40.54	21
南昌	32.30	26	28.35	26	36.26	27
厦门	32.18	27	29.02	25	35.33	31
合肥	31.83	28	27.93	27	35.73	30
乌鲁木齐	31.67	29	27.26	29	36.08	28
兰州	31.54	30	27.02	30	36.05	29
贵阳	31.23	31	25.68	31	36.78	25
呼和浩特	29.64	32	24.29	32	34.99	32
海口	28.68	33	23.18	33	34.19	33
银川	27.67	34	22.22	34	33.12	34
西宁	26.65	35	21.52	35	31.79	35

城市	分值
北京	99.99
上海	92.37
广州	78.19
深圳	70.29
重庆	59.34
天津	58.59
杭州	58.21
成都	54.88
南京	48.11
西安	46.21
武汉	46.06
沈阳	45.34
宁波	44.73
郑州	42.88
福州	42.25
大连	40.80
哈尔滨	39.85
济南	39.69
青岛	39.56
昆明	39.46
长沙	39.05
石家庄	38.49
长春	37.75
太原	37.35
南宁	34.20
南昌	32.30
厦门	32.18
合肥	31.83
乌鲁木齐	31.67
兰州	31.54
贵阳	31.23
呼和浩特	29.64
海口	28.68
银川	27.57
西宁	26.65

图 14 35 个主要城市专业服务排名

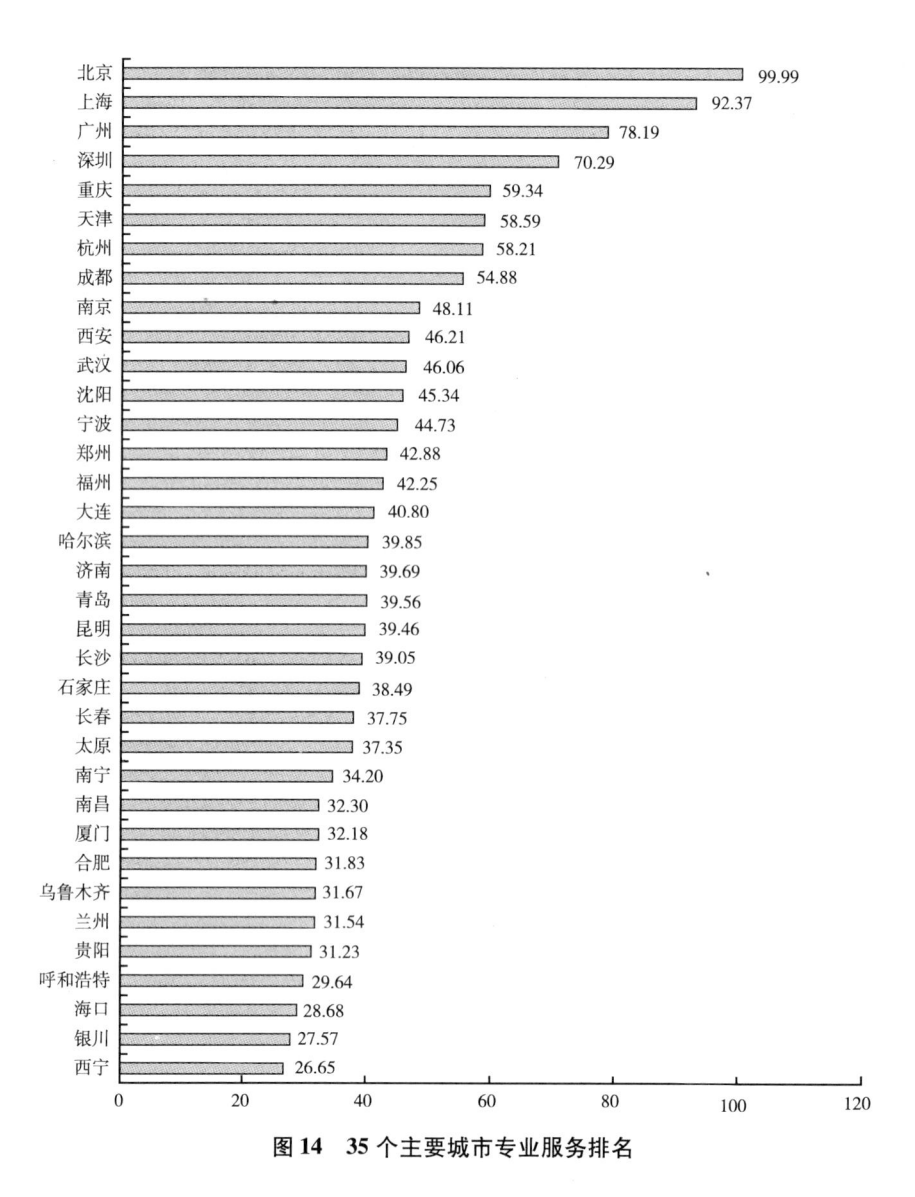

发达，服务能力和水平较高，能够为入驻的总部企业提供专业、完善的服务支撑。从两个细分指标看，这 4 个城市的金融保险、专业咨询发展非常均衡，都处在 35 个主要城市分项排名中的同等名次。

（2）专业服务处于一般水平的城市。大多数城市的专业服务得分在 27.64 分与 62.48 分之间，处于一般水平，包括重庆、天津、成都、南京等 30 个城市。从细分指标看，有些城市的金融保险、专业咨询发展均衡，如重庆、天津、杭州、南京、西安、宁波等。有些城市两个细分指标水平层次存在较大差距，如武汉、大连、青岛、石家庄等，其金融保险服务水平较高，专业咨询相对较弱，应加大专业咨询机构及人才等培育和引进；沈阳、福州、长春等城市的专业咨询相比金融保险更具优势，今后应加快促进金融服务业发展。

2. 专业服务指标与综合能力相关性分析

专业服务指标与城市总部经济发展综合能力的皮尔逊（Pearson）相关系数为 0.9616（图 15），两者的正相关性较强。

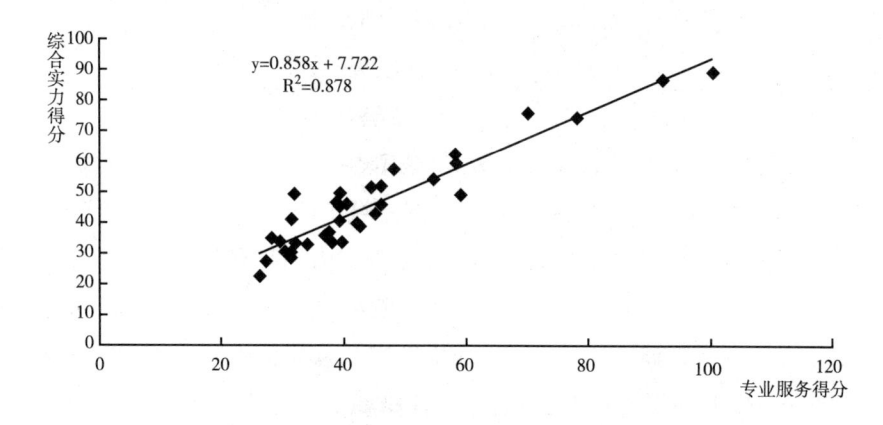

图 15 专业服务得分与综合实力得分散点图

将一个城市的专业服务排名与总部经济综合能力排名加以比较，当│专业服务排名－综合排名│＜5 时，表明该城市的专业服务与总部经济综合能力较协调；当│专业服务排名－综合排名│≥5 时，表明该城市的专业服务与综合能力还不够协调。参照这一标准，专业服务与总部经济综合能力不协调的城市共有 14 个，具体可分为两类：

（1）与综合排名相比，专业服务排名较靠前的城市。包括重庆、西安、沈阳、郑州、福州、哈尔滨、石家庄、南宁 8 个城市，其专业服务排名分别比综合能力排名高 5~11 个名次。其中，重庆专业服务排在第 5 位，比综合能力排名高出 5 个名次，较完善的专业服务体系能够为总部企业发展提供良好的服务支撑。沈阳、福州、石家庄、南宁两个细分指标发展不够均衡，沈阳的金融保险服务水平较好，排在第 14 名；福州的专业咨询优势突出，高居 35 个主要城市的第 8 位，而金融保险则相对较弱，仅排在第 20 位。

表14　专业服务排名较靠前的城市

城　　市	综合能力		专业服务		|专业服务排名－综合排名|
	得分	排名	得分	排名	
重　　庆	49.39	13	59.34	5	8
西　　安	46.219	16	46.21	10	6
沈　　阳	43.439	18	45.34	12	6
郑　　州	39.61	22	42.88	14	8
福　　州	40.02	21	42.25	15	6
哈 尔 滨	33.57	28	39.85	17	11
石 家 庄	33.53	29	38.49	22	7
南　　宁	33.43	30	34.20	25	5

（2）与综合排名相比，专业服务排名相对靠后的城市。包括青岛、长沙、厦门、合肥、呼和浩特和海口6个城市，这些城市的综合排名相对靠前，青岛、长沙、厦门均排在前15名，但它们的专业服务能力均存在较大的提升空间，除青岛排在第19名外，其他2个城市均排在20名之后。在发展总部经济的过程中，要重视发展专业服务业，特别要加快发展与总部企业需求相适应的金融保险、中介咨询、科技服务、信息服务、现代物流、会议展览等生产性服务业。

表15　专业服务排名相对靠后的城市

城　　市	综合能力		专业服务		|专业服务排名－综合排名|
	得分	排名	得分	排名	
青　　岛	49.94	11	39.56	19	8
长　　沙	47.05	14	39.05	21	7
厦　　门	49.45	12	32.18	27	15
合　　肥	41.47	19	31.83	28	9
呼和浩特	34.55	26	29.64	32	6
海　　口	35.35	25	28.68	33	8

（五）政府服务排名与分析评述

1. 35个主要城市政府服务排名

政府服务包括政府办事效率、服务态度、服务质量等细分指标，综合反映一个城市政府服务总部经济发展的能力与水平。报告主要采用专家打分法，对全国

35个主要城市发展总部经济的政府服务能力进行评价与排序，评价结果如图16所示。

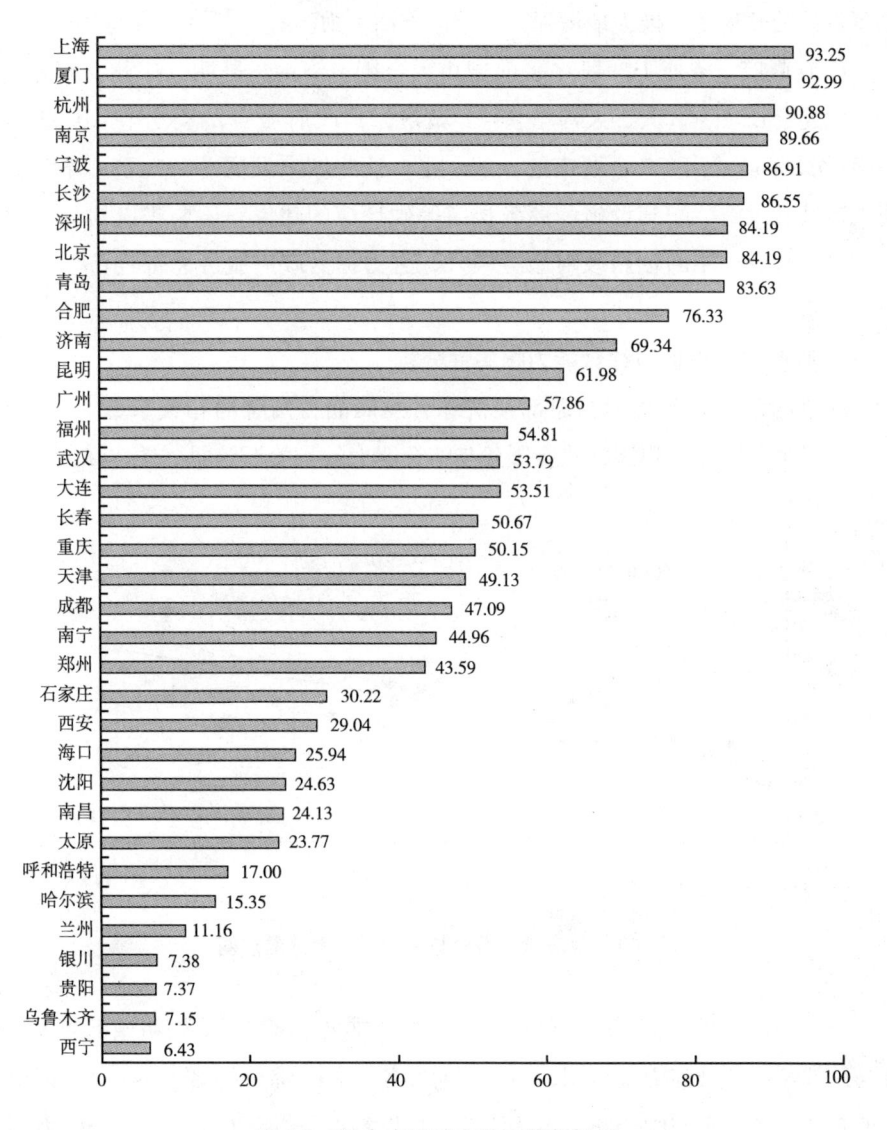

城市	得分
上海	93.25
厦门	92.99
杭州	90.88
南京	89.66
宁波	86.91
长沙	86.55
深圳	84.19
北京	84.19
青岛	83.63
合肥	76.33
济南	69.34
昆明	61.98
广州	57.86
福州	54.81
武汉	53.79
大连	53.51
长春	50.67
重庆	50.15
天津	49.13
成都	47.09
南宁	44.96
郑州	43.59
石家庄	30.22
西安	29.04
海口	25.94
沈阳	24.63
南昌	24.13
太原	23.77
呼和浩特	17.00
哈尔滨	15.35
兰州	11.16
银川	7.38
贵阳	7.37
乌鲁木齐	7.15
西宁	6.43

图16　35个主要城市政府服务排名

（1）政府服务处于优势水平的城市。评价结果显示，政府服务得分大于78.83分，表明该城市的政府服务在35个城市中处于优势水平。按照这一标准，2012年政府服务处于优势水平的城市包括上海、厦门、杭州、南京、宁波、长沙、深圳、北京和青岛共9个城市。这些城市在发展总部经济、建设特色总部聚集区的过程中，注重政府服务环境的营造和服务能力的提升，为总部经济发展提供了良好的软环境，极大地增强了区域的招商引力。

（2）政府服务处于一般水平的城市。合肥、济南、昆明、广州、福州、武汉、大连、长春、重庆、天津等19个城市，其政府服务的得分在20.32分到78.83分之间，处于35个城市的一般水平。这些城市发展总部经济，不仅要重视城市基础设施、配套设施和商务楼宇等硬环境的建设，还要积极树立"服务型政府"理念，不断创新政府服务模式，努力提升政府服务总部经济发展的能力和水平。

2. 政府服务指标与综合能力相关性分析

城市的政府服务指标与总部经济综合发展能力两者的相关系数为0.7354。与其他五个分项指标相比，政府服务与综合能力的相关性较弱（图17）。

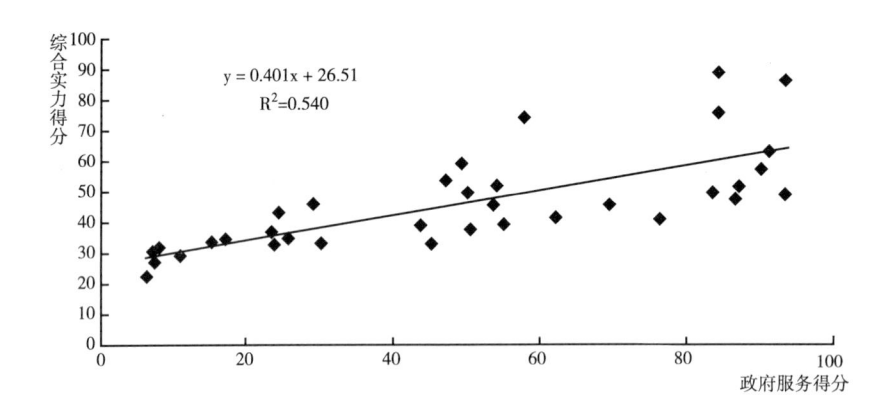

$y = 0.401x + 26.51$
$R^2 = 0.540$

图17　政府服务得分与综合实力得分散点图

结合评价结果，当 |政府服务排名－综合排名| <5 时，表明城市的政府服务与总部经济综合能力较协调；当 |政府服务排名－综合排名| ≥5 时，说明城市的政府服务水平与综合能力不够协调。这里重点分析政府服务与综合能力不够协调的18个城市。

（1）与综合排名相比，政府服务排名较靠前的城市。包括厦门、宁波、长沙、合肥、济南、昆明、福州、长春、南宁和石家庄10个城市，其政府服务与综合能力相比具有较明显的优势，排名分别比综合能力的排名高5~10个名次。

其中，厦门、宁波、长沙3个城市的政府服务优势明显，分别排在第2、第5和第6位。

表16 政府服务排名较靠前的城市

城 市	综合能力		政府服务		|政府服务排名－综合排名|
	得分	排名	得分	排名	
厦 门	49.45	12	92.99	2	10
宁 波	52.00	10	86.91	5	5
长 沙	47.05	14	86.55	6	8
合 肥	41.47	19	76.33	10	9
济 南	45.89	17	69.34	11	6
昆 明	41.30	20	61.98	12	8
福 州	40.02	21	54.81	14	7
长 春	37.45	23	50.67	17	6
南 宁	33.44	30	44.96	21	9
石 家 庄	33.53	29	30.22	23	6

（2）与综合排名相比，政府服务排名相对靠后的城市。包括北京、广州、武汉、重庆、天津、成都、西安和沈阳8个城市。与综合排名相比，这些城市的政府服务排名相对靠后，分别比其综合能力排名低5~13个名次，应加快体制创新、机制创新和服务创新，不断提高政府服务能力和水平。

表17 政府服务排名相对靠后的城市

城 市	综合能力		政府服务		|政府服务排名－综合排名|
	得分	排名	得分	排名	
北 京	88.66	1	84.19	8	7
广 州	74.27	4	57.86	13	9
武 汉	52.15	9	53.79	15	6
重 庆	49.39	13	50.15	18	5
天 津	59.34	6	49.13	19	13
成 都	54.38	8	47.09	20	12
西 安	46.21	16	29.04	24	8
沈 阳	43.44	18	24.63	26	8

（六）开放程度排名与分析评述

1. 35个主要城市开放程度排名

开放程度包括区域开放和国际开放两个分项指标，全面反映一个城市的开放能力与水平。从影响系数看，两个分项指标对城市开放程度的影响系数均为0.5；从弹性来分析，区域开放程度每增加1%，开放程度将提高0.5%；国际开放程度每上升1%，开放程度将提高0.4999%，两个分项指标对开放程度的贡献度基本一致。

35个主要城市发展总部经济的开放程度排名与评价结果，如表18所示。

表18 35个主要城市开放程度及其分项指标得分与排名

城市	对外开放		分项指标			
			区域开放		国际开放	
	得分	排名	得分	排名	得分	排名
深圳	87.49	1	84.43	1	90.54	3
北京	85.75	2	76.64	4	94.86	2
上海	84.36	3	70.82	6	97.91	1
广州	74.12	4	75.92	5	72.32	5
天津	65.41	5	60.71	7	70.12	6
成都	62.59	6	79.11	2	46.07	13
重庆	61.39	7	76.97	3	45.80	14
宁波	61.10	8	57.57	8	64.64	8
大连	57.24	9	45.67	14	68.81	7
杭州	56.42	10	48.81	12	64.03	9
南京	53.93	11	52.84	9	55.02	11
厦门	53.27	12	34.09	23	72.45	4
青岛	49.64	13	43.89	16	55.38	10
武汉	46.32	14	52.63	10	40.01	16
西安	43.35	15	51.98	11	34.72	19
海口	42.46	16	47.60	13	37.32	17
沈阳	40.66	17	40.11	18	41.22	15
福州	40.57	18	34.55	22	46.58	12
长沙	38.60	19	44.73	15	32.47	21
郑州	35.22	20	40.96	17	29.47	26

续表

城市	对外开放		分项指标			
			区域开放		国际开放	
	得分	排名	得分	排名	得分	排名
合 肥	34.76	21	36.58	20	32.93	20
济 南	33.48	22	38.55	19	28.42	27
昆 明	33.25	23	31.65	27	34.85	18
乌鲁木齐	31.28	24	31.36	28	31.20	25
石 家 庄	31.16	25	34.05	24	28.28	28
太 原	30.81	26	29.83	29	31.80	22
贵 阳	30.40	27	35.37	21	25.43	30
长 春	30.22	28	28.86	30	31.58	23
南 昌	29.32	29	27.18	32	31.46	24
南 宁	28.85	30	33.16	25	24.54	32
呼和浩特	28.52	31	31.98	26	25.07	31
哈 尔 滨	27.28	32	28.71	31	25.85	29
西 宁	24.88	33	26.53	33	23.22	34
银 川	24.57	34	25.45	34	23.69	33
兰 州	24.19	35	25.38	35	23.00	35

（1）开放程度处于优势水平的城市。根据统计结果，开放程度得分大于63.61分的城市，其开放程度在35个城市中处于优势水平。2012年，深圳、北京、上海、广州和天津共5个城市的开放程度具有明显竞争优势。从区域开放和国际开发两个分项指标看，这些城市的经济外向度水平较高，无论区域开放程度还是国际开放程度均居35个城市的前7位。

（2）开放程度处于一般水平的城市。开放程度得分处于26.84分和63.61分之间的城市，在35个城市中居一般水平。按照这一标准，成都、重庆、宁波、大连、杭州、南京、厦门、青岛等27个城市的开放程度处于一般水平。从两个分项指标看，成都、重庆两个城市的区域开放程度较高，具有明显优势，分别排在第2和第3位，但这两个城市的国际开放程度相对较弱，仅排在第13和第14位；厦门、大连、宁波、杭州、青岛等沿海地区城市的国际开放程度较高，与其他国家和地区的贸易经济往来紧密，相比之下，除宁波外其他几个城市仍需重点加强与国内其他省市和地区的交流与联系。

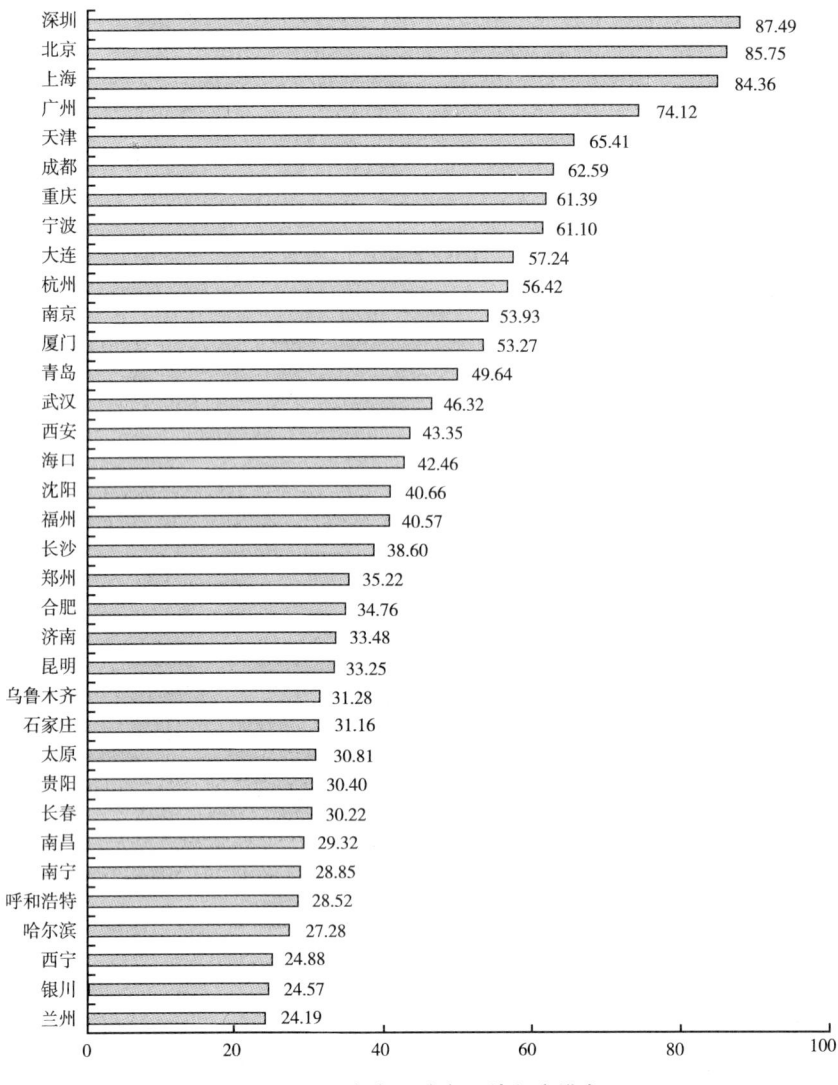

图 18　35 个主要城市开放程度排名

2. 开放程度指标与综合能力相关性分析

开放程度指标与总部经济发展综合能力两者的皮尔逊（Pearson）相关系数为 0.9435（图 19），具有较强的正相关性。

将城市的开放程度与综合能力排名进行比较，当｜开放程度排名 - 综合排名｜<5 时，表明该城市的开放程度与综合发展能力相对协调；当｜开放程度排名 - 综合排名｜≥5 时，表明该城市的开放程度与综合能力不够协调。2012 年 35 个

中国 35 个主要城市总部经济发展能力评价报告

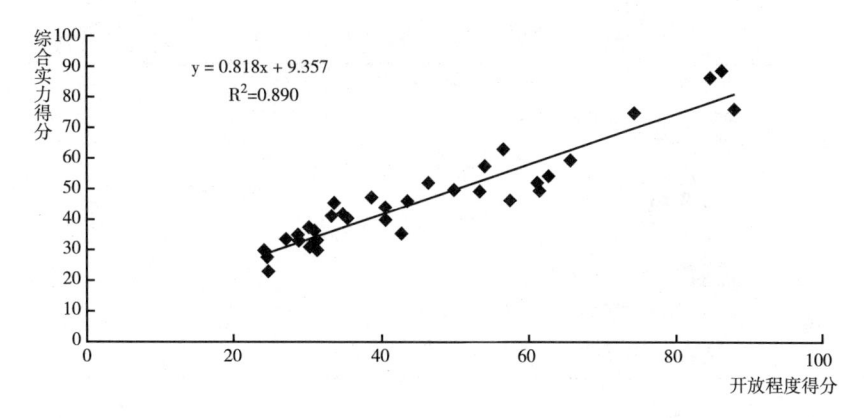

图 19　开放程度得分与综合实力得分散点图

城市中有 25 个城市的开放程度与综合发展能力较为协调，有 10 个城市存在一定的不协调性。

（1）与综合排名相比，开放程度排名较靠前的城市。包括重庆、大连、海口和乌鲁木齐 4 个城市，其开放程度排名分别比各自的综合能力排名高 6~9 个名次。重庆和大连的开放程度具有明显优势，分别排在第 7 和第 9 位，与国内外其他地区的联系和交流十分紧密。乌鲁木齐的开放程度虽然比综合能力的排名高 8 个名次，但其开放程度在 35 个城市中仍有待进一步提升。

表 19　开放程度排名较靠前的城市

城市	综合能力		开放程度		开放程度排名 - 综合排名
	得分	排名	得分	排名	
重庆	49.39	13	61.39	7	6
大连	46.29	15	57.24	9	6
海口	35.35	25	42.46	16	9
乌鲁木齐	30.83	32	31.28	24	8

（2）与综合排名相比，开放程度排名相对靠后的城市。杭州、武汉、长沙、济南、长春和呼和浩特 6 个城市，其开放程度的排名均比综合能力排名低 5 个名次。其中，杭州的开放程度虽排在第 10 名，但与基础条件、商务设施、研发能力、专业服务、政府服务等各分项指标相比，开放程度特别是区域性开放程度仍有较大的提升空间。

表 20 开放程度排名相对靠后的城市

城 市	综合能力		开放程度		|开放程度排名－综合排名|
	得分	排名	得分	排名	
杭 州	62.92	5	56.42	10	5
武 汉	52.152	9	46.32	14	5
长 沙	47.052	14	38.60	19	5
济 南	45.89	17	33.48	22	5
长 春	37.45	23	30.22	28	5
呼和浩特	34.55	26	28.52	31	5

四 前10名城市总部经济发展能力及"走出去"发展评价

2012年"中国35个主要城市总部经济发展能力评价"中排在前十名的城市依次是:北京、上海、深圳、广州、杭州、天津、南京、成都、武汉和宁波,这些城市发展总部经济的条件较为成熟,优势明显。本节将重点对总部经济发展能力排名前10位的城市进行相应的分析与述评。

(一)北京

北京总部经济发展能力综合得分为88.66分,高居全国榜首。基础条件、商务设施、研发能力和专业服务四个分项发展均衡、优势突出,均排在第1位,开放程度、政府服务分别排在第2、8位(表21)。

表 21 北京总部经济发展能力得分与排名

北 京		2012 年		2011 年	
		得分	排名	得分	排名
综合实力		88.7	1	89.6	1
分项指标	基础条件	82.5	1	83.51	1
	商务设施	99.6	1	99.48	1
	研发能力	87.8	1	88.15	1
	专业服务	100.0	1	99.95	1
	政府服务	84.2	8	90.00	3
	开放程度	85.7	2	85.88	2

1. 总部存量资源继续增长，环境质量等指标仍是较大短板

北京基础条件得分 82.5 分，继续稳居榜首。从六个细分指标看，北京总部存量资源不断增长，聚集了一批国内外大型总部企业，规模实力明显提高。到 2010 年底，北京拥有世界 500 强跨国公司设立的地区总部和分支机构 187 家，国内 500 强企业总部 109 家。北京经济实力居全国之首，现代服务业规模不断壮大，服务业内部结构日渐完善，第三产业增加值占 GDP 比重达到 75.11%；北京的医疗、教育、文化、体育等公共服务配套条件良好，基本能够满足总部企业员工工作和生活需要；北京环境质量有所改善，生活污水处理率提高了 3 个百分点，空气质量达到及好于二级的天数比上年度有所增加，但与其他城市比较，环境质量仍需大力提高。根据全球著名咨询机构——美世咨询发布的《2011 年全球城市生活质量调查》，与伦敦、纽约等世界城市相比，北京在全球城市的生活质量排名为第 109 位，虽较 2010 年度的 114 位有一定提升，但与世界城市建设标准相比，仍存在较大的改善空间。

表 22 北京基础条件及细分指标得分与排名

		基础条件	分项指标					
			经济实力	总部资源	基础设施	社会基础	人口与就业	环境质量
2012 年	得分	82.53	95.70	100.00	63.96	64.83	94.11	38.18
	排名	1	1	1	5	6	1	27
2011 年	得分	83.51	96.35	100.00	64.47	70.03	93.98	40.31
	排名	1	1	1	6	4	1	26

2. 创新资源高度聚集，整体创新能力全国领先

北京高等院校、科研机构、创新人才、科技平台等创新资源云集，是我国乃至世界重要的技术标准和科技成果的策源地。北京的研发优势相当突出，研发能力得分 87.80 分，居全国首位，比排名第 2 的上海高出 5.25 分。2010 年北京 R&D 经费支出 758 亿元①，相当于 GDP 的 5.82%，占全国 R&D 经费总支出的 11.8%；研究与试验发展（R&D）活动人员 26 万人，比上年增长 2.8%；专利申请授权数量 3.4 万件，技术合同金额达 1579.5 亿元，分别比上年增长 47% 和

---

① 北京市统计局、国家统计局北京调查总队：《北京市 2010 年国民经济和社会发展统计公报》。

27.8%。北京科技研发、高端人才等创新要素高度集聚，创新服务环境不断改善，为国内外大型企业总部新产品研发、技术创新、成果产业化等提供强力支撑，是全球重要技术创新中心和技术交流交易中心。

3. 商务设施数量和品质同步提升，配套能力进一步增强

北京的商务设施得分99.57分，稳居全国首位。金融、商务、信息、流通、商贸等企业大量聚集，商务楼宇、酒店、公寓等配套条件优越，商务环境持续优化完善。从商务楼宇资源来看，北京商务楼宇资源丰富，至2010年底共有新老商务楼宇1200余座，有效承载和支撑北京服务业的快速发展。从星级饭店情况来看，2010年底全市星级饭店数729家，其中三星及以上饭店427家，较上年度数量和质量都有一定的提高。从信息基础设施看，北京得分99.20分，排名第2。从商务功能区发展情况看，CBD东扩、金融街西扩进一步拓展了北京商务发展空间，提升了商务承载能力和综合服务能力，对国内外知名企业总部的吸引力和凝聚力进一步增强，中国长江三峡集团、中国葛洲坝集团等一级总部均迁至北京。

4. 专业服务能力全国首屈一指，服务规模和水准再上新水平

随着北京总部经济发展水平不断提升，金融保险、专业咨询等机构的规模和服务水准也有显著提高，本年度北京专业服务得分99.99分，评分较上年度继续上扬，高居全国首位。2010年北京市服务业增加值超过1万亿元，占GDP的比重高达75%，比2005年提高了5.4个百分点。其中，金融业发展迅速，实现增加值1863.6亿元，占全市GDP的13.2%；专业咨询的服务水平和服务能力不断增强，2010年全市租赁和商务服务业增加值达953.2亿元，同比增长10%，商务服务业从业人员77.81万人，专业服务人员规模比上年有较大增加。

5. 国际开放水平位居第二，区域间的开放与合作仍需加强

北京开放程度较高，得分85.75分，仍居第2位。北京的国际开放水平较高，仅次于上海，居第2位，是跨国公司进入我国的首选地之一。美国《财富》杂志一项调查显示，15%的跨国公司表示在中国设立地区总部的首选地是北京。2010年，北京有外国及中国港台地区企业驻京代表机构共15247家，其中香港驻京机构最多，占23%，较2009年有所上升，美国驻京机构次之，占19.5%，其次是日本、德国、英国、加拿大等国家和地区（表23）。从区域开放角度看，北京的区域开放程度得分76.64分，排名从上年度的第3位降至第4位。

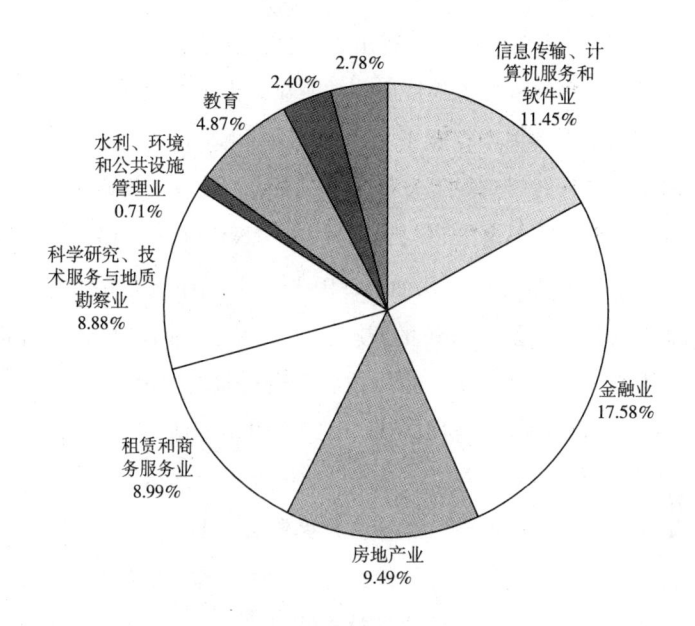

中国35个主要城市总部经济发展能力评价报告

饼图各部分标注：
- 信息传输、计算机服务和软件业 11.45%
- 教育 4.87%
- 2.40%
- 2.78%
- 水利、环境和公共设施管理业 0.71%
- 科学研究、技术服务与地质勘察业 8.88%
- 租赁和商务服务业 8.99%
- 房地产业 9.49%
- 金融业 17.58%

图20　2010年北京市现代服务业各行业增加值占第三产业比重

表23　2010年外国及中国港澳地区企业驻京代表机构情况

	数量（个）	占比（%）		数量（个）	占比（%）
中国香港	3504	23	瑞　典	100	0.7
中国澳门	29	0.2	加拿大	559	3.7
美　国	2970	19.5	澳大利亚	444	2.9
德　国	670	4.4	比利时	69	0.5
法　国	310	2	新加坡	419	2.7
英　国	610	4	荷　兰	153	1
意大利	265	1.7	奥地利	77	0.5
瑞　士	166	1.1			

资料来源：《北京市统计年鉴2011》。

6. "走出去"取得重大进展，大型企业境外并购硕果累累

为进一步落实"走出去"战略，北京市出台多项措施大力支持具有国际竞争力的在京企业通过跨国上市、并购、投资、设立境外分支机构等方式"走出去"，参与国际市场分工。从"走出去"的整体营运情况来看，2010年全年境外实际投资额6.9亿美元，"十一五"期间累计投资10亿美元。对外承包工程、劳务合作和设计咨询实现营业额26亿美元，"十一五"期间累计实现营业额83.3亿美元，是

"十五"时期的4倍。从在京企业"走出去"实践来看，北京由于大型央企云集，以大型央企为主体实施海外并购的特征非常明显，中国石化、中海油、中国有色集团、五矿集团等在京大型央企完成了一系列境外并购活动。如2009年6月，五矿集团旗下的五矿有色金属股份有限公司以14.32亿美元成功收购澳大利亚第三大金属矿业公司—OZMinerals公司，7月，中海油和中石化合资以13亿美元收购美国马拉松石油公司旗下的安哥拉32区块油田；10月，中国有色集团以5000万美元的价格收购赞比亚卢安夏铜业公司80%的股权，完成了中赞两国政府的所有审批手续以及相关的所有程序。此外，北京的科技型民营企业也加快"走出去"步伐，最具代表性的案例就是2004年联想集团收购美国IBM全球PC业务，跃居世界电脑销售量第2的宝座，目前联想在中国北京、美国北卡罗来纳州的罗利、新加坡设立3个主要运营中心，在日本大和、美国北卡罗来纳州罗利设立海外2个研发中心，在印度的庞帝其利、墨西哥的蒙特雷、美国的格林斯博罗建立3个主要生产组装基地，2009年联想的海外收入占整体业务收入的57%，基本实现全球业务。

（二）上海

上海总部经济发展能力综合得分为86.35分，排名第2。各分项指标均衡发展，均列前三名，其中政府服务继上年度蝉联榜首，基础条件、商务设施、研发能力和专业服务仅次于北京，排名第2（表24）。

表24 上海总部经济发展能力得分与排名

上海		2012年		2011年	
		得分	排名	得分	排名
综合实力		86.4	2	87.45	2
分项指标	基础条件	81.4	2	82.67	2
	商务设施	96.9	2	97.17	2
	研发能力	82.6	2	82.79	2
	专业服务	92.4	2	92.41	2
	政府服务	93.3	1	99.68	1
	开放程度	84.4	3	84.01	3

1. 基础条件优越，跨国公司总部的磁极地位愈发明显

上海地处我国东部沿海地区与长江流域的接合部，区位优势明显、经济实力雄厚，2010年实现地区生产总值17165.98亿元，居全国城市之首。上海拥有发达的一体化综合交通网络和现代化港口以及广阔的经济发展腹地，整体基础条件得分81.38分，仅次于北京，优越的基础条件和中国长三角城市群核心城市以及亚太地区重要门户的地位使得其在吸引总部企业特别是外资总部企业及其职能机构方面具有突出优势。陆家嘴等主要商务区会聚了众多大型跨国企业，截至2012年6月底，上海已累计批准设立外资投资性公司253家，认定跨国公司地区总部380家，设立研发中心348家①。

表25　上海基础条件及细分指标得分与排名

		基础条件	分项指标					
			经济实力	总部资源	基础设施	社会基础	人口与就业	环境质量
2012年	得分	81.38	91.58	96.29	68.52	67.80	76.02	55.38
	排名	2	2	2	4	4	2	13
2011年	得分	82.67	95.35	96.58	70.39	61.26	75.87	56.91
	排名	2	2	2	3	5	2	12

2. 信息化建设水平领跑全国，商务发展环境较好满足总部需求

上海商务楼宇、星级饭店、会展场馆等商务设施齐全，城市信息化水平高。从商务设施发展评价得分来看，上海商务设施得分96.90分，仅次于北京。从分项指标情况来看，上海的商务基本设施和信息基础设施发展均衡，其中，信息基础设施得分99.44分，排名全国第1；商务基本设施得分94.36分，办公楼竣工房屋面积为150多万平方米，仅次于北京；商业营业用房竣工面积176万平方米，列第3位；星级饭店数298家，居第3位。上海的商务设施及其配套服务环境，能较好地满足国内外大型总部企业的高端、高标准、全方位的服务需求。

3. 创新产出水平领先全国，科技研发能力稳步提升

上海是我国最为重要的科研中心之一，特别是张江科技园上升为国家自主创新示范区后，上海的科技创新总体实力得到进一步增强。从研发能力的评价情况来看，上海研发能力强劲，得分82.55分，排名第2。从细分指标情况来看，科技人才资源方面，2010年上海拥有R&D人员177488人，聚集了包括165名两院

---

① 《上海已认定跨国公司地区总部380家》，人民网，2010年7月9日。

院士在内的2300多人规模的高端科技人才队伍。科技投入方面，上海R&D投入不断增长，2010年R&D经费支出477亿元，比2006年年均增长达16.5%；研发投入强度达2.83%，远高于全国平均水平。从科技成果产出看，在2010年度国家科学技术奖励获奖人员和项目中，上海共有58项（人）获奖，占获奖总数的16.3%，上海各类技术合同成交金额达525.45亿元，仅次于北京排名第2；专利申请授权数为48200项，遥遥领先于全国其他城市。

4. 国际金融中心建设基础不断做实，专业咨询服务能力同步提升

上海的专业服务得分92.37分，排名第2。从细分指标看，金融保险得分99.96分，仅次于北京，居第2位，2010年上海金融业实现增加值1950.96亿元，同比增长4.9%，全年新增各类金融单位116家，各项存款余额52190.04亿元，比上年增长17%，贷款余额34154.17亿元，增长15.1%，保费收入883.86亿元，同比增长32.9%，上海国际金融中心建设基础进一步夯实，国际金融中心地位不断提升。在商务服务、信息服务等专业服务领域，上海的竞争优势得到同步提升，营业收入和利润水平均有不同程度的提高，但与北京相比，部分领域还存在一定的差距，如商务服务业从业人员不到北京的1/3，文化传媒业从业人员仅为北京的30%。

5. 政府服务能力蝉联榜首，管理水平和服务效率优势凸显

上海的政府服务能力得分86.35分，连续四年蝉联35个城市榜首。上海市政府在落实《鼓励跨国公司设立地区总部的规定》及实施意见的基础上，出台了《关于鼓励外商投资设立研发机构的若干意见》等一系列政策，增强了上海市对跨国公司地区总部的服务能力和吸引力。各城区也积极出台总部经济相关扶持政策，如黄浦区采取设立6000万元专项资金、给予楼宇企业奖励等政策推动总部经济发展；浦东新区出台《关于鼓励国内大企业在浦东新区设立总部的暂行规定》，在总部认定、财政支持、人才引进等方面给予总部企业相应的支持。

6. 国际化发展水平遥遥领先，区域合作水平亟待提高

在全力推进国际经济、金融、贸易和航运中心的建设中，上海不断提高经济开放度，全方位提高对内对外开放和合作水平，开放程度评价得分84.36分，居全国35个主要城市的第3位。从细分指标情况来看，上海的国际开放度优势尤为突出，得分97.91分，排名35个城市的第1。2010年上海实际利用外资额

111.2亿美元，分别是第2、3位的天津、大连两市的1.02倍和1.1倍，远高于其他城市；进出口总额3688.69亿美元，排名第1；入境旅游收入再创新高，突破60亿美元，稳居榜首。相比之下，上海的区域开放程度还有一定的发展空间，得分70.82分，排在第6位。

7. "走出去"后盾坚实，各行业跨国经营百花齐放

近年来，上海紧紧瞄准"四个中心"和国际大都市建设的总体目标与要求，全方位提高对外开放水平，积极实施"走出去"发展战略，不断提高在全球范围内配置资源能力和经济文化渗透力。从"走出去"整体实施情况看，2010年全年上海市新批对外投资项目179项，投资总额24.2亿美元，签订对外承包工程和劳务合作合同7532项，实际完成营业额75.42亿美元，增长2.7%，至年末上海对外承包工程和劳务合作涉及的国家和地区已达179个。从沪企"走出去"实践情况看，上海是我国较早实施海外投资设厂和经营拓展的地区，上海电气、汽车、医药等现代制造业和高技术产业领域的一批企业成功走出国门，近年来更是加快海外兼并收购步伐。如2002年1月，上海电气集团和港资晨兴集团联手，以900万美元的价格成功收购了世界胶印机行业前六位之一的日本秋山印刷机械公司，改名秋山国际，收购当年秋山国际即扭亏为盈，实现赢利150万美元，2009年其核心产业板块上海电气电站集团新增海外订单超过200亿元，累计海外订单达到800多亿元，2010年上半年上海电气集团海外营业收入54.39亿元，比上年同期增长15.1%[①]。上海汽车集团2002年也开始迈出国门，出资5970万美元收购韩国通用大宇汽车科技公司10%股份，利用通用大宇全球网络拓展市场空间，这是中国汽车工业第一次跨出国门收购外资股份。

（三）深圳

近年来，深圳市多措并举大力扶持总部经济发展，并将其作为未来转型发展、创新发展的重要战略，通过加大对大型企业总部的招商力度和着力为入驻总部企业营造最优越的商务及生活环境，提升深圳总部经济的发展层级和水平。本年度深圳总部经济发展能力综合得分75.8分，位列全国前3（表26）。

---

① 上海电气集团股份有限公司2010年半年度报告。

表26 深圳总部经济发展能力得分与排名

深圳		2012年		2011年	
		得分	排名	得分	排名
综合实力		75.8	3	76.8	3
分项指标	基础条件	76.5	4	76.40	3
	商务设施	64.3	7	65.38	6
	研发能力	75.6	3	76.04	3
	专业服务	70.3	4	69.68	4
	政府服务	84.2	7	94.21	2
	开放程度	87.5	1	88.19	1

1. 基础设施和环境质量优势显著,总部资源仍显不足

深圳基础条件得分76.51分,排名第4,六个细分指标发展不太均衡,优势领域依旧突出,其中基础设施、社会基础和环境质量三项指标继续保持全国首位(表27)。深圳经济实力雄厚,发展速度较快,2010年人均GDP达到106880元,居全国35个主要城市的首位。基础设施和公共服务设施较为完善,人均道路面积优于其他城市,教育培训、医疗卫生、文化娱乐较为发达,城镇居民的消费能力和生活水平仅次于广州、上海;环境质量优势显著,2010年空气质量达到及好于二级的天数达356天,仅次于海口、昆明和广州,园林绿地面积达到371平方米/人,遥遥领先。深圳的总部存量资源排在第6位,比上年度有所下降,无论从世界500强在华地区总部数还是从国内外大型企业集团总部数量看,与北京、上海均存在较大悬殊,提升空间较大。

表27 深圳基础条件及其分项指标得分与排名

		基础条件	分项指标					
			经济实力	总部资源	基础设施	社会基础	人口与就业	环境质量
2012年	得分	76.51	78.67	63.02	81.96	81.87	71.15	83.94
	排名	4	4	6	1	1	3	1
2011年	得分	76.4	78.69	59.52	82.98	83.20	71.84	84.79
	排名	3	4	5	1	1	4	1

2. 区域开放水平全国第一,国际开放水平显著提升

深圳的开放程度得分87.49分,居全国首位。其中,区域开放得分84.43

分，继续高居首位，与国内其他城市和地区保持着紧密的经济联系和交流往来，2010年客运总量为156407万人，人均邮电业务收入31410元，在全国35个城市中均排首位。深圳的国际开放得分90.54分，排在第3位，国际化开放程度仍需进一步提高。近年来，深圳积极实施《珠江三角洲地区改革发展规划纲要》，制定了加快建设国际化城市的战略，以全力办好第26届世界大学生夏季运动会为抓手，提升深圳城市品质和国际影响力；以全力推进前海深港现代服务业合作区发展为重要机遇，进一步深化深港合作，深圳在改革开放的道路上迈出更加坚实的步伐。

3. 研发投入和科技成果持续增长，人才资源集聚力应进一步加大

作为我国首个国家创新型城市，深圳市大力推进自主创新体系建设，积极引入高层次科研团队和研发机构，大力实施战略性新兴产业重点项目，始终把科技引领、创新驱动作为转变发展方式的中心环节来抓。本年度深圳研发能力得分75.64分，居全国第3位。从细分指标来看，深圳研发投入和科技产出水平具有明显优势，得分分别居第2和第3位。2010年，深圳市研发经费相当于GDP的3.6%，是全国平均水平的两倍，继北京、西安之后排名第3。深圳市科技成果产出效率不断提高，2010年专利授权量为34951件，仅次于上海，比上一年度增长了34.97%。相比，人才资源方面则相对较弱，排在第6位，还有较大的提升空间。未来应结合科技创新优势领域发展需要，瞄准国际一流创新人才，加快优质人才资源的集聚，为总部经济发展提供强有力的人才保障。

4. 金融生态环境极大改善，现代中介服务业发展仍应大力扶持

深圳的专业服务能力得分70.29分，排名第4，连续多年居全国前列。其中，金融保险分项得分79分，排名第4，近年来深圳市充分利用与香港合力打造世界金融中心的契机，大力加强与海外地区的金融合作与交流，聚集了一批国内外知名的专业金融服务机构，特别是金融改革创新综合试验区建设，前海跨境人民币业务创新试验区系列先行先试政策获批，福田、罗湖蔡屋围金融中心区和科技园金融技术创新、深圳金融产业服务基地建设加快推进，为深圳打造以服务创新为核心的区域金融中心提供了重要支撑，金融生态环境得到极大改善。专业咨询得分61.57分，排在第4位，初步形成了以高端服务为核心、以生产性服务为重点、以产业集群为依托的现代服务产业

体系。

5. 信息基础设施建设较快，商务基本设施配套功能有待提升

商务设施是深圳市总部经济发展中相对较弱的一项指标，本年度深圳的商务设施得分64.32分，排在第7位。其中，信息基础设施和商务基本设施分别排在第4和第15位。2010年深圳市移动电话用户数、固定电话用户数及国际互联网用户数均排在全国前列。2010年2月，深圳市启动"智慧深圳"行动计划，全市城市信息基础建设取得较快发展，被评为"2010年中国城市信息化十佳城市"之一。在商务基本设施方面，深圳发展水平仍显不足，2010年深圳办公楼竣工房屋面积32.05万平方米，比2009年有所增加，但仍不足广州的一半，商业营业用房竣工面积为25.27万平方米，较上一年度缩减了7.06万平方米。从深圳市总部经济发展的需求来看，未来应进一步加强区域商务设施建设，不断整合区域总部空间资源，加强对商务楼宇出售、出租的规范力度，为总部企业进驻提供更多的空间载体。

6. "走出去"势头强劲，深企海外业绩喜人

作为我国改革开放的前沿阵地，深圳国际开放合作水平始终走在全国前列，特别是在实施"走出去"战略方面，深圳市充分发挥外向型经济优势、产业优势和区位优势，积极鼓励本土企业更好地利用国际资源，并通过搭建信息平台、制定促进政策、提供咨询培训等多项措施支持企业"走出去"。目前，深圳企业"走出去"取得了骄人的业绩，"走出去"势头非常强劲，已在全球主要国家和地区张榜了多张闪亮"名片"。从"走出去"整体发展情况看，2010年全年深圳对外承包工程、劳务合作新签合同金额达到93.58亿美元，增长26.7%，完成营业额77.53亿美元，增长8.5%，2010年深圳对外投资存量在全国大中城市排名第1，占全省50%以上、全国（地方总和）10%以上。从具体企业"走出去"实践情况看，深企主要通过创建自有品牌、海外营销网络和研发中心等方式来整合利用国外先进技术和消费市场，强化自身核心竞争力建设，不断提高国际竞争与合作水平。目前，华为、中兴、比亚迪等一批深圳龙头企业已形成全球布局，华为已在海外设立140多个机构，其中研发中心22个；中兴在海外设立140个机构，其中研发中心15个。2010年，华为海外市场收入占公司总收入的65%以上，增速达到33.8%，高于国内市场增速24.1个百分点；中兴海外市场收入占公司总收入的54.2%，增速达到27.5%。在巴西地区，华为、中兴已成为当地通信市场最重要的主流供应商,2011年各自均实现销售收入约18亿美元和10亿美元①。

(四) 广州

广州总部经济发展能力得分74.3分,居全国第4位,高居总部经济发展第Ⅰ能级。从六个分项指标发展情况来看,除政府服务外其他各项指标发展均衡,基础条件、商务设施、研发能力、专业服务和开放程度5个指标均排在全国前四位(表28)。

表28 广州总部经济发展能力得分与排名

广 州		2012年		2011年	
		得分	排名	得分	排名
综合实力		74.3	4	76.01	4
分项指标	基础条件	76.6	3	75.96	4
	商务设施	81.5	3	79.63	3
	研发能力	70.4	4	71.26	4
	专业服务	78.2	3	77.27	3
	政府服务	57.9	13	81.11	6
	开放程度	74.1	4	74.52	4

1. 基础条件水平稳中有进,总部经济发展环境优势进一步彰显

广州地处广东省及珠三角地区中心,具有连通全球、衔接港澳、辐射华南纵深腹地的独特优势,为总部经济发展奠定了坚实的基础。广州基础条件得分76.6分,排名全国第3,比上年度提升一个名次。其中,经济实力、基础设施和环境质量均排在前3位,优势较为明显(表29)。广州的经济实力较强,2010年地区生产总值仅次于上海、北京,排第3位,初步建立了以服务经济为主体的产业结构,第三产业增加值占地区生产总值比重达到61%,仅次于北京、海口。广州的基础设施较为完善,排名第2,拥有全国三大枢纽机场之一的白云国际机场,华南地区最大的国际港口和铁路客运站,陆海空枢纽型基础设施完善,综合交通枢纽功能突出,特别是第16届亚运会、首届亚残运会等重大赛事的成功举办,广州

---

① 《你们令深圳感到骄傲》,2011年11月1日《深圳商报》。

的水环境、空气环境、人居环境、交通环境和无障碍环境显著改善。本年度广州的跨国公司地区总部和职能机构数以及国内大型企业总部数分别为31和21家,总部资源聚集力进一步提升,排名从上年度的第6位上升到本年度的第5位。

表29 广州基础条件及其分项指标得分与排名

		基础条件	分项指标					
			经济实力	总部资源	基础设施	社会基础	人口与就业	环境质量
2012年	得分	76.57	88.70	63.21	79.58	53.23	66.55	82.07
	排名	3	3	5	2	10	5	2
2011年	得分	75.96	87.84	59.77	81.93	55.86	65.42	79.51
	排名	4	3	6	2	7	6	2

2. 商务设施建设力度加大,总部企业发展空间承载力极大增强

广州的商务设施得分为81.52分,排名第3。从两个分项指标看,商务基本设施和信息基础设施均衡发展,商务基本设施重夺第3位,信息基础设施排名稳居第3位,其中固定电话用户数、移动电话用户数及国际互联网用户数均保持全国领先水平。广州作为中国电子商务应用示范城市和国家移动电子商务试点城市及全国三大国际电信出入口之一,大力推进先进信息化基础设施建设,努力打造全面感知、高度智能的智慧城市,全力满足总部企业在粤商务活动和人居生活的高端需求。同时广州发达的商务设施条件极大地增强了广州对国内外各类总部资源的吸引力和凝聚力。

3. 创新能力建设平稳发展,研发投入力度须进一步加大

广州的研发能力得分70.42分,继续保持全国第4位。从细分指标来看,广州人才资源、研发投入和科技成果3个细分指标水平相对不均衡。广州是华南地区重要的人才资源聚集地,人才资源分项得分72.58分,排在第4位;研发投入排名第5,研发经费占GDP的比重仅为2.4%,不足北京市(5.82%)的1/2,还有较大的提升空间;科技成果产出较高,专利申请授权量及技术合同交易额均排在全国前列,区域整体创新能力相对较高。

4. 金融实力跻身前三,专业服务能力得到进一步加强

广州的专业服务得分78.19分,排名第3。近年来,广州加快建立以服务经济为主体、现代服务业为主导,现代服务业、战略性新兴产业与先进制造业有机融合、互动发展的现代产业体系，其中商贸会展、金融保险、现代物流、文化创意、商务服务等发展迅速。从两个细分指标看，金融保险得分89.75分，仅次于北京和上海，2010年广州市新增金融机构15家，总数达191家，比2005年增加71家，金融业增加值达615.54亿元，同比增长8.2%，是2005年的3.09倍，广州区域金融中心建设取得卓有成效的进展，广州金融创新服务区和员村金融商务区建设加速；广州专业咨询服务继续保持第3位，法律、会计、咨询、广告等领域的国际知名专业机构和专业人才加速引进，专业咨询能力不断得到强化。

5. 外向型经济发达，国际和区域间经济联系紧密

广州是我国改革开放的前沿地区，在利用外资和发展外向型经济方面取得丰硕成果，城市开放程度和水平得到整体提升。广州的开放程度得分74.12分，排名全国第4。从两个分项指标看，区域开放、国际开放发展较为均衡，分别以75.9分和72.3分排在全国35个城市的第5名，2010年广州地区进出口总值1037.8亿美元，同比增长35.3%，实际利用外资40.81亿美元，同比增长5.3%，世界500强企业已有174家落户广州，国际友好城市和国际友好合作交流城市增至36个。在区域开放层面，积极加强与港澳台在经济贸易、现代服务业和节能环保等领域的交流合作，同时依托武广高铁等快速通道扩大与泛珠三角洲乃至更大范围内各城市的协作和经贸往来。

6. 政策环境不断完善，政府服务水平有待进一步提升

广州的政府服务能力得分57.86分，排名第13。随着《广州市总部经济发展规划》和《关于加快总部经济发展的实施意见》的实施，广州发展总部经济的政策环境不断完善，综合环境正在逐步优化。"十二五"时期，广州市将迎来大发展、大转型的关键时期，随着城市综合服务能力的提升，将有更多的总部资源入驻。在这一背景下，着力做好政府服务工作，提升城市政务工作效率，对广州市总部经济发展环境优化至关重要。

7. "走出去"企业群体规模庞大，国际营销网点和生产基地建设特征明显

广州依托发达的开放型经济和强大的加工制造基础，不断加快"走出去"步伐，通过"走出去"推介活动和经贸洽谈等途径大力引导优势企业充分利用国外市场和国外资源，到东盟、非洲、南美、中东等地区投资设厂，建立境外工业园区和研发基地，支持企业并购境外企业和知名品牌，参与新技术和新产品研发。从"走出去"整体发展情况看，截至2009年5月，广州企业已在海外投资设立了348家境外机构，累计投资总额12.12亿美元。2010年全年广州共完成对外承包工程和对外劳务合作营业额4.72亿美元，增长21.5%；新签对外承包工程和对外劳务合作合同额8.19亿美元，增长102.0%；年末对外承包工程和对外劳务合作涉及的国家和地区达29个；全年境外企业新增87个，对外投资4.67亿美元。从穗企"走出去"发展情况看，大部分"走出去"企业在境外目标市场建立海外营销网点和生产基地，投资领域主要集中在能源资源开发、轻工业加工制造、药物生产等领域。在境外投资设厂集中区域方面，非洲市场已成为广州企业"走出去"的热点地区，广药集团、广铝集团、广东太阳岛光伏科技等一批广州企业在尼日利亚、坦桑尼亚、南非、肯尼亚、埃塞俄比亚等国开展境外投资，投资项目已有22个，总投资额8300多万美元，其中广药集团2005年与南非企业签订协议，投资2000万美元设立南非凉茶基地。

（五）杭州

杭州总部经济发展能力的综合得分为62.9分，连续四年居全国第5位，六个分项指标均排在前10位（表30）。

表30 杭州市总部经济发展能力得分与排名

杭 州		2012年		2011年	
		得分	排名	得分	排名
综合实力		62.9	5	63.01	5
分项指标	基础条件	59.8	5	58.69	5
	商务设施	68.2	5	61.36	7
	研发能力	60.4	9	63.01	7
	专业服务	58.2	7	64.7	5
	政府服务	90.9	3	84.94	4
	开放程度	56.4	10	56.59	10

1. 基础条件较好，国内民营企业总部云集

杭州基础条件得分59.8分，排在第5位。近年来，杭州经济实力显著增强，2010年，杭州市实现生产总值（GDP）5945.82亿元，连续20年保持两位数增长，人均GDP超过1万美元。从总部资源来看，杭州总部资源优势明显，得分70.81分，排名全国第3，仅次于北京和上海。近年来，杭州聚集了一大批国内大型企业总部,吉利、苏泊尔、康恩贝、浙江盾安、宋城、华大等大企业纷纷将总部迁至杭州,2010年国内大型企业总部(包括国内500强企业和民营500强企业)数达到81家,远多于排名第3的上海,但跨国公司地区总部和分支机构仅为6家,不及上海的1/10。

表31 杭州市基础条件分项指标得分与排名

		基础条件	分项指标					
			经济实力	总部资源	基础设施	社会基础	人口与就业	环境质量
2012年	得分	59.82	61.30	70.81	49.57	62.10	58.29	51.64
	排名	5	6	3	13	7	8	18
2011年	得分	58.69	61.41	70.69	51.74	54.47	42.61	58.03
	排名	5	7	3	11	9	22	11

2. 专业服务发展态势良好,配套服务环境不断改善

杭州专业服务得分58.21分,排名第7。从两个分项指标看,杭州的银行、保险、证券等金融服务业发展迅速,金融业增加值从2006年的268.26亿元增加到2010年的606.03亿元,"十一五"期间年均增长18.7%,金融总量和金融综合竞争力在长三角区域范围内仅次于上海;实现保费收入202.94亿元,比上年增长27.1%,位居第8。在专业咨询服务方面,杭州市深入实施"服务业优先"战略,大力引进国际著名的会计、法律、咨询等服务业机构,2010年杭州拥有商务服务业从业人员7.42万人,继续保持第5位,以咨询服务、会计服务、法律服务、科技服务为主的专业服务业快速发展,为各类总部企业提供了较好的配套服务环境。

3. 商务设施建设加快,商务发展环境日臻完善

杭州的商务设施得分68.22分,比上年度提升两个名次,排名第5。从两个分项指标来看,商务基本设施得分72.99分,排名第5。办公楼大面积竣工投入使用,2010年底投入使用楼宇502幢,其中商务楼宇面积1040万平方米,入驻企业24652家,楼宇(总部)经济取得了突破性进展;信息基础设施得分63.45分,继续保持第8名,2010年杭州城乡信息化建设全面提速,三网融合、新一代信息网络建设全面推进,农村信息化系统建设大力加强,全市信息基础设施建设卓有成效。总体来看,杭州楼宇(总部)经济"831工程"和"浙商回归工程"深入实施，商务楼宇、星级酒店和其他配套商务设施不断完备，总体商务环境水平有了较大改善，能够为入驻的各类总部企业提供较为完善的办公和商务活动空间载体。

4. 政府服务竞争优势明显，总部企业发展的政策和服务环境优质

杭州的政府服务得分90.88分，排名第3，比上一年度上升了1个名次。杭州市各级政府注重发展总部经济，制定出台了一系列扶持总部经济发展的政策，政府服务总部经济发展的能力与综合水平不断提高，为吸引国内外总部企业特别是浙江省大中型民营企业总部入驻，营造了良好的政策和服务环境。

5. 研发投入力度不断加大，科技创新型人才储备不足

杭州的研发能力得分60.45分，排名第9。从细分指标看，杭州的科技成果产出水平较高，得分68分，排名第5。2010年全市专利授权量26484件，比2009年增长70.8%，仅次于北京、上海和深圳。科技活动机构数逐年增加，2010年全年新增高新技术企业594家，累计达到3776家，累计培育认定研发中心637家，企业技术中心501家。杭州的研发投入力度不断加大，2010年研发经费占GDP比重提高到2.8%，自主创新能力进一步增强。人才资源相对其他分项仍是薄弱环节，制约了杭州科技研发能力的快速发展，因此，大力打造人才创业创新平台，优化人才发展外部环境，培养和引进大批高科技人才，将对杭州研发能力快速提升产生巨大的推动作用。

6. 国际化步伐不断加快，区域开放程度有待进一步增强

杭州以国际化视野谋划发展，推进外资、外贸、外经、外包"四外"联动发展，不断拓展新的开放领域和空间，全面提升城市国际化水平。2012年度杭州开放程度排名35个主要城市的第10，其中国际开放排名第9，2010年引进世界500强企业投资项目10个，实际利用外资43.56亿美元，同比增长8.5%。区域开放排名比上年度提升一位，排名第12，2010年共引进内资项目5847个，协议资金1490.66亿元，比上年增长15.8%。今后，杭州应继续深化改革开放，加强区域尤其是长三角区域范围内城市间的合作，并积极与国内其他省市和地区、海外地区发展经济交流，营造更为开放、活跃的区域和国际合作环境。

7. 杭州"走出去"战略四面开花，杭企积极性空前高涨

从"走出去"整体发展情况看，至2010年末，杭州市累计设立各类境外投资企业（机构）599个，境外协议出资16.94亿美元，比上年增长10.1倍，共完成对外承包工程和劳务合作营业额3.57亿美元。从杭企"走出去"发展情况看，民营经济成为杭州"走出去"的主力军，"走出去"的方式灵活多样，包括并购、建立制造基地和工厂、设立研发中心和销售网点等多种形式，吉利并购沃尔沃，万向扩张美国，华立在泰国建设工业园，国际舞台上留下了杭州企业太多精彩。如华立集团2000年开始在泰国设立第一个海外工厂，其后几年又在阿根廷、乌兹别克斯坦和印度开办了合资及独资组装工厂，在此基础上，华立还分别在以色列、加拿大设立一个研发中心，目前华立仪表产业在海外已建立华立泰国电气公司、华立阿根廷电气公司、华立俄罗斯办事处等十几家海外网点公司机构。又如吉利集团2010年3月28日在瑞典哥德堡与福特汽车公司签署协议，以18亿美元价格收购沃尔沃轿车公司100%股权，8月2日，吉利与福特汽车公司在英国伦敦举办的交接仪式上正式完成沃尔沃资产交割，吉利集团宣告成功并购年海外销售收入超100亿美元的沃尔沃轿车。

（六）天津

天津总部经济发展能力综合得分59.34分，继续居全国第6位（表32）。

表32　天津总部经济发展能力得分与排名

天津		2012年		2011年	
		得分	排名	得分	排名
综合实力		59.3	6	59.74	6
分项指标	基础条件	58.2	6	56.13	6
	商务设施	66.1	6	74.69	5
	研发能力	61.1	8	55.78	10
	专业服务	58.6	6	60.98	6
	政府服务	49.1	19	56.36	13
	开放程度	65.4	5	68.03	5

1. 总部招商成效显著，基础支撑条件快速提升

2012年度天津基础条件得分58.18分，排在第6位。从细分指标看，总部资源得分64.54分，排名第4，聚集了30家国内500强企业和民营500强企业总部，跨国公司地区总部和分支机构数19家，世界500强企业英国道达尔石油集团选择落户滨海新区，另外包括住友商事、美国迪尔、三星电子、荷兰壳牌等在内的世界500强企业纷纷加大在津投资。为更好地吸引和满足总部企业的发展空间需求，近年来，天津紧抓滨海新区开发开放成为国家发展战略的机遇，大力建设一批总部经济聚集区，滨海高新区渤龙湖总部园区、港保税区、武清开发区创业总部基地、响螺湾商务区、中北总部经济产业园等相继成立，总部经济已成为天津高速发展的一支重要的新兴力量。在滨海新区等一批重大项目建设的有力带动下，天津经济发展全面发力，2010年实现地区生产总值突破9000亿元。

表33 天津市基础条件分项指标得分与排名

		基础条件	分项指标					
			经济实力	总部资源	基础设施	社会基础	人口与就业	环境质量
2012年	得分	58.18	73.96	64.54	34.82	49.24	53.97	42.18
	排名	6	5	4	26	15	13	24
2011年	得分	56.13	70.13	62.94	33.97	47.52	55.20	40.37
	排名	6	5	4	25	15	12	25

2. 商务设施建设不断加速，商务发展环境日益优越

天津商务设施得分66.14分，全国排名第6。从两个细分指标看，天津商务基本设施得分74.57分，排名第4。近年来，天津大力发展楼宇经济和总部经济，一批高档商务楼宇和专业特色楼宇开工建设，商务设施建设不断加速，2010年办公楼竣工房屋面积102.4万平方米，较上年度增长22.4%，居全国第3位，现代化的商务楼宇、高档次的星级酒店以及智能化的配套设施为入驻的总部企业提供了优越的办公和商务活动空间。在信息基础设施方面，天津市着力打造"智慧天津"，加快构建宽带、融合、安全的新一代信息基础设施，加快光纤宽带网络、新型无线宽带城域网建设，普及光纤入户，提高宽带网络覆盖率和用户接入带宽，加快广播电视网络的数字化、双向化改造，实现电信网、广播电视网、互联网的三网融合，信息基础设施不断完善，本年度信息基础设施得分57.71分。

3. 国际和区域合作全面铺开，开放效益和规模持续增长

天津开放程度得分65.41分，排名第5。当前天津正全力推进滨海新区开发开放，加快实施综合配套改革，天津港口岸扩大对外开放范围获得国家批复，对外经济合作不断开创新局面。从国际开放程度看，利用外资规模不断扩大，达到

108.49亿美元，比上年增长20.3%。截至2010年底，已有143家世界500强企业在津投资建厂，仅2010年一年就签订技术引进合同510项，合同金额12.2亿美元，增长40.6%，外资研发中心达到27个。对外贸易平稳发展，服务贸易发展迅速，成为全国首批服务外包基地试点城市。从区域开放程度看，2010年全市实际利用内资1633.82亿元，比上年增长31.5%，天津与环渤海的区域合作不断向纵深拓展，并积极加强与长三角、珠三角及其他地区的经济合作与交流。

4. 金融业发展增势强劲，专业服务能力和水平快速提升

天津专业服务得分58.59分，居全国第6位。天津服务业加快发展，2010年服务业实现增加值4121.78亿元，增长14.2%。从细分指标看，金融业增势强劲，2010年全市金融业增加值完成560.73亿元，比上年增长18.1%，信贷规模也进一步扩张，2010年末全市金融机构（含外资）本外币各项贷款余额13774.11亿元，同比增长23.5%。专业咨询发展也较为迅速，商务服务业中从业人员达到6.95万人，排名第6。2010年生产性服务业比重达到64.5%，较2005年提高了2.8个百分点，其中金融业比重提高3.1个百分点，科技服务业、创意产业比重分别提高2个百分点，专业服务业能力和水平逐渐提升。

5. 自主创新能力明显提升，创新资源要素进一步聚集

天津研发能力得分61.06分，排名第8，较上年度提升了2个名次。从分项指标看，研发投入排名比较靠前，2010年研发经费229.69亿元，列全国35个大中城市第4位，全社会研发经费支出占地区生产总值的比重提高到2.5%，综合科技进步水平居全国第3位；科技成果产出水平得分54.94分，排名第8，2010年专利授权10998件，比上年增长52.4%，签订技术合同9541项，成交额119.79亿元，比上年增长12.8%，研发生产了100多项具有自主知识产权、国内外领先水平的新产品，为天津吸引国内外大型企业地区总部和职能型总部创造了有利的科技支撑环境。天津的人才资源得分58.27分，排名第9，比上年度（排名第14）有较大的提升。近年来，天津市通过制定中长期人才发展规划，不断加强人才引进和培养，2010年新建博士后工作站14个，科技活动人员达到15.2万人，居全国第4位。

6. 国家战略力促"走出去"，滨海新区企业借势大力开拓海外市场

近年来，天津深入实施"走出去"战略，境外直接投资不断加快，对外工程承包提升新水平，跨国经营市场主体培育力度加大，对外经贸合作不断开创新局面。从"走出去"整体发展情况看，2010 年天津对外承包工程和劳务合作项目 234 个，合同额 18.02 亿美元，完成营业额 24.89 亿美元，增长 15.7%，年末对外承包工程和劳务合作涉及国家 35 个。对外投资快速增长，2010 年境外实际投资额 2.6 亿美元，增长 1.2 倍。从天津企业"走出去"实践情况看，天津企业"走出去"主要是以投资设厂或基地的方式开拓海外市场，合作领域主要集中在石油、天然气、金属冶炼加工等领域以及合作开发园区，如天津泰达投资控股在埃及设立的埃及泰达投资有限公司负责开发、建设和运营，目前已经建成 1.34 平方公里的起步区，入区企业超过 30 家，投资额接近 3 亿美元。而合作区扩展区 6 平方公里已完成初步规划，预计建设投资 2.8 亿美元，可容纳企业 150~180 家。天津钢管集团 2011 年在美国投资 10 亿美元，建立世界级先进的无缝钢管厂，项目拟建设一条从炼钢、轧管、热处理到钢管加工的全流程生产线，设计规模为年产无缝钢管 50 万吨，预计 2014 年投产。

（七）南京

南京总部经济发展能力综合得分 57.6 分，位居全国第 7。从六个分项指标看，各分项存在一定的不均衡性（表 34）。

表 34　南京总部经济发展能力得分与排名

南京		2012 年		2011 年	
		得分	排名	得分	排名
综合实力		57.6	7	57	7
分项指标	基础条件	53.9	7	54.56	7
	商务设施	53.6	11	54.24	10
	研发能力	62.5	6	64.49	6
	专业服务	48.1	9	53.61	9
	政府服务	89.7	4	64.94	12
	开放程度	53.9	11	53.40	12

1. 科技综合实力显著增强，创新驱动效应初显

南京研发能力得分 62.49 分，排名第 6。作为国家唯一的科技体制综合改革试点城市和长三角规划中唯一被定位于"科技创新中心"的城市，南京市进一步发挥其科教资源优势，科技综合实力和自主创新能力显著增强。南京科技进步贡献率由2005年的47.79%增长到2010年的56.47%，全社会研发经费支出占地区生产总值比重也由2005年的2.37%提高到2010年的2.9%。在科教资源方面，2010年南京市拥有各类普通高校53所，国家级重点实验室21家，中国科学院院士46人、中国工程院院士31人，国家千人计划49人，南京创新创业人才集聚步伐加快，全市人才总量接近162万名，人才资源得分82.11分，排名全国第1。在科技成果产出水平方面，南京专利申请数和授权数快速增加，2010年全年专利申请量19275件，比上年增长35.5%，专利授权量9150件，比上年增长38.8%，但与研发投入、人才资源等指标发展情况相比，南京科技成果产出和技术交易水平仍有待进一步加强。

2. 基础条件水平提升较快，公共服务和环境质量仍较薄弱

随着《长江三角洲地区区域规划》和《城市环境综合提升三年行动计划》的实施推进，南京的基础条件水平得到较快提升。南京基础条件得分53.86分，排名第7。从各细分指标看，南京市经济实力较强，排在第7位，2010年全市完成生产总值5010.36亿元；总部资源较丰富，排名第7，较上年度提升1个名次，拥有国内500强和民营500强等大型企业总部达23家，全国排名第5，跨国公司总部8家；人口与就业水平排名第6，就业态势良好，2010年城镇就业率达95.2%，城镇家庭人均消费性支出增长较快，2010年达到18156元，比上年增长11.1%；南京的社会基础和环境质量两个指标水平相对较弱，分别排在第23位和第26位，社会公共服务和环保领域投入仍需进一步加大。

3. 金融服务体系建设强力推进，咨询服务发展水平有待提升

南京专业服务得分48.11分，排名第9。其中，金融保险得分51.09分，居全国第9位。近年来，围绕建设长三角重要的区域金融中心城市目标，南京积极引进金融机构、培育金融市场、出台优惠政策，不断改善区域金融生态环境。2010年，全市金融机构本外币贷款余额10915.34亿元，比年初增加1470.86亿元，增长15.6%；全年商业性保险公司全年保费收入191.30亿元，比上年增长25.6%；商业性保险保费收入145.98亿元，比上年增长13.3%。河西金融集聚区加快建设，截至2010年5月，河西金融城已引进金融类企业近60家，包括金融总部10余家，三大监管机构省保监局、省银监局和省证监局也均以不同方式落户金融城。在专业咨询方面，南京的专业咨询业从上一年的第9位下降到第10位。今后，南京仍需围绕总部企业高端需求，重点加强咨询、会

计、法律、科技服务、信息服务等行业的发展，为总部经济发展提供更加完善的商务配套环境。

4. 对外开放水平实现新提升，开放合作空间和潜力有待进一步挖掘

南京对外开放得分53.9分，排名第11，较上年度提升1个名次。从分项指标看，国际化水平不断增强，城市国际开放得分55.02分，排名第11。2010年全年完成进出口总值456.01亿美元，比上年增长35.1%；实际使用外资26.76亿美元，比上年增长17.3%，国际经济联系和交流合作进一步加强。在区域开发层面，排名从上年度的第11位提升至第9位。2010年全年各种运输方式共完成客运周转量329.78亿人公里，比上年增长13.4%；完成货运周转量3439.40亿吨公里，增长21.9%。今后，南京应进一步扩大与全球各国和地区的经贸联系，深化和长三角地区或更大范围的区域合作，不断扩大开放水平和合作领域，在合作中促发展，在发展中求合作，不断推动南京在更宽领域、更深层次、更高水平上开展与其他地区的交流合作。

5. 商务设施水平排名有所下滑，总部经济发展的硬件环境建设有待加强

南京的商务设施得分53.65分，排名第11，较上年下降1个名次。从分项指标情况来看，商务基本设施和信息基础设施两个细分指标发展不够均衡，其中，商务基本设施得分59.39分，排名第9，较上年下降2个名次，2010年办公楼竣工房屋面积居全国35个城市的第7位，商业营业用房竣工面积排名从上年度的第7降至第9；信息基础设施仅排在第15位，还有较大的发展空间，今后应着重加强城市通信、互联网等信息基础设施建设。

6. 境外投资进入高速发展期，南京企业海外扩张低调务实

南京通过搭建经贸洽谈平台、制定激励促进政策等方式大力支持优势企业参与境外项目合作与开发，建立海外生产加工基地、研发基地和销售网络，提升跨国经营能力。从"走出去"整体发展情况看，2010年南京市新签对外承包劳务合作合同金额12.38亿美元，比上年增长27.9%；实际完成对外承包劳务营业额13.09亿美元，增长24.4%。在境外投资方面，全市新批境外投资项目48个，较上年增加了8个；协议投资总额3.96亿美元，中方协议投资总额3.4亿美元，同比分别增长161%和135.2%。从南京企业"走出去"实践情况看，不少南京企业纷纷以新设、并购、参股等方式进军海外市场，企业境外投资手段和模式多样化，从原来简单直接设点建厂发展到兼并收购、股权置换等国际通行的跨国投资方式。如南京建工集团有限公司 2010 年投资 9800 万美元，在澳大利亚打造综合性旅游城镇项目，打破了南京企业境外投资单个项目额的最高纪录；2011 年，该集团又在墨尔本投资 8000 万美元，开展房地产开发与销售、房屋与土木建筑工程、酒店开发经营、码头开发、租赁及销售等业务。南京圣和药业有限公司兼并了加拿大多伦多奥巴斯制药公司，成为中国内地在海外收购药企的第一例；苏宁电器对香港公司增资 2000 万美元，南京绿色科技研究院有限公司在美国设立分院进行科技交流和推广服务，等等，南京企业"走出去"步伐矫健而又细腻。

（八）成都

成都总部经济发展能力综合得分为 54.4 分，居全国第 8 位（表 35），居中西部地区主要城市的第 1 位。

表 35 成都总部经济发展能力得分与排名

成 都		2012 年		2011 年	
		得分	排名	得分	排名
综合实力		54.4	8	56	8
分项指标	基础条件	53.4	8	51.10	9
	商务设施	55.6	9	57.45	8
	研发能力	54.8	10	56.11	9
	专业服务	54.9	8	56.73	8
	政府服务	47.1	20	67.83	11
	开放程度	62.6	6	60.71	7

1. 总部资源不断聚集，基础支撑实力有待进一步增强

成都的基础条件得分 53.4 分，排名第 8，比上一年度上升了 1 个名次。其中，城市基础设施建设进程进一步加快，以 70.38 分位居 35 个城市的第 3，排名上升 1 位。近年来，成都交通、电力、供水、供气等市政设施不断完善，城市基础设施支撑能力不断增强。在总部资源方面，2010 年成都拥有世界 500 强企业数量和实际利用外资金额均居中西部之首，世界 500 强企业地区总部和分支机构达到 189 家，其中境外企业 149 家，澳大利亚澳新银行、日本钢铁及法国电力、美国大都会人寿等 12 家境外 500 强企业均落户成都；2010 年成都实际利用外资 64.1 亿美元，比上年增长 43.2%。在经济实力、社会基础、环境质量、人口与就业等方面，成都均排在全国35个主要城市的前10位以后，在发展总部经济的过程中应大力补足短板，不断改善和提升总部企业的发展环境。

2. 商务配套设施发展平缓，总部经济载体建设应进一步强化

成都商务设施得分55.61分，排名第9。从两个分项指标看，信息基础设施配套能力较强，排名第6，基本能满足总部企业信息、通信等配套设施需求；商务基本设施排在第13位，排名稍有下滑，办公楼竣工面积、商业营业用房竣工面积和星级宾馆数量变化不明显。成都在发展总部经济的过程中，除要大力加强商务楼宇建设外，还应做好高档酒店、会议中心、展览场馆、休闲会所等商务配套设施建设。

3. 创新竞争优势显著，科技型人才培养和引进力度须加大

成都的研发能力不断增强，得分54.84分，排名第10。从细分指标情况看，研发投入得分62.36分，排名第9，2010年组织实施科技计划项目2719项，年内新上科技项目1023项，其中国家级221项，省级327项，科技项目投入资金45.4亿元，研发经费支出占地区生产总值比重达到2.5%；科技成果产出水平较高，以68.09分居全国35个主要城市的第4，2010年全年完成科技攻关228项，专利授权25981件，比上年增长58.9%。在人力资源方面，排名第18，科技型人才仍是成都自主创新能力提升的主要瓶颈。今后，成都应在进一步加大研发投入的同时，积极推动高校、科研院所对创新型人才的培养和开发，鼓励海内外高端人才和留学归国人才到成都创新创业。

4. 金融服务水平实现较大提升，专业咨询发展相对滞后

国家服务业综合改革试点城市和全国首批旅游综合改革试点城市建设为成都服务业发展注入了强劲动力，成都服务业发展水平持续提升，2010年服务业实现增加值2785.3亿元，增长11.8%。本年度成都专业服务得分54.88分，继续高居全国第8位，现代服务业特别是金融保险、会展服务等专业服务发展水平有较大提升，服务能力不断增强。从两个分项指标看，金融保险业的排名继续提升，从上年度的第7位上升至本年度的第6位。随着成都金融总部商务区项目加快建设，专业金融机构不断聚集，成都金融生态环境不断改善。2010年的《中国重点城市金融发展水平评估报告》显示，成都金融发展水平稳居中西部城市第1。在专业咨询方面，成都排名第13，今后应加强会计、法律、咨询、中介等专业服务业的发展，为总部企业在成都发展提供良好的商务配套条件和高能级服务支撑体系。

5. 区域开放水平位居全国第二，国际开放程度差距甚远

近年来，成都积极参与成渝经济区建设，主动融入泛珠三角区域合作，有效对接长三角，加强与环渤海、海峡两岸经济区和中部省市的合作，深入推进与周边市州的经济合作，探索形成区域一体化的开放合作新模式。通过以政促经、以外交促开放的方式，实施对外开放合作，坚持推进城乡一体化建设，形成了独特的对外吸引力。成都对外开放得分62.59分，排名由上一年度的第7升至本年度的第6，高居全国35个主要城市前10名。其中，区域开放水平较高，居全国35个重点城市的第2位，仅次于深圳；相比之下，国际开放程度排名虽较上年度有所提升，排在第13位，但与成都成为成渝经济区发展的对外开放门户以及我国内陆开放示范区的定位要求相距较远。今后，成都应在扩大国际经贸往来和科技文化交流、加大入境旅游市场开发力度等方面采取更加有效的措施，不断提高国际知名度和影响力。

6. "走出去"战略步伐加快，东南亚国家是成企"走出去"合作的重点对象

近年来，成都瞄准建设国际性区域中心城市目标，全面提升城市集聚辐射能力，在加大"引进来"力度的同时大力推动企业提升国际化经营和全球化发展的水平，支持优势企业尤其是民营企业开展全球化产业布局。从"走出去"整体发展情况看，2010年成都新批对外直接投资项目22个，项目数同比增长57.14%，合同金额19658万美元，同比增长185.23%；新签对外承包工程和对外劳务合作项目458个，项目数增长18.96%，合同金额205959万美元，同比增长225.1%。从成企"走出去"实践情况看，饲养、家具、建材、动漫、餐饮、鞋业等成都优势领域企业已成功在境外落地开花。如新希望集团1996年开始从事海外发展，历经8年的探索与发展，该集团已经在越南、菲律宾、孟加拉、新加坡等国建成和正在建设工厂，设立了新希望农业科技孟加拉有限公司、新希望越南海防公司等18家境外分子公司，目前国外总投资额已超过8000万美元，2011年新投产的柬埔寨公司也在半年内实现赢利。在"走出去"模式上，成都摸索了一条"以国际型展会为平台、集群式抱团出击、整体推介"的路子，2012年3月，在成都市商务局的支持下，近30家成企携"成都造"家具精品在东南亚地区最具代表性的出口家具展销会——马来西亚国际出口家具展

（EFE2012）上集中亮相，全友、南方、先驱、帝标等成都市品牌企业受到了当地家具行业以及客商的广泛关注，并纷纷签下海外订单，现场达成意向性贸易合作金额近500万美元。

（九）武汉

武汉总部经济发展能力综合得分52.2分，排名第9，与上一年度相比排名名次持平（表36）。

表36 武汉总部经济发展能力得分与排名

武汉		2012年		2011年	
		得分	排名	得分	排名
综合实力		52.2	9	52.22	9
分项指标	基础条件	51.4	9	49.95	11
	商务设施	53.4	12	49.57	14
	研发能力	61.1	7	61.25	8
	专业服务	46.1	11	47.59	10
	政府服务	53.8	15	54.69	15
	开放程度	46.3	14	52.73	13

1. 科技创新能力再攀新高，创新资源效能进一步释放

东湖高新技术开发区被国务院批准为全国第二个国家自主创新示范区，启动了股权激励、科技成果转化、科技金融创新、"人才特区"等试点，十大科技专项和科技创新行动工程深入实施，城市创新能力显著增强，武汉研发能力排名从上年度的第8上升到本年度的第7，在中部城市中直追西安。从分项领域发展情况来看，武汉人才资源优势较为明显，排在全国第7位，2010年武汉拥有高等院校84所，在校学生数114.42万人，科技活动人员8.0万人；在研发投入方面，武汉排名第8，2010年实施国家级科技计划项目1450个，比上一年增加128个，全年研究与实验发展（R&D）经费支出占地区生产总值的比重为2.58%，较上年提高0.23个百分点；在科技产出方面，武汉排名第10，2010年专利授权数量为10165件，比2009年增加3312件，技术市场合同成交额88.87亿元，同比增长20.0%。

2. 金融服务快速发展，咨询服务提升空间依然较大

武汉专业服务排名第11，金融、保险、中介、咨询、法律等服务水平有所提升。其中，区域金融中心建设加快推进，金融服务快速发展，2010年金融业增加值增长13%，全年新引进5家境内外金融机构，总数达到54家，新组建汉口银行和武汉农村商业银行，此外共计18家全国性金融机构在武汉设立后台服务中心，金融机构本外币各项贷款余额增长20.7%，保险机构实现保费收入164.49亿元，比上年增长34.0%。在专业咨询方面，围绕各类总部企业发展的实际需求，武汉的中介咨询业也不断发展，特别是会计、审计、法律、培训等知识型服务业发展突出。

3. 基础条件显著改善，就业水平与环境质量仍需加强

《武汉市城市总体规划（2010~2020年）》获国务院批复以来，武汉经济社会进一步加快发展，基础条件显著改善，本年度武汉基础条件得分59.52分，排名第9，比上年度提升2个名次。从细分指标发展情况来看，各分项领域发展程度和水平不一，其中武汉的经济实力较强，排名上升1位，排在第8位，2010年GDP达到5515.8亿元，是2005年的2.4倍，财政收入跃上千亿元平台；总部经济存量资源较多，2010年落户武汉的国内大型企业（中国企业500强、民营企业500强）总部数达到15家，跨国公司地区总部和职能总部达到7家，均比上年度有所增加。基础设施建设和社会公共服务水平均有相应的提高，分别排在第9位和第8位，近年来，武汉基础设施体系不断完善，铁路枢纽、武汉新港、航空枢纽、高速快速路网、轨道交通等重点项目加快建设，全国综合交通枢纽地位进一步凸显，市政设施服务功能进一步提升。相比之下，武汉的人口与就业、环境质量两个指标相对较弱，均排在第30位，今后，武汉仍需大力提升本地就业和收入水平，更加注重和谐宜居环境的营造。

4. 商务基本设施建设加快，配套设施承载能力进一步提升

武汉的商务设施得分53.44分，排在第12位，较上年度提升2个名次。从两个细分指标看，商务基本设施建设加快，排名从上年度的第19上升至本年度的第16，2010年武汉新区、王家墩商务区、汉口沿江商务区、武昌滨江商务区建设全面展开，武昌公司总部区新建成和开工建设商务楼宇56栋，合260余万平方米，中国第二高楼、606米"武汉·绿地中心"为标志性建筑的全市最大现代服务业综合体——武汉绿地国际金融城启动建设，2010年武汉办公楼竣工房屋面积比2009年增长了73.15%;城市信息基础设施加快建设,获批国家"三网融合"试点城市,信息基础设施得分列全国35个主要城市前10名。

5. 区域开放合作的广度和深度不断拓展,国际开放仍显不足

武汉开放程度排名第14。从各分项指标发展情况来看,区域开放得分52.36分,排名第10。近年来,武汉着力建设武汉城市圈,不断加强圈域内各城市的分工与合作,同时依托城市高速铁路等联系通道不断深化与珠江三角洲、长株潭城市群、长江三角洲地区的合作共建,积极承接产业转移,不断拓展对内区域开放合作的广度和深度。在国际开放层面,仍显不足,排名全国35个城市的第16,较上年度有所下滑。武汉应不断改善投资环境,加大招商引资力度,大力引进跨国大企业、大财团来武汉投资,设立区域总部、研发中心、营销中心,积极拓宽利用外资渠道,创新利用外资方式,推动利用外资再上新水平,同时大力加强国家首批服务外包示范城市建设,不断拓展国际服务外包市场,依托工业制造和科技资源的优势水平以及交通枢纽有利条件,大力推动出口型经济规模和水平再上新台阶。

6. "走出去"基础更加坚实,汉企已成为国外市场的"香饽饽"

随着人均GDP跨过1万美元大关以及制造和研发能力大幅提升,武汉经济在外向型经济大道上更加阔步前行。为进一步提升对外经济合作水平,提升汉企在全球市场的经营能力和国际竞争力,2011年武汉市出台《关于加快发展开放型经济的实施意见》,武汉市财政每年将斥资不少于2000万元,帮助武汉企业"走出去",同时支持一批具备较强国际竞争力的企业以并购、租赁、设立境外贸易网点和研发中心等方式,走向国际市场。从"走出去"整体发展情况看,2010年武汉投资市场已遍及亚洲、欧洲、美洲、非洲、大洋洲等地区,全年对外签订承包工程劳务合同总金额17.30亿美元,比上年增长143.4%;对外工程承包和劳务合作营业额11.27亿美元,增长96.6%;在境外兴办企业30家,德国、波兰、奥地利、芬兰等4个欧洲国家更是力邀汉企"走出去"。从汉企"走出去"实践情况看,钢铁、汽车、商贸等领域具有较强国际市场开拓能力的大型企业,如武钢、华工科技、东风汽车、烽火通讯等一批汉企在境外建立生产基地、营销中心、研发机构,参与境外经贸区建设。2009年武汉钢铁股份有限公司以4亿美元的价格收购MMX Mineracao e Metalicos 21.6%的股权,成为MMX公司第二大股东,获得该公司铁矿石产品的长期权益,同时与EBX集团合资,在巴西里约州阿苏工业园区建设钢铁厂。此外，武钢还完成对澳大利亚 CXM 公司和加拿大 CLM 上市公司的收购，武钢已经在 9 个国家和地区相继设立了子公司的办事处，形成了覆盖全球五大洲的海外布局网络。此外，武汉还充分发挥国家服务外包试点城市的政策优势，大力推动武汉服务外包企业组建战略联盟，"抱团"走出去拓展海外市场。

（十）宁波

宁波总部经济发展能力综合得分为 52 分，排名第 10，较上年度提升 1 个名次，首次跨进全国 35 个主要城市总部经济综合发展能力排行榜前 10（表37）。

表37　宁波总部经济发展能力得分与排名

宁波		2012 年		2011 年	
		得分	排名	得分	排名
综合实力		52.0	10	50.17	11
分项指标	基础条件	46.9	15	45.71	15
	商务设施	58.8	8	53.29	11
	研发能力	44.1	13	42.78	17
	专业服务	44.7	13	45.61	11
	政府服务	86.9	5	77.35	8
	开放程度	61.1	8	61.65	6

1. 高度重视总部经济发展，政府服务能力和水平较大提高

宁波的政府服务得分 86.91 分，排名第 5，比上一年度提高了 3 个名次。2010 年，宁波市出台了《关于加快总部经济发展的实施意见》，并成立了由市长牵头的总部经济发展领导小组，《宁波市国民经济和社会发展规划第十二个五年规划纲要》更是明确提出发展总部经济的思路，即以发展开放型总部经济为重点，加快推进宁波国际贸易示范区建设，强化投资决策中心、科技研发中心、金融信贷中心、财务结算中心、营销分拨中心等功能，力争到 2015 年，培育形成 100 家本地总部型大企业，引进落户、合作建设各 100 家总部型大企业。同时，宁波市各区县发展总部经济的积极性非常高，如海曙区出台了《关于加快总部经济发展的若干意见》，并制定《海曙区"十二五"总部经济发展规划》，力图通过优化总部企业发展的政策、服务和商务环境，大力吸引高端企业总部落户和

项目落地，推动城市快速转型发展。

2. 国际区域经济合作进一步加强，开放型经济水平不断提升

宁波的开放程度得分61.1分，排在第8位，区域开放和国际开放均衡发展。在区域开放方面，宁波积极融入长三角一体化发展，参与上海"两个中心"建设。推进港口开放合作，加快港口联盟建设，同时全力办好"宁波周"活动，深化与港澳台和周边城市的合作交流，积极参与中西部开发和东北老工业基地振兴，不断提升与周边及其他地区的合作开放水平，极大地拓展了要素聚集和城市辐射范围，为发展总部经济提供了优越的环境。2010年全市实际引进内资238.3亿元，引进重点机构235个，引进优质项目121个，完成接轨上海参与长三角合作项目79个，总投资51.6亿元。在国际开放方面，宁波在35个主要城市中排名第8，较上年度提升1个名次。宁波进出口大幅增长，2010年全市实现外贸自营进出口总额829.0亿美元，比上年增长36.3%，外资利用规模增长较快，全年实际利用外资23.2亿美元，增长5.3%，服务外包稳步推进，完成服务外包总额65.4亿元，比上年增长40.6%[①]。

3. 商务基本设施不断完善，信息化建设仍有待进一步加强

宁波的商务设施得分58.81分，排名第8，较上年度提升3个名次。从各分项指标来看，商务基本设施建设不断加速，排名较上年度继续提高2个名次。2010年宁波办公楼竣工面积为61.28万平方米，比上年度增长35.1%，位居全国第6。随着中央商务区、杭州湾新区等几大商务功能区的相继建成，未来几年宁波市商务楼宇面积将呈现高速增长态势，预计仅南部商务区楼宇总建筑面积就将超过240万平方米。在信息基础设施方面，宁波的移动电话、固定电话及国际互联网用户数分别排在第11、第17和第12位，与商务基本设施发展情况相比，城市信息基础设施建设相对滞后，今后，应紧抓全国电子商务试点城市建设的有利契机，以高标准、高水平创建智慧城市，不断提升城市信息基础设施建设水平。

4. 金融保险发展势头良好，专业咨询服务能力实现较大跃升

宁波专业服务得分44.73分，排名第13。从分项指标发展情况来看，金融保险和专业咨询均衡发展。其中，金融保险发展势头良好，2010年末金融机构本

---

① 宁波市统计局：《宁波市2010年国民经济和社会发展统计公报》。

外币贷款余额 9414.2 亿元，比上一年增长 22.0%，全年全市实现保费收入 144.1 亿元，比上年增长 34.1%。截至 2010 年底，宁波市金融机构已达 176 家，基本形成了一个以银行业为龙头，证券、保险业为支撑，基金、信托、融资租赁以及部分类金融机构为辅助的多层次金融组织服务体系①，随着浙江海洋经济示范区建设的逐步升温，宁波的航运金融发展也在提档加速；在专业咨询方面，排名从上年度的第 21 跃升至本年度的第 12，2010 年宁波商务服务业从业人员达到 5.24 万人，较上年增长 54.1%，位居全国第 8，未来，宁波市应进一步推进现代服务业人才培养工程，围绕总部企业发展需求，大力促进专业中介服务业发展，建成长三角南翼现代中介服务业中心城市。

5. 总部资源具备相当优势，基础支撑条件亟须大力提升

近年来，随着长三角区域经济一体化进程加速推进，浙江海洋经济发展上升为国家战略，宁波抓住发展机遇快速提升区域综合实力，基础条件不断得到巩固和提升，本年度基础条件排名第 15。从各分项发展情况来看，六个分项指标具有较大的不均衡性。其中，宁波总部资源具有一定优势，排在第 8 位，特别是民营总部经济发展较快，成长起雅戈尔、奥克斯、罗蒙、维科、华翔等一批知名民营企业总部，初步形成了宁波总部经济品牌。在经济实力方面，2010 年实现地区生产总值 5125.82 亿元，按可比价格计算比上年增长 12.4%，增幅同比提高 3.5 个百分点，人均地区生产总值突破 1 万美元。相比之下，宁波的基础设施、环境质量及人口与就业等指标仍相对较弱，亟须进一步完善和提升。

6. 研发能力取得较大提升，创新要素集聚水平仍需进一步提高

宁波大力推进国家创新型城市试点，加大自主创新扶持力度，研发能力得到较大提升，本年度研发能力得分 44.08 分，位居 35 个主要城市第 13，比上年度提升 4 个名次。从细分指标来看，宁波科技成果产出水平较高，得分 64.43 分，排名第 6。2010 年专利授权量达到 25971 件，比上年度增长 64.2%，其中发明专利授权量 1209 件，增长 50.8%，荣获国家科学技术奖 18 项，主持或参与国际、国家和行业标准制定 633 项，成为国家知识产权工作示范城市和国家商标战略实施示范城市。在研发投入方面，2010 年财政科技投入 22.1 亿元，为 2005 年的 3.4 倍，全社会研究和试验发展经费支出占生产总值比重达到 1.6%，创新平台

---

① 《宁波金融业 5 年来实现跨越式发展》，中国宁波网，2011 年 1 月 27 日。

加快建设，国家高新区软件研发与创新基地等一批研发园区成为全省规模最大的集约式研发园。人才资源相对较为薄弱，排名全国35个主要城市第23。今后，宁波市应该紧抓国家创新型试点城市建设的机遇，加快人才培养和引进步伐，构建完善的人才资源市场体系，为总部经济发展提供强大的人才保障。

7. 海外投资进入加速扩张期，甬企频频上演跨国并购

宁波经济社会发展取得了巨大成就，外向型经济发展更是硕果累累，特别是近年来，宁波鼓励优势企业并购境外营销网络、研发机构、生产技术和知名品牌，到目前为止，宁波市境外营销机构数量雄踞全国各城市之首，宁波"走出去"企业在海外设立的机构主要是用于给宁波产品开拓国际市场[①]。此外宁波政府部门通过组织海外"宁波周"活动，为宁波企业"走出去"开展国际竞争与合作搭建交流平台和桥梁。从"走出去"整体发展情况看，2010年全年宁波完成对外承包劳务合作营业额10.0亿美元，比上年增长13.2%；新批境外投资企业和机构175家，项目总投资额7.8亿美元，其中中方投资5.2亿美元，增长31.7%。目前宁波已累计批准设立境外企业和机构超过1200家，项目总投资额约20亿美元，分布在全球90多个国家和地区。从甬企"走出去"实践情况看，音王集团、裕人针织、永发集团、雅戈尔集团、宁波一舟、宁波华翔、均胜集团等一批企业加速海外市场扩张，宁波正在崛起一批以民营企业为主力军的本土跨国经营企业。如2008年，雅戈尔集团以1.2亿美元收购美国一著名品牌旗下男装业务新马公司，成为中国服装业规模最大的国际并购案例；2011年均胜集团通过对德国普瑞的海外并购，直接持有其5.10%的股权，且通过持有德国普瑞控股74.90%的股权间接控制德国普瑞94.90%，这家由"均胜"控股的企业，在欧美汽车市场普遍不景气的情况下，2011年仍实现销售收入38.95亿元，实现净利润1.3亿元。

---

① 《宁波企业加快"走出去"，海外经营能力不断增强》，中国宁波网，2012年2月22日。

专题报告

Special Reports

B.3
发展境外企业总部加快企业"走出去"的对策

蔡苏文 于 淼*

"走出去"战略又称为国际化经营战略,是推动中国企业走向国际市场,展开跨国竞争与合作的战略。从世界经济形势来看,以欧美为主的债务危机持续发酵,给世界经济复苏增添了新的变数。因此,中国出口导向型经济增长模式所依赖的外部市场已不可持续,这就要求我国企业要加快"走出去"战略。而发展境外企业总部由此推动企业加快实施"走出去"战略,是实现我国经济可持续发展的新模式。

一 发展境外企业总部带动我国企业"走出去"的意义

随着经济全球化的发展,跨国企业在进行跨国化的过程中必然要对地区职能

---

* 蔡苏文,女,青岛科技大学经济与管理学院教授;于淼,男,青岛科技大学经管学院2011级国际贸易专业研究生。

性总部进行全球空间布局,把高端职能总部(研发、信息中心)设在境外战略资源密集的中心区域,而将低端职能总部(采购、制造中心)布局在境外具有比较优势的常规资源密集区域,由此使企业能够以较低的成本取得境外的战略资源和常规资源,使不同区域分工协作,资源在一个企业内优化配置,从而实现经营资源的国际化,形成企业合理的价值链分工。因此,发展境外企业总部,就是根据需要将企业内部的管理、信息、研发、营销、采购、制造等职能独立出来,设立地区职能性总部,如信息中心、研发中心、营销中心、采购中心、制造中心等。

改革开放30多年以来,我国已经形成一批能够在境外设立地区职能性总部、具有"走出去"实力的企业。这些企业可以结合自身实际情况,利用境外企业总部带动企业"走出去",这对于提升我国企业跨国化水平与全球竞争力具有重要意义。

1. 发展境外企业总部有利于突破国际贸易壁垒

虽然经济全球化与自由化是当今世界经济发展的主流,近年来,作为"世界工厂"的中国却是全球发生贸易摩擦最多的国家。究其原因:一方面是由于我国产品质量、结构、技术水平、市场管理能力的确存在局限,另一方面则归咎于发达国家对我国的种种歧视政策和新式贸易壁垒的实施。面对这种不利局面,中国企业可以通过发展境外企业总部,选择与目标市场有良好贸易关系(如签订自由贸易区协定,共同市场协定)的地区进行对外直接投资,建立制造中心,从而改变产品的原产地,利用该地区与目标市场的良好贸易关系,规避目标市场贸易壁垒,从而扩大海外市场。例如宁波申洲针织集团斥资3380万美元,在柬埔寨(2006年7月14日,与美国签订《美国—柬埔寨贸易与投资框架协议》)建立日产23万件服装的纺织厂,产品直接出口美国。该企业通过实施"走出去"战略,绕开对出口原产地的限制,减缓了美国贸易壁垒的负面影响。

2. 发展境外企业总部有利于获取廉价的生产资源

自然资源在各国之间的分布是不平衡的,各种自然资源在各国的生产和消费也是不平衡的,任何经济活动都受一定资源条件约束的影响,因而各国都有其相对的资源禀赋,使其在某些经济领域具有比较优势。尽管科学技术的进步、消费结构的改变在一定程度上能够改变资源条件的约束程度,但并不能从根本上消除这种约束。在更加市场化、更加开放、更加相互依存的世界，我国企业必须考虑通过实施"走出去"战略，在具有一定资源禀赋的地区投资采购中心与制造中心，充分开发利用国外优质、低成本的生产资源，使企业综合利用资源的成本降低，增强企业的国际竞争力。目前已经有大量的中国企业搞跨国运作，在海外采购具有性价比优势的原料和零部件，通过在国内搞好生产与组装，将产品返销海外市场。

3. 发展境外企业总部有利于拓展我国企业的发展空间

目前，我国许多行业都面临产能过剩的巨大压力。例如，曾经被看做高科技和新能源产业而为人们所看好的光伏产业，在几年之内大规模上马，导致产能很快过剩。2011年全球光伏需求量预计为22G瓦，但是同期全球产量超过30G瓦，我国光伏组件的产量占全球产量的60%~70%，有1/3的光伏企业濒临倒闭。根据英国经济学家拉奥的技术地方化理论，我国一些企业的劳动密集型技术，经过吸收及创新的引进技术与其他发展中国家的技术阶梯度较小，易于为他们所接受，这就构成了我国企业"走出去"的产业相对优势。若这类企业能够积极进取，面向全球寻求新的发展、新的空间、新的机遇，通过发展境外企业总部，将生产能力向国外延伸，在市场需求巨大的地区建立制造中心与销售中心，则不仅解决了国内产能过剩的问题，也为国内企业产业升级节省出了资源，从而拓展了企业在国内与国际的发展空间。

4. 发展境外企业总部有利于企业获取境外人才、信息、技术资源

在某一区域内，总部集中的区域一般具有区位优势，能够吸引该地区周边的人才、信息、技术等创新资源向该地区流动。我国企业若能够按照境外总部经济的模式实施"走出去"战略，通过对外直接投资，在境外总部集中区域特别是欧美发达国家的总部集中区域设立研发中心与信息中心，就能够获得广泛的国际接触与交流机会，开阔眼界。设立境外总部的企业通过雇用当地科研人员、管理人员，不但可以获取世界一流的先进技术与管理经验，还可以以较低的成本获取区域内的各种市场信息，这有助于我国企业了解该区域乃至世界市场行情，从而更好地参与区域与世界市场的竞争。从境外获取的人才、信息、技术等资源还可以促进我国企业培养创新与研发能力，加快企业自身的产业升级，这也为我国经济的可持续发展创造了有利条件。

二 日本跨国公司发展境外企业总部的过程及启示

1. 日本跨国公司发展境外企业总部，实施"走出去"战略的过程

1960~1984年，日本加入关贸总协定（GATT）与国际货币基金组织（IMF），实现了贸易自由化与资本自由化。1972年日本政府宣布"对外经济政策纲要"，明确指出要支持日本企业实施国际化战略，并且具体地提出了一系列的促进日本企业"走出去"的政策。由此日本企业决心发展境外总部经济，实施"走出去"战略，最终造就了一批世界500强级别的日本跨国公司。

（1）日本跨国公司发展境外企业总部的初始期

1960~1984年是日本跨国公司开始发展境外企业总部的初始期，它所面临的国内国际环境与当今中国企业有着许多相似之处。例如，国内劳动密集型行业（如服装行业）生产能力过剩，大量的贸易顺差也导致日本与许多国家存在贸易摩擦，频频遭遇他国的反倾销诉讼。为了应对此种局面，日本部分有实力的大型企业实施了"亚洲生产，欧美营销"的境外总部经济战略，即利用亚洲地区吸引外资建设出口加工区的机遇，在亚洲地区设立生产中心，从而将本国边际产业转移到亚洲地区，在欧美地区投资设立销售中心与信息中心，建立营销网络，以此"迂回出口"欧美市场。此战略既为日本产业升级创造了空间，又避免了与欧美国家的贸易摩擦，同时先期销售中心与信息中心的设立也为后期制造中心的设立起到了开道先锋的作用，避免了无效率的投资设立制造中心。例如，Sony公司在1960年设立了美国分公司，其主要的职能就是负责市场信息的收集与营销网络的建立，随后Sony公司的第一座美国工厂在圣迭戈的兰桥·伯纳德工业区开工建设。对于众多缺乏"走出去"经验与信息的日本小企业，它们则尽量选择与境外设有地区职能性总部的大型企业合作进行海外投资，以此利用大型企业已经建立好的总部网络。

（2）日本跨国公司发展境外企业总部的发展期

1985~1999年，日本巨大贸易顺差所带来的天文数字般的外汇储备使日元升值压力与日俱增，1985年"广场协议"使得美元日元汇率由1∶240上升到1∶120。这导致日本国内经营成本大幅增加，而国际上则显得相对低廉。利用国际上低廉的经营资源成为这个阶段日本企业进行海外投资、建立境外总部的重要动力。在此阶段，日本跨国公司进一步发展境外企业总部，在亚洲地区进一步加大以设立制造中心为主的对外直接投资，但产业有所升级（如电气机械和运输设备制造业以及机械产业），其主要目的是获取亚洲地区廉价的生产资源，降低经营成本。同时日本跨国公司看中欧美国家在科技领域的领先地位，在欧美人才、科技资源集聚的中心区域进行学习型的对外直接投资，设立研发中心，从而相对廉价地获取欧美国家的先进技术与管理经验。同时依托前期设立的销售与信息中心，日本跨国公司也开始大量在欧美地区投资设立制造中心，但区别于亚洲地区的制造中心，欧美地区的制造中心多以资本和知识密集型产业为主（如电子设备和汽车制造业），由此日本跨国公司获取了欧美国家的市场准入，从而确保欧美市场份额，避免了贸易摩擦。

(3) 日本跨国公司发展境外企业总部的成熟期

从 2000 年开始，日本跨国公司设立境外企业总部进入了成熟阶段。目前日立、东芝、松下、本田等日本著名跨国公司都推行了"全球四总社制"的全球总部体系，完成了全球性的总部战略布局。即除本土保留一个总部外，还在北美、西欧、亚洲分别建立区域管理总部，下设若干生产、销售、研发、采购、金融等功能性总部，各个区域管理总部实施一元化领导与自主经营，统一指挥下属功能性总部行使其职能，自主决定资金筹措与运用，本土总部与各个区域总部之间实现信息互联，以便相互采购原料、零部件和交换技术与信息等。日本跨国公司全球总部体系的完成，弱化了其各个事业部职能，强化了地区决策、协调全球战略的目的，实现了产销最佳配置，加快了科研成果转化为生产力的进程，使得日本跨国公司可以在全球范围内自由地对经营资源及市场作战略性运作，这也是日本跨国公司进入境外总部经济成熟阶段的标志。此外随着自身实力的增强，日本跨国公司设立境外企业总部的方式也日趋成熟，由原来的独资、合资方式为主发展为以跨国并购境外企业为主，以此直接进入目标市场，节约了开拓市场的时间与精力，且能够快速获得自身发展所需的技术、专利与品牌，提高自身的知名度与国际竞争力。

2. 日本跨国公司发展境外企业总部给予中国企业的启示

(1) 审视自身实力，选择适宜的"走出去"方式

目前我国既有大量的小微企业，又有数家颇具实力的大型企业，面对经济全球化的浪潮，都存在着"走出去"的需要。我国企业应谨慎审视自身实力，分析自身参与国际竞争的优势与劣势，选择适宜的"走出去"方式。缺乏经验与

信息的小企业可以借鉴日本小企业的经验,在"走出去"的初期选择与设有地区总部的大型企业进行合作,以此利用其已经建立好的境外总部网络。我国许多资金实力雄厚的大型企业,则可以选择跨国并购的方式设立境外总部,从而快速获取自身发展所需的境外战略资源,提高自身的国际竞争力与影响力。

(2)分析境外经营环境,明确区域总部职能

"广场协议"签订后,日元升值引起了日本企业对外直接投资的高潮,其中许多企业没有认真分析目标国家的经营环境,也无明确的战略目的,仅仅是"横向攀比",不甘人后,造成境外总部的职能定位错误,使得企业"走出去"战略遭遇失败。在"走出去"中发展壮大的日本跨国公司都会在投资之前对目标国家的经营环境有详尽的分析与了解,投资的目的也相当明确,若为利用境外生产资源的成本优势,则设立采购中心,若是为了获取境外的人才资源,则设立研发中心。这就要求我国企业在制定自己"走出去"战略时应充分了解目标国的经营环境,确定自己的战略目标,明确区域总部的职能,不能盲目为之。

(3)"营销先行,制造跟进"的"走出去"战略值得借鉴

为了保持并扩大欧美市场份额,同时避免贸易摩擦,日本跨国公司首先在欧美市场构建大型的销售中心及配套的营销基础设施,从而在投资设立制造中心后能够保证制造中心生产制造的产品以及"迂回出口"的产品能顺畅地进入欧美市场。越是发达国家,各种隐性与显性的贸易壁垒种类越多,我国企业在境外特别是在欧美发达国家设立总部应注重销售中心及销售网络的建设,这不仅有利于获取目标市场准入,减少贸易摩擦,也为企业境外总部经济的进一步发展打下了坚实的基础。

三 发展境外企业总部带动企业"走出去"所面临的问题

1. 我国境外企业总部发展现状

截至2010年底,中国13000多家境内投资者在国(境)外设立对外直接投资企业1.6万家,分布在全球178个国家,年末境外企业资产总额达到1.5万亿美元,可以说我国企业对外投资已初具规模。在这些企业中,有很多跨国公司开始尝试在海外市场设立地区总部和研发中心,并取得初步成绩,其国际化进程向前迈进了一大步。我国境外企业总部发展现状表现如下。

(1) 设立的境外企业总部以大的跨国公司为主

复旦大学管理学院依据中国跨国公司海外资产，发布了《中国跨国公司排行榜》，有18家中国跨国企业进入榜单。依次是中信集团、中远集团、中国建筑工程总公司、中国石油天然气集团公司、中国中化集团公司、中国保利集团公司、中国海洋石油公司、首钢集团、中国海运集团总公司、TCL公司、联想集团、中国五矿集团、中国交通建设股份有限公司、深业集团、宝钢集团、上汽集团、中国冶金科工集团公司、海尔集团。这些跨国公司，基于市场、技术、成本、服务、税收等不同比较优势考虑，选择境外投资，在世界各地建立区域性总部。如中远集团在全球形成了九大区域公司，海外资产和收入已超总量半数以上。

(2) 设立境外企业总部时间较早，但发展速度相对较慢

早在2004年，华为就在英国设立欧洲地区总部，全面登陆欧洲主流市场。联想集团2004年开始走出国门，后来将公司总部移师纽约，同时在中国北京和美国北卡罗来纳州的罗利（Raleigh）设立两个主要运营中心。但相比于国外跨国公司到境外设立企业总部的数量及发展速度，我国的跨国企业设立境外区域总部的数量还较少，发展速度还较慢。

(3) 境外企业总部类型呈现多样化趋势

随着越来越多的中国跨国公司在境外投资，尤其是将生产、销售等产业链环节转移到境外，跨国公司客观上要求在境外设立地区总部，以实现在境外投资的系统化管理。因此，为适应对境外投资的产品研发活动、生产及服务的需要，建立了各类区域总部企业。如华为近些年完成亚太、欧洲、中东、北非、独联体、拉美、南非、北美八大区布点，建立起全球研发、制造和营销体系，能够在全球范围内整合资源，具备了强大的全球竞争力。海尔集团为了使产品设计紧跟市场变化，自1994年在东京建立了首家海外设计分部以后，海尔先后在洛杉矶、硅谷、阿姆斯特丹、蒙特利尔成立海外设计分部；在汉城、悉尼、东京、洛杉矶、硅谷、阿姆斯特丹、维也纳、蒙特利尔、中国台湾、中国香港等城市设立了信息中心。

(4) 境外设立研发中心是总部发展的主要模式

在全球制造业向中国转移的背景下，我国企业到境外投资建厂的竞争优势并不高，而在海外建研发中心则是企业国际化过程中拓展海外市场的优先选择，成为目前建立境外企业总部的主要模式。在境外设立研发中心可以有助于跟踪全

球业界的技术动向，把握研发方向；降低研发成本、缩短研发时间；可以利用国外的技术创新来提高国内产品的技术含量，学习国外先进的管理经验和企业运行模式，促使我国产品在国际竞争中处于更为有利的地位。2007年上汽在英国伯明翰建立研发中心，2011年宝钢—澳大利亚联合研发中心在澳大利亚布里斯班成立。山东的海尔集团和浙江省的华立集团分别在美国和日本设立了研发中心。截至2011年6月底，仅山东省本土企业就累计设立境外营销网络和研发中心1087家。

2. 发展境外企业总部促进"走出去"所面临的问题

随着我国经济实力的增强，一大批中国企业积累了强大实力，具备了在全球范围优化配置资源的能力。中国跨国公司的崛起令世界瞩目，进入顶级跨国公司——世界500强行列的中国企业连年增加。前不久美国《财富》杂志发布2011年世界500强，我国共有69家公司上榜。但在发展境外企业总部促进"走出去"中还面临一些问题。

（1）对于建立境外企业总部缺乏正确认识

我国企业对于跨国化经营缺乏足够认识，境外总部经济意识淡薄。许多人认为中国企业仍处于境外总部经济发展的初始阶段，从事跨国经营的时间短、经验少，只要能在境外有立足之地，能实现"走出去"，成绩就很不错了。因此，在发展境外企业总部时缺乏全球战略，仅仅着眼于某个孤立的区域，设立的区域职能总部规模较小、数量少、效率低，不能实现经营资源的国际化与规模化，形成不了合理的价值链。

（2）我国企业缺乏建立企业总部的经济实力

与在国内经营相比，由于境外法律、文化等经营环境的差别，发展境外企业总部所付出的成本与承担的风险较大，具备一定的经济实力是"走出去"的必要条件。相比西方发达国家跨国公司，我国绝大多数企业特别是中小企业经济实力薄弱、抗风险能力较低，即使拥有一定的国际竞争力也没有充足的资金发展境外企业总部，以此获取自身发展所需的境外经营资源。不少中小企业在"走出去"的初期于境外设立了规模较小的区域职能总部，收到不错的经营效果，但受自身经济实力所限，没有充足的财力发展大规模境外总部经济，错失了快速发展的良机。

（3）境外企业总部经营管理体制不健全

我国跨国企业要想形成全球总部网络，完成全球性的总部战略布局，达到总部经济的成熟阶段，必然要建立起相应的境外总部管理体制，从而实现信息与经营资源在跨国公司内部的有效利用。从目前来看，与发达国家跨国公司相比，我国跨国公司在境外总部经营管理体制建设方面还存在不小的差距。宏观上，区域总部间协调管理机制缺失，缺乏全球联动。微观上，企业管理模式主要沿袭国内体制，企业难以对国际市场的变化作出及时有效的反应，缺乏主动性和灵活性。

（4）部分企业区域总部职能不明确，经营效益不佳

随着我国境外企业总部的不断发展，我国跨国公司设立境外总部方式也逐渐倾向于跨国并购。自2007年来，次贷危机、美债危机、欧洲危机接连不断，国际经济形势扑朔迷离，我国坐拥3万亿美元外汇储备，国际资产相对廉价，国内掀起了一股海外抄底热，但成功案例寥寥。究其原因主要是企业在并购前期并没有做好充足的战略分析，单纯地以抄底为目的，并没有明确的战略目标，使得区域总部职能不明确，境外总部并购无效率。

四　发展境外企业总部促进实施"走出去"战略的对策

入世后我国企业"走出去"的速度日趋加快，但比起发达国家规模较小。在已对外投资的企业中，投资额少于100万美元的企业占61%，而投资额超过1亿美元的企业为10家，仅占对外投资企业数的1%左右。因此，我国企业要抓住世界总部经济快速发展的契机，大力发展境外企业总部，促进企业"走出去"步伐加快。

1. 增强跨国经营意识，积极设立企业总部

在经济全球化不断加深的今天，我国企业应当清楚地意识到，积极地"走出去"，参与国际竞争是企业发展的必然趋势。我国企业在制定"走出去"战略时，就应当以全球战略视角对自身的跨国化发展有所规划，制定详尽的全球总部网络建设战略，把产品的价值链、供应链、资本链延伸扩展到境外。要根据企业自身的优势，积极设立境外企业总部。要根据企业国际化经营战略，合理制订"走出去"计划，这样才能有条不紊地分步骤、分层次、分区域地设立自己的境外职能性总部，最终形成企业自身的全球总部网络，从而实现经营资源在全球的有效配置，避免无效率地设立区域职能总部与经营资源的浪费，使企业在全球竞争中占据主动。

2. 充分利用我国总部经济发展的溢出效应，提高企业国际竞争力

近几年我国总部经济发展迅速，跨国公司在我国设立的企业总部和研发中心数量激增。截止到 2011 年 5 月，北京聚集地区总部 82 家，外商投资公司 183 家，外资研发中心 353 家，2011 年拥有世界 500 强企业总部 41 家。截止到 2011 年 9 月底，入驻上海的地区总部共计 347 家、投资性公司 237 家、研发中心 332 家。总部经济和研发基地通过技术溢出效应、管理溢出效应、社会效应和人才效应，为我国本土企业加速国际化经营带来了巨大的发展机遇。我国企业应当借助总部经济产生的各种效应，培育企业自主创新能力，获取自主知识产权，形成企业核心竞争力，推动企业快速健康地开展国际化经营。

3. 根据总部经济的建立条件，选好企业总部区域

随着我国企业国际竞争力的不断提升，将会有更多的企业以总部经济模式走出国门，将生产制造环节向境外国家和地区布局，获取更广阔的市场和在全球范围的总部经济收益。但在境外建立企业总部时，一定要根据总部经济的建立条件和自身的优势、要求科学选择。如全球的研发创新的价值链高度集中在美日欧大三角地区，中国的企业要想把研发、创新、设计这些环节打造成国际先进，就必须把这些中心和环节建立在美日欧大三角地区。像奇瑞就把汽车设计中心建立在意大利。只有选位正确，才能把企业劣势转化为比较优势，带动企业扩大规模"走出去"。

4. 学习国外经验，完善境外总部企业管理体制

宏观上，我国企业在境外企业总部不断发展的过程中，应不断学习借鉴大型国际跨国公司的管理体制，形成具有中国企业特色的跨国管理体系，使得企业全球总部网络能够有效联动，充分发挥境外总部经济的优越性。微观上，我国企业特别是国有企业要建立现代企业制度，建立起独立完整的法人财产权，使企业成为真正的市场主体。企业自负盈亏、自担风险必然会促进企业在"走出去"的过程中自觉学习发达国家的管理经验，不断完善内部管理体制，增强企业自身的国际化经营管理能力。

总之，我国企业要通过发展境外企业总部，促进企业"走出去"，造就一批世界级的大型跨国公司，扩大我国对于世界经济秩序的影响力，为我国经济的可持续发展与国际地位的提升贡献力量。

B.4 江苏"总部经济与'走出去'战略"的实践与探索

李麟* 魏飞 范沁茹

从中国经济重镇上海,向北或向西,都无法绕开江苏。我国已建成的京沪高铁,沿途停靠城市最多的是江苏,目前江苏已成为高铁建设获益最大的省。以京沪高铁为主轴,长三角主要城市形成了一小时都市圈,实现了苏、浙、沪"两省一市"的共融。高铁不仅提升区域竞争力,而且使城市生活转变为都市圈生活。江苏作为高速铁路最密集地带,已率先迎来高铁经济时代。突出的交通区位优势、高素质人才的聚集,也为江苏发展总部经济与"走出去"提供了有利条件。

当前,我国正处于经济转型升级的关键时期,加快转变经济发展方式是江苏"十二五"的主要任务。回顾改革开放的发展历程,20世纪80年代,江苏通过发展乡镇企业,实现经济第一次腾飞;90年代,推动开放型经济发展,实现经济第二次腾飞;目前正进行的经济转型,核心是发展创新型经济、实现经济第三次腾飞。实施"总部经济与'走出去'战略",是发展创新型经济、实现经济第三次腾飞的最有效途径,理应是江苏新一轮对外开放的主要战略。

笔者以徐州市为样本,通过分析江苏发展"总部经济与'走出去'"的优劣势,提出完善"总部经济与'走出去'"对策,使之迅速成为江苏新一轮对外开放的最佳突破口。

一 江苏发展"总部经济与'走出去'"现状分析

2011年,我国共对全球132个国家进行了非金融类直接投资,累计实现直

---

* 李麟,中国建设会计学会理事,江苏省地税局特聘研究员,国家税务总局纳税评估人才库专家,高级纳税筹划师,徐州市企业财务管理学会副会长。

接投资600.7亿美元。2011年，江苏对外投资实现平稳增长，共核准对外投资项目505个，同比增长23.8%；中方协议投资36亿美元，同比增长65.5%。总体来看，江苏发展"总部经济与'走出去'"还处于起步阶段，已集聚了一批具有较强竞争力的国内外总部企业。江苏是经济大省，但土地资源有限，人口压力巨大。随着经济总量不断增大，能源、资源和环境的压力越来越大。因此，实行"总部经济与'走出去'"战略，开拓更大的发展空间，对江苏显得非常必要。

（一）江苏发展"总部经济"与"走出去"的优势与劣势

目前江苏实行"总部经济与'走出去'"战略，具有四大比较优势。

一是地域优势。江苏地处沿海和长江下游，东南与长江三角洲核心城市上海接壤，是长江三角洲的重要组成部分。长江流域是中国消费最发达地区，这为江苏发展总部经济提供了广大的国内市场。上海作为国际化中心城市，也将进一步辐射江苏，带动江苏企业"走出去"发展。

二是科教优势。目前，江苏仍以制造业为主，但应通过引进国外技术，为江苏实行"总部经济与'走出去'"提供坚实的基础。同时，江苏也是人才大省，近年来，大力实施创新驱动核心战略，在连续两年区域创新能力全国第一的基础上，2011年又获"三连冠"。江苏还大力实施科教与人才强省战略，全省入选国家"千人计划"的人数达176人，占全国32%，继续位居全国第1。目前，全省有高校122所、在校大学生177万人，是全国大学和大学生最多的省。这为江苏实行"总部经济与'走出去'"提供了良好的科教优势。

三是政策优势。江苏认真贯彻"总部经济与'走出去'"战略，积极采取多项优惠政策和措施帮助企业"走出去"。大力支持"总部经济与'走出去'"、出口产品结构优化和加工贸易转型升级。省政府还鼓励企业境外投资、开拓国际市场，支持企业改造产业结构。

四是企业精神。新时期"三创三先"的江苏精神，体现了江苏人的精神状态，加之江苏人普遍低调务实，经营者具有较强的企业家精神，注重经济效益，因此，江苏企业家制定投资决策都非常谨慎，经营也十分积极用心。企业家积极性高，有利于江苏实施"总部经济与'走出去'"发展战略。

但江苏实施"总部经济与'走出去'"战略，目前也有三大劣势。

一是自主创新能力低。多年来，江苏制造业引进了大量的先进技术和设备，但关键技术仍依靠国外，一方面对国外先进技术的消化吸收不够；另一方面，自主创新能力较低，缺少核心技术和品牌。江苏推进自主创新的政策较显理论化，有部分企业仍停留在引进技术后简单模仿，而不是提高创新能力上。这也导致了江苏"总部经济与'走出去'"的企业普遍存在经营管理模式滞后等问题。

二是企业融资较困难。由于规模较小、资信程度较差，以及缺乏抵押品等因素影响，资金短缺问题已成为江苏诸多"走出去"企业的瓶颈。虽然国家已通过《中小企业促进法》，但各地认识不到位，导致金融扶持不力。尽管省政府作出多项规定，但一些银行和保险公司没有足够的能力将其服务辐射到国外，企业融资难问题突出。

三是加工贸易负效应。由于江苏贸易方式以加工贸易为主，企业对加工贸易也产生了高度的依赖，这对贸易的稳定增长造成一定负面影响。江苏加工贸易企业所用的原料和设备大多依靠进口，而近来由于人民币不断升值、金融危机等，导致江苏国外订单有所减少、出口增幅下滑。价格的上涨又对加工贸易带来一定冲击，使得江苏"总部经济与'走出去'"企业普遍陷入困境。

江苏推进经济国际化，必须把"引进来"与"走出去"相结合，把着力点放在本土企业国际化和外资企业本土化这两个方面。要积极引导本土企业发展总部经济与"走出去"，在更高层次上融入国际产业链、在全球竞争中占据更加有利的位置。要把培育江苏本土跨国公司总部作为关键，着力壮大一批国际化总部经济企业。要大力推动外资企业本土化，主动招引跨国公司总部、研发中心、核心业务落户江苏，实现"总部经济与'走出去'"的有机融合，确立发展"总部经济与'走出去'"在新一轮开放中的战略地位。

（二）江苏"总部经济与'走出去'"战略现状——以徐州为例

江苏吸引的跨国公司地区总部、研发中心等都集中在苏南，苏中和苏北几乎是空白，徐州也是白纸一张。2010年起，徐州市开始重点发展总部经济，当年制定出全市总部经济发展战略规划，2011年全面建设发展总部经济，重点建设了"徐州总部经济园区"和新城区总部经济城，具体发展情况分析如下。

1. 徐州总部经济发展

（1）徐州总部经济园区

总部经济园区位于徐州经济开发区中部，徐海公路以南，京福高速以东，与京沪高铁徐州站点隔路相望，规划总面积约166.44公顷。规划结构为"一心两轴五片区"。"一心"：是园区的综合服务中心，配置各项与总部经济相关的运营服务项目；"两轴"：分别是贯穿园区中部横向和纵向的道路，横轴贯通配套服务片区，纵轴将整个园区各个功能区串联起来；"五片区"：基本呈东西向由南向北依次排开，分别是北部的总部办公研发片区，中部的综合功能服务片区，中南部的绿化休闲生态片区，南部的总部办公研发片区、居住生活配套片区。

总部经济园区基地共分为"五大功能组团"：

综合功能服务组团：基地中部主轴线两侧，为总部办公提供各项基础服务，包括商务住宿、文化创意、金融、法律、融资、信息、中介、会展、商业、研发办公等多种综合性功能。

总部办公研发组团：北部、东部及东南部为总部办公研发组团，背靠青山，坐拥绿色、智慧高地，并均可取得良好的朝向。

文化创意产业组团：近京福高速园区规划主轴线上，将改造原有水泥厂为两岸文化创意产业园，形成创新、创意、创智的园区第一门户节点。

居住生活配套组团：丘山以南为居住生活配套组团，靠近和平路，进出徐州主城区，交通便利。

绿化休闲生态组团：园区中部结合山体规划，最大限度发挥自然山体的作用，使周围组团均可享受优美的自然环境。

目前，园区有海关总部、汉盛燃料总部、天地钢结构总部、创新日化总部、欧美国际科技城、台湾台达电子配套居住项目、徐工集团公租房7个在建项目。

（2）徐州总部经济城

总部经济城位于新城区行政中心北侧，绿地国际商务城以西，南起昆仑大道、北至峨眉路、西至秦郡路、东至汉风路。目前规划总占地面积约730亩，预留发展用地500亩，园区内包含大型知名企业总部区、金融服务及大企业独立总部区、中小企业总部区及商业、商务配套服务区等。园区规划总建设规模约120万平方米。新城区总部经济城包括如下三种形式。

优秀企业：积极吸引国内外企业地区总部、研发中心、设计中心、营销中心以及淮海经济区优秀企业总部落户，同时重点扶持培育一批发展前景好、潜力大、具备企业总部和生产加工基地分离的本地企业总部做大做强。

金融机构：积极吸引民营银行总部、全国和外资银行企业总部服务中心、投资银行、证券公司、基金公司、保险公司、财务公司进驻。

科研机构：吸引国内科研机构、研究中心、协会、商会等进驻。

依托新城区优越的区位条件、人文、自然环境以及便捷的交通，发展以总部办公为主要功能，兼顾研发、居住、休闲娱乐一体化的淮海经济区首家总部基地园区。

2011年1月17日，江苏永旭置业公司成为首家进驻新城区总部经济园区建设总部办公大楼的企业。省信用联社也将在总部经济城建设省级金融灾备中心。邮政储蓄银行、太平洋保险公司等多家金融机构正在积极申请进驻新城区，新城区总部经济城金融聚集效应初步显现，发展势头强劲。除此之外，中国民营500强企业华厦集团已决定将在新城区总部经济园区建设华厦总部大厦、联合总部大厦及企业培训中心。江苏天裕集团、徐州东方黎明集团、香港盟晖集团等多家企业也意欲在此建立总部基地。

2011年7月12日起，江苏银行、莱商银行、徐州市郊信用联社先后依托新城区总部经济城，建设集金融交易市场、银行总部办公及内部培训为一体的现代化银行总部大厦。

徐州市新城区总部经济城进展一览

序号	项目名称	建设规模及内容	建设年限	总投资	2011年底累计完成投资	2012年度投资计划
1	江苏银行总部	江苏银行总部大厦(3.8万m^2)	3	3亿元	2000万元	2500万元
2	莱商银行总部	莱商银行总部大厦(4万m^2)	3	3亿元	2500万元	2500万元
3	淮海农商银行总部	淮海银行总部大厦(6.4万m^2)及省级金融机构灾备中心	3	5亿元	4200万元	3000万元
4	天裕集团总部	天裕集团总部大厦(6.4万m^2)	3	5亿元	2600万元	2500万元
5	永旭置业总部	永旭置业总部大厦(7.6万m^2)	3	4亿元	4600万元	1亿元
6	绿地商务城	绿地商务城总部大厦(15万m^2)	3	10亿元	2亿元	2亿元
	合计		3	30亿元	3.59亿元	4.05亿元

2."走出去"的发展

2011年以来，徐州市发挥建筑、煤炭、机械、网架等产业优势，引导和鼓励企业开发利用境外资源，逐步扩大国际市场份额。全年新签合同金额12986万美元，绝对值居全省第8位，同比增幅10.86%；完成营业额14765万美元，居全省第8位，同比增幅12.18%；全市共办结境外投资项目11个，中方协议投资总额绝对值12495万美元，全市新增境外投资同比增幅80%，居全省第2位。

不断优化、壮大"走出去"主体。目前，徐州"走出去"主体在逐渐壮大的同时不断优化，对外工程承包项目从最初的房屋建筑领域发展到建筑、交通、网架、建采矿等多个领域，业务发展到30多个国家和地区，多元化市场格局已初步形成。徐矿集团孟巴矿二期项目已完成草签，预计项目合同额3.089亿美元，中煤五公司的越南和林煤矿项目等多个项目的签约实施，有力拉升徐州对外经济合作层次。

境外投资"走出去"不断推进。近年来，徐州对境外投资新增长点企业，坚持做好政策宣传及业务指导，结合企业国际化战略的实施，全市境外投资有了较大发展，投资领域及模式实现了新突破。2011年全市共初审上报境外投资项目10个，同比增幅80%；中方协议投资总额绝对值近11495万美元，同比增幅567.1%，实现超常规发展。徐州光环钢管有限公司在美国华盛顿州西雅图市投资4998万美元设立美国光环钢管有限公司，从事黑色金属冶炼及压延加工业，预计该项目最终投资规模将达到9800万美元，实现了徐州市境外投资国别、领域及投资规模的重大突破。

2011年徐工集团积极实施"走出去"发展战略，成效显著：①徐工以（香港）国际发展有限公司为平台，在荷兰投资430.3万美元并购荷兰昂马凯液压设备有限公司；②徐工收购德国FT公司，预计整个项目投资总额2180万欧元，折合3100万美元；③徐工集团进出口有限公司投资950万美元在巴西设立徐工巴西投资有限责任公司。2012年1~4月份，徐工集团共新批境外投资项目4个，累计新增境外投资规模11768万美元，该集团累计境外投资规模已高达15860.86万美元。徐工集团"走出去"步伐的加快，将进一步拉动徐州"总部经济与'走出去'"水平的提高。

总之，面对"走出去"有市场但不强、有战略但不高、有品牌但不响的现状，2012年徐州应提高核心竞争力，从战略角度提升企业"走出去"能力。以机械制造、冶金、木业、农产品加工等优势产业为依托，以徐工集团、光环钢管、富祥木业、黎明食品等重点企业为龙头，以境外资源开发、境外加工贸易为重点,积极服务徐工集团实施国际化发展战略,推动美国光环钢管公司、富祥老挝项目、黎明食品印尼项目的顺利实施,通过对龙头企业、龙头项目的政策扶持和跟踪服务,有效带动各类企业开展境外投资,实现"总部经济与'走出去'"有机结合的新突破。

二 基于 Michael E. Porter 竞争优势理论的发展机遇分析

(一) 竞争优势理论借鉴

哈佛大学教授迈克尔·波特(Michael E. Porter)1985 年创立了竞争优势理论。迈克尔·波特认为,一个国家或地区不可能使其所有企业和行业都在国际上或国内都具有竞争优势,竞争优势的比较应当从行业(产业)的角度来考察才有意义。迈克尔·波特把决定竞争优势的因素归结为:生产要素、需求要素、相关扶持产业以及企业战略、结构与竞争、政府作用、机遇等,在此基础上构建了国家或地区竞争优势的"钻石模型"。波特认为,这四个要素具有双向作用,形成钻石体系(图1)。

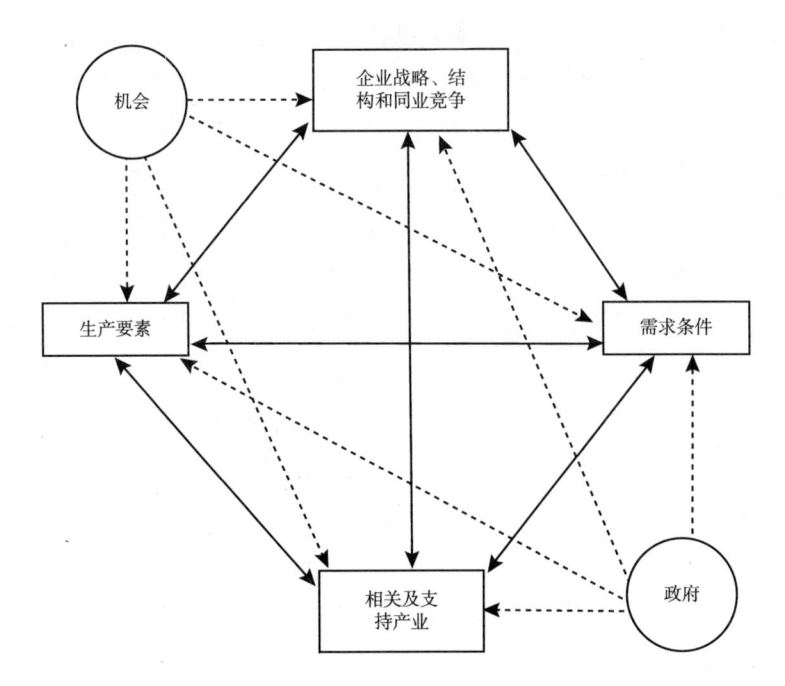

图1 竞争优势的"钻石模型"

(1) 一个国家或地区若要取得竞争优势，高级要素远比初级要素重要。作为高级要素的人才是取得核心竞争力的关键所在。

(2) 一个国家或地区的某一产业要想获得持久的竞争优势，就必须在国内获得在国际上有竞争力的相关产业的支持。

(3) 一个国家或地区的政府可通过政策调控来创造竞争优势。

(4) 一个国家或地区抓住机遇对提升竞争优势很重要。

因此，迅速找准江苏发展"总部经济与'走出去'"的比较优势，研究实现"总部经济与'走出去'"竞争优势的发展思路，尽快形成江苏省的核心竞争力，才能逐步确立江苏发展"总部经济与'走出去'"有机结合的竞争优势。

（二）发展机遇研究

新一轮开放是推动科学发展、加快转变经济发展方式的强大动力，江苏必须加大开放攻坚的力度，在重点领域和关键环节取得新突破，全面提升"总部经济与'走出去'"有机结合的水平。

借长三角之势。随着区域经济一体化发展，江苏13个地级市都划入长江三角洲地区。江苏要借助长三角区域规划启动的推力，大力支持企业"走出去"跨国发展。

外商投资积极。江苏连续几年合同利用外资居全国第1位，实际利用外资居全国第2位。与上海、浙江、广东等地相比，江苏外商直接投资对GDP的促进作用最大。江苏可利用外资培植优势产业、行业的总部经济，增强"走出去"的竞争力。

政府大力推动。近年来，江苏各级政府大力推动，坚持走"江苏制造"到"江苏创造"的道路。激发企业的积极性，培养科技创新能力和品牌意识，为实现由国际化产业链低端向高端攀升而不断努力。

江苏省《"十二五"规划纲要》明确提出：加快"走出去"步伐。支持有条件的企业到境外收购研发总部、营销总部、知名品牌以及上市融资，在海外建立生产加工基地和资源开发基地，办好境外经贸合作区，提高跨国经营总部经济的能力。

三 实行总部经济与"走出去"战略的思路

国家"十二五"规划纲要明确指出，我国发展仍处于重要的战略机遇期。

江苏要利用好重要战略机遇期，加快经济发展方式转变，必须从根本上增强全省发展总部经济与"走出去"战略能力。

2011年，全省发展总部经济与"走出去"项目规模扩大、资源开发加快、加工制造和营销能力增强，对外投资项目平均规模达810万美元，采矿业境外投资项目数和投资规模成倍增长，制造业对外投资规模占全省总额的1/6强，批发业对外投资超过全省的1/5。2012年，江苏将进一步推动"走出去"进程，建设好总部经济与"走出去"的政策支持体系以及服务支撑体系，为企业营造更加宽松的环境。尽快启动并建设江苏在境外的省级产业集聚区，引导省内优势产业转移到海外，拓展省内产业转型升级空间。2012年江苏还将确认2~3家省级产业集聚区，开辟发展总部经济与"走出去"的新平台。

建议江苏尽快将自己的"四大比较优势"转化为竞争优势，借鉴世界各国跨国经营的经验及教训，重点采取六大政策，进一步完善全省发展总部经济与"走出去"战略能力。

（一）发挥核心资源整合优势，统筹规划战略

"走出去"作为国家战略，其成效取决于政府能否发挥核心资源的整合优势。核心资源整合优势是中国突破比较优势、垄断优势等所拥有的特殊优势。"十二五"时期，政府通过有效整合制度政策资源、行政权力资源、外交关系资源等核心资源，形成独特的大国综合优势，充分激发企业"走出去"的内在潜能。核心资源整合优势的发挥，首先，要从战略层面实现"走出去"战略与国家经济安全、能源安全、科技进步等国家发展大计的衔接协调；其次，江苏要实现政府各部门、各地方的公共资源整合，为"走出去"战略实施构建经济、教育等多领域协调的综合优势；最后，引导优势企业的整合，支持规模效益显著的行业组建具有较强国际竞争力的大型企业集团与优势企业联盟。

（二）理顺管理部门与权限，完善政策支持

"十二五"时期，江苏总部经济与"走出去"战略的监管制度改革要点在于，一是要理顺各管理部门权限，杜绝管理权限重叠，防止管理业务与服务项目遗漏；二是要提高管理部门监管与服务效率，切实加强管理部门之间的协调，形成各部门联动机制；三是要规范各部门的规章制度与政策，逐步完善江苏跨国经

营的政策体系。为落实上述改革要点,建议适时建立省政府支持总部经济与"走出去"战略的综合管理机构。

(三)加快"走出去"立法,健全法律保障

针对我国"走出去"立法滞后的问题,"十二五"时期国家加强"走出去"的法律保障重点在于加快对外投资立法,逐步将"走出去"战略的各项部门规章制度、法规条例纳入法制化轨道,江苏应率先有序建立健全《对外投资管理条例》、《对外承包工程管理条例》、《对外劳务合作管理条例》等法规及配套的管理办法,依法保障总部经济与"走出去"战略的实施。

(四)加强"走出去"建设,打造区域集聚

建议"十二五"时期,江苏应开展境外工业园、境外科技园、境外自由贸易区等多种形式的跨国经营,各部门应相互协调形成部门联动,通过财税、金融、保险、外汇支持,扶持境外产业园区建设,积极与境外产业园区东道国建立磋商机制,签署相关经贸合作协议,提供良好的外部环境。

(五)完善国资管理体制,发挥国资作用

江苏省要逐步完善综合性管理与专业性管理相结合的国有资产管理体制。一是调整有关部门对境外直接投资项目的平行监管职能,形成统一归口管理。二是建议逐步剥离国资委的出资人代表身份,设立国有资产经营公司作为国有资产的出资人代表。三是逐步完善对国有资产的审核监管,保障竞争性行业的国有资产保值增值。

(六)制定扶持政策,鼓励民企"走出去"

从最新的"全国民企500强"榜单看,江苏达129家,完全可以把江苏民企的优势与外向发展的需求结合起来,在更大范围内整合要素,拓展发展空间。

建议省政府鼓励江苏民企实行总部经济与"走出去"战略。

一是要尽快推出《江苏海外投资促进办法》,促进民营企业"走出去"。二是要解决江苏民企跨国经营融资难问题。建议拿出部分外汇储备支持有条件的民

营企业到海外发展，并用国内的资产做抵押，同时加强信用体系建设。三是要解决江苏民企"走出去"缺乏人才问题，尽快建立和完善"专家库、项目库、成果库"。四是要解决民企"走出去"信贷问题。江苏民企都以创新作为自己的生存法则，亟待国家给予信贷方面的支持。五是要解决江苏民企跨国收购优势发挥不够的问题。

2012年江苏对外开放工作会议提出，要坚定不移地实施经济国际化战略，加快形成以国际化企业为主体、国际化城市为基础、国际化人才为支撑的对外开放新局面。因此，要提升江苏经济的国际竞争力、全球要素配置力、对外影响力，发展总部经济与"走出去"战略是江苏新一轮对外开放的最佳突破口。

参考文献

刘国华、沈君：《转型经济国家企业发展研究》，北京大学出版社，2009。

赵尚梅、陈星：《企业融资问题研究》，北京知识产权出版社，2010。

〔美〕理查德·M. 霍杰茨（Richard M. Hodgetts）、唐纳德·F. 库那科（Donald F. Kuratko），《有效的小企业管理》（第七版），中信出版社，2006。

B.5
总部经济发展提升我国企业"走出去"竞争力的作用机制分析

王 双 陈柳钦*

"走出去"战略的提出是我国适应新的全球化浪潮和国内经济发展深化对外开放,提高企业国际竞争力及影响力,推进改革开放新阶段的重要举措。"走出去",即鼓励各种所有制企业进行跨国经营,或国际化经营,主要方式包括货物与服务的出口、劳务输出、国际经济合作与交流以及对外直接投资。自2000年我国开始实施"走出去"战略以来,一批有实力的企业通过多种方式、利用自身优势,积极参与国际市场竞争,发展成为具有国际影响力的跨国企业和著名品牌。在此过程中,总部经济的发展很大程度上推动了企业参与国际市场分工,拓宽了其国际经济技术合作和交流,对于提升企业"走出去"竞争力作用显著。

一 我国企业"走出去"竞争力来源的理论描述

1. 物质成本优势

我国企业"走出去"进行跨国经营最主要也是最直接的竞争力来源为物质成本优势。对于"走出去"的企业来说,其物质成本优势体现为一种绝对优势,是比较低级和简单的竞争力获取方式,是决定企业"走出去"的前提条件,具备成本优势的企业首先在产品与价格上保持一定的竞争力,通过物质成本优势获得企业经营利润为后续的经济活动提供原始的资本积累,才能完成从低级到高级

---

* 王双,美国雪城大学经济学系访问学者,天津社会科学院城市经济研究所副研究员,经济学博士,主要研究方向为城市经济、区域经济;陈柳钦,天津社会科学院城市经济研究所研究员,主要研究方向为产业经济和城市经济。

的竞争力过渡。传统的绝对优势理论对这种竞争力的来源解释为有利的自然禀赋或后天的有利条件，正因为自然禀赋和后天条件为企业"走出去"参与国际分工提供了最直接的基础。利用自然禀赋或后天有条件使生产产品或服务的物质成本绝对低于国际平均水平，从而使企业处于绝对有利地位，这样的结果是企业获得利润、较大地提高自身的劳动生产率，并提供其他竞争力来源的基础。

2. 劳动力优势

劳动力优势是我国企业"走出去"最大的竞争力来源。依据二元劳动力市场理论，在劳动力无限供给的前提下，剩余劳动力从农村向城市转移，以获取城市较高的平均工资，这时的劳动力价格较低，企业获取劳动力较为容易，且获取成本较低。一旦结束劳动力无限供给的局面，则劳动力成为稀缺要素，劳动力价格的增长将制约企业的部分生产活动，二元经济结构就此完成转型。我国目前还处于二元经济转型的过程中，人口红利带来的劳动力绝对数量过剩，使得大量的廉价劳动力为"走出去"的企业创造了较丰富的劳动力供给，劳动力优势较为明显。

3. 规模优势

规模优势是企业"走出去"必须具有的竞争力之一，能够进行国际化经营的企业必定拥有较大的规模，在本领域处于领先地位，占据较高的市场份额，获得较多的规模利润，才能将自身的规模优势扩大为国际竞争力。在边际效用递增的区间内，企业规模越大，其获得的边际收益越大，由规模经济带来的利润空间增长为企业实施"走出去"战略提供了基本保障和风险可控的能力。规模优势的另一个突出表现即为获取垄断地位创造了可能，通过规模扩张赢得市场超额利润进而取得绝对垄断优势，进一步获得市场"话语权"带来的必然结果就是企业主动参与国际市场竞争，这是企业"走出去"的强大动力。

4. 技术优势

"走出去"进行跨国经营的最显著及最持续的优势来源于技术优势，"走出去"的企业只有具备一定的技术优势，才能真正保持竞争优势，获得长期的可持续竞争力。技术优势体现为企业具有较高的劳动生产率以及持续创新的能力。这种优势首先是通过技术扩散获得或者进行技术模仿，其次是对已有技术的消化吸收和持续的再创新，以取得边际效用递增的技术或者知识收益。技术门槛能够增大国际竞争对手的对抗难度，更是获得国际竞争力的主要手段。技术优势对于"走出去"的企业至关重要，不仅是企业"走出去"的必要条件，也是未来发展的充分条件。

5. 国家优势

国家优势是我国企业"走出去"的独特优势所在，这种优势来源于国家宏观调控行为以及产业政策效应。一方面，政府对宏观经济的调控提供了企业"走出去"的宏观经济基础和基本的公共服务，能够保持经济稳定，维护正常的市场运行秩序，这为企业"走出去"奠定了良好的国家信用基础。另一方面，政府制定产业、科技、财政、税收、投资、金融以及外贸等方面的鼓励和扶持政策，进行必要的引导，发布相关的信息，并提供有关的公共事务服务，维护企业"走出去"之后的正当权益，这些也是构成企业"走出去"竞争力的重要方面。

二 总部经济发展提升企业"走出去"竞争力的作用机理

总部经济通过所在地某些特有的优势资源吸引企业总部集聚，从而形成一定规模企业布局的总部经济基地，发挥其辐射和带动作用，加速各种生产要素向总部基地的集中，并产生扩散效应，导致更多的优质资源会聚，为所在地企业提供丰富的资源配置机会和渠道，依托总部经济特有的功能链条，企业将更多地获得所需生产要素，对提升企业"走出去"的各种竞争优势作用明显，以下具体分析总部经济发展提升企业"走出去"竞争力的作用机理。

1. 空间配置优化提升物质成本优势

从总部经济的空间配置特点看，总部经济的一个重要特征就是企业总部和生产制造基地分离布局，这种分离本身就是节约成本、利润驱动的结果，通过分离后企业在空间布局上优化组合，实现了物质成本的最优控制，利用生产制造基地的较低物质成本来支持总部基地的其他高附加值活动，实现企业自身利益链条的联动循环，使得企业减少物质成本投入，增加有效产出，提升其竞争实力。

2. 资源流动加速提升劳动力优势

劳动力优势是企业"走出去"的主要竞争力之一，总部经济的发展为"走出去"的企业提供了丰富的劳动力供给，缩短了企业劳动力优势形成的时间和过程，这主要得益于总部经济加速了资源的进出和流动，尤其是流动性更强的劳动力资源。一方面，总部经济吸引了大量不同类型劳动力涌入，更多的就业机会和更好的就业及生活环境是劳动力选择进入总部经济所在地的首要考虑因素。另一方面，总部经济所在地的劳动力能够较为灵活地在区内流动，选择机会更多，选择空间更大，总部经济所在地的大量企业和机构使劳动力流动加速成为可能，这都有助于总部经济所在地劳动力要素供求平衡的维持，为企业提供了有效的劳动力市场，进一步促进企业劳动力优势的形成。

3. 要素高度集聚提升规模优势

企业规模优势的获得是总部经济发展的另一个重要贡献，规模优势首先要求达到必要的要素集中度和产业集聚度，而这本身也是总部经济发展的重要特征，总部经济的发展促进了各种要素的高度集聚，使得企业更便利地获得规模经济所需的要素组合。其次，总部经济发展创造了一定的产业基础和要素积累，企业进入总部经济基地也需要达到一定的条件，并与所在地要素市场具有相应的匹配度，这些都能在一定程度上促使规模优势的形成。

4. 知识扩散加剧提升技术优势

总部经济往往是知识和智力高度集中的地区，其所在地汇集了大量的企业研发中心、营销中心、市场控制中心以及管理中心等，这些机构和组织的布局本身就是知识扩散的载体，其所带动的知识和智力是企业"走出去"技术优势不可或缺的核心要素。此外，总部经济所在地一般是某一国家或地区的中心城市或具有某些重要战略意义的城市，这些城市自身经济高度发达，知识资本或人力资本已经成为推动经济增长的主要动力，再加之总部经济的布局，使得知识扩散的速度更快，范围也更广，这对有能力"走出去"的企业来说，将提供更多和更好的机会。利用其知识急剧扩散过程加快自身技术研发，进一步提升甚至扩大技术优势，对于目前没有能力但是未来有计划"走出去"的企业来说，也提供了良好的技术发展来源和培育基地。

5. 政策效应加强提升国家优势

总部经济基地的形成很大程度上得益于政府政策的引导和优惠条件的创造，

因此，总部经济在多大程度上获得政策的倾向也直接决定了总部所在地企业的政策空间，政府主导建立的总部基地和产业集聚形成的总部基地，都能够在政府政策方面取得相应的实惠，且总部经济越发达，政府政策倾斜度将越大，越有利于企业在实施"走出去"战略时获得一定的主动权。另外，直接由政府投资建立的总部经济基地，其发展的导向或本意大多为提升企业竞争力，鼓励和帮助企业走向国际市场，参与国际分工和合作，这种政府直接授意的贯彻也是企业国家优势的集中体现。

三 总部经济发展提升我国企业"走出去"竞争力的实证分析

总部经济通过多种作用渠道对企业"走出去"竞争力提升的理论描述为实证检验这些作用机制提供了依据，以总部经济为依托来衡量企业"走出去"的竞争力，能够反映总部经济对于提升其"走出去"竞争力的作用程度。

1. 模型选择

评价竞争力使用较多的包括主成分分析法、聚类分析法以及灰色关联分析法等分析方法，虽然这些方法能够说明竞争力的不同影响因素及其作用程度，但是其缺点在于这仅是对所选指标数据之间表面联系的直接展示，不能充分说明所选表征竞争力指标数据之间内在的经济关系。因此，这里我们选择 DEA 方法来进行说明，主要的理由为：作为非参数分析的一种方法，DEA 分析法能够较好地说明数据之间的内在合理性，一定程度上体现了竞争力决定因素之间的经济联系及其作用效率。

2. 建模思路

DEA 方法的建模思路为：其主要通过分析产出质量或效率来体现竞争力决定因素的作用程度。假设有若干基本的决策单元（DMU，Decision Making Units），这些决策单元进行一系列决策，并投入一定数量的生产要素，产出一定数量的产品或服务。各决策单元的生产投入要素及产出结果可以形成一个生产的前沿面，通过衡量每个决策单元离此前沿面的远近来确定决策单元的生产活动是否有效率。产生一个生产的前沿面作为比较的有效标准来寻找数据之间的内在联系，评价其产出的相对有效性，是该方法的优点所在。

根据前述理论描述，总部经济发展通过空间配置优化、资源流动加速、要素高度集聚、知识加速扩散以及政府政策倾斜来提升企业物质成本优势、劳动力优势、技术优势、规模优势以及国家优势，从而形成企业"走出去"的竞争力。因此，我们以衡量总部经济提升作用的五个要素作为投入，以构成竞争力提升结果作为产出，构造 DEA 模型，进行实证分析。

首先，需要对上述要素给出相应的衡量指标，我们根据赵弘（2011）给出的衡量城市总部经济发展能力评价指标体系，并结合我们的研究选择以下指标来表征总部经济发展的五种效应：总部经济的空间配置效应表现为企业总部和生产制造基地的分离，这种分离的结果是某一地区企业总部的数量集中，因此可以用总部经济所在地"总部资源"（赵弘，2011）代表；资源的加速流动表现为资本、劳动力及其他要素投入数量较大，速度较快，因此可以使用总部经济所在地体现资本流动和劳动力流动的数量指标来表示；要素的集聚效应主要影响企业规模优势的增加，因此可以用体现资本和人力要素集聚的衡量指标表示；知识的载体是人才，因此人力资源的数量及其培育机构可以体现知识扩散的程度；政府政策倾斜可以用"财政收入"（体现政府对总部经济所在地财政政策调控的结果）和"政府服务"（政府服务能力间接体现了政策的倾向性）表示。

其次，企业"走出去"竞争力主要来源的衡量，借鉴刘迎秋等（2009）的研究，采用以下指标来衡量企业"走出去"的五种竞争力优势：物质成本优势，采用产品和服务出口的有关指标表示；劳动力优势则表现为企业可以从市场上获得的劳动力供给；技术优势拟使用有关专利申请的指标表示；规模优势利用具有一定规模企业获得的利润指标表示；国家优势用体现国家的产业政策或产业战略的相关指标表示。

3. 数据来源

选择 2011 年总部经济综合发展能力（赵弘，2011）排名前六的城市作为样本城市，说明总部经济发展对提升企业"走出去"竞争力的作用，包括北京、上海、深圳、广州、杭州和天津，具体的数据来源如下。

（1）总部经济发展效应的具体衡量指标如表 1 所示。

表1 总部经济发展效应的具体衡量指标

总部经济发展效应	一级指标	衡量指标					
		北京	上海	深圳	广州	杭州	天津
空间配置效应	国内大型企业总部数	有限责任公司、股份有限公司数量	国有工业企业数	有限责任公司、股份有限公司	股份合作企业、有限责任公司	股份制企业	国有独资公司、国有联营、国有与集体联营、私营有限责任公司、私营股份有限公司
	跨国公司地区总部数	外商投资企业	股份制、港澳台商和外商投资企业数	外资企业	外商投资企业	外商及港澳台商投资企业	外商投资股份有限公司
资源流动效应	固定资产投资总额	全社会固定资产投资	全社会固定资产投资	全社会固定资产投资	全社会固定资产投资	全社会固定资产投资	全社会固定资产投资
	劳动力数量指标	全市法人单位从业人员	各行业职工人数	城镇单位从业人员年末人数	主要年份社会从业人员人数	城镇单位从业人员	劳动力资源总数
要素集聚效应	资本要素集聚	银行业金融机构各项存款	银行业金融机构各项存款	银行业金融机构各项存款	银行业金融机构各项存款	银行业金融机构各项存款	银行业金融机构各项存款
		实际利用外商直接投资额	实际吸收外资额	实际利用外资额	实际使用外资额	实际利用外资额	直接利用外资额
	人力要素集聚	城镇单位在岗职工人数	各行业在岗职工人数	城镇单位在岗职工年末人数	城镇单位在岗职工人数	城镇单位年末人才资源数	城镇单位在岗职工人数
知识扩散效应	人力资源数量	科学研究机构人员	科技活动人员	大中型工业企业科技项目人员	城镇单位专业技术人员	专业技术人员	专业技术人员
	知识培育机构	科学研究机构数量	主要年份自然科学研究与技术开发机构	普通高等学校数	各类科学研究与开发机构数	高等学校数	独立科学研究和技术开发机构数

续表

总部经济发展效应	一级指标	衡量指标					
		北京	上海	深圳	广州	杭州	天津
政府政策效应	财政收入	地方财政收入	地方财政收入	地方财政收入	地方财政收入	财政收入	财政收入
	政府服务	政府人员占城镇从业人员的比重	政府人员占城镇从业人员的比重	政府人员占城镇从业人员的比重	政府人员占城镇从业人员的比重	政府人员占城镇从业人员的比重	政府人员占城镇从业人员的比重

注：由于各地统计年鉴给出的指标不统一，因此各城市一级指标下的衡量指标不尽相同。各地"全社会固定资产投资"、"银行业金融机构各项存款"均来自历年《中国金融统计年鉴》。上海"国内大型企业总部数"和"跨国公司地区总部数"均为工业企业。"政府服务"一项借鉴曾学文等（2010）的研究，用"政府人员占城镇从业人员的比重"体现，均为笔者根据相关数据计算得到。

（2）企业"走出去"竞争力具体衡量指标如表2所示。

表2 企业"走出去"竞争力的具体衡量指标

企业"走出去"竞争力	一级指标	衡量指标					
		北京	上海	深圳	广州	杭州	天津
物质成本优势	产品和服务出口	进出口总额	进出口总额	进出口总额	进出口总额	进出口总额	进出口总额
劳动力优势	劳动力市场供给	从业人员年末人数	全社会各行业从业人员	社会劳动者人数	社会从业人员数	年末从业人员数	社会从业人员数
技术优势	专利申请指标	专利申请量	主要年份专利授权量	专利授权量	专利授权量	专利授权合计	专利申请授权数
	研究与试验发展（R&D）经费情况	研究与试验发展经费内部支出——企业资金	主要年份研究与试验发展（R&D）经费——大中型企业	大中型工业企业科技经费支出	规模以上工业企业R&D经费支出	规模以上工业企业管理费用	独立自然科学研究机构课题开展和投入经费
规模优势	一定规模企业利润	规模以上工业企业利润总额	国有控股企业利润总额	规模以上工业企业经济利润	规模以上工业企业盈亏相抵后的利润总额	规模以上工业企业利润总额	全部国有及规模以上工业企业——利润总额
国家优势	国家产业政策效果	非国有经济进出口总额占全部进出口总额比重	非国有经济进出口总额占全部进出口总额比重	非国有经济进出口总额占全部进出口总额比重	非国有经济进出口总额占全部进出口总额比重	非国有经济进出口总额占全部进出口总额比重	非国有经济进出口总额占全部进出口总额比重

注：各城市"进出口总额"均来自历年《中国金融统计年鉴》。杭州没有"研究与试验发展（R&D）经费情况"数据，以"规模以上工业企业管理费用"代替。"国家的产业政策效果"一项借鉴曾学文等（2010）的研究，用"非国有经济进出口总额占全部进出口总额的比重"体现，笔者根据相关数据计算得到。

4. 分析结果

根据上述指标数据描述，输入变量、输出变量及决策单元的选择如下。

输入变量——国内大型企业总部数、跨国公司地区总部数、固定资产投资总额、劳动力数量指标、资本要素集聚、人力要素集聚、人力资源数量、知识培育机构、财政收入、政府服务；

输出变量——产品和服务出口、劳动力市场供给、专利申请指标、研究与试验发展（R&D）经费情况、一定规模企业利润、国家产业政策效果；

决策单元——2005~2010年的经济活动年份。

进行DEA分析，结果如表3所示。

表3 总部经济提升企业"走出去"竞争力的DEA分析结果

城市\决策单元	2005年	2006年	2007年	2008年	2009年	2010年	平均增长率（%）
北 京	0.983	0.837	1	0.845	1	0.935	0.19
上 海	0.842	0.625	0.710	1	1	1	5.73
深 圳	0.814	0.624	0.811	0.739	1	1	6.61
广 州	0.850	0.732	1	0.915	1	0.856	1.82
杭 州	0.478	0.470	0.629	0.721	0.712	0.632	6.86
天 津	0.819	0.971	0.819	1	0.983	1	5.01

从纵向比较结果看，连续DEA有效年份最多的为上海，即2008~2010年的DEA均为有效，显示出其总部经济对企业"走出去"竞争力提升作用在所选择城市中最强。其次是深圳，2009~2010年连续两年的DEA有效，北京、广州和天津均为两年DEA有效，但非连续年份，北京和广州均为2007和2009年DEA有效，天津则是2008和2010年DEA有效，体现出这些城市总部经济发展对企业竞争力的提升作用较强。杭州则没有年份为DEA有效，2005~2010年都是非DEA有效的年份，因此总部经济提升作用较弱。

从横向比较结果看，2005~2010年有效性值增长率最大的是杭州，说明其有效性值不断提高，虽然其决策单元都是非DEA有效，但是其增长率最高，说明其总部经济发展对企业"走出去"竞争力的提升幅度较大，作用程度逐步加强。其后依次是深圳、上海、天津和广州，总部经济的提升作用都有不同程度增加。有效性变化率最低的是北京，仅为0.19%，说明其DEA有效值增长较慢，总部经济发展对提升作用增加幅度较低。

综上，深圳、上海、天津和广州DEA有效年份较多且增长率也较高，杭州在所考察经济活动年份虽然都为非DEA有效，但其增长率较高，说明其总部经济发展对企业"走出去"竞争力的提升作用正在稳步增长。

四 结论和政策含义

总部经济的发展能够促进空间配置优化、资源流动加速、要素高度集聚、知识扩散加剧和政策效应加强，这些都将通过提升企业"走出去"的物质成本优势、劳动力优势、规模优势、技术优势和国家优势，进一步增强企业国际竞争力，从而加速企业"走出去"的速度。实证分析结果随后验证了上述作用机制，总部经济发展较好的城市，企业"走出去"竞争力也得以增强，说明总部经济发展在一定程度上能够较好地提升企业"走出去"的竞争力，推动企业进入国际市场，扩大企业参与国际分工的机会。未来，总部经济的发展应进一步促进企业充分利用自身优势，提高"走出去"的成功率，这需要关注以下几个方面。

首先，企业"走出去"竞争力的提升主要依赖由总部经济发展带动其自身规模经济报酬递增获得的经济实力，这需要总部经济进一步发挥要素和产业集聚的促进作用，为企业提供更多的要素配置机会和更好的要素市场配置规则，因此要求总部经济在形成和发展过程中着力完成要素市场的匹配和转型，以最大限度地迎合企业切实的需求。

其次，对于"走出去"的企业来说，技术和创新能力是其长期竞争力的源泉，而总部经济发展最显著的特征也是知识技术的扩散、整合和再生产，因此通过总部经济技术创新中心和相应主体的布局和设计，加速"走出去"企业技术创新实力形成是加快企业"走出去"步伐的关键所在。

再次，总部经济的高度资源会聚效应为企业提供了降低成本的基础和可能，扩大总部经济基地或中心的影响力，为资源进入提供更为便利的条件，进一步吸引各种资源的集中，也是企业"走出去"战略的主要考量方面。

最后，作为地区和国家重点规划，政府主导推动的总部经济基地形成及其建设，在一定程度上也是"走出去"企业提升竞争力所需的政策要素支撑，因此如何保持总部经济有关优惠或试验政策的连贯性及一致性，并强化执行效果,也是未来总部经济发展为企业"走出去"提供有效政策环境需要关注的重要问题。

参考文献

赵弘:《知识经济背景下的总部经济形成与发展》,《科学学研究》2009年第1期。

陈静茹、蔡文:《我国企业实施"走出去"战略的理论选择及支持体系》,《改革与战略》2012年第4期。

裴长洪、樊瑛:《中国企业对外直接投资的国家特定优势》,《中国工业经济》2010年第7期。

赵弘:《中国总部经济发展报告(2011~2012)》,社会科学文献出版社,2011。

刘迎秋等:《中国民营企业"走出去"竞争力50强研究——基于2008年中国民营企业"走出去"与竞争力数据库的分析》,《中国工业经济》2009年第2期。

陈坚:《基于企业竞争力分析视角对中国企业"走出去"战略的思考》,《国际贸易》2010年第3期。

曾学文等:《中国市场化指数的测度与评价:1978~2008》,《中国延安干部学院学报》2010年第4期。

B.6
总部经济与中国企业"走出去"战略研究

杜亮 徐国亮*

一 总部经济内涵

总部经济是一个崭新的经济学理论概念，它反映了一个地区内部公司总部集聚以及由此引致的一系列经济发展相关问题。相对而言，这一新的概念在学界可谓见仁见智，尚未达成共识。2003年，北京社科院中国总部经济研究中心主任赵弘在国内首次提出总部经济理论，并对总部经济概念进行界定：总部经济是指某区域由于特有的资源优势吸引企业将总部在该区域集群布局，将生产制造基地布局在具有比较优势的其他地区，而使企业价值链与区域资源实现最优空间耦合，以及由此对该区域经济发展产生重要影响的一种经济形态。究其根源，总部经济模式的出现是区域资源禀赋的不同造成的，就中心城市而言，基础设施、高素质人力资源、先进的咨询、中介等服务领先齐全，就边缘城市而言，在上述方面均表现出诸多劣势。

之所以出现总部经济现象，其根源是公司追求利润最大化所驱使的结果。随着全球经济的发展，经济全球化导致企业竞争日益加剧，尽可能地降低成本是企业增加利润的最根本路径，而中心城市的资源价格相对偏高，所以，加工厂一般被设在外围城市。还有一个很重要的原因是，近年来，绿色经济的观念日趋盛行，"三高一低"的企业在中心城市被明令禁止，这迫使企业在全国其至全球范围内进行重新布局，中心城市由此诞生，总部经济应运而生。总部经济在发展过程中具有强烈的集聚效应，总部聚集地会越来越适宜总部生存，并且由此产生的"马太效应"会使得更多的企业将总部迁移至此。边缘城市也是如此，规模经

---

* 杜亮，山东大学马克思主义学院博士研究生；徐国亮，山东大学马克思主义学院教授，博士生导师。

济、内在经济和外在经济等原因使得加工厂聚居地生产成本逐步降低，故而企业更加倾向于采用总部经济模式布局。

随着总部经济概念的提出，中国一线城市总部经济发展地"如火如荼"。北京、上海、广州是公认的总部经济领头羊，深圳、济南、武汉、大连、厦门等城市也不甘落后，纷纷明确提出发展总部经济的战略，为中国总部经济的发展创造了良好的环境和氛围。

二 中国企业"走出去"的现状概述

近年来，一方面，政府号召有能力的企业"走出去"；另一方面，随着中国经济的发展和企业实力的增强，越来越多的企业开始实施"走出去"战略，企业"走出去"战绩颇丰。2010年中国企业对外直接投资（ODI）达到688亿美元的历史峰值，是"十五"期间对外投资总额的两倍还多，占全球ODI的5.2%[①]。截至2010年底，累计1.3万家中国企业发生了对外投资，其中非金融类企业ODI占比高达82.6%。

表1 中国对外投资的国家和行业（前十位）

排名	国家		行业	
	国别	占比(%)	行业	占比(%)
1	中国香港	56	租赁和商务服务业	44
2	英属维尔京群岛	8.9	金融业	12.5
3	开曼群岛	5.1	批发和零售业	9.8
4	卢森堡	4.7	采矿业	8.3
5	澳大利亚	2.5	交通运输、仓储和邮政业	8.2
6	瑞典	2	制造业	6.8
7	美国	1.9	建筑业	2.4
8	加拿大	1.7	房地产业	2.3
9	新加坡	1.6	科学研究、技术服务和地质勘探业	1.5
10	缅甸	1.4	电力、煤气和水的生产和供应业	1.5
合计		85.8%		97.3%

资料来源：根据《2010年中国对外直接投资统计公报》相关资料整理得到。

---

① 数据来源，根据《2011年世界投资报告》相关数据计算得到。

就流入国家而言，如表1所示，中国内地ODI有一半以上流向了中国香港，这很大程度上得益于双方历史关系和经贸往来的成熟度。令人欣慰的是，美国、加拿大等发达国家榜上有名，尽管所占比重仍无法与中国香港抗衡，但是这至少表明中国企业开始将美国等发达国家视为投资国之备选，以后的发展前景值得期待。2010年，中国ODI流向发达国家的占9.4%，较上年提高幅度高达2个百分点。

就流入行业而言，是与中国国内产业结构不相符的，流向制造业的ODI仅占6.8%，而租赁和商务服务业则占44%，流入金融业、批发零售业、交通运输、仓储和邮政业等服务行业的ODI均占据排行榜前十。值得注意的是，流入采矿业的ODI占8.3%，这反映出中国资源类企业对外投资的热潮。2011年十大海外并购案中，能源占8起，矿产资源占2起，中石化以四大并购案毫无悬念地夺得桂冠，十大并购案例涉及的并购金额总和高达277.43亿美元[①]。

就投资主体而言，长期以来，国有企业一直是中国ODI的主力军，但是越来越多的民营企业也加入"走出去"的大浪潮中来。截至2010年末，国有企业占ODI的66%强，依旧是绝对优势，但是比2009年下降3个百分点。但是，在非金融类对外直接投资者中，中央企业及单位仅占5%，各省市区的投资者占95%。境内投资者数量前十位的省市是浙江、广东、江苏、福建、山东、上海、北京、辽宁、河南和黑龙江。需要强调的是，七成以上的私营企业对外投资者来自闽浙一带。更需注意的是，从境内投资者的行业分布看，制造业是最受青睐的领域，占比高达四成。

三 总部经济对中国企业"走出去"的推动作用探究

2011年全国35个主要城市总部经济发展能力排行榜显示，排在前3名的是北京、上海和深圳，前10名的其他城市依次是广州、杭州、天津、南京、成都、武汉和重庆。从表2不难发现，总部经济发展迅速的城市和省份的企业"走出去"的步伐更大。

---

① 资料来源：http://finance.qq.com/a/20120104/001295.htm。

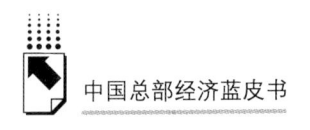

表2 总部经济排名前10省市的ODI存量

单位：万美元

省 市	存 量	省 市	存 量
北 京	480882	江 苏	388814
上 海	609433	四 川	125352
广 东	1162951	湖 北	17794
浙 江	584528	重 庆	65565
天 津	96729	占全国ODI总量的比重(%)	58.7

总部经济在中国的发展大致经历了三个阶段：第一阶段始于改革开放，自那时起，中国逐渐接入全球总部经济链条中，但是，所扮演的角色是外围城市，发达国家将跨国公司总部留在国内，将组装和加工厂设在中国，中国更多的是扮演原材料供给者和"世界加工厂"的角色；第二阶段是在中国各大区域（例如东部、中部和西部，东北、西南、华南等区域）内，基于区域之间的发展差异和不同步，发展总部经济，发挥北京、上海、广州等大城市对中西部中小城市的带动作用，从而实现效用最大化；第三阶段就是正在进行的如火如荼的"走出去"战略，国内企业把总部留在中国，到海外设立分支机构，进行生产、加工和制造，从而实现企业全球利益最大化。

企业以总部经济模式"走出去"可在全球取得资源配置收益。随着我国经济的不断发展，越来越多的国内企业自身实力不断增强，具备了以总部经济模式"走出去"实施跨国经营、参与全球资源配置的能力。此外，国内生产成本的提高，迫使企业将劳动力密集型的生产环节转移到海外。正如图1所反映的，北京、上海、广州等总部经济发达的城市的劳动力成本几乎呈现直线上升的趋势，2010年的劳动力成本已经是10年前的3倍甚至更多。据世界劳工组织统计，中国实际工资年均增长率1995~2000年为9.43%，2001~2007年提高到12.93%。

与之相比，印度、泰国、越南等发展中国家的劳动力成本优势明显。印度工人1995~2000年实际工资年均增长率仅为1.09%，2001~2007年也只有1.58%，远远低于中国工资增长率。利润最大化动机驱使企业走出国门走向海外。

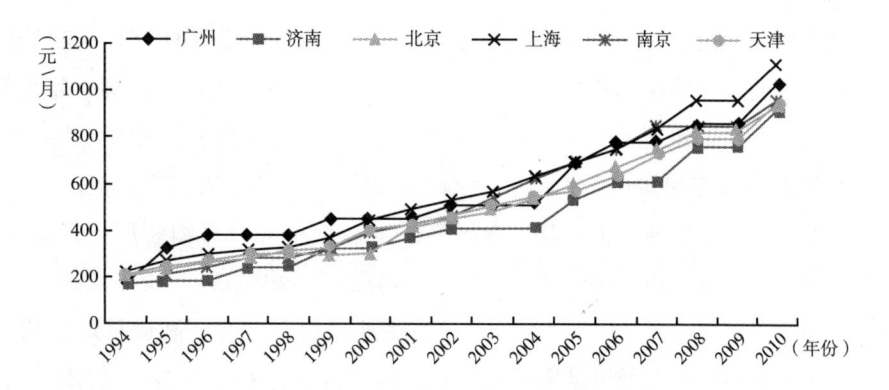

图1 代表性城市最低工资标准变化趋势

资料来源：各城市人力资源和社会保障厅官网。

表3 家电和汽车企业海外分支机构状况

企业名称	总部所在地	海外分支机构所在地
奇瑞	安徽	马来西亚、越南、巴西、伊朗、阿根廷、南非、土耳其、泰国、乌克兰、印尼
华晨	辽宁	埃及、俄罗斯、朝鲜、马来西亚
力帆	重庆	越南、埃及、俄罗斯、伊拉克、伊朗、乌拉圭、埃塞俄比亚、巴西、土耳其、泰国
长城	重庆	俄罗斯、印尼、菲律宾、越南、保加利亚、乌克兰、塞内加尔、委内瑞拉、马来西亚、巴西
长虹	四川	中国香港、澳大利亚、捷克、韩国、印尼、阿联酋、俄罗斯
海尔	山东	印尼、菲律宾、马来西亚、南斯拉夫、美国、伊朗、突尼斯、尼日利亚、越南、孟加拉、意大利、巴基斯坦、约旦、泰国、日本
TCL	广东	中国香港、菲律宾、新加坡、美国、德国、意大利、法国
美的	广东	越南、巴西、阿根廷、印度、埃及
格力	广东	越南、巴基斯坦、巴西

资料来源：根据各企业官网相关资料和上市公司年报汇总得到。

总体而言，制造业企业"走出去"浪潮中排在前列的是家电和汽车制造企业。如表3所示，家电企业方面，青岛海尔股份有限公司从1996年开始实施海外投资战略，已经在印尼、菲律宾、马来西亚、南斯拉夫、美国、伊朗、突尼斯、尼日利亚、越南、孟加拉、意大利、巴基斯坦、约旦、泰国、日本等国投资设厂18家；四川长虹则在中国香港、澳大利亚、捷克、韩国、印尼、阿联酋、俄罗斯等国外地区建立了7家海外分支机构。总部坐落在广州的 TCL、美的和格力等家电企业更是快速的在中国香港、菲律宾、新加坡、美国、德国、意大利、法国等国家和地区建立了分支机构。汽车企业方面，总部位于重庆的力帆和长城企业近年来快速走出国门，力帆在越南、埃及、俄罗斯、伊拉克、伊朗、乌拉圭、埃塞俄比亚、巴西、土耳其、泰国等国建立了10家海外组装厂；长城则在俄罗斯、印尼、菲律宾、越南、保加利亚、乌克兰、塞内加尔、委内瑞拉、马来西亚、巴西等国建立了14家组装厂。这些企业通过"总部—制造基地"模式，将总部留在国内，在海外更具成本优势和广阔市场的地区投资建厂，实现了企业在全球范围的资源最优配置。作为一种新的经济发展模式，总部经济有着不同的生态。总部企业越过时间和空间，在全球调动着生产要素，进行资金、生产、贸易、人才和信息的集中运作。总部经济让企业走出了实体经济的局限，摆脱了对区域性资源的依赖。

四 "总部经济"促进企业"走出去"的战略探析

尽管中国企业"走出去"的步伐正在加快，但是在海外的表现并不尽如人意，国际知名金融数据提供商 Dealogic 公布的数据显示，2009年中国企业跨境收购的失败率（指已宣布的跨境交易被撤回、拒绝或听任其过期失效的比率）为全球最高，达到12%；2010年，这一比率降至11%，但仍为全球最高。相比之下，美国和英国公司2010年从事海外收购的失败率仅为2%和1%[①]。而且，北京外国语大学法学院院长万猛表示，目前中国对外投资企业中，70%都处于亏损状态。这都反映出不可回避的问题，而之所以如此，其原因有很多。

第一，"跟风效应"严重，心急欲吃热豆腐。一方面，大量的中国企业，尤其是中小企业在"走出去"之前缺乏对市场环境、自身状况、面临风险等的客观分析，急于求成。结果，导致同类同质企业对"热门"地区的"热门"产业形成"跟风效应"，这样的行为损人不利己，导致在投资区的恶性竞争。由于中国企业不论在技术还是经营管理经验方面都存在高度同质性，为了生存，企业往

---

① 《广州日报》，http://news.ifeng.com/mainland/detail_2011_02/25/4845609_0.shtml。

往大打价格战,而在成本相似、利润空间极其微薄的状况下,亏损在所难免;有的企业甚至生产出不合格的产品,严重损坏中国企业的国际形象。另一方面,很多企业"走出去"的时候,往往只考虑资金,只要资金一到位,便到海外投资建厂,根本顾不上可行性分析和风险收益评估,这往往遇到很多的困难,耗费人力、物力、财力。

第二,缺乏对东道国的深入了解,造成后期经营惨淡。对外投资企业身处异地,面对的是与母国迥然不同的制度、文化、风俗习惯以及企业制度。由于在这些问题上的前期准备工作欠缺,我国大量"走出去"的企业受到了严重的教训。例如,2004年10月28日,上汽收购了韩国双龙48.92%的股权,2007年之后国际油价上涨,减员增效方案遭到了双龙工会的反对,上汽提出调拨救济资金为裁员前提的建议又遭到工会拒绝。2009年初上汽向韩国首尔法庭申请双龙破产保护,双龙的大股东上汽集团永远失去了对双龙的控制权,文化上的巨大隔阂是阻止双方走得更近的关键①。

第三,缺乏帮助企业"走出去"的专业服务机构。在中国企业"走出去"的过程中,需要有信誉、无文化语言障碍和有国际经验的中介机构提供支持。比如在境外并购时帮助企业进行净值调查,在发生知识产权保护、经济纠纷时为企业提供及时的法律援助等。但是目前我国这类专业服务机构发育还很不够,这极大地提高了中小企业等自身能力有限的对外投资主体的失败风险。很多企业家不仅对选择东道国以及东道国的政治、经济、法律、文化环境、投资机会以及招商引资政策缺乏了解,而且对母国政府鼓励"走出去"的优惠政策也一无所知。相关部门虽然通过官方网站建立了政务服务平台,但这类平台基本上都是根据本部门职能设计的,信息严重缺失、更新异常缓慢,难以起到应有的作用。相比之下,发达国家政府则为对外投资企业提供了全方位的服务。以日本为例,JBIC每年出版一份《海外直接投资调查结果报告》,会详细报告日本企业在海外投资的具体状况,正如表4所示,企业的对外投资动机、遇到的障碍等问题都将呈现在读者面前,为计划对外投资的企业提供了难得的信息。

---

① 2009年8月24《第一财经日报》。

表4 日本企业对中国直接投资的动机和障碍

单位：%

调查项目		2005年	2006年	2007年	2008年	2009年
动机	潜在市场增长	80.2	82.3	79.8	77.6	84.8
	当前市场规模	27	24.9	30.1	37.1	32.8
	廉价劳动力	62.8	57.3	50.3	44.9	44
	组装基地	27.5	27.3	28.3	24.8	20.4
	廉价原料组件	23.7	23.5	24.7	16.3	19.5
	返销日本	18.6	15.2	16.4	11.9	13.2
	出口到第三国	24.2	19.3	19	15	17.2
障碍	劳动力成本提升	38.7	43.9	53.5	63.9	56.3
	执法不力	69.2	65	64.9	58.2	55.7
	市场竞争激烈	44.5	45.9	44.9	45.6	50.3
	知识产权保护不够	53.2	47.6	54.5	50.2	47.3
	对外币的限制	33.2	29.3	34.2	32.3	37.8

资料来源：JBIC，日本国际协力银行，相关海外投资报告。

为了更好地促进企业"走出去"，在总部经济的范畴和框架下，一方面，政府相关部门应该更好地为企业搭桥铺路；另一方面，企业在实施总部经济"走出去"战略的时候也应该更多提升自身核心竞争力。为此，提出如下建议。

第一，政府实施适当的产业政策促进总部经济的发展。通过税收优惠及财政补贴等经济政策，改变企业的利润曲线，使得总部经济在这一地区兴起和发展。政府对公用基础设施的投入，包括文化教育设施、公用城市基础设施的投入，对于公司总部的区位选择会产生很大的影响。为发展总部经济，政府通过制定规划以及通过对特定区域基础设施的投入，来引导、调节公司总部在特定区域的聚集。与此同时，商务部以及外交部等国家和地方相关部门应基于项目可行性并结合国家和地方宏观经济发展战略，帮助对外投资企业从项目源头上甄别和筛选符合国家"走出去"战略政策的投资项目。

第二，加强知识产权保护。目前，中国企业的创新能力有待提升，但是，需要政府首先加强知识产权保护。因为，企业之所以不愿意进行创新，很大程度上是由于自己的研发成果得不到保障，自己还未收回成本甚至新产品还未上市，就已经被"盗版"，这严重打击了企业的积极性。尤其是对于中小企业，在自身资金有限的前提下，更不可能加大研发投入，做根本没有前景的研发投资。为此，政府应该尽快完善相关知识产权保护法规和细则。需要强调的是，要加强执法力度，这比制定法律本身更重要。

第三，为"走出去"企业提供坚实的人力资源保障。目前中国企业在国内总部的人力资源仍不足以支持其对外投资的相关需求，也因此遭受了巨大损失。为了避免由于人力资源能力欠缺而导致的经营风险和失败，政府应当建立完善的高级人才培养体系，为对外投资企业定向培养人力资源。

第四，企业应该提高核心竞争力。为了成功地以总部经济模式"走出去"，首先，企业应该加大研发投入，要具有长远眼光，不能只顾眼前利益；其次，在选择投资国家、投资行业、投资项目、进入模式等具体问题上，应该理性地分析，不能盲目跟风，必须设定具体方案，进行可行性评估和成本收益分析；最后，以总部经济模式"走出去"，并不意味着企业在海外的分支机构就是加工厂和组装基地，企业应该更多地在海外设立研发中心，从而形成全球性的研发反馈体系，更好地提升自身的科技水平。

参考文献

邓志新：《政府在发展总部经济中的作用》，《现代经济探讨》2006年第2期。

侯俊军：《中小型跨国公司应成为对外投资的主体》，《国际贸易问题》2002年第8期。

史忠良、沈红兵：《中国总部经济的形成及其发展研究》，《中国工业经济》2005年第5期。

汪小娟：《战略性跨越：中国对外投资和跨国公司的成长》，《国际贸易》2000年第12期。

赵弘：《总部经济及其在我国的发展》，《江海学刊》2005年第1期。

张汉亚：《中国企业对外投资：现状、问题与策略》，《经济研究参考》2006年第81期。

B.7
落户上海的浙江企业总部离沪原因及其影响研究

徐金发*

近年来,上海以独特的魅力集聚了一大批国内外的企业总部,特别是大企业总部。有资料显示,目前落户上海的民企总部已经超过160家,涉及各个行业领域的知名企业。但是,由于种种原因,不少民营企业总部在考虑或已经着手把总部搬离上海市,回到他们曾经离开的"家乡"。在这种形势下,关注这类在沪企业总部的回迁动向,及时了解回迁动因,采取适当的政策措施亡羊补牢,化不利因素为积极因素,以保证上海市经济的良好、顺利发展,为上海市以及全国的经济、社会发展作出更大贡献,是有意义的。

一 落户上海的浙江企业总部回迁浙江的几个典型案例及其原因

1. 总部迁移至上海的浙江部分企业简况

实践证明,发生企业总部迁移的企业一般是完成了企业资本原始积累、具有一定规模的企业,浙江的很多知名企业在实施总部迁移的战略设想和实践上就是这样的,许多企业总部入沪后,其经营是非常成功的,如表1所示。

2. 落户上海的浙江企业总部回迁浙江的几个典型案例

(1)阿里巴巴迁回杭州

阿里巴巴是中国最大的网络公司和世界第二大网络公司,由马云在1999年一手创立的企业对企业的网上贸易市场平台。2003年5月,投资1亿元人民币

---

* 徐金发,浙江大学管理学院教授,浙江大学企业成长研究中心主任,杭州市企业联合会、杭州市企业家协会、杭州市工业经济联合会副会长。

表1 部分浙江知名企业总部迁移上海简况

企业名称	迁出地	迁入地	迁移类型	行业	迁移时间
杉杉集团	宁波	上海	综合性总部	服装制造业	1998年
茉莉花	嘉兴	上海	综合性总部	纺织业	1999年
阿里巴巴	杭州	上海	综合性总部	现代服务业	1999年
均瑶集团	温州	上海	综合性总部	现代服务业	2000年
德力西集团	温州	上海	综合性总部	电器制造业	2002年
中欧集团	温州	上海	综合性总部	汽车制造业	2003年

建立个人网上贸易市场平台——淘宝网。2004年10月，阿里巴巴投资成立支付宝公司，面向中国电子商务市场推出基于中介的安全交易服务。阿里巴巴在中国香港成立公司总部，在中国杭州成立中国总部，并在海外设立美国硅谷、伦敦等分支机构、合资企业3家，在中国北京、上海、浙江、山东、江苏、福建、广东等地区设立分公司、办事处十多家。

基于全球战略视角考虑，阿里巴巴1999年将总部从杭州迁往上海，此时电子商务巨头eBay总部也设在上海，上海是阿里巴巴重要的战略市场，将企业迁往上海，有助于与国际市场亲密接触。

但是，1999年迁入上海不久，马云就将公司总部回迁杭州，马云自己说："以前，我把总部放在上海，结果一年以内特别累心，招人招不到。最后，我们决定从上海撤离，先是选定了北京，最后觉得还是回杭州好。"

阿里巴巴回迁的主要原因：

①商务成本过高，1998年东南亚金融危机使互联网行业的外部环境变得严峻，互联网行业发展举步维艰，面对商务成本过高的压力，上海总部留守难以为继。

②草根型企业难以融入上海文化。马云说，在上海人看来"我们都是乡下人"。上海文化具有自我优越性，外地文化本身在融合性方面存在一定的困难。

③杭州城市软实力的魅力：政府服务、社会环境、文化积累等众多因素让阿里巴巴再一次青睐杭州，马云是这样说的："杭州的政府服务意识、良好的社会环境、深厚的文化积累让阿里巴巴从一开始就选择了杭州。如今，阿里巴巴做大了，但对杭州良好的投资环境、创业环境依然情有独钟。"

（2）杉杉集团总部迁回宁波

杉杉投资控股（集团）有限公司（下简称杉杉集团或杉杉控股或杉杉），是以资本为纽带的大型企业集群。杉杉控股2008年销售额达116亿元，资产总额超过100亿元，产业涉及时尚产业、新能源新材料、投资、园区开发、国际贸易等六大板块，旗下拥有杉杉股份和中科英华两家上市公司。

杉杉发展多元化产业与企业总部搬迁历程：

①总部迁入上海

杉杉集团主营产业为时尚产业（服装行业），1992年成功上市。但是，服装业毕竟属于劳动密集型产业，技术含量低，缺乏核心竞争力，企业的发展空间越来越小。1998年杉杉集团高层确定了新的战略方向——高科技行业，并且开始主动放弃已在宁波打下的大片江山，陆续抛售杉杉集团在宁波的土地储备，将变现后的资金投向高科技和资源战略，进行产业转移。而发展高科技，一要项目二要人才三要环境，上海在这几方面的优势都比较突出，而且地理上也很便利。1998年，杉杉集团总部整体迁移至上海浦东，并开始四处寻觅科技含量高、市场前景好的项目。1999年，杉杉与原冶金工业部鞍山热能研究院合作，成功完成国家863计划"锂离子电池负极材料（中间相炭微球）"项目，并被认定为上海市高新技术成果转化项目，开始了向科技型企业的首次蜕变。迁"都"上海后，杉杉集团不仅朝高新技术发展，更花巨资进入资源、能源行业。

②企业内外部环境巨变

学习的成功陷阱：面对新的环境，杉杉集团在过去十几年来得心应手的经验和办法，似乎在一夜之间都失灵了，原有学习成功模式、经验框架难以融合外部环境，无法有效地避免成功陷阱开展忘却性学习。

商务成本的大幅度提高：迁"都"上海，实际上意味着商务成本的相应提高。以"薪"情为例，同样一个人、同样一个岗位，在宁波与上海的水平是完全不同的。

企业核心产业表现不佳：据资料显示，杉杉总部迁移到上海后，核心产业反而衰退。1996年之前，杉杉是中国服装业的第一大品牌，在西服市场的占有率达到了30%~40%。但是，到2003年，杉杉西服在国内服装市场的占有率已经下降为4%。有人把它如此惨痛的下滑归结为总部搬迁。

外部认同感及优势资源丧失：总部迁移一举，浙江省和宁波市都把杉杉排除在外，认为杉杉是上海的企业了；但是，在上海很多人的心目中，并不认同杉杉。于是，外部认同显著下降。此外，杉杉失去了地方支持的优势，以前宁波市领导一直对杉杉爱护有加，而到了上海，缺乏当地政府的关爱。

③总部迁回宁波

2002年底，在上海闯荡四年的郑永刚又把投资重点撤回宁波。这也是我国企业经营的特殊的国情特点，一些企业从成长到有一定规模，如果离开所在地政府的扶持或"庇护"，要想继续做大难度很大。

④地方政府欢迎回家

2006年，浙江省政府力推"浙商回归工程"，要求各地将"国内引进"纳入行政考核体系。数据表明，近年来，在外创业并积累了大量财富的浙江商人竞相回乡，"反哺"金额已超过5000亿元。浙江省有关官员曾对《每日经济新闻》表示，在政策的导向下，从2008年下半年开始，"回归"的企业开始增多。而浙江各级地方政府纷纷拟定相应的吸引政策，如2008年3月，浙江诸暨市政府出台了《关于加快总部经济和"回归经济"发展的若干意见》，明确规定的扶持政策措施共有13条。此外，宁波、温州、金华、绍兴、杭州等地以各种扶持政策推行"反哺"工程，吸引离浙企业、尤其是离浙企业总部返回浙江。这些政策取得了一定的效果。

（3）**温州中欧集团回迁**

中欧集团是一家多元化跨国企业，涉及整车制造、汽车零部件制造、房地产开发、汽车销售等领域，下属九家成员公司。初步形成了上海、浙江、常熟三大产业基地和德国柏林、美国洛杉矶两大桥头堡的发展格局。

中欧国际集团已通过ISO/TS16949质量管理体系国际认证、ISO14001环境体系认证、ISO9002、QS-9000/VDA6.1质量管理体系认证。目前已获得"中国驰名商标"、"上海市著名商标"、"上海市高新技术企业"、"国家火炬计划项目"、"浙江省名牌产品"、"浙江省著名商标"等荣誉。

中欧集团总部迁回瑞安的主要原因：

①产业链优势的发挥：中欧集团从汽车零部件生产到整车制造，已经完成了一次漂亮的升级；而"回归"瑞安，能更灵活高效地利用当地的配套资源，毕竟瑞安汽配块状经济对企业的发展独具优势。

②国家基础建设的完善：大规模的基础建设投资，缩短了中小城市与大城市之间的时空距离。

③行业饱和，竞争激烈。

④金融危机下，丧失订单，上海资源优势难以持续。"且不说优惠政策，从办公成本、产业链优势等多方面考虑，都促使我下定决心回到瑞安。"集团老总吴国琳说，金融危机对实业的冲击，又让他最先感觉到企业回乡的"甜头"。

同时，吴国琳透露，至少从办公成本这一点上，在瑞安比在上海要节约许多；如果再考虑到配套上的便利，税收上享受的实惠，回归倒成为他受危机影响有限的有利因素之一。其实，中欧集团总部的办公机构目前仍在上海莘庄，但是其经营战略重点已经转移，这或许是又一种企业总部离沪的形式。

3. 浙江均瑶集团总部入驻上海，五年业绩翻了四番

事情总是有两面的。浙江企业总部入驻上海，从整体来说，成功者居多。正是由于它们的成功，为外地企业总部入沪提供了榜样和号召力；即使是搬迁成本非常昂贵的今天，不少浙江企业总部仍然希望入驻上海。均瑶集团就是浙江企业总部入沪成功的典型案例。

均瑶集团成立于1995年，原先是浙江温州的一个民营企业，资产1.5亿多元，当时的主要业务是乳制品加工以及畜牧养殖业等。2000年总部迁入上海浦东均瑶国际广场，均瑶集团利用入沪企业的优惠条件，不断扩大企业规模和经营领域，进入航空投资，如机场建设以及旅游酒店、房地产等领域。到2004年底，资产规模已达25亿元之巨，五年间均瑶集团业绩翻了四番。

均瑶集团公司总裁王均金认为，均瑶集团总部迁入上海的主要原因是，上海在全国具有独特的影响力，如上海是全国的金融中心、贸易中心、信息中心；又是全国的人才中心，特别是金融、资本、保险等行业的经营人才集中在上海；上海是信息汇集地；上海市政府为企业发展、包括为外地来沪企业发展提供了非常有利的条件，特别是上海市政府的办事效率高且廉洁受人称颂。王均金还认为，均瑶集团总部迁入上海后，集团管理高层的思考方式发生了变化，接触的人也变了，企业的立足点高了，市场的平台非常好，再加上机遇好，均瑶集团强大起来了。

4. 小结：企业总部回迁的几个主要原因

通过以上几个企业总部回迁的案例调查分析，我们认为，其原因是多方面的，有企业内部原因，也有企业外部原因。以下一些因素是企业外部原因中最为主要的。

（1）总体商务成本不断攀升，促使企业回迁。近几年来，上海房地产业得到长足发展，带动土地和工资成本不断攀升，加上人民币升值和加工贸易政策调整，导致企业经营成本全面提升。这种成本攀升对那些处于产业链中低端环节的劳动密集型企业影响甚大，它们对地价、租金、工资、电价等成本因素十分敏感。一旦成本出现大幅度攀升，它们很容易迁移到其他成本更低的地方。

根据调查，导致企业总部回迁的主要因素之一是商务成本，主要包括"厂房租金太贵"、"人工成本包括工资、福利和社保费用等高"和"用地需求无法满足"。比如，阿里巴巴负责人解释：商务成本过高，加之互联网行业的外部环境的严峻，使得互联网行业发展举步维艰，面对商务成本过高的压力，上海总部留守难以为继。很明显，这种要素成本的上升会造成产业扩散的离心力，从而产生迁移到新地理区位的新需求。而回归家乡能更灵活高效地利用当地的配套资源；另外，家乡投资软环境以及各项服务都在改善，这些都是吸引这些企业总部回归的原因。

由此可见，随着经济发展水平的提高，经济总量达到一定规模后，经济运行环境发生质的变化，综合商务成本上升，从而导致某些企业总部在上海的比较优势丧失。这些企业将总部通过迁移到其他地区或回迁家乡生产，从而保持在市场竞争中的地位。

（2）企业经营的成本战略。与商务成本相关联的则是企业经营的成本战略。由于企业规模、资本、技术等条件的制约，我国的民营企业大多采用成本经营战略，包括总部进入上海的民企。它们对于企业环境中影响成本的因素十分敏感，也应当看到，民营企业一般不具备消化这些不利因素的能力，它们的本能反应是实施战略转移，从高成本区向低成本区转移。这是目前多数企业实行的战略，甚至可以说这是民营企业的一种本能。实践也证明，中小企业这样做是合理的、有效的。尤其是中小民营企业，它们在实施企业经营战略时，一般可以选择成本战略或技术战略；由于采用技术战略成本要求高，经营风险大，所以中小民营企业一般都选择前者，即采用成本战略，哪里便宜就去哪里。特别是"劳动法"实施以后，用工成本大幅上升，这一点全国都一样，但上海用工成本涨幅过大，使中小企业不堪承受。

（3）产业升级和环保压力。目前，上海市正在加快推进产业结构调整，加快形成以服务经济为主导的产业结构，大力发展现代服务业和先进制造业，导致制造业的发展必须依靠科技进步，走高端之路。为加快产业升级步伐，政府倾向于制定更加严格的产业准入标准，包括技术水平、资源利用效率和环保标准等，由此推动一些中低端产业甚至高污染产业向二、三线城市转移。在上海发展高端制造业的要求下，传统的制造型中小企业难以有生存空间，中低端传统制造业"回迁"和"内迁"的趋势日益明显。比如，在上述几个典型案例中，除阿里巴巴以外，其余几个企业主要分布在服装、汽车零部件生产等传统行业中。显然，它们已经不是上海市经济发展的重点或基础行业，更不是上海市经济发展的主导产业。所以试图获得上海市的特别关注是不现实的。因而这些落户在上海的企业总部要想得到进一步的发展已经越来越困难了。

（4）非本土民营企业难以得到认同。这主要表现在外地入沪的企业或企业总部，人们常常称它们为草根型企业，这些草根型企业的企业文化难以融入上海的主流文化之中，阿里巴巴负责人解释，在上海人看来"我们都是乡下人"，上海文化具有自我优越性，外地文化本身在融合性上存在一定的困难。杉杉负责人也有类似的看法：在上海很多人的心目中，并不认同杉杉，外部认同显著下降。

（5）缺少当地政府必要的重视。民营企业的发展，需要及时得到政府部门的关照与重视，尤其是在经济发达地区。对此，我们在访问中了解到，当初马云在创建阿里巴巴时，杭州市的领导就非常重视，亲自到马云的住所慰问并表示关心。但是，这些民营企业及企业总部迁入上海后，一时难以得到上海当地政府如同发源地政府那样的关心和帮助；有时他们倍感冷落和无助。政府服务、社会环境、文化积累等众多因素让阿里巴巴再一次青睐杭州。

二 几点认识和建议

1. 企业都市化是我国工业化、城市化、现代化的一个客观趋势

我们把大企业以及它们的总部向大城市集中这种经济、社会现象称为企业的都市化现象；同时，我们还认为，在我国当前及今后相当长的时间内，越来越多的大企业或它们的总部向大城市集中，这种企业都市化现象是我国工业化、城市化、现代化的一个客观趋势。这里的主要原因是，大城市，尤其是像我国北京、上海等几个特大城市中，集中着大企业发展所需要的核心资源，如资本、人才、信息以及土地等等。这些资源优势，除土地以外，广大城乡是无法与它们匹敌的。

（1）资本

办企业需要钱，这是办企业一个最基本的因素。但是，社会上的钱集中分布在城市里，尤其是大城市，这与我国银行体制有关。因为我国银行的管理体制是按照行政级别设立的，如北京、上海等大城市行政级别高于我国其他省（市）级城市。因此，大银行以及大银行的总部或者分行都设在这些大城市中，它们不但行政级别高，而且经营规模也大，资金周转速度与频率是其他省（市）级城市中的银行（一般也称为分行）无法比拟的；这正是外地企业总部入沪最大的吸引力之一，实际情况也是这样的。如浙江均瑶集团总部2000年迁入上海以后，其融资能力大为改善。特别是随着企业规模的不断扩大，企业多元化战略的实施，企业对资金的需求也越来越大，原先企业发源地的银行规模已经越来越不能满足这种急剧变化。所以大公司以及它们的总部向大城市集中乃是企业规模膨胀对资金需求的客观要求。在西方发达国家也是这样的。随着我国又一个全国金融中心地位的确立，上海对国内甚至国外大公司以及其总部产生了更大的吸引力，因而越来越多的企业总部聚集到这里。

（2）人才

办企业要有人才，这是办好企业又一个最基本的因素。由于各种原因，人才，特别是具有专业知识的稀缺人才，一般集中在大城市里。因而，人们把大城市称作为人才高地。比如，处于全国知名高校前列的复旦大学、上海交通大学、同济大学等就集中在上海市内。这些知名高校，一方面不断地为社会输送各种专门人才，同时它们本身又聚集了大批知识英才，企业如果能得到这些人才的帮助就如虎添翼。大公司、公司总部进入上海，就为他们拉近了距离，为双方提供了更充分、更方便的条件。特别是，现代大公司需要各种各样的专门人才，对这样的人才需求的数量之多、条件之苛刻只有大城市才能满足其要求。

（3）信息

办好现代企业的一个重要因素是信息。而大城市，如北京、上海等是现代企业经营管理中各种信息的发源地，特别是高层信息，如企业经营环境信息中的政治、经济、技术、社会等高层信息源发生地就集中在这些大城市中。这类高层信息是企业经营中非常稀缺的资源，是企业竞争中克敌制胜的法宝；但是，这类高层信息非常隐秘，且变幻莫测、真伪难辨。因此，只有靠近发源地，才能抢先一步，捷足先登，使企业在竞争中处于有利地位。一些入沪企业总结成功经验时，都不约而同地说到这一点。

当然，进入上海等大城市，大公司或其总部的经营成功离不开上海市以及迁入地各级政府真诚、有效的帮助和支持，也就是说，政府的支持是企业都市化成功的一个基本要素。正是由于上海市政府在1998年和2004年，对外地入沪企业分别实施"普惠制"和实行"国内合作交流"的24条政策，从投资政策、法制环境、信息服务、高效廉洁等方面给予全方位的支持和帮助，使许多外地入沪企业很快站住了脚跟，并且迅速发展壮大，形成一批有影响力的领头企业，如浙江的均瑶集团就是其中之一。

我们认为，随着我国企业规模越来越巨型化，如企业集团遍地开花，工业集团也随处可见，数十家企业已进入世界500强；企业经营方式越来越资本化，如收购、兼并成为大企业的主要经营方式；企业生产、经营越来越国际化，跨国经营在我国大企业中越来越普及，等等，充分说明，我国企业都市化是一个客观趋势，其对于上海、北京等大城市的依赖会越来越强烈；甚至可以说，目前这个趋势只是一个序曲而已。

2. 大力发挥上海大都市综合优势，明晰总部经济发展战略，集聚更多的大企业总部入驻上海

毋庸置疑，上海是国际著名的大都市，人才、信息、技术等资源丰富，吸引了众多的企业总部集聚。有人称这种经济现象为总部经济现象。但从总体而言，上海的总部经济还处在自生、自发状态，缺乏明晰的战略目标和清晰的特别政策。而在这方面，北京的经验值得关注。从20世纪90年代开始，北京市就提出并实施以丰台园区为基地的总部经济发展战略，集中3000多亩土地，分三期开发，逐步形成了产业区、商务花园区、博览中心区等等产业园区，明确以吸引国内外大企业总部、服务大企业为宗旨的服务战略，形成独特的以"楼宇经济"为特色的总部基地，已经吸引了国内外数百家大企业总部入驻基地，产生数百亿的经济价值。客观地说，上海发展总部经济，其资源优势不比北京弱，甚至许多地方有过之而无不及，如工业技术基础、思想理念开放程度、港口通航等都具有明显的优势。因此，上海发展总部经济，是有条件的，并且是十分成熟的。

3. 提升城市软实力，吸引更多的大企业到上海来

综上所述，我们可以看到，上海之所以能够吸引众多的企业，尤其是大企业总部入驻，究其原因主要是上海具有其他城市所无法比拟的资源优势，比如，上海具有各种良好的基础设施，便利的交通条件，雄厚的工业技术和各种人才；同时，上海还具有丰富的历史文化传统，开放的社会理念，有效的社会管理经验以及受人尊重的城市声誉，等等。我们把前者称为上海的硬实力，而把后者称为上海的软实力。显然，这两种实力都是吸引外地企业落户上海的资源与条件。而且，随着上海硬实力的不断提高，它对外界的吸引力会不断增加。但是考虑到硬实力的提高会受到客观条件的限制，如土地、资本、人口规模以及环境条件等等，因此提升上海软实力以吸引外地企业，特别是大企业总部，是一个重要的发展理念与实际政策。例如，继续发扬高效的社会管理理念、制度、方法与措施；完善吸引外地企业入驻上海的各种政策、措施，特别是针对大型企业及总部的。

4. 几个具体的政策建议

（1）成立发展企业总部经济的领导协调机构

建议设立上海市企业总部经济发展领导（协调）小组，由分管国内经济的副市长挂帅，以市直有关单位领导，如市经委、国土、税务、工商及各大商会等负责人为成员。领导小组下可设企业总部经济发展办公室，作为市政府管理和协调企业总部经济发展的专门机构，以加强对企业总部经济发展工作的领导协调，制定企业总部经济发展规划，研究企业总部经济发展中遇到的困难和问题，探索促进企业总部经济发展的相应对策。

这种企业总部经济小组一方面可以研究制定落户上海的企业总部认定标准，比如符合以下任一条件的民营企业：一是最近3年内有关权威机构发布的中国民营企业500强企业；二是在上海注册纳税的新上市民营企业；三是注册资金不低于5000万元人民币、总资产不低于1亿元人民币、年销售额不低于3亿元人民币的民营企业；四是下属公司不少于3个；五是符合上海产业发展导向，成长性好、依法纳税较多、对上海的经济发展贡献大的新兴行业的民营领军企业等。

同时，建立沟通机制。设立政府相关部门有助于建立政府部门与民企总部的沟通机制，加强沟通与联系，及时了解并掌握企业总部需求，帮助企业解决一些实际问题；同时，定期举办政府与民企总部间的座谈会，加强政府和企业总部之间的沟通和交流；政府及有关部门在制定有可能对企业生产经营活动产生重大影响或涉及企业重大利益的经济政策时，事先广泛征询民企总部的意见和建议。

（2）出台措施控制企业的商务成本

商务成本太高主要体现在土地价格昂贵、房地产价格居高不下、劳动力成本高等几个方面。其中，土地是多数企业经营商务成本中最重要的因素。国际房地产联盟主席曾对媒体表示，房地产的投机泡沫使上海总的租金加上维修费用和每平方米的税收，比巴黎、伦敦和新加坡要高50%左右。不断攀升的写字楼租金成本让国内很多民营企业总部对上海望而却步，虽然上海不断完善的现代服务业体系使得这些企业总部在国内发展获利不少，但日渐上涨的土地租金很大程度上压缩了企业总部所能获得的收益，从而对上海企业总部的汇集产生离散效应。

因此，针对上海市高档商务楼宇尤其是甲级写字楼租金不断上升的实情，可以专门制定相关政策，如可以进行补贴土地价差，甚至包括水电增容费等；另一方面还可以在规划、土地、资金等方面加大政策倾斜力度，在重点区域集中推进高档商务楼宇的项目建设，切实降低国内企业总部在上海经营的商务成本。可以推出相应的政策给予支持，比如：对在上海市新设立或已建的总部给予资金补助，或给在上海市的企业总部所需的水、电、气、热、通信等公共设施，有关部门给予积极支持，统筹安排，优先保证供应，供应的价格政策和收费政策享受市企业的同等待遇，等等。

（3）提高政府的效率，进一步改善投资的软环境，为企业提供完善便捷的服务和更多的共享资源

在任何一个经济体制下，地方政府对于一个地区的产业发展都起着重要的作用，上海市在这方面是处于全国前列的，具有非常丰富的历史和现实经验。而地方政府的态度始终是民营企业设立地区总部的一个重要考虑因素。事实证明，高效廉洁的政府和规范透明的法律政策能带来商务成本明显的降低。显然，进一步简化行政审批程序、精简各种收费、建立诚信体系和转变政府职能等方面的工作，也能帮助降低这些企业经营的商务成本；不仅如此，倘若进一步改

革行政审批制度，在更高层次上加强投资软环境的建设，为各类企业、企业总部公平地提供更多的服务和共享资源，必然增强外地企业、企业总部落户上海的吸引力。

具体来说，可以设立民企总部落户绿色通道，在政府相关职能部门设立民企总部落户服务窗口，专门受理企业总部落户等各项申报事宜，为其提供更为高效、完备的服务；适当简化对民企总部落户的相关审批手续，减少审批环节，缩短审批时间，并通过制定政府服务标准，规范服务行为，提高政府服务效率，提升服务品质等。

（4）提高非本土民营企业的认同感

针对草根型企业难以融入上海文化的现实，市政府相关部门（或前面提到的总部办公室）可以制定一些优惠政策和措施，帮助这些企业的中高层人员在上海安居乐业。如对在这些企业总部工作的高级专业技术人员和管理人员，其户口、人事关系未转入上海市但符合申领"人才居住证"的，由市政府人事部门审核并协助向公安机关申请办理"人才居住证"；对持有"人才居住证"者，在子女入学、职称评定等方面，可以享受上海市民同等待遇，等等，从而使这些工作人员对上海有更大的认同感、归属感。

具体来说，可以在完善现有的户籍管理制度的基础上，根据企业的规模、技术、行业类型以及企业的税收贡献等指标，对这些企业总部的人才引进提供数量不等的附加户口指标；尽力解决这些企业中高层人才本人、配偶及未成年子女的常住户口或居住证，对其子女家属的就学、就业、就医等问题应予重视并加以解决，为其家属提供生活方面的便利。即在总部工作的中高级人才，需解决市常住户口或市居住证的，可向人事部门提出申请，经审核符合条件的，可尽力解决本人、配偶及未成年子女的常住户口或市居住证，其子女入园、入学可享受相应的待遇。

（5）创新服务机制，对民营企业（总部）落户上海提供更简便更快捷的服务

有些民营企业起步时地处偏僻，信息不够灵通，特别是外语人才欠缺，等等，因此对民营企业及其总部尽快落户上海带来诸多不便。创新服务机制，对凡是符合落户条件的民营企业，提供更简便更快捷的服务，很有必要：如对申报手续、政策咨询、人才招聘、关系协调等提供一条龙服务或信息咨询。提高落户企业的办事效率，同时提高落户企业的安全保证。

B.8
第二波经济全球化、总部经济与中国企业"走出去"

刘志彪　程俊杰*

一　引言

改革以来，中国坚定地走开放经济的道路，利用自身优良的投资环境积极参与国际产品内分工，大力吸收外国直接投资和发展加工贸易，使自己成为经济全球化的最大受益者之一，使中国尤其是东部沿海地区成为名副其实的"世界工厂"。我们把由此获得的增长称为中国参与经济全球化的第一波"全球化红利"。但是自2008年美国金融危机爆发以来，越来越多的有识之士认识到，作为典型的大国经济，中国需要与世界经济进行再平衡。过去那种以低端要素加入全球价值链、基于出口导向的第一波全球化发展的红利已经透支，不可能持续发展下去，中国的全球化战略亟须转型升级。

对经济全球化战略进行转型升级，并不是像某些舆论所说的那样，中国应该回归自力更生的内向型经济。恰恰相反，我们需要进一步利用世界经济危机给中国提供的争先进位的黄金机遇，及时启动中国第二波加入或者参与经济全球化的发展战略，这就是要发展基于内需的全球化经济，利用内需市场与全球市场之间的关联关系，最大限度地吸收和利用全球高级创新要素，服务我国以创新驱动为主要内容的经济转型升级进程。这是中国在新的世界政治经济背景和条件下，全面获取第二波全球化红利的最根本战略。

发展基于内需的全球化经济，虽然是我们对中国发展趋势和要求所做的一个较新的事实归纳和提法，但它并不是一个新的经济现象。目前全球人口

---

* 刘志彪，江苏省社会科学院院长、党委书记，南京大学经济学教授、博士生导师；程俊杰，南京大学经济学院博士生，江苏省社会科学院助理研究员。

第二波经济全球化、总部经济与中国企业"走出去"

和潜在市场规模较大的发达国家,基本上都属于这种经济形态。最典型的例子是美国。美国拉动经济增长的最主要动力就是消费,资料显示,近年来美国国内生产总值超过 2/3 是来自于消费①。赫尔曼·M. 施瓦茨认为美国正是通过延续国家强有力地创造市场这一长达数百年的进程,才使其霸权于 20 世纪末叶得以重建②。我们理解,这里所创造的市场是包括国内市场在内的全球市场。

作为一个典型的基于内需的全球化经济体系,美国最重要的特征就是国内市场巨大和吸引力强,大量吸收了全球各种要素尤其是高级的创新要素。虽然美国基于内需的全球化经济体系的建立和完善,有其自身的条件和复杂的背景,但是依然对我国建立具有中国特色的、基于内需的全球化经济体系,实现经济发展转型升级具有重要的借鉴价值。

我们认为中国实施第二波经济全球化战略的关键,就是要在转换需求结构的过程中,依靠内需市场的吸引力,用足国外高级生产要素,尤其是创新要素加速发展中国的创新型经济③,促进企业从"被俘获"的全球价值链(GVC)走向全球创新价值链(GIVC)。与第一波全球化相比,第二波全球化是一次深度全球化,其深度主要体现在增加了对高级要素的需求和吸收,旨在提高对创新要素的全球配置能力,实现我国经济的创新驱动发展。一般而言,基本的利用境外经济要素的方式无外乎"引进来"和"走出去",具体包括:一是建设各种内需平台,如以事业平台吸收海外高科技人员加入我国产业高级化进程的研究开发等;二是利用国内市场的巨大吸引力和规模效应的支持,发展逆向外包,吸收外国高级要素为我所用;三是"走出去",即通过海外设厂或者海外并购等方式,以资本的控制力为突破,有效提升对海外经济要素的整合能力和掌控高度,争夺利润丰厚的技术、品牌、渠道等价值链高端环节,实现发展方式转型。无论是"引进来"还是"走出去",吸收国外高级要素都离不开载体和平台,其中,总部经济是非常重要的一个载体和平台。首先,企业总部主要从事设计研发、品牌营销、决策协调等职能,而当前阶段,能够胜任以上总部职能的国内生产要素相对

---

① 具体数据参见美国经济分析局,http://www.bea.gov/iTable/iTable.cfm?ReqID=9&step=1。
② 〔美〕赫尔曼·M. 施瓦茨:《国家与市场》,凤凰出版传媒集团,2008。
③ 国内技术的缺口正是通过内需吸引国外的要素流动来解决的。

缺乏，吸收境外高级要素正是为了弥补这一缺口。其次，在扩大内需背景下，我国自己的巨型跨国公司将逐渐发展起来，并成为国内价值链，乃至全球创新价值链的"链主"，为了争夺市场份额会产生对高级要素的强大需求，这种需求将超出国界范围，程俊杰、刘志彪（2011）认为价值链的"链主"往往会在空间上形成集聚，而总部经济正是这种集聚所体现出来的经济形态。因此，总部经济自然成为吸收高级要素的重要载体。最后，企业总部一方面可以将国外的创新人才吸引到中国来工作，另一方面也可以通过海外并购、逆向外包等形式"走出去"，实现对外国高级生产要素的吸收和利用。

由此，我们可以提出这样的观点：在当前国内外经济形势下，我国必须尽快启动第二波全球化战略，其主要内容就是利用我国的内需市场、用足国外的高级生产要素，尤其是利用其创新要素来发展我国的创新经济。而利用国外高级要素需要各种平台，总部经济是其中非常重要的平台之一，除了可以将国外高层次人才"引进来"，还可以依托这一平台推动国内企业"走出去"，从而实现国外高级要素"为我所用"的目标。

本文将结合价值链理论和空间经济学理论，重点回答三个问题：第一，基于内需的第二波经济全球化战略的核心是什么。第二，为什么总部经济是吸收全球高级生产要素的重要平台。第三，依托总部经济平台的国内企业"走出去"与吸收国外高级生产要素的关系是什么。

二 第二波全球化战略的核心：全球创新价值链

正如前文所说，中国实施第二波全球化战略的关键，是在扩大内需的过程中，利用内需市场的吸引力引导和激励本土企业从全球价值链（GVC）转向全球创新价值链（GIVC），在开放经济条件下发展创新经济。

GIVC（Global Innovation Value Chain）这一概念是受 Michael Porter 教授的价值链管理理论以及 GVC、NVC 理论的启发，结合创新的基本特征而提出的，也是本文的创新点之一。Morten T. Hansen 等（2007）开创性地提出了创新价值链（Innovation Value Chain）的概念，他们认为企业的创新从产生到价值实现是一个首尾相连的过程，该过程可以分为三个阶段：第一阶段是创意产生，第二阶段是创意转化，第三阶段是创意扩散。Stephen Roper 等人（2008）在此基础上提出了一个相似的创新价值链框架①,并进行了模型化,考察了创新价值链各环节的效率。我们提出的 GIVC 比 IVC 更进了一步,指的是在全球范围内整合创新要素进行知识创造②、知识转化③以及新产品推广并创造企业业绩的过程。我们突出了创新要素的组织方式和空间特征,因为,从现实来看,组成 GIVC 的各个环节的活动既可以包括在一个企业之内,也可以分散于各个企业之间;既可以集聚于某个特定的地理范围之内,也可以散布于全球各地。

我们认为,从 GVC 走到 GIVC,可能要分为两个阶段:一是从 GVC 走向国内价值链(NVC),国内本土企业从供应商角色转型为发包商角色,从 GVC 中的"被俘获者"站在了 NVC 中的高端,是价值链的治理者和控制者;二是 GIVC 在 NVC 的基础上通过开放的全球化战略形成,主要是处于 NVC 高端的控制者利用内需市场吸引力"虹吸"国际上先进的高级生产要素,如利用世界经济危机的机遇吸收国外优秀人才到中国工作,或者直接到海外收购研发型企业为我服务,形成全球要素为我所用的良性格局④。

从 GVC 到 GIVC 中间必须经历 NVC 阶段,主要是因为要通过 NVC 阶段进行"四个准备"。

一是要素准备。从本质上看,由 GVC 走向 GIVC 的过程也是要素高级化的过程。目前,我国制造业企业主要是利用国内具有比较优势的低端生产要素,如廉价劳动力,以为跨国公司进行产品代工的形式加入 GVC 的。虽然 GVC 的链主对我国代工企业进行技术封锁和限制,但是由于技术溢出效应以及干中学效应的存在,本土企业在一定程度上还是实现了要素升级。这一升级过程我们称为要素高级化中的"第一次飞跃",它主要通过学习模仿来实现,并使本土企业获得了一定的与价值链高端环节相匹配的高级要素。这让本土企业在面临扩大

---

① Stephen Roper 等(2008)认为创新价值链应该包括:知识获取、知识转化以及产品开发推广三个环节。
② 所谓知识创造就是包括科技研发、创意产生等,又称为创新源的获取。
③ 所谓知识转化就是将知识创意转化为新产品,科技研发不等于产品创新,如果研发不能转化为新产品,并获得经济利益,创新就不可能持续。
④ 美国国家科学委员会的报告说,随着美国企业纷纷扩大其在中国和亚洲其他地方的研发实验室,美国正在迅速丧失高科技工作岗位。在截至 2009 年底的六年中,美国跨国公司新增的研发人员中约 85% 都工作在海外。虽然美国公司一般而言不会关闭设在本国的实验室,但他们会把实验室扩展重点放在海外。海外员工在美国企业研发队伍中的占比已经从 2004 的 16% 提高到 2009 年的约 27%。参见 http://cn.wsj.com/gb/20120119/atc072217.asp。

内需机遇时，有可能转向国内市场开发产品，并形成一条与 GVC 平行的 NVC。需要说明的是，"第一次飞跃"中获得的高级要素并不足以支撑 GIVC 的培育与形成，因为，GIVC 中最重要的是创新要素，而"第一次飞跃"只是学习模仿的结果。因此，需要"第二次飞跃"以实现 GIVC 所需高级要素的积累。通过 NVC 的构建，本土的巨型企业为应付国际跨国公司的激励竞争以及日益升级的国内市场需求，不得不从模仿者变成创新者，大力投资于创新要素，从而实现要素高级化的"第二次飞跃"。所以，我们说 NVC 阶段为从 GVC 过渡到 GIVC 进行了要素准备。

二是市场准备。能够转化为经济绩效的创新才是有效的、可持续的创新。一个成功的企业的管理者在管理创新时的一个重要职责是：能够使企业的产品、工艺、系统和服务与现实的和潜在的市场需求相匹配[①]。目前，我国巨大的国内市场潜力尚未释放。在扩大内需的背景下，企业作为理性经济人首先蚕食相对容易获得的由市场需求增加所带来的利益，这也是 NVC 形成阶段的主流趋势，该阶段并不能真正激励企业创新。而随着居民收入的进一步增加、文化教育水平的进一步提高、消费环境的进一步优化，越来越多的"挑剔的顾客"开始出现，整个国内需求层次逐渐升级，原先的扩大国内市场规模的潜力也已经基本挖掘殆尽，这时才会刺激企业去进行产品创新，最终形成 GIVC。

三是环境准备。在创新系统中，政府也是不可或缺的行为主体，它通过营造政策、制度等软环境来支持企业的创新、技术扩散和生产。在所有的产业系统要素中，包括政策、制度等在内的软环境在影响技术变化、创新活动的组织和绩效方面发挥了关键作用。因此，企业的创新活动对软环境非常敏感，一旦软环境的不完善导致 GIVC 中任意一个子环节的运转出现故障，都会使整个创新活动归于失败。软环境一定程度上是政府有意识和有计划决策的结果，但更多情况下是行为主体相互动态博弈的结果。所以，跨过 NVC 阶段的博弈，直接营造适合 GIVC 形成的软环境必定是不完善的，自然也是激励不出创新活动的。

四是"链主"准备。熊彼特强调大企业比小企业更容易产生创新。其实，当前我国不乏一些制造业大企业，为什么不能通过引导、激励它们进行创新活动跳出"被压榨"的 GVC 而走向 GIVC 呢？容易被忽略的一点，是经常进行创新

---

① 引自詹·法格博格等《牛津创新手册》，知识产权出版社，2009，第 105 页。

活动的大企业往往具备了强大的系统的研究实体和理想的成果转化通道。产品创新活动成功的必要条件是三个子过程运行顺畅、协调，而具备了强大的系统的研究实体和理想的成果转化通道的企业一般都是价值链的链主，因为"链主"本身的功能就是研发设计、品牌营销。所以，企业光大还不行，还必须培育其成为链主，而构建 NVC 从本质上看就是培育我国自己的巨型企业和跨国公司，即价值链"链主"，进而才能通过创新形成 GIVC。

有许多案例都证实了我们对从 GVC 到 GIVC 必须经历两阶段的判断。比如三一重工目前在全球拥有 169 家销售分公司、2000 多个服务中心、7500 多名技术服务工程师，并成功并购了曾是全球混凝土机械巨头的德国普茨迈斯特公司，全部拥有了普茨迈斯特的技术、专利，以及其遍布全球的基地和销售体系。三一重工成功获取全球高级要素的重要前提就是首先取得了国内工程机械制造价值链"链主"的地位，三一重工是我国最大、全球第六大的工程机械制造商。而联想并购 IBM 之所以出现巨亏，一个重要原因就是没有做好要素准备。在并购初期，联想曾经将原有中国事业部的一些高层派到美国，分管各个重要部门，但是在实际运营中，这些国内的管理者始终未能找到更好的办法，也未能真正融入美国的环境和团队中去。

在中国企业从 GVC 走到 GIVC 的两个阶段中，其中第一个阶段的转型最为困难，任务也更为艰巨。虽然基于内需才最有可能发展具有自主知识产权的品牌，但是当原来的贴牌生产厂商试图转型为自主品牌上尤其是想成为国际品牌商时，除了需要巨额的广告费和渠道建设费外，还会因为缺乏熟悉国际市场、缺少玩转品牌和营销的人才而搁浅，更会遭遇到原有处于发包方的国际大买家（即处于 GVC 高端的国际品牌商）的强力封锁和围追堵截。因为此时原来的"发包商—供应商"之间的合作关系已演变为你死我活的竞争关系，为了防止被后起者替代，实力强大的国际发包商会发出令人可信的竞争威胁。这些都是发展中国家企业产业转型升级遇到困难的主要的微观原因。

三　总部经济：全球创新价值链的空间据点

我们前面已经分析了全球创新价值链形成的基本路径，即所谓的"两阶段论"，实际上，"两阶段"的真实背景主要是，我国的某些本土企业抓住扩大内需的重大机遇开始专注于国内市场的开拓和挖掘,并逐渐成长为 NVC 的"链主",为了应付日益激烈的同行竞争以及不断升级的国内外市场需求,这些"链主"企业不得不实施差异化竞争战略,利用全球高级要素,尤其是创新要素进行产品创新,从而保持市场竞争力,最终这些企业进一步发展成为 GIVC 的组织者、集成者和领导者,也即 GIVC 的"链主"。根据这样的论述,作为第二波全球化战略的核心,全球创新价值链的本质其实就是利用巨大的国内市场吸收全球高级创新要素进行产品创新,并获取创新的垄断利润。

目前,创新活动的国际化趋势愈来愈明显(Jan Kranich,2009)。数据显示,20 世纪 80~90 年代,几乎在所有 OECD 国家中非本土居民专利申请的比率都增长了,而外部专利申请,即本国发明者在外国的专利申请也快速增长了[①]。Archibugi & Michie(1995)将创新国际化分为三种主要类型:第一类是以寻求利润的企业和个体为主体的国内层面创新的国际性拓展,形式有出口创新产品、转入许可和专利等;第二类是以跨国企业为主体的全球范围的创新,形式有本土及东道国的 R&D 和创新活动、已有 R&D 实验室的收购或在东道国的绿色 R&D 投资;第三类是以大学、公共研究中心、一国以及跨国企业为主体的全球技术—科学合作,形式有联合科学项目、国际间学生交换流动、特定创新项目的合资企业等。

那么,为什么企业要打破国家界限,在全球范围内吸收高级要素,进行 R&D 的国际化呢?我们认为,原因主要有二:一是外部需求激励。当 A 国企业发现自己的产品或流程稍作改变就会极大地提升产品在 B 国市场上的竞争力时,那么,该企业将会非常乐意在 B 国设立研发中心,专门从事产品的 B 国化改进,从而获得 B 国的市场份额。Dunning & Narula(1995)将企业这种为适应特定的海外条件,努力拓展产品需求而进行的 R&D 国际化活动称为资产开发型 R&D。需要注意的是,这类创新活动仅仅是在原有产品技术上进行的小改进,因此,Kuemmerle(1996)又将其叫做以母国为基础的开发活动。二是外部要素激励。也就是说,企业必须吸收、利用外国的一些高级要素,才能顺利完成整个创新链的全过程。Hedlund(1986)给出证明,他指出竞争优势的基础不再仅仅处于任何一个国家,而是出现在许多国家。新的创意和产品可能在许多不同的国家产

---

① 詹·法格博格等:《牛津创新手册》,知识产权出版社,2009,第 315~316 页。

生，然后在全球范围内使用①。Dunning & Narula（1995）将这类动机下的海外R&D投资称为战略资产扩大活动，而 Kuemmerle（1996）则把它叫做以母国为基础的扩张活动。

利用国内市场的强大吸引力来吸收、整合、利用全球高级要素需要载体和平台，而总部经济就是这样一个不可忽视的重要平台，它将成为构建全球创新价值链、分享第二波经济全球化红利的空间据点，原因主要有以下两点。

第一，职能匹配。企业总部一般主要承担产品的研发设计、品牌营销、决策协调等功能。而企业吸收、整合、利用高级要素，尤其是创新要素主要就是为了实现 GIVC 的三个子环节，即知识创造、知识转化以及新产品推广并创造企业业绩的顺利运行和良好衔接。这恰好与企业总部的职能高度一致，从价值链的角度来看，高级要素应与高端环节相匹配。另外，总部往往聚集了整个企业最优秀的精英人才，只有这些高级人才才能与全球范围内的高级要素产生火花，亲密合作。总部集聚的人才越多，吸收高级要素成功的可能性越大。通俗地讲，就是跟高手合作、学习，自己必须首先有点基础，这样才能产生 $1+1>2$ 的效果。资料显示，当前我国企业高层次人才分布极为不均，主要集聚在东部沿海发达地区的大型企业总部中。

第二，空间匹配。企业总部往往集聚于大城市，比如世界 500 强跨国公司的总部在我国的分布主要集中在北京、上海、深圳等大城市，目前，北京跨国公司总部数量已经超过了纽约②。而以外籍专家为代表的国际高级要素一般也集中分布在我国少数几个大城市，因为大城市有着中小城市所不具备的包容的多元文化、较高的生活水准、良好的市场环境、便捷的对外交通、广阔的发展平台等。第六次人口普查的结果显示，当前常住我国的包括港澳台同胞在内的非大陆籍人士共 100 余万，其中以商务、就业、学习为目的的占到 3/5。从地区分布来看，以上人士主要集中在上海、北京、广州、深圳、南京等主要大城市。所以，空间上的同一性使得总部经济能够成为吸收高级要素的重要平台和分享第二波经济全球化红利的空间据点。

---

① 转引自詹·法格博格等《牛津创新手册》，知识产权出版社，2009，第 323 页。
② 虽然从数量上看，北京的世界 500 强跨国公司总部已经超过了纽约，但是这些跨国公司总部大多数是国内企业。参见 http：//news.sina.com.cn/c/2011 - 05 - 12/153322452926.shtml。

事实也表明，全球创新价值链并不是在所有地方都能形成，全球高级要素也不可能在任何地方都能够成功吸收。只有在若干像北京、上海、深圳这样的大城市才有可能成功吸收全球高级要素，进而形成创新中心。从理论上看，总部企业一般从事设计研发、品牌营销、决策协调等职能，这类企业大都位于价值链的高端，与处于价值链低端的企业相比，这类企业的一个重要特征就是知识和技术密集型，具有一定的垄断特性，因而相对于要素成本，它们对交易成本更加敏感①。大城市会聚了大量的顶尖人才、拥有包容的多元文化、具备良好的市场环境等，使得总部企业的交易成本大大降低。因此，我们经常会看到，越来越多的总部企业不断向大城市迁移，而原先位于大城市的制造业工厂开始向外转移。最终结果必然是大多数总部企业集聚在少数几个大城市，形成总部经济。这同时对总部企业来说又带来了更多的利好：一是便于获取隐性知识②，二是有利于规模经济和范围经济的产生。由此，总部企业在大城市集聚的趋势将得到进一步强化。由于总部经济是吸收全球高级要素的平台和全球创新价值链的空间据点，因此，总部经济的空间特征也全部体现在全球创新价值链上，因而全球创新价值链只能在北京、上海、深圳等少数几个大城市形成和实现。

以上我们总共回答了四个问题：第一，作为第二波全球化战略核心的GIVC的本质是什么。第二，为什么我国构建GIVC需要大力吸收国外高级生产要素。第三，为什么说总部经济是吸收全球高级要素的重要平台以及GIVC的空间据点。第四，为什么GIVC不可能在所有地方形成，而是主要集中在少数几个大城市。我们可以得出这样的结论：实施第二波全球化战略，促进国内企业从GVC转向GIVC，关键在于利用内需吸收国外高级生产要素，尤其是创新要素发展我国创新经济。在吸收国外高级要素的各类平台中，总部经济是其中非常重要的平台之一，由于总部经济的空间特征导致GIVC的形成不可能出现在任意地方，而只能在诸如北京、上海、深圳等少数几个大城市。

---

① 要素成本主要指劳动力、土地、资本以及资源等要素的成本；交易成本则主要是与发展软环境相关的成本，比如市场化程度、产业配套环境、政府税率与税费、基础设施以及法制化水平等。
② 相对于显性知识，隐性知识在企业形成差异化竞争优势的过程中发挥着更加重要的作用。因为隐性知识的传播与获取往往并不靠书本、报纸、网络等公共信息媒介，它常常依赖于特定情况下人与人之间近距离、面对面地交流。

四 "走出去"与吸收全球高级要素

在上一部分,我们侧重于论证总部经济在将全球高级要素"引进来"并为我所用方面所发挥的平台作用。美国万宝盛华(Manpower Inc)发布的调查结果显示,由于大量跨国公司的涌入以及本土企业国际化的需求,我国大陆对外籍人才的吸引力越来越强,并首次超过美国成为亚太区中高端人才的"凤凰台"[①]。目前,我国大陆地区由外籍人才担任最多的职位是高管,其次是中层及工程师,体现了总部经济具有吸收全球要素的高端特征。

但是,在现实中有很多国外高级要素,尤其是创新人才要素并不太可能不远千里来到中国进行价值创造。比如,某些外国研发人才出于文化、意识形态、生活方式、生产结构差异、社会资本、子女教育等因素的考虑,往往觉得迁移成本过大而不愿意到我国企业总部工作,他们更愿意留在本国从事创新活动。因此,吸收利用全球高级要素除了要"引进来",还必须"走出去"。"走出去"相对于"引进来"的一个最大优势就在于它避免了高成本的高级要素迁移,绕开了世界各国限制高级人才流动的障碍,最大限度地实现了利用内需吸收利用全球高级要素的目标。

目前,我国企业对外直接投资活动日益频繁。2012年前5个月,我国境内投资者共对全球115个国家和地区的1709家境外企业进行了直接投资,累计实现非金融类直接投资285.2亿美元,同比增长40.2%[②]。我们认为,从微观角度来看,本土企业为了获取我国所缺乏的高级要素才是促使对外直接投资的最大驱动力。Madhok(1997)指出企业对外直接投资活动可能是出于对已拥有的资源和能力进行保护、利用的目的,也可能是出于要获取新的资源和能力的战略目标的需要。对发达国家的跨国公司来说,对外直接投资更倾向于对已有资源、能力的保护和利用;而对发展中国家的企业来说,以对外直接投资的方式"走出去"更多的是为了获取新的资源和能力。Rajan(2009)证实了获取技术和研发资源、市场网络和品牌等高级要素是印度跨国企业在发达国家进行并购的主要动机。

---

① 参见 http://news.sina.com.cn/o/2008-10-09/124214550143s.shtml。
② 参见 http://www.mofcom.gov.cn/aarticle/difang/jilin/201206/20120608201343.html。

那么，我国企业是如何通过"走出去"获取国外资源和能力的呢？我们认为，实现这一目标的内在机制有两条：第一条是内部化。比如海外并购，统计数据表明，2012年1~5月份，我国通过并购方式实现的对外直接投资达112亿美元，占同期投资总额的39.3%，并购已经成为我国对外直接投资最重要的手段。内部化机制的产生主要是受交易成本理论的启发，科斯认为用企业内部契约来代替市场价格机制可以有效降低交易成本。因此，本土企业可以通过独资、合资或并购的方式对外直接投资，实现内部化，最终达到对所需资源控制的目的。Hennart（1991）研究发现，日本企业为了降低购买美国企业中间品的交易费用，经常采用合资企业的方式。

第二条是逆向外包。所谓逆向外包，是相对于外包而言，一般认为通常是技术能力和劳动力成本较高的发达国家的跨国公司向发展中国家发包，而逆向外包则是发展中国家的企业向发达国家发包，发包者和接包者的位置发生了调换。与一般外包不同的是，逆向外包都是企业将知识密集型的核心业务外包（刘丹鹭、岳中刚，2011），比如发展中国家的生产企业将研发和专业技术服务外包至欧美的研发机构，从而变相达到了将发达国家的高级生产要素"为我所用"的目的。虽然逆向外包是发达国家的服务外包企业为了巩固自身价值链集成者地位而进行的分工深化和业务全球化配置的结果，但是只要发展中国家的企业同时加强本土高级要素的投入和培育，就会通过"借力打力"，实现向价值链高端攀升的目标。

需要特别指出的是，我国企业"走出去"获取境外高级生产要素必须依托总部经济这一重要平台，总部经济是"走出去"的"神经中枢"，原因主要有二。

第一，企业总部是"走出去"的"指挥中心"。一方面，众所周知，"走出去"是企业的一项重大决策和战略举措。是否需要"走出去"，何时"走出去"，以及通过什么方式"走出去"这些涉及细节的具体而又重要的问题必须由企业"大脑"——高层领导进行反复讨论和仔细斟酌。而总部作为企业"大脑"的象征，其职能之一就是决策协调，因此，"走出去"战略的拍板最终还是由总部"说了算"。另一方面，"走出去"战略的实施由于涉及研发、品牌、营销、生产、财务等企业的诸多部门，往往需要动用企业的一切资源，也就是说，只有举整个企业之力，才有可能实现企业"走出去"，也才有可能达到成功吸收国外高级生产要素的目的，而这项庞大的工程只能够由"大脑"——总部来完成。由此可见，企业总部已经成为"走出去"的"指挥中心"。

第二，企业总部是"走出去"的"对话平台"。前面我们说道，我国企业通过"走出去"而获取国外高级生产要素，尤其是创新要素主要有两个机制，分别是内部化和逆向外包①。不论是内部化，还是逆向外包，我国企业的对话对象几乎都是国外企业的总部。因为，国外企业被我本土企业内部化的决策也必须由其总部作出，而研发资源也一般集中在国外企业的总部当中。从理论上看，我国企业"走出去"是为了利用国内强大的内需市场"虹吸"国外的高级要素，而国外的高级要素的集聚载体一般是企业总部。因此，能够与对方实现对话的也必须是本土企业的总部。而且也只有企业总部才能够汇集足够多的高级要素以成功实现与对方总部的对话，从而顺利实现"虹吸"国外高级要素的目标。故而，企业总部是"走出去"的"对话平台"。

依托总部经济实施"走出去"战略在我国有大量现实案例，比如2006年，中国化工集团全资子公司中国蓝星总公司以4亿欧元完成对法国安迪苏集团的收购。法国安迪苏集团是全球最大的专业动物营养添加剂生产企业，其主要产品蛋氨酸市场份额占全球的29%，居世界第2位。蛋氨酸在我国应用广泛，但由于没有成熟的生产技术，国内生产仍然处于空白。中国蓝星此次收购将利用蛋氨酸技术改造国内蛋氨酸项目，引入液体蛋氨酸技术并在国内建设新的生产装置，从而在国内将形成20万吨的生产能力，并从技术、生产、销售等全方位逐步实现了本土化②。再如奇瑞与其供应商协同，和国内外研究机构进行产学研联合开发，并将最为关键的发动机的设计外包给了奥地利的AVL公司，外形设计则外包给了意大利的Bertone和Pininfarina公司，掌握了一整套核心技术和自主开发权。

但是，我国企业"走出去"并不全部都是成功的。国际并购的经验显示，中国企业海外并购有60%都以失败而告终。其原因无外乎并购规划中出现漏洞，没有聘请真正有实力的咨询公司；并购后的整合不到位，没有发挥协同效应；成

---

① 从本质上看，不论是内部化还是研发外包，都属于逆向外包的范畴，因此，"走出去"实际上就是逆向外包。

② 参见http://www.foods1.com/content/34889/。

本控制上的失误；品牌战略上的问题；管理上的问题等。最根本的原因还在于自身高级生产要素，尤其是高级人才的积累不够，这是产生以上所有问题的根源。Hymer（1976）认为投资企业拥有一种独特的优势是对外直接投资的一个必要条件。Dunning 的折衷理论也指出，对外直接投资的企业一定要拥有一种独特的具有比较优势的资产，从而抵消其作为一个外国企业的劣势。我们认为，从某种意义上讲，这种独特的具有比较优势的资产一定是高级人才资源。所以，要提高企业通过"走出去"获取全球高级要素的成功率，最为关键的就是首先加强内部高级人才的投资。

五　结论

面临复杂多变的国内外经济形势，以及受资源环境约束、生产成本上升、人民币升值等诸多因素的影响，我国通过实施出口导向政策使制造业整体融入"被俘获"的 GVC 而获得的第一波经济全球化红利已经基本消耗殆尽，我国的全球化战略亟须转型升级。

基于以上分析，我们认为，转型升级的方向就是进一步利用世界经济危机给中国提供的争先进位的黄金机遇，及时启动第二波经济全球化战略，即发展基于内需的全球化经济，利用内需市场与全球市场之间的关联关系，最大限度地吸收和利用全球高级创新要素，构建全球创新价值链（GIVC）。而利用国外高级要素需要各种平台，总部经济是其中非常重要的平台之一，除了可以将国外高层次人才"引进来"，还可以依托这一平台推动国内企业"走出去"，从而实现国外高级要素"为我所用"的目标。有理由相信，在扩大内需的背景下，只要充分发挥总部经济"虹吸"全球高级生产要素的平台作用，我们就一定能从 GVC 的低端解脱出来，转向 GIVC 的高端，从而实现分享第二波经济全球化红利的最终目标。

参考文献

Archibugi and Michie. The Globalisation of Technology: A New Taxonomy. Cambridge

Journal of Economics. 1995, 19.

Dunning and Narula. The R&D Activities of Foreign Firms in the United States. International Studies of Management&Organization. 1995, 25.

Hedlund. The Hypermodern MNC-a Heterarchy. Human Resource Management. 1986, 25.

Hennart. The Transaction Cost Theory of Joint Ventures: An Empirical Study of Japanese Subsidiaries in the United States. Management Science. 1991, 37.

Hymer. The International Operation of National Firms: A Study of Direct Foreign Investment. Cambridge, MA: MIT Press. 1976.

Jan Kranich. Agglomeration, Innovation and International Research Mobility. Economic Modelling. 2009, 26.

Kuemmerle. Home Base and Foreign Direct Investment in R&D. Boston: Harvard Business School.

Madhok. Cost, Value and Foreign Market Entry Mode: the Transaction and the Firm. Strategic Management Journal. 1997, 18.

Morten T. Hansen, and Julian Birkinshaw. The Innovation Value Chain. Harvard Business Review, 2007, 6.

Rajan. Outward Foreign Direct Investment From India: Trends, Determinants and Implications. 2009, 15.

Stephen Roper, Jun Du, and James H. Love. Modelling the Innovation Value Chain. Research Policy, 2008, 37.

程俊杰、刘志彪：《扩大内需背景下的总部经济与现代生产性服务发展》，《中国总部经济发展报告2011》，社会科学文献出版社，2011。

刘丹鹭、岳中刚：《逆向研发外包与中国企业成长》，《产业经济研究》2011年第4期。

刘志彪、张杰：《全球代工体系下发展中国家俘获式网络的形成、突破与对策》，《中国工业经济》2007年第5期。

刘志彪：《基于内需的经济全球化：中国分享第二波全球化红利的战略选择》，《南京大学学报》2012年第2期。

B.9 中国企业以总部经济方式"走出去"的发展模式研究

——基于全球价值链视角

张永庆* 季秀君

一 引言

总部经济是在信息技术快速发展的条件下，企业通过总部与生产制造环节在空间上分离，从而在不同区域内实现资源的再配置，形成中心城市与制造基地的地区优势互补，实现区域合作共赢的一种经济发展形态。

全球价值链作为当代经济全球化的一种组织方式，实现了资源在全球范围内的重新配置，与总部经济形态结合，以国际化的视角，为我国实施企业"走出去"战略、实现企业转型升级、进而影响区域经济发展提供了新思路。

总部经济是全球价值链网络结构中的高附加值环节，不仅实现了中心总部与制造基地的简单空间分离，更通过空间链条和产业链条整合全球资源，实现了国际研发、国际制造和国际营销。发达国家基于全球价值链的总部经济功能集中在研发、管控的高附加值环节，通过产业链条，管控处于价值链低端的发展中国家，进行制造、组装等低附加值环节。

改革开放以来，中国东部地区以其廉价的劳动力及自然资源，成功切入了全球价值链条，并承担起了其加工组装环节，成为全球最有竞争力的代工基地。与此同时，这也使中国面临了低端锁定和区域发展失衡的发展困境。如今，随着国内、国际经济环境的变化，中国东部地区的产业开始向外转移。从国内形势来

---

* 张永庆，上海理工大学沪江产业经济研究所所长，上海理工大学管理学院MPA教育中心主任，教授、博导。

看：我国东部地区要素成本不断上升、人民币升值的巨大压力、贸易摩擦的增加和加工贸易政策的调整，使集聚于东部地区的加工产业逐渐丧失了成本优势。从国际形势来看：越来越多的发展中国家加入全球价值链从事制造组装环节，且倾向于更低的成本；处于价值链高端环节的发达国家不断纵向压榨。

后国际金融危机时期，新的全球经济秩序面临重建，在这种背景下，我国要摆脱低端锁定的分工地位，向全球价值链附加值高的环节攀升，实现产业升级，需要发挥自身在国际经济中的先发优势和在位优势。发挥总部经济，一方面提高价值链在区域间传递和延伸的可能性，带动中西部参与国际竞争，提高国内产业的关联效应和增值程度，实现区域经济协调发展。另一方面，在全球视角下，进行全球范围内的资源整合，向上走出国门去国际大都市建立总部，向下到成本更低的国家建立生产基地。而发达国家在全球价值链中的主导地位也表明，发展基于全球价值链的总部经济，实施"走出去"战略，对中国摆脱目前的低端锁定和地区差距的双重困境有重大的实践价值。

二 总部经济与全球价值链关联关系模型分析

总部经济是企业按照企业价值链的不同环节，把具有产品设计、技术研发、市场营销、市场服务、财务结算、投融资管理及人力资源管理等职能的总部型机构，迁到具有优良的基础设施环境与良好的商务服务业基础、高端要素资源比较密集的区域；把生产加工组装环节及其机构布局在劳动力资源丰富、土地成本较低的区域，而形成的一种"总部中心＋制造基地"的经济形态。就单一企业而言，企业总部通过指挥外围地区的子公司、办事处、工厂和其他相关机构，进行资金、生产、贸易、人才和信息的集中运作与协调管理，形成了"企业总部＋制造基地"的企业价值链；就若干个企业而言，围绕某一主导产业的企业总部积聚，并通过产业的分工协作，形成了"总部基地＋制造基地"的产业价值链。

随着经济全球化和信息技术革命的推进，全球经济日趋形成全球（产业）价值链。全球价值链是指为实现商品或服务价值而连接生产、销售、回收处理等过程的全球性跨企业链式网络组织，涉及产品设计、研发、生产制造、营销、交货、消费、售后服务、最后循环利用等整个经济活动的组织及其价值、利润分配。其中，产品研发、设计、品牌运作、市场网络（总部基地）等过程是全球价值链的高端环节，具有较高的产品附加值；而生产制造、加工（制造基地）过程是全球价值链的低端环节，产品附加值较低。"总部基地＋制造基地"的产业价值链在全球的这种布局，组成了"总部基地＋制造基地"的全球总部经济产业价值链，我们简称为全球总部经济价值链。

总部经济与全球价值链关联关系用"微笑"曲线描述非常形象贴切（图1）。

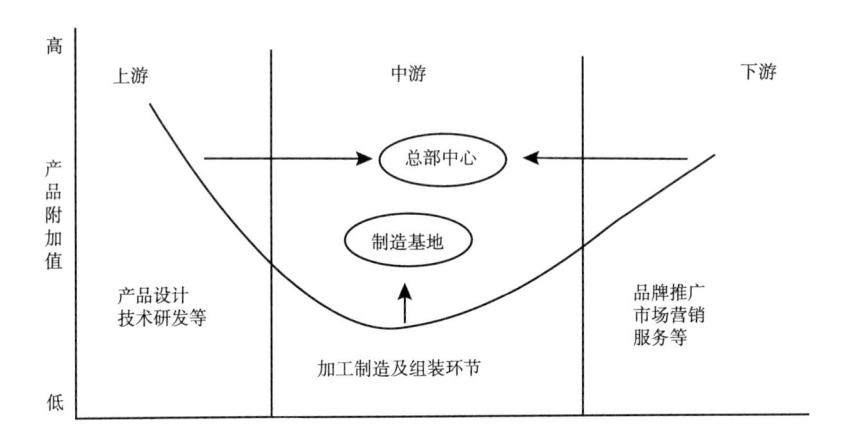

图1　全球总部经济价值链示意

在微笑曲线底部，即全球价值链的中游，主要包括产品的生产、制造及组装，是产品附加值最低的环节，对应总部经济中的"制造基地"，利润空间狭小。其低缓的走向也说明，全球总部经济价值链的中间环节注重对自然资源和劳动力的要求，对技术和资金依赖相对较小，从事企业数量多，竞争激烈且受上游控制，利益被摊薄。

在微笑曲线左侧，即全球价值链的上游，主要包括产品设计、技术研发等创造性核心环节，是产品附加值几何上升环节，利润空间很大。在微笑曲线右侧，即全球价值链的下游，随着品牌运作、销售渠道及服务体系的完善，产品附加值又开始加速上升，利润空间也较大。全球价值链的上、下游对应总部经济中的研发总部、营运总部、结算总部、融资总部、公关总部等"总部中心"。其高耸的走向也说明，全球总部经济价值链的高端注重技术与资本密集或信息与管理密集，通过在全球范围内布局职能型总部机构，实现高额利润。

从国家利益来看，发达国家占据资本技术和国际规则优势，位于国际总部经济价值链两端高位；而发展中国家产业结构趋同，缺乏资金和技术支持，被动嵌入价值链，只能分散在竞争激烈的中间区域，地位低下。

基于全球总部经济价值链的我国总部经济的发展可以基本概括为三个阶段（图2）。

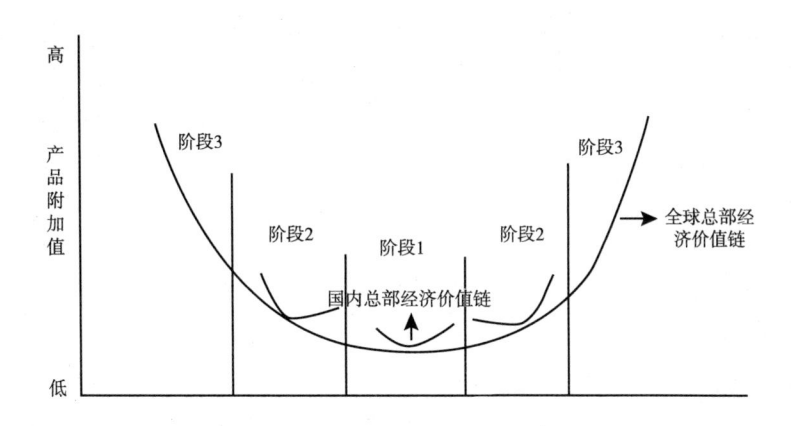

图2　我国总部经济价值链发展阶段

第一阶段：通过承担产品生产、加工、组装等基础环节，担当全球制造基地，介入全球总部经济价值链条。在这一阶段，发达国家把缺乏比较优势的制造、加工、装配等生产环节和一部分劳动密集型的服务环节向我国东部沿海地区转移，自己专注于研究开发、品牌运作等全球价值链高端领域的服务活动。中国企业，确切说是中国东部沿海企业，通过担当跨国公司生产制造基地的角色，成为"世界加工厂"。结合图2可以看出，此时，中国虽然介入了全球总部经济链条，但仍处于价值链的最底端，利润依然掌握在跨国公司手中。接受世界制造业外包只是中国经济融入全球价值链的初级阶段，也是必经阶段。经过这一阶段的积累，发展到一定程度，中国企业才能逐步具备向价值链高端攀升的基础和可能。与此同时，东部地区以生产成本要素比较优势介入全球价值链的过程中，西部资源大量流向东部，造成中西部发展塌陷的二元结构。

第二阶段：通过国内总部经济价值链构建，实现全球总部经济价值链的延伸。东部率先加入全球价值链后，由于制造基地的低端锁定，面临产业的空洞化和产业衰退的压力，要实现向全球价值链的高附加值环节攀升，需要重新配置国内资源，构建完整的国内总部经济价值链。东部地区可以利用自己在全球总部经济价值链中积累的高级生产要素集聚发展研发、营运、销售等职能总部，同时将制造基地转移到中西部地区，充分利用不同区域之间在商务成本结构上的差异，实现产业的梯度转移和协同发展。通过中国东、西部"总部—生产基地"的空间布局，使中西部也切入全球总部经济价值链条，通过国内总部经济价值链的构建，延长了全球价值链在国内的部分。结合图2可以看出，在这一阶段，国内总部经济价值链逐渐向上发展，并外现为中国企业在全球总部经济价值链上由底部到两端的逐步延伸。但本质上，中国企业仍处于全球价值链的低附加值环节，此阶段是实现全球总部经济价值链升级的准备阶段，而非必经阶段。中国企业以总部经济模式在全国范围内实现了资源效益最大化，并没有实现国家利益最大化。

第三阶段：通过海外布局企业总部或制造基地迁出，在全球空间拓展总部经济，实现中国企业在全球总部经济价值链的攀升。从图2可以看出，全球总部经济价值链的发展，只有攀升到产品附加值呈几何级数增加的上下游区域，才能获得总部经济效应带来的高额利润。发达国家的大型跨国集团的成功运作经验也表明，只有处于全球总部经济价值链的高端，才会在全球资源配置中取得更多的收益。中国企业以总部经济"走出去"，占据全球总部经济产业链高端的方式有两种，一种是谋求海外布局总部中心，如研发中心、运营中心及采购中心等，寻求总部集聚效应。另一种是将制造基地迁出至越南、柬埔寨等生产成本更低的国家，集中国内优势发展总部经济。这一阶段是中国由"世界加工厂"、"世界基地"变为"世界办公室"、"世界总部"的重要阶段，也是中国企业以总部经济方式"走出去"、实现国家利益最大化的关键时期。

中国企业经过十几年的努力经营，已经成功通过OEM，与跨国公司合作、联盟等方式嵌入全球总部经济价值链，实现了第一阶段的发展。总部经济效应为我国企业嵌入全球价值链升级带来了巨大的发展机遇，可以提升我国企业的技术创新能力，促进我国企业提升国际竞争力，促进中国企业在全球总部经济价值链中的升级。我国要积极推进总部经济第二阶段和第三阶段的发展，通过总部经济实现国内资源再配置，实现资源效益最大化和区域统筹协调发展，并扶植有实力的企业走出国门，实现国家利益最大化，提升我国在全球总部经济价值链体系中的地位和作用。

三 中国企业以总部经济方式"走出去"的模式分析

事实上，在过去几十年中，全球化的主导者跨国公司已经开始通过总部经济形式，进行全球价值链布局。跨国企业以总部经济方式"走出去"在全球价值链的空间范围内进行重新分工，发达国家专注于价值链的治理协调，在全球范围内整合资源，进而提高自己的核心竞争力。波音公司从西雅图迁到芝加哥，这反应出从战略角度来讲，企业总部的搬迁对企业来讲是非常关键和重要的决策。耐克将附加值低的产品生产工序外包给他国，自己只保留产品的研发、设计和营销等高附加值的工序，提高自己的核心竞争力。跨国企业这种空间范围上的全球价值链分工，已经使得全球经济发生了深刻变化。这样，结合全球总部经济价值链在空间维度上的分布（图3），世界企业在空间布局上已经基本形成了发达国家占据全球总部经济价值链上、下游高端附加值部分（区域3），发展中国家在全球总部经济价值链中上游、中下游（区域2）徘徊力求寻求突破，欠发达国家辗转在全球总部经济中游最底端（区域1）的现状。

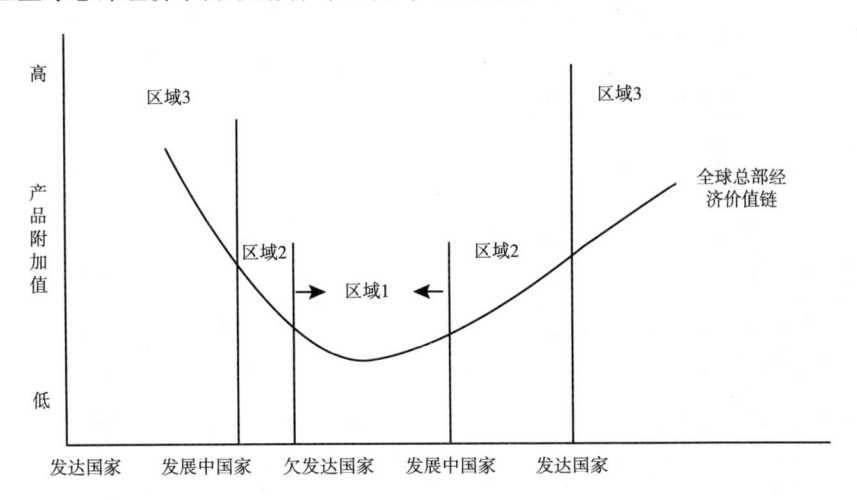

图 3 全球总部经济价值链的空间分布示意

中国企业在介入全球总部经济价值链（区域1）后，一直徘徊在价值链的中上游、中下游（区域2），很多企业也进行了不间断的尝试，寻求突破发达国家对全球总部经济价值链上、下游高端的掌控。结合图3，全球总部经济价值链的空间分布，中国企业要想突破在全球总部经济价值链中游低端的魔咒，应积极实施"走出去"战略，以总部经济方式，在全球总部经济价值链中重新布局及定位。

中国企业要实现以知识经济引领发展、自主创新促进发展、谋求更多国际空间的战略目标，转变经济发展方式，以总部经济方式"走出去"，在全球总部经济价值链的战略布局中有两个前进方向：一是将总部中心布局到第3区域，我们定义为集团总部迁出型。即通过将集团的职能性总部、区域性总部甚至全球性总部迁出，迁向欧洲、美国等高端智能集聚的国际化总部基地，利用国际高端的金融平台、中介服务机构及高端国际型人才，引发高效的技术外溢、知识外溢及管理模式创新，以此攀升至全球总部经济价值链中的高附加值环节。二是将制造基地转移至第1区域，我们定义为制造基地迁出型。即将集团的制造基地迁向生产成本更低的其他国家（迁出的一个极端是直接进行制造外包），在国内集中发展研发、采购、营销及服务等总部核心环节，通过高效的信息管理，合理整合价值链低端，谋求高额利润空间。

结合中国企业以总部经济方式"走出去"的实践及尝试，我们可以将其总结概括为以下几种典型。

（一）集团总部迁出型

1. 职能性总部迁出——华为

华为集团在总部迁移的过程，进行过多次有益的尝试，稳扎稳打。在最初的海外市场开拓时，华为优先选择泰国、南美、俄罗斯等相对市场竞争压力小的地区，稳步积累品牌知名度和销售经验。在具有较完备的技术能力和产品后，华为开始以OEM方式占据国际市场，直到2004年，华为的国际化战略终于取得突破性进展，华为在英国设立了欧洲总部，成立了全球研发中心，标志着华为正式从亚非拉转战欧美主流高端市场。经过10多年的努力拓展，如今华为已经初步成长为一个全球化公司，在海外设立了22个地区总部、100多个分支机构。尤其是，华为在美国、印度、瑞典、俄罗斯及中国等地设立了17个研究所，每个研发中心的研究侧重点及方向不同。这样，华为将研发总部成功迁向了海外，并通过海外研发总部，采用国际化的全球同步研发体系，聚集起全球的技术、经验和人才进行产品研究开发，使产品一上市，就达到技术与全球同步。

2. 区域性总部迁出——海尔

在"走出去"的过程中，不同于华为的先易后难，海尔选择先啃硬骨头，始终坚持先有市场再建厂的原则。市场作为企业"走出去"进程中最重要的一环，决定着企业"走出去"命运的成功与否。海尔开创了有名的"走出去、走进去、走上去"三步走策略：进入一个新区域前，首先开发当地市场，使品牌在当地具有一定知名度和固定销售额；其次在市场当地直接选址建立工厂，进行本土化生产；最后，根据地方特色，研发适合当地的特色产品，占领区域该产业的高端市场。通过这种方式，海尔在美国、巴基斯坦、菲律宾、伊朗等地都建立了自己的生产基地和区域性总部，负责某区域大洲的产品研发及销售。这种区域性总部的设立，可以有效避免更多的关税壁垒及其他贸易规制，是中国企业"走出去"的有效尝试。近期，海尔又推出新品牌 AQUA，计划在家电王国日本成立海尔亚洲总部和研发中心，自足白色家电高端领域，放眼全球，成为海尔全球化进程中瞩目的一步。这样，海尔这个总部在中国本土——青岛的国内企业，通过众多区域性总部的建立，迅速崛起为全球第三大电器商。

3. 全球性总部迁出——联想

相较于华为设立欧洲地区总部及全球研发中心和海尔的区域性总部，联想集团在总部迁出的全球化进程中走得更为彻底。2005年，联想集团在收购IBM的PC业务后，提出将集团总部迁入纽约，这是中国企业"走出去"战略的一次重大尝试。联想这次企业全球性总部的搬迁直接反映出联想已经不再满足于中国的联想，而是世界的联想。联想迁都纽约，首先，可以获得纽约先进的金融市场、股市和银行等金融平台，这对企业的发展至关重要，也正是中国所缺乏的。其次，联想可以获得非常国际化的政策平台和信息平台，最快最直接地面对国际市场的考验。最后，纽约有着国际最先进的技术和专业人才，且这些优势都处于世界的最高端，联想将全球总部迁至纽约，可以获得高效的技术外溢、知识外溢。当然，能不能用好这些最高端的国际资源，还在于联想是否能够以最开放的态度解决企业的文化差异问题及管理理念冲突。无论结果如何，这都将成为中国企业"走出去"进程中艰难的尝试。

（二）制造基地迁出型

中国企业在嵌入全球价值链之初，是从融入跨国公司的制造环节开始的。现在，中国企业正尝试以跨国公司的身份，去越南、柬埔寨及非洲等国家进行自己的技术输出和海外设厂，从而在国际产业转移的接力棒中，把制造环节转移到更欠发达的国家和地区，实现国内产业升级并引领中国企业走向全球价值链中高端。无锡光明集团有限公司是一家以生产外贸服装为主的企业，由于贸易政策恶化及中国纺织产业整体经济形势的恶劣，无锡光明集团萌发了去海外设厂的想法。作为劳动密集型产业，降低成本、扩大销量是化解企业危机的有效途径。海外设厂，可以绕开配额限制直接对欧美市场出口，并获得欠发达地区的劳动力成本优势。无锡光明集团从尝试在柬埔寨设立第一个海外工厂开始，到如今成功地在蒙古、非洲的马达加斯加等地设立工厂，成功找到了一条中国企业"走出去"的途径——制造基地迁出。

四 结论

可见，基于产品内分工的全球价值链对总部经济运行产生了质的影响。总部经济不再只是一种简单的关于空间分布的经济形态，而演变为全球产业组织运行的方式，进化为一种复杂多样的产业生态体系。发展总部经济可以通过跨国界合作，抵御风险，最终推动经济的可持续发展。发达国家的跨国公司就是通过外包低附加值的非核心业务和保留高附加值的核心业务，立足本国整合全球资源和治理价值链。而发达国家想要成为总部基地的所在地，经济形态也需要呈现虚拟化、扁平化和柔性化的特征。所以，一国或地区经济是否发达，已经成为经济运行效率高低的标志，成为全球竞争优势大小的标志，也成为全球贸易利益多少的标志。

综上所述，我们可以发现，中国企业在以总部经济实现"走出去"战略时应选择什么样的发展模式有其一般规律。

集团总部迁出型的企业多为技术密集的高端制造业。对这类企业而言，高端的技术意味着高端的产品，是企业得以在全球残酷的竞争中生存的核心竞争力，通过总部迁出获得高效的知识及技术外溢是企业得以发展的关键。在具体进程中，职能性总部迁出、区域性总部迁出或全球性总部迁出，迁出方式的选取应适应企业生命周期的发展需要，根据企业实力及优势，选取适合企业集团发展的方式。从单一职能性总部或单一区域性总部迁出开始，逐步积累跨国经营的经验和实力，最终实现全球化发展。

制造基地迁出型的企业多为劳动密集的低端制造业，对这类企业而言，企业的核心部门集中在设计、研发和营销等高附加值环节，这也是位于全球价值链高端的环节。企业集中保留实力发展核心环节，运用制造基地的迁出或外包带来的低成本优势，通过信息管理，保证物流的高效畅通，就可以实现高额利润，并最终走向全球价值链的高附加值环节。

我们需注意，无论是集团总部迁出还是制造基地的迁出，都只是中国企业以总部经济实现"走出去"战略的一种途径，而不是中国企业发展的最终目的。发展总部经济，是为了更好地将中国企业融入全球价值链中，并实现中国企业的转型升级。无论企业总部设在哪里，重要的是实现中国企业对全球资源的配置。

今后，我们应积极鼓励企业以总部经济模式"走出去"，使企业融入全球价值链分工体系，在全球范围内取得更多的资源配置收益。未来应通过加大政策和资金支持力度，为企业提供更好的信息决策服务环境等措施，鼓励更多的优势企业"走出去"，让龙头企业通过国际化战略定位参与全球经济竞争中去，进而提高我国企业对全球资源的利用能力、控制能力及其在全球市场中的影响力和竞争力。

参考文献

张少军、刘志彪：《总部经济与中国的产业升级和区域协调发展：全球价值链视角下的对策研究》，2008年度国家社会科学基金项目"产业转移与区域协调发展：全球价值链视角下的对策研究"阶段性成果。

张永庆：《总部经济产业价值链与空间价值链——上海总部经济发展研究》，《上海市社会科学界第五届学术年会文集（2007年度）》（经济管理学科卷）。

赵弘：《发挥总部经济推动效应助力创新型城市建设》，《科技创新与生产力》2011年第3期。

王分棉、林汉川：《总部经济促进我国企业嵌入全球价值链的路径》，《经济管理》2007年第23、22、27期。

何骏：《聚焦总部经济——我国发展总部经济的重点、模式和建议》，《北京工商大学学报（社会科学版）》。

赵弘：《发展总部经济需解决三大问题》，《投资北京》。

刘志彪、张志军：《总部经济、产业升级和区域协调——基于全球价值链的分析》，《南京大学学报》。

B.10
总部经济模式下我国大型企业跨国经营的新选择

张静华*

一 实施跨国经营战略是企业发展壮大的重要途径

企业跨国经营战略是企业以其国际市场需求为导向,进行的海外投资、生产、营销等一系列对外经营活动。通过实施跨国经营战略,企业能够在资源获取、产品生产、构建营销网络、拓展市场等多方面,充分发挥自身优势,参与国际分工与合作,提升在国际产业分工中的地位和竞争优势。

19世纪末20世纪初,新技术革命的兴起使企业的生产规模不断扩大,许多大企业开始通过资本输出的方式抢占国际市场,杜邦、通用电气、巴斯夫等一批大企业纷纷实施跨国经营战略,加速企业的海外扩张。例如,美国花旗银行总部位于纽约,在全球拥有1.6万个机构网点和30多万名雇员,业务覆盖140多个国家和地区;英国石油(BP)总部位于伦敦,拥有BP国际石油公司、BP石油勘探公司、BP煤炭公司等12个分公司,在全球100多个国家拥有生产和经营活动。目前,全球共有8万余家跨国公司,这些公司拥有约79万家地区总部和分支机构,实现了全世界65%的国际商品贸易、60%以上的国际技术贸易,控制着全球80%~90%的产品研发;这些跨国公司对外直接投资达15万亿美元,控制了全球90%的国际直接投资,形成一个庞大的全球生产、销售网络体系。跨国公司已成为全球经济发展中最具活力、最重要的因素。

纵观发达国家大型企业实施跨国经营战略的主要历程,大致可分为三个阶

---

* 张静华,北京方迪经济发展研究院总部经济研究部部门经理,主要研究方向为总部经济、产业经济、区域经济。

段:第一阶段跨国公司主要采取在中国等发展中国家和地区投资设立工厂、生产基地等形式,以充分利用这些地区的资源、能源、人力等成本优势,进行产品生产、代工或简单组装;第二阶段跨国公司在投资建设生产基地的同时,还将一部分研发、营销等职能机构向全球布局,以充分结合投资地区的消费市场需求,进行一些本土化的研发、设计和销售网络建设,稳固其在投资国的市场需求;第三阶段跨国公司除了转移生产基地和部分职能机构外,还在海外地区设立各种地区总部,如亚太区总部、大中华区总部等,以控制和管理全球更大范围的市场。实际上,跨国公司一般会根据其所处的发展阶段和全球业务市场的实际需求,选择与企业自身发展相适应的跨国经营战略。

通过实施跨国经营战略,许多跨国公司在全球市场竞争中取得了很大的发展成就。一是企业通过跨国经营,在境外特别是发展中国家和地区设立资源开发基地、生产制造基地,获得了更多、更稳定的国际优质资源供应,优化了企业内部资源配置;二是企业通过跨国经营,能够将自身有限的资金投资到东道国,并通过与东道国企业合作、向其金融机构贷款、通过融资租赁方式融资等多种方式,吸引到更多的资金注入,使跨国公司获得更多的资金积累;三是企业通过跨国经营,进一步开拓市场,拓展海外发展空间,为企业在全球市场范围内塑造并提升品牌影响力提供基础;等等。实施跨国经营战略,不仅有利于企业自身的发展壮大,而且对于企业所在国家和地区的产业发展、技术升级也具有积极促进作用。越来越多的大企业"走出去"实施跨国经营战略,能够增强企业所在国家和地区的影响力,进而提升企业所属产业领域的核心竞争力及其在全球资源配置和产业分工体系中的地位。

二 我国越来越多的企业走上跨国经营的发展之路

随着经济全球化态势的进一步加强,近年来我国越来越多的大企业走出国门、走向海外,实施跨国经营战略,积极参与全球化市场竞争。这些企业跨国经营已成为我国积极融入全球经济一体化的重要方面与影响因素。本节将以2011年度中国500强企业为例,探讨我国大型企业实施跨国经营战略的基本现状与未来趋势。

（一）中国500强企业总体规模不断提升，与世界500强和美国500强的差距逐步缩小

中国企业500强是由中国企业联合会、中国企业家协会根据国际惯例联合评选出来的，自2002年首次评选开始目前已经连续评选了10次。2011年度，中石化以1.969万亿元的营业收入居中国企业500强榜首，中石油以1.721万亿元排名第2，国家电网以1.529万亿元居第3位。中国工商银行、中国移动、中国中铁、中国铁建、中国建设银行、中国人寿、中国农业银行分列第4至第10位。从中国500强企业整体情况看，2011年500强企业共实现营业收入36.3万亿元，比2002年的6.1万亿元提高了4.9倍；总资产108.1万亿元，相当于2002年26万亿元的4.2倍；实现净利润2.1万亿元，企业的赢利能力和效率水平均得到显著的提升（图1）。总体上看，我国500强企业总体规模和实力不断提升，已成为我国经济发展的重要支撑力量。中国企业500强实现总营业收入与GDP的比重上升为91.3%，纳税总额达2.73万亿元，占全国税收总额的比重连续多年保持在35%以上，对国家的财税贡献十分突出。

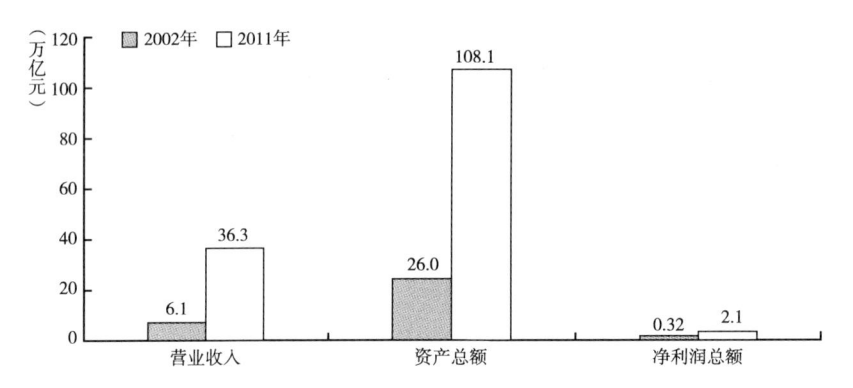

图1 2011年中国企业500强经济效益指标与2002年比较

同时，近年来中国500强企业在全球经济发展中的影响力逐步增强，2011年美国《财富》世界企业500强中有69家中国企业入围，其中内地企业58家，仅次于美国和日本，中石化、中石油、国家电网3家企业纷纷跻身前10名行列。从500强企业的总体规模看，中国企业500强与世界500强和美国500强的差距在不断缩小。2011年中国企业500强实现营业收入、资产总额分别相当于世界

500强企业的20.69%、14.26%，比2010年分别提高了3.16个和1.22个百分点；中国500强企业实现的营业收入相当于美国企业500强的49.8%，比十年前提高了近40个百分点。

（二）中国500强企业兼并重组日益活跃，海外并购稳步增长

随着中国企业的不断发展壮大，有越来越多的企业纷纷通过兼并重组、海外并购等多种方式，实施跨区域、跨行业乃至跨国经营战略。这一现象在中国500强企业中表现得尤为突出。2010年，我国500强企业中182家企业先后兼并重组了1112家企业，比2009年增长了203家。其中国有企业是我国企业兼并重组的重要力量，134家国有企业共兼并重组了903家企业，占全部并购数量的81.2%，平均每家企业兼并重组6.7家。

近两年，随着欧美债务危机的进一步蔓延，中国500强企业中许多企业纷纷抓住这一机遇，对海外地区相关企业进行并购，以扩大其海外市场规模和发展空间，大幅提升了企业参与国际竞争的能力。总体上看，入选国内500强企业的海外并购态势稳步提升，且企业并购领域也逐步从以能源为主导的行业向家电、汽车、服装等多元化行业拓展。例如，中石化作为单独及联合收购方，完成了加拿大油砂公司OPTI、埃克森美孚持有的阿根廷ESSO炼油厂公司等4宗海外收购案；浙江吉利控股抓住时机，兼并瑞典沃尔沃汽车公司，使公司的海外资产占总资产的比例超过2/3，营业收入从2009年的165亿元增长到目前的683亿元，利润从11.5亿元增长到31.5亿元；苏宁电器宣布认购日本老字号电器连锁企业LAOX定向增发股份，持有LAOX公司27.36%的股权，成为其第一大股东。

（三）中国500强企业以总部经济模式在全球设立地区总部、生产基地的趋势不断增强

总部经济是指某区域由于特有的优势资源吸引企业总部集群布局，形成总部集聚效应，并通过"总部—制造基地"功能链条辐射带动生产制造基地所在区域发展，由此实现不同区域分工协作、资源优化配置的一种经济形态。总部经济作为一种新的经济形态，通过将企业总部与生产基地（分支机构）在不同空间上的分离布局，能够使不同区域之间的优势资源在同一企业内部实现最优化配置，在增强企业自身竞争力的同时，进一步实现企业功能链、价值链与不同区域

优势资源的最优化配置。

改革开放以来,我国的对外开放更多地是以"引进来"为主,大量三资企业的进入成为我国经济长期高速发展的重要力量之一,完全意义的对外开放应该是双向的,既要"引进来",也要"走出去"。随着中国经济实力的不断增强,越来越多的企业特别是500强企业不断积累了强大的实力,具备了"走出去"的能力。近年来,我国有不少大型企业纷纷采取"总部—制造基地(分支机构)"模式积极参与全球资源配置之中,通过在海外更具资源、成本优势的地区建立生产基地、分支机构等,在全球范围内形成总部经济链条,逐步建立起国际营销网络,扩大了国际市场份额,逐步树立了自己的品牌和影响力,有的企业甚至打入发达国家的主流市场。截至2011年底,我国境内各类投资主体在全球178个国家和地区共设立了各类对外直接投资企业1.8万家,实现累计非金融类对外直接投资额3220亿美元,并先后建设起一批产品出口基地。中石油、中钢集团、联想、华为、海尔等一批中国500强企业在各自的全球化跨国经营战略中取得了成功,逐步发展成为跨国公司。例如,中国五矿集团在2011年度美国《财富》500强企业中排名第229,集团总部位于北京,先后在英国、德国、意大利、日本、印度、新加坡、美国、巴西等15个国家和地区设立了44家海外企业,形成了较为健全的全球化营销网络。又如,中国工商银行截至2011年10月已在全球28个国家和地区设立了200多家海外机构,并与132个国家和地区的1453家银行建立了代理行关系,形成了跨越亚、非、欧、美、澳五大洲的全球经营网络,跨市场与全球化服务能力显著增强。

从目前我国企业特别是500强大企业以总部经济模式参与国际市场竞争的情况来看,今后随着全球化进程的进一步加快和我国企业的成长壮大,将会有越来越多的企业走出国门、走向国际市场,在全球更大范围内寻求企业的更广发展空间。企业"走出去"实施跨国经营战略的深入,以及企业对外直接投资的不断增加,也将把我国总部经济带入更高、更深层次的发展阶段。

三 总部经济模式对企业提升核心竞争力、参与全球产业链竞争的战略意义

总部经济模式下,企业采取"总部—制造基地(分支机构)"空间分离的布

局模式，对于促进企业技术创新、提高生产效率、培育知名品牌，进而提升企业的核心竞争力，使其在更高层次、更大范围内参与全球产业链竞争都具有重要的意义。

（一）有利于企业以较低成本进行资源配置，提高对全球资源的整合力

从国内看，目前我国区域之间的资源差异较大，一些东部及沿海地区大城市往往拥有丰富的高端资源，如人才、技术、市场、服务等，而这些地区的土地、水等一般资源则相对缺乏；相反，一些中小城市特别是东西部地区的中小城市虽然水、土地等资源充足，但高端创新资源十分欠缺。总部经济模式下，企业可以将其总部和研发等高端环节布局在高端资源密集的大城市，而将制造基地、生产车间等环节布局在水、土地等资源充足的中小城市和地区。这样，企业就能够以较低的成本获得中小城市的一般资源，同时还能够便捷地获得大城市的人才、技术、生产性服务等高端资源，优化企业资源配置能力。

从全球来看，不同国家之间、不同地区之间的资源差异同样也较大。对于那些具有较大规模、较强竞争实力的企业来说，以总部经济模式"走出去"，是其参与全球产业分工和市场竞争、提高对全球资源整合力的重要路径选择。企业通过在海外更具生产成本优势的地区设立生产基地、加工工厂的方式，充分利用当地的土地、水、能源等资源优势，提高企业的生产效率。例如，联想在印度、墨西哥等地都建有生产工厂，其中设在印度 BADDI 的工厂年产量约 200 万台，工厂建设之初就占地 1.2 万平方米，雇用员工 350 余名；设在墨西哥蒙特雷的工厂占地 2.4 万平方米，雇用当地员工近 800 人，工厂主要服务于全美洲的客户。同时，企业可以在具有技术、信息、市场等资源优势的海外地区，建立相应的研发中心、营销中心、采购中心等职能机构，以更好地接近全球市场、接近前沿技术、接近各类资源要素，提高对全球高端资源的配置力和整合力。

（二）有利于企业吸收跨国公司先进技术，提升企业技术创新水平和竞争力

技术创新能力是企业增强竞争力、保持产业领先优势和持续增长势头的重要手段。企业是技术创新的主体，但企业的技术创新离不开良好的外部市场环境，

也离不开科研机构、其他企业、中介组织、专业服务等相关机构的技术支持。优越的创新环境和氛围，能够使企业作为创新主体的作用得到充分的发挥，促进其技术创新能力得到快速的提升。发达国家是技术创新的发源地，前沿技术的引领地，也是跨国公司总部、地区总部和研发机构集聚度最高、技术信息最集中、全球技术交流最活跃的区域。这些发达国家在其国内对技术的封锁和控制程度往往较低，同时技术的研发、应用程度则大大高于我国。在总部经济模式下，企业可以选择在这些国家和地区设立新的研发中心、研究院等分支机构，根据自身的技术能力和资金实力，在更加广阔的范围内，主动地、有选择地吸收当地的先进技术，并与当地科研机构、大学加强合作，集聚优秀创新人才，以达到不断提高企业的技术创新能力和竞争力的目标。同时，在海外设立研发机构，还能够使企业的产品和服务适应本土化市场需求，更好地占领海外市场。

（三）有利于企业不断拓展增值服务[①]，强化内外对接的开放型经济体系

总部经济模式下，企业通过在海外地区设立地区总部、研发等分支机构、建立海外营销网络体系等多种途径，实施跨国经营战略。这不仅能够使企业在全球范围内优化配置资源，而且能够通过海外分支机构形成的业务网络，探索拓展企业的经营业务领域，在原有产品制造、出口贸易等业务的基础上，向国际电子商务、远程交易、服务集成商、综合解决方案提供商等增值服务领域拓展，延伸产业链条，进而增强企业对全球资源的控制力和对产业的增值服务能力。例如，IBM是典型的全球整合型跨国公司，通过不断优化整合其在全球的业务布局和运营模式，成功实现了从产品制造商向综合解决方案提供商的转型。IBM首先突破了传统跨国公司的地域限制和思维框架局限，在全球范围内重新设计和整合自己的资源和运营体系，极大地降低了成本；其次通过全球供应链和运营平台的整合，投资软件、服务、流程等高成长领域，获得了越来越多的高增值服务业务；最后，IBM通过兼并、分离、剥离等各种手段对企业的业务进行重新组合，突出IBM适应全球竞争环境变化的核心业务，彻底转变为服务提供商。

---

① 增值服务（Value-added logistics service）暂时没有统一的定义，其核心内容是指根据客户需要，为客户提供的超出常规服务范围的服务，或者采用创新的服务方法提供及完善服务。

对于一个城市或地区来说，积极鼓励企业以总部经济模式实施海外经营战略，在促进企业发展壮大的同时，更重要的是能够促进城市或区域建立并强化内外对接的开放型经济体系。通过鼓励本土具有较强竞争力的企业"走出去"，在海外地区设立生产基地、分销中心等分支机构，能够不断提高企业对外投资的规模层次、创新能力和市场占有率，并通过国内的企业总部与海外分支机构之间相对稳定的内在业务联系，形成内外对接的营销体系、金融服务体系、现代物流体系等市场体系，有利于该城市或区域对外开放水平的深化及开放型经济体系的进一步完善和成熟。

四 加快我国企业以总部经济模式跨国经营的对策建议

（一）国家层面的相关建议

1. 制定促进我国企业以总部经济模式实施跨国经营的总体战略

鼓励我国企业跨国经营、参与全球性竞争是一个具有全局性、前瞻性的战略课题，是国家整体发展战略的重要组成部分之一。因此，需要站在国家战略的层面，研究制定与我国经济社会发展阶段相适应的企业跨国经营总体战略，鼓励和引导企业以总部经济模式"走出去"，通过在海外设立生产制造基地、研发等职能机构、建立海外自营营销网络、拓展企业增值服务等多种方式和路径，深入实施跨国经营战略。根据国内外环境条件的不断变化，实施对战略规划进行相应的调整和完善，从国家宏观战略层面统一对我国企业开展跨国经营业务活动的统筹规划与协调。同时，建议设立中国企业海外投资管理委员会或"走出去"专家委员会，负责企业跨国经营战略规划的编制、实施等工作，并对"走出去"的企业提供相关实际问题的咨询与协调等服务。

2. 研究出台鼓励我国企业跨国经营、参与全球竞争的扶持政策

针对我国企业"走出去"跨国经营过程中面临的融资、外汇管理、审批等各种实际问题，研究制定鼓励我国大型企业跨国经营的相关扶持政策，进一步加大政策支持力度，完善政策服务体系。一是积极探索财税制度创新，通过财税政策的调整与完善，不断增强企业资金实力，加大政策性金融机构对有跨国经营业务的企业的支持与服务；创新金融服务体系，健全企业开展跨国经营的信用担保制度，提高企业的融资能力。二是建议设立鼓励民营企业和中小企业开展国际投资、参与全球竞争的扶持资金，专门用于支持我国民营企业和中小企业"走出去"，加大对企业境外收购、兼并、资源开发、研发机构投资等重点项目的扶持，激发这些企业跨国经营的积极性和主动性。三是制定我国企业海外投资项目行业指导目录，对我国产能明显过剩、资源短缺或具有突出比较优势行业的重大海外投资项目，给予相应的政策优惠，如协调重大项目审批程序、简化人员出境手续等，推动海外投资项目的落地。

3. 搭建我国企业以总部经济模式"走出去"的服务平台

健全国家服务企业"走出去"的公共服务体系，建立企业以总部经济模式"走出去"的服务平台。通过该服务平台，为拟"走出去"的企业提供相关的项目咨询、出入境管理、境外投资指南、融资保险等一系列专业化服务。一是建立中国企业跨国经营经典企业案例数据库，组织国内外经验丰富的专家学者、企业家为有"走出去"意向的企业开展专题讲座或培训。二是积极推动中介服务机构发展，充分发挥中介机构在企业跨国经营中的积极作用。特别要加强在我国企业"走出去"投资比较集中或有重大投资项目的海外地区的各类中介服务机构的布局，以便于指导和帮助我国企业开展海外投资并规避风险。三是持续加强我国与全球其他国家之间的贸易交流与合作，通过区域、多边的对话与交流，形成共同抵御风险、应对投资保护主义的国际合作机制，为我国企业"走出去"参与全球市场竞争创造良好的国际环境。

（二）企业层面的相关建议

1. 引导具有较大规模、较强竞争实力的企业，在海外设立独立的生产基地和研发中心、营销中心、采购中心等职能机构

经济全球化推动了企业资源配置、技术研发等各项业务的全球化，越来越多的跨国公司在海外设立生产基地和研发中心、营销中心、采购中心、结算中心等职能机构，以寻求在全球范围内配置优势资源，降低运营成本和风险，获得更大的竞争优势。目前，我国已逐步成为全球跨国公司设立海外职能机构的首选地之一，近年来跨国公司在我国设立的研发中心已超过1200家，仅北京以研发功能为主的外资法人企业就有401家；美国沃尔玛在华设立了采购中心、日本三菱商事在华设立了物流公司等。全球500强企业中约2/3以上拥有自己独立的财务公司和资金结算中心，通用、福特、摩托罗拉、英特尔等都通过财务公司实现了产业资本与金融资本的有效结合。

总部经济模式下，我国那些具有较强规模实力与竞争力的企业，要成功"走出去"实现跨国经营、参与全球化市场竞争，一方面要积极探索扩大企业海外异地投资规模，在海外更具资源和成本优势的地区建立生产基地、制造工厂，嵌入全球总部经济链条；另一方面，积极借鉴跨国公司发展经验，采取模块化发展战略，在企业自身条件成熟的时候择机在海外地区建立独立的研发中心、营销中心或采购中心等职能机构，以扩大企业在全球更大范围内对创新、技术、市场等高端优势资源的控制力和配置能力。

2. 通过实施海外本土化经营战略实现产能和市场扩张

实施海外本土化经营战略是我国企业成功实现跨国经营的重要途径之一。一些中国企业进入海外市场初期，往往由于企业品牌在当地的影响力不够，加之作为外资企业也会受到当地消费者的抵触。这个时候，企业应积极实施本土化经营战略，包括企业员工、产品设计、企业文化、营销策略等多方面的本土化，通过子公司加强对当地市场的调研，企业就能够准确了解和把握当地市场需求，并结合当地实际适当调整企业的经营战略，以适应当地市场和消费者需求，同时降低企业经营风险。例如，海尔集团在美国成立制造中心之初，就大力推行本土化战略，得到了当地政府和市民的欢迎和认同，南卡罗来纳州政府还以"海尔"命名了一条新建设的公路。同时，通过本土化战略还能起到发挥比较优势降低企业生产成本的作用。首钢集团在其国际化经营的过程中，不仅在发达地区建立了多个子公司、研发机构，还在加勒比海和菲律宾地区投资建设工厂，雇用当地员工，除了出于占领当地市场的考虑外，发挥不同地区比较优势降低生产成本也是其考虑的重要因素之一。

可见，实施本土化经营战略对于我国"走出去"的大企业来说非常关键。企业实施海外本土化战略，一般要从以下几个方面着手：一是通过在海外投资设厂进行产品生产销售，实现制造业的本土化，既能有效占领海外市场，又能很好地降低生产经营成本。二是积极探索经营管理的本土化，只有采取与海外投资地区同行业的通行做法，才能因地制宜地制定出适合与当地其他企业开展竞争的有效策略。三是积极借鉴跨国公司特别是世界500强企业经验，实施品牌本土化。只有品牌本土化了，才能使我国"走出去"的企业及其产品得到当地消费者的认同。以可口可乐公司为例,"Sprite"是该公司的知名饮料品牌,曾在美国十分畅销,但是"Sprite"译成汉语则是"小妖精"、"魔鬼"的意思,为进入中国市场,可口可乐公司将其直接音译为"雪碧",突出了其纯洁清凉的寓意,很好地适应了中国消费者的偏好。四是人才的本土化,这也是企业跨国经营能否成功的关键因素之一。调查显示,在华跨国公司和外资企业的管理人才、研发人才实现了95%的本土化。爱立信(中国)有限公司总经理/总裁级管理人员中75%是中方员工,25个部门总监中21个是本土人才。我国企业"走出去"也要注重实施人才本土化战略,积极聘用熟悉东道国政治、经济、文化、风土人情的高素质专业人才,既能使企业各项经营业务活动更好地拓展当地市场,也能增强当地消费者对企业的认同度。

参考文献

赵弘:《总部经济》,社会科学文献出版社,2004。
王分棉、林汉川:《总部经济促进我国企业迁入全球价值链的路径》,《经济管理》2007年第23期。
《2011中国500强企业发展报告》,企业管理出版社,2011。
万季飞主编《2010年中国企业"走出去"发展报告》,人民出版社,2011。
葛京、席西民:《企业集团跨国经营中的资源获取、转移与整合》,《中国软科学》2000年第12期。
吕爱斌:《促进民营企业跨国经营的对策分析》,《价值工程》2011年第14期。
《成效与问题显现　机遇与挑战并存——透视企业兼并重组》,新华网,2011年9月30日。

城市（区）报告

Urban Reports

B.11
宁波市总部经济发展现状及策略研究

宁波市发展和改革委员会

近几年来，宁波市委、市政府高度重视总部经济发展，采取了一系列推进总部经济的政策举措，成立了以市政府主要领导亲自挂帅的宁波市总部经济发展领导机构，制定出台了《关于加快总部经济发展的实施意见》及相关配套政策性文件，开展市优势总部企业评价和市优势总部基地评选等工作，全面推进宁波市总部经济发展。

一 宁波市总部经济发展情况

经过近几年的培育和发展，宁波市总部经济已初步形成一定的规模，并取得了较好的成效。据北京市社会科学院中国总部经济研究中心主编的《中国总部经济蓝皮书（2010～2011）》显示，宁波连续四年在全国35个主要城市的总部经济发展能力排名中居第11位，处于"第Ⅱ能级"梯队。宁波总部经济呈现较快的发展态势，具体特征如下。

（一）总部经济发展绩效显著，经济社会贡献巨大

经过近年来的发展，宁波总部经济规模不断壮大，对全市经济社会发展的带动作用逐步增强。一是总部经济税收贡献较大。目前，宁波市评价产生的2011年度100家优势总部企业，总资产达到7642.7亿元，实现营业收入4768.8亿元，实现地方财政贡献105亿元，以不足全市0.8%的企业法人单位数实现了全市16%以上的地方财政贡献。总部企业经营规模大、资产总量高，对全市的经济贡献率大，已逐步成为推动宁波经济发展的重要力量。二是总部经济带动相关行业集聚发展。围绕入驻各大商务楼宇的总部型企业，其下属子公司及上下游企业的聚集效应已经逐渐显现。在总部经济模式下，宁波对周边地区发展的辐射带动效应也进一步增强，通过企业价值链和功能链在宁波与周边地区建立起更加紧密、持续的合作关系，分工合作不断深化。三是总部经济加快现代服务业发展。企业总部各项高端商务活动的高效运营，对金融保险、信息服务、中介咨询、科技研发等现代服务业产生强劲的市场需求，为现代服务业提供更广阔的发展空间和动力，进而带动现代服务业和高端服务业发展，优化服务业内部结构，给区域产业发展和总量提升带来倍数增长。四是总部经济促进就业。总部经济创造大量就业机会，优化就业结构。总部经济是知识型、高端型的经济形态，其发展需要大量的中高层管理人才、技术研发人才和专业领域人才，既能带动宁波本地高级人才就业，优化就业结构，同时也能发挥区域人才优势，增强企业核心竞争力。

（二）总部企业初具发展规模，行业构成特征鲜明

宁波经济发展的最大特色是民营经济发达。近年来，宁波市总部经济发展充分发挥民营经济优势，高度重视本土总部企业特别是民营总部企业的培育，涌现出一大批具有较强实力的本土总部企业，成为总部经济发展的中坚力量和重要支撑。雅戈尔、奥克斯、罗蒙、维科、华翔、华茂、宁波银行等数十家知名本土企业，初步形成了宁波总部经济的品牌效应。在本土总部企业不断发展的同时，宁波市积极引进跨国公司分支机构和其他省市总部企业，并取得一定成效，三星重工、马士基、通用、微软、IBM等世界500强企业分支机构落户宁波。

从行业构成看，宁波总部企业主要集中在制造业和商贸服务业领域。宁波市总部企业中近一半是制造业企业，主要集中在纺织和家电行业。其中，金田铜

业、海天塑机、雅戈尔、富邦控股、奥克斯、杉杉等企业入选国内制造业500强，制造业总部企业已成为宁波产业调整转型的重要力量。宁波服务业总部企业数量仅次于制造业，以商贸和物流业为主，其中，海运、前程投资、中基等总部企业位列国内服务业500强。

（三）总部经济区域发展格局基本形成，总部基地建设有序推进

宁波总部经济的发展已形成了一定的空间集聚态势，主要表现在两个方面：一是总部企业主要集中在中心城区。2011年度宁波市100家重点优势总部企业主要集中在中心城区，中心城区共有75家优势总部企业，占比为3/4。二是一些产业功能区成为宁波总部企业的重要空间载体。如东部新城依托国际贸易展览中心、国际金融服务中心等载体，积极打造以金融、国际贸易为特色的总部聚集地；高新区是宁波建设创新型城市的重要载体和长三角南翼的科技创新基地，先后引进了145家科技研发机构和2000多家各类研发、电子信息企业；南部商务区作为本土总部企业的重要集聚区域，入驻各类总部企业已经达到约30家。随着一批总部企业的相继入驻，宁波各产业功能区逐步成为总部经济发展的重要载体。

（四）总部经济政策推进机制逐步完善，服务环境不断优化

近几年，宁波市高度重视发展总部经济，制定并出台了一系列有效措施，大力促进总部经济发展。从全市角度看，宁波市颁布实施了《关于加快总部经济发展的实施意见》和《关于进一步加快发展服务业的若干政策意见》，提出通过5到10年的努力，使宁波总部企业利用国际国内市场和整合资源配置能力显著提高，实现总部企业数量在全省领先，总部经济政策、服务、环境在全国一流，基本形成区域性企业总部中心城市格局的目标。宁波市还成立了市总部经济发展领导小组，专门负责协调推进全市总部经济统筹发展、考核评价激励等重大事项。统筹设立总部经济发展专项资金，对每年评价出的100家市优势总部企业进行重点激励。从区县角度看，宁波中心城区发展总部经济的积极性非常高，结合各自实际制定总部经济发展策略。如海曙区出台了《关于加快总部经济发展的若干意见》，并制定《海曙区"十二五"总部经济发展规划》，不断加大总部经济推进力度；鄞州区以南部商务区建设为契机，实施总部基地落户工程、总部企

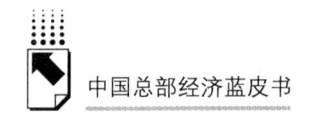

业培育工程和总部经济亮灯工程三大工程促进总部经济发展；北仑区专门制定总部经济和楼宇经济扶持政策，加快北仑新区高端商务基地建设。

二 宁波市总部经济发展规划总体情况

2012年，宁波市开展《宁波市总部经济发展规划（2012～2016年）》编制工作，目前已经通过专家评审，即将发布。

（一）发展目标

近期目标（2012～2016年）：坚持内外源并重，引进与培育并举，力争到2016年，建立起比较完善的政策扶持体系，总部企业数量明显增加、结构显著优化，总部经济集聚与辐射效应同步提升，总部经济对经济社会发展贡献率显著提高，初步发展成为长三角总部企业集聚高地和我国重要区域性总部中心城市。

远期目标（2017～2020年）：力争全面提升宁波市总部经济发展层次，使总部经济成为全市经济发展的核心战略并占据主导地位，总部经济的品牌知名度和影响力显著增强；实现总部企业数量和实力在全省领先，总部企业利用国内外市场和资源整合配置能力显著提高，对全市经济社会发展的贡献进一步提升；总部经济政策和服务环境在区域乃至全国范围内处于领先地位，基本建成我国重要区域性总部中心城市。

（二）总体布局

坚持"统筹协调、突出重点、强化功能、有序发展"原则，以中心城区为总部经济核心区，联动发展外围特色总部集聚区，着力构建"两核五区，五片支撑"的总部经济发展空间格局。

"两核"：即以三江口商务区、东部新城两大总部集聚区为宁波总部经济发展的核心区。着重优化三江口商务区，将其建设成为宁波综合性总部集聚区；加快推进东部新城建设，将其打造成为宁波高端服务业总部集聚区。将三江口商务区和东部新城中央商务区作为宁波市总部经济发展的两大核心载体，通过不断优化发展环境，集聚高端总部资源，提升综合服务功能，凸显其对全市总部经济发展的龙头作用。

"五区"：即建设南部商务区民营企业总部集聚区、宁波高新区高技术产业和研发总部集聚区、杭州湾新区先进制造业和战略性新兴产业总部集聚区、北仑新区临港生产性服务业总部集聚区、镇海新城临港生产性总部集聚区，成为宁波总部经济的重要支撑。

"五片支撑"：即在慈溪、奉化、余姚、宁海、象山等县市，立足于资源禀赋和产业优势，依托区域大型龙头总部企业，集聚一批中小型民营总部企业，培育建设一批专业化、特色化的总部集聚区或总部基地，与上述"两核五区"形成差异定位、联动发展之势，成为全市发展总部经济的重要组成部分和新增长极。

（三）重点任务

顺应国内外新一轮总部资源转移趋势，结合宁波经济和产业发展方向，今后一段时期，宁波市总部经济应重点发展传统优势民营本土企业总部、开放型经济跨境经营总部、现代服务业高端总部、战略性新兴产业区域总部、成长型企业总部五大类型的总部企业。

三 加快总部经济发展的主要对策

（一）建立统筹协调机制

——构建总部经济高效服务联动机制。市总部经济发展领导小组统筹协调全市总部经济发展，负责组织制定总部经济发展重大政策、优势总部企业评价激励、总部企业信息发布及解决重大问题、协调和督促检查等相关工作。市总部经济发展领导小组办公室负责具体推进事宜。市各有关部门在各自职责范围内，做好相应管理服务工作。各县（市）、区也要建立相应工作推进机制。

——建立完善总部经济规划体系。制定出台总部经济发展规划，明确全市总部经济的总体思路、发展目标、重点任务和功能分区。积极做好其与城市总体规划、"十二五"规划以及相关产业规划的衔接工作。针对东部新城、南部商务区等重点总部集聚区的建设实际，高标准、前瞻性编制各总部集聚区分区规划。强化规划的实施监督评估，确保规划目标任务落实到位。

——推进重大项目的规划建设。在总部经济规划引领下,以重大项目为抓手,加强对市级总部经济重大项目的审核、审批和管理、监督,促进规划落地实施;加强对各县(市)、区在建项目、拟建项目的统筹安排,协调各县(市)、区总部经济项目规划建设用地指标。将总部经济规划细化为年度计划,提前系统安排重大项目的用地、布局与建设进度,保障重大项目建设实施。

(二)完善政策扶持体系

——完善落实总部经济发展相关政策。认真贯彻落实市政府《关于加快总部经济发展的实施意见》,整合已经出台的促进总部经济发展的有关政策,形成总部经济政策合力。力争在总部企业评价、重点领域扶持、财税、用地、人才等方面形成推动总部经济发展的政策体系。

——统筹协调区域间总部经济发展。借鉴其他城市总部经济发展的典型做法,协调城区间、区县(市)间总部资源转移过程中的利益分配。鼓励中心城区和县(市)以"区县结对"的方式,合作共建一些特色产业基地,依托各自资源优势,形成中心城区总部基地与郊县生产制造基地的有效对接。

——加大各级财政扶持力度。整合现有财政扶持资金,市级财政中安排总部经济专项资金,在企业总部评价、办公用房、人才引进、税收减免等方面予以支持。市级相关部门联合制定总部经济专项资金的管理办法与实施细则。对经评价产生的优势总部企业实行重点激励政策,增强总部企业发展动力和品牌提升能力。

——增强用地保障力度。在符合土地利用总体规划和城市规划前提下,将总部经济用地优先纳入年度土地供应计划,以满足经评价确定的总部经济用地需求。政府重点招商引资等总部经济用地,在"招拍挂"方式出让时,经批准允许设置一定的准入条件,其自用办公用房的建筑面积不少于总建筑面积的70%。符合工业用地结构调整有关规定,经批准允许企业利用原工业用地自行改造升级发展总部经济。鼓励企业节约集约利用已取得的合法产业用地,提高土地利用率。

(三)健全工作推进机制

——构建完善总部企业评价机制。运用综合评价分析的方法,合理设定评价指标，科学确定制造业、服务业等不同产业类别各项指标的权重，构建宁波市总部企业的评价体系，并展开总部企业年度评价工作。针对处于不同发展阶段的总部企业，建立科学的梯度扶助机制，明确分类扶持政策。

——建立完善总部经济统计监测体系。建立总部企业名录信息库，及时做好更新维护工作，动态掌握总部企业的变动情况。建立反映总部经济发展情况的统计指标体系和总部企业统计报表制度，及时汇总总部企业生产经营情况，动态分析宁波总部经济发展现状，并定期发布全市总部经济年度发展报告。

（四）优化总部发展环境

——创新政府公共服务机制。进一步发挥市行政服务中心作用，设立"总部企业绿色通道"和"税收大户直通车"，通过"一站式服务"，简化行政审批手续和流程，提高政府服务效率。将总部企业重大产业项目列入市政府绿色通道服务范围。完善政府与总部企业的联系沟通机制，实施重点总部企业对口服务，建立各级领导干部联系重点总部企业制度，加强与企业之间"点对点"沟通联系，及时掌握总部企业需求，帮助企业解决一些实际问题。

——推动公共服务平台建设。加快推进电子政务建设，深入推进政务公开，为企业提供快速便捷的商务、法规和政策信息等各类资讯服务，建立总部企业参与政府重要决策咨询论证和重大工程规划建设的机制。加强引进国际知名的中介机构，完善专业化服务体系，为总部企业提供支援服务。

——创新总部经济集聚区开发建设模式和管理机制。探索成立总部集聚区开发建设有限公司或园区管委会，以保证园区各项开发建设工作的顺利推进。通过预留发展空间、增加土地出让附加条件等，使园区掌握一定的规划权、控制权和管理权，并持有一定比例的收益性物业，避免入驻总部企业在获得土地使用权后各自为政。对入驻的总部企业尤其是由企业冠名的总部大楼，加强对其经营业务和办公用地的监督和管理，对不符合入驻要求的企业行为进行及时制止，保证总部楼宇真正用于发展总部经济。

（五）重视人才培养引进

——制定并落实相关优惠政策，吸引更多优秀人才来甬发展。在创业、置业、医疗、教育等重点领域，出台促进人才引进的激励政策。积极拓宽引才渠道，加大高端人才的柔性引进力度，鼓励优秀人才来宁波从事兼职、咨询、讲学、技术合作等短期服务，为宁波总部经济发展提供有力的外脑支持。建立专门的人才资源储备库和交流中心，降低总部企业对所需人才的获得成本，提高入驻总部企业的引才效率。

——加大人才培养力度，构建区域服务型教育培训体系。结合总部经济的人才需求，注重对宁波市短缺人才的培养，通过与知名高等院校及优质教育培训机构建立人才对口输送机制，为入驻企业提供丰富的人力资源；鼓励总部企业拓宽人才培养渠道，实施在职培训制度，将总部企业人员培训列入宁波市高端人才培训计划，并从培训资金、培训项目、培训方式等方面给予支持；允许自主创新能力较强的总部企业及职能机构，采用自行建立、与知名科研机构联合建立等方式，成立专业评审委员会，开展专业技术资格评审工作，更好地促进本地高素质专业人才的成长。

（六）加大宣传招商力度

——积极拓展总部经济宣传渠道。通过电视、互联网、报刊等多种媒体资源，大力宣传总部经济在全市经济社会发展中的地位和作用，提高全市对发展总部经济推动城市转型升级的认知；定期策划总部经济主题宣传活动，不定期举办重点总部经济集聚区落成仪式、重点项目签约仪式、知名企业落户典礼等宣传活动，积极宣传宁波总部经济发展思路、重点方向及政策环境，展示总部经济发展成效、总部集聚区建设经验，不断增强宁波市发展总部经济的吸引力、知名度和影响力。

——以品牌战略提升总部经济实力。依托"宁波制造"和"宁波港"的影响力，大力实施总部经济"品牌带动"战略。支持和鼓励本土优势民营品牌企业"走出去"，在国内其他地区乃至海外地区设立生产基地，实现跨区域、跨国经营，增强在更大区域范围的品牌影响力和控制力；引导宁波优势品牌企业集体参加全国性、国际性展览会、洽谈会和行业交流会，促进宁波企业品牌向城市品牌、区域品牌提升，实现"宁波制造"向"品牌创造"转型升级，全面提高宁波品牌在国际上的整体形象和竞争力。

B.12 总部经济在中关村丰台科技园区的理论实践

程 诗*

丰台科技园区作为北京市丰台区的重点功能区，是中关村国家自主创新示范区的重要组成部分，是北京市发展高新技术产业的重要基地，也是北京市新兴的总部经济聚集区。园区总面积8.18平方公里，包括东区4.01平方公里、西区4.17平方公里以及由孵化器网络构成的科技一条街，形成了"两区一街"的空间布局。

2002年11月，总部经济理论由北京社科院赵弘研究员在丰台科技园区提出，丰台科技园区把握历史机遇，响应科技部关于国家高新区"二次创业"的号召，将园区发展与总部经济理论的深化实践紧密结合，成为全国第一家实践总部经济理论的科技园区。十年来，丰台科技园区高举总部经济的大旗，致力于打造创新活跃、要素集中、经济发达、区域和谐的北京最具活力的总部经济区，在理论深化、城市规划、建设模式、经济发展和服务创新等多个方面，为全国以总部经济为特色的园区和城区，创造了许多可供借鉴的模式和经验，引领总部经济集群区发展，为总部经济理论的成功实践，进行了许多有益的探索。

一 发展现状

十年来，丰台科技园区依托总部经济发展理念，在经济总量、产业结构和发展模式等方面发生巨大变化，总部经济效应日益显现，其在推动园区经济发展转型、转变产业发展结构、促进园区产城融合、促进园区创新发展方面，表现出强大的活力和推动力。

---

* 程诗，中关村科技园区丰台园管委会宣传处处长。

（一）总部企业聚集效应凸显

当前，丰台科技园区共有入驻企业3753家，国家高新技术企业389家，中关村高新技术企业2546家；收入过百亿的企业3家，收入过十亿元的企业42家，收入过亿元的企业152家，拥有一套完整的骨干企业架构；形成了中央企业、上市公司和地方进京企业三大总部群，央企一级企业总部5家，二级企业90家，上市公司总部25家，近六成在主板上市，总市值超过1000亿元，其中主板上市14家、纳斯达克上市2家、东京交易所上市1家、新加坡上市1家、创业板3家、中关村"新三板"4家。园区成为地方成熟企业进京的主选阵地，以华北地区企业为主，华东、西北、西南等众多地方企业，将全国总部、地方总部以及其他以营销或研发为主的功能总部落户于丰台科技园区。

（二）总部经济拉动效应彰显

由于总部经济拉动，丰台科技园主要经济指标保持年均30%以上的增长速度。2011年，丰台科技园区实现企业总收入2650亿元，税费收入超过67亿元，留丰台区财政收入14.5亿元。以占全园企业总数不足10%的总部企业，实现了全园收入总量的92%，上缴税费和区级财政收入的69%；在丰台区不足1%的土地上对区财政的贡献率接近1/4，平均每建筑平方米收入达到5万元，税费收入达到1500元，单位面积产出在全国高新区中居前列。

（三）总部经济溢出效应明显

依托北京强大的科技、教育与商务优势，园区总部企业"总部—分部"模式、"总部—制造基地"等模式大量涌现，形成了全国性的业务合作，园区总部企业的各类投资项目遍布全国各省市，地方企业又通过设立在园区的功能总部，形成连接海外市场的桥梁。在北京市，城区、郊区的合作模式也进一步显现，园区内总部企业在大兴、房山等远郊区制造业基地的建设也蓬勃发展。在园区内，园区企业对周边仓储、厂房的需求量猛增，近几年内拉动周边仓库、厂房租赁市场累计近10万平方米。总部经济的发展带动周边环境升级，企业高管、员工对周边配套产生了强大的需求。

（四）总部经济整合效应初显

总部经济对总部研发中心等各类资源的整合，带动了创新资源在地域上的集聚，加速创新型园区的建设。丰台科技园共拥有国家级企业技术中心3家，北京市级企业技术中心23家；国家级工程技术研究中心1家，北京市工程技术研究中心1家；专利申请4687项，获得授权1958项，其中发明专利授权377项。入选北京市专利示范单位6家，北京市专利试点单位163家；共有28家企业入选中关村"十百千工程"名单。此外，园区还拥有众多创新型企业，企业在相关领域核心技术的研制为国家许多重大创新工程作出了重要贡献，比如青藏铁路、奥运工程、航天工程、高速铁路等。

（五）总部经济转型效应激显

总部经济加速推进丰台科技园区的产业结构转型与发展模式转型。丰台科技园区依托总部经济发展强化对资源的整合，加速形成以轨道交通、工程技术、生物医药、航天军工为主的四大特色主导产业。2011年，丰台科技园区轨道交通产业实现收入432亿元，工程技术实现收入370亿元、生物医药实现收入150亿元、航天军工实现收入35亿元，四大特色主导产业收入占园区总收入的37%，新材料、新能源等产业发展迅猛，2011年总收入分别达到113亿元和137亿元，对园区发展的贡献不断提升。此外，总部经济也拉动现代商务服务业、生产性服务业快速发展，初步形成了园区经济与城市经济融合、总部经济与产业经济"双融合"的园区升级模式，加速推动丰台科技园区由原来单纯的工业园区向产城融合方向转型发展，成为业态多元的现代化城市产业功能区和城市副中心。

二 主要做法

（一）以理论实践为引领，不断创新总部经济的发展内涵

丰台科技园区重视总部经济的理论和规划创新，将总部经济作为园区"十一五"和"十二五"规划的重点。丰富总部经济概念，提出总部价值链概念，明确建设企业决策管理中心、科技研发中心、财务结算中心、资本运营中心和市

场营销中心等五大中心；明确总部经济发展阶段，即从发展科技制造业到发展总部经济，再到总部经济和科技产业的融合；升级总部经济内涵，将总部经济作为一种高端融合经济，加大对配套服务业的发展力度。

（二）以项目建设为基础，不断拓展总部经济的发展空间

一是创新规划形态和项目开发模式，将厂房式的建设规划、企业分散的项目建设向生态化的总部楼群和集中的组团式建设转变；二是集中精力建设总部基地等企业总部集中区，建成500余栋独栋型总部楼，通过组团式、可分可合式的建筑规划形态，形成总部企业自己的家园，满足企业独立的办公需求；三是推进总部国际、托普科技园、园区东区三期、园区西区等一批重点项目建设，将东区三期定位于总部基地升级版，为总部经济提供多样化发展空间。

（三）以吸引总部为核心，不断扩大总部经济的发展规模

一是按照五大中心的功能定位，引进一批管理总部、研发总部、结算总部、市场总部以及全国性企业的区域性总部。目前，具有五大中心功能的企业占园区总部企业总数的80%；二是按照总部产业化的发展思路，重点发展轨道交通、航天军工、工程服务、生物医药四大特色产业群，培育中央企业、上市公司和地方进京企业总部机构三大企业总部群；三是坚持"环境招商、政策招商、服务招商、以商招商"四项策略，有效实施"园区管委—地域责任主体—项目开发单位"三级招商工作体系，吸引企业总部及相关企业入驻。

（四）以自主创新为抓手，不断增强总部经济的发展动力

积极打造"三个平台"推动企业自主创新和总部经济高速发展。一是打造共享实验服务平台。与北京工业大学、中科院等多所高校、科研单位、在孵企业合作，搭建公共实验服务平台，降低企业研发成本。二是打造跨地域、跨国界合作服务平台。与天津、上海科技园合作，组建"京津沪科技服务优势共同体"；与国外24家科研机构和大学建立国际互联互通关系，为企业走向国际市场和促进科技成果转化提供国际化、专业化服务。三是打造知识产权保护和技术成果推广平台。实施标准战略，支持企业在核心技术领域开发具有自主知识产权的高新技术产品，形成一批拥有自主知识产权、知名品牌和较强国际竞争力的优势企业。

（五）以配套产业为支撑，不断提升总部经济的发展能力

一是利用总部经济的聚集与扩散效应，把现代服务业作为重要内容，集中发展以网络服务、文化传播为特征的文化创意产业和以设计服务、金融服务为特征的生产性服务业；二是把生活和商务配套服务业作为基础产业，建设和引进金融广场、资和信等一批服务业项目，营造良好的商务环境；三是整合花乡等周边土地资源以及市外资源，建立功能配套区和产业协作区，把丰台科技园区产业发展与周边产业发展有机结合，相互补充，满足产业配套的空间需求。

（六）以公共服务为保障，不断优化总部经济的发展环境

一是探索建设总部企业服务体制，完善促进总部经济的政策体系，制定促进总部经济发展的意见，深化总部企业奖励政策，不断优化政策环境；二是完善企业人才培育服务体系，为企业提供人才招聘、选拔及人力资源测评等服务，引进高层次人才，积极为企业总部高级管理人才提供服务，进一步优化人才环境；三是以提升"总部文化"为核心，举办总部文化论坛、企业团拜会、金融峰会等文化活动，打造总裁沙龙、总部公社、总部论坛等文化平台和总部大讲堂、总部广场等文化交流空间，积极优化文化环境。

（七）以重点扶持为落点，不断夯实总部经济的发展基础

帮助企业提高抗风险能力，化危为机，为今后的发展壮大奠定基础。一是开展总部经济发展监控分析和总部企业走访调研，在园区内确定区领导重点联系企业，及时了解总部企业发展运行情况，收集企业在融资、人才、产业定位等方面的困难和问题。二是出台帮扶措施，包括完善文化创意产业、孵化器网络等新的政策体系，制定重点鼓励投资的优惠政策，落实奖励扶持政策等，有针对性地帮助总部企业解决在经营发展中遇到的难题。三是开通"总部企业绿色通道"，实行项目经理负责制，由项目经理对总部基地企业全程陪同，开通企业入园和支持保障"直通车"，为总部企业提供"优先、优质、优惠"及一对一式的跟踪服务。

三 未来发展

全国科技创新大会为国家高新区发展指明了方向。今后一个时期，国家高新区要深入贯彻全国科技创新大会精神，全面落实科学发展观，围绕科学发展主题和转变经济发展方式主线，以深化改革为动力，以增强自主创新能力为核心，培育和发展战略性新兴产业，壮大高新技术产业集群，探索经济发展新模式和辐射带动周边区域新机制，为全面建设小康社会作出新贡献。新时期国家高新区发展的总体目标是"创新驱动，战略提升"。这既是新时期国家赋予国家高新区的历史使命，也是国家高新区自身发展的必然选择。

中关村丰台科技园区未来总部经济发展的战略，将集中深入贯彻落实全国科技创新大会的精神，抓住北京建设世界城市和中关村建设具有全球影响力科技创新中心的机遇，围绕丰台区实现科学发展、和谐发展、创新发展和跨越发展的目标，加快转变经济发展方式，强化总部经济品牌，推动产业转型升级，提升自主创新能力，营造一流的创新创业环境，着力建设实力强大的科技企业总部基地、特色鲜明的战略性新兴产业研发与成果转化基地、功能齐备的高新技术企业创新孵化基地，开创总部经济、创新经济和城市经济融合发展的新模式，把园区打造成为具有全球影响力的高端制造业创新中心、全国总部经济引领区、首都城南发展的样板区和丰台经济发展的主引擎。

（一）做好规划制定，正确把握总部经济发展的方向

丰台科技园区既是总部经济的集中发展区，也是创新引领的国家级高新区。丰台科技园区总部经济的发展，要遵循总部经济发展的客观规律，坚持园区创新发展方向，把总部经济与创新经济、产业经济进行更深度的融合，在更大范围内整合不同产业的创新资源，吸引大型企业的研发中心入驻。制定丰台科技园区总部经济发展的近、中、长期发展规划，总结总部经济发展取得的成绩和经验，分析存在的问题与困难，厘清发展的思路与方向，制定科学的工作措施，将总部经济的发展与园区的升级转型、园区空间形态规划、园区的创新发展紧密结合，形成丰台科技园发展总部经济完整的意见措施。

（二）加快东扩西进步伐，为总部经济发展提供优质的空间

发挥北京总部基地在园区总部经济发展中的示范作用，建设形态更多样、功能更完善，更适宜多业态、多层次企业总部发展的空间载体。加速丰台科技园区"东扩西进"步伐。"东扩"将东区三期打造为"总部基地3.0"，建成总部基地升级版，依托总部基地强大的品牌优势，着力打造活力之极、生态之极、文化之极、智慧之极，建设成为功能复合、环境优美、充满活力的高端商务功能区和花园式高科技园区典范。"西进"要充分发挥西区独一无二的生态环境优势，先进创新的规划设计理念，结合园博园建设，融合科技、生态、文化，打造城市配套先进的科技型城市综合体。未来五年，丰台科技园区将在5平方公里的新区域内，形成约1000万平方米的建筑体量，为园区总部经济发展提供更多更好的发展空间。

（三）完善总部价值链，积累更多更丰富的发展资源

充分利用北京市经济加速转型的有利时机，吸纳企业管理决策、科技研发、市场营销、资本运作等价值链中的高端环节，使企业总部、研发中心、营销中心等实现集中发展，构成完整的总部价值链。高度重视重点产业群总部功能的聚集，集中发展轨道交通、工程技术等园区既有主导产业的企业总部群，大力扶持新材料、新能源等相关战略性新兴产业的企业总部群，既关注高科技产业的研发中心和技术中心，又注重引入非高新技术领域的研发中心，为科技改造传统产业添力。高度发达的服务业是发展总部经济重要的一环，大力推进适宜在园区成长发展的现代服务业，重点发展具有区位优势、产业关联度大、附加值高的产业门类，重点包括金融、信息、文化创意、会展、科技中介等服务业态，为总部经济发展增加新的活力。

（四）聚集吸引人才，造就一批具有领军作用的企业家群体

实施"丰台科技园区总部精英聚集计划"，紧密跟进中央千人计划、北京市海聚工程、中关村高聚工程，重点引进一批从事国际前沿科学技术研究、带动新兴学科发展的杰出科学家和研究团队。培养一批熟悉国际市场、具有广泛国际联系的产业领军人才和创业团队，积极引进具有创新意识的企业家群体，满足高技

术产业发展需要。紧紧抓住北京人才资源密集的优势，在关注国外人才引进的同时，兼顾国内和北京市高层次、国际型人才的引进。围绕园区重点发展的优势产业，进一步加快科技创业中心、留学生创业园、博士后工作站、博士后青年英才创业实践基地、海外学人中心等平台建设，完善创业服务体系。建设一批以企业为主体的人才实训基地，鼓励以就业为目标的人才实训课程和项目的开发，完善人才在企业、高等院校、科研院所之间的流动机制。建立重点企业高端人才子女就学保障制度，协调区内教育资源服务企业。加快中关村人才公共租赁住房建设和政策制定，为园区企业员工提供居住保障。搭建企业家交流平台，使企业家之间建立更便捷的交流渠道，形成总部文化集聚的氛围。

（五）加大区域开放合作，降低企业资源利用成本

引导企业通过合作、收购、新建等方式在区外、北京市周边及外省市设立生产基地和销售网络，在辐射带动其他区域发展的同时，促进创新成果的产业化、市场化，实现产业空间延伸。在园区内，建立企业与企业之间的合作机制，通过多样化的空间整合，使企业不同的功能在园区内进行相对集中。在丰台区内，通过建设功能配套区和产业协作区，充分利用好区内村级工业用地、老厂房改造等，为总部企业的生产、仓储等提供空间资源。在北京市内，通过与远郊区县建立政府之间的协商机制，有序引导总部企业的生产基地向低生产成本区域流动，减少政府财税争议对企业投资经营的阻碍。在全国层面，通过建立合作园区、分园、共建基地等方式，引导总部企业跨省投资，通过对服务资源的移植，建立企业通畅的资源配置机制。鼓励企业境外投资，利用北京市良好的国际化环境，参与国际分工合作，同时也力促境外企业进入园区投资，促进丰台科技园区总部经济的国际化合作。

（六）进一步优化发展环境，完善和落实促进总部经济发展的政策措施

充分利用好北京市建设"国际企业总部之都"的各项政策，落实好《北京市丰台区人民政府关于促进丰台经济发展综合政策的意见》，进一步加大园区自有政策的制定与完善，按总部经济的发展规划，促进总部企业的引进，为企业发展提供良好的政策环境。建立并完善企情表制度，完善领导重点联系制度，对重

点企业建立专人对口联系，以企业实际需求为出发点，给予企业实实在在的帮助。进一步保持政府与企业之间的良性互动关系，加强政府与企业之间的交流，通过民营企业家联谊会、科协、轨道交通产业联盟等，建设多层次的企业与政府交流平台，增强互动，增加互信，广泛邀请企业家参与园区的规划、建设、政策制定，参与园区的管理。

B.13
宁波市江东区总部经济转型发展路径探析及对策研究

刘良飞* 褟慧宁 唐海亮

江东区地处宁波市主城区几何中心,是宁波实施城市东扩战略的前沿阵地和主战场,也是今后宁波市委、市政府所在地,全区总面积37.66平方公里,常住人口36.2万。近年来,江东区紧紧抓住宁波城市东扩特别是东部新城开发建设的历史性机遇,立足区位优势和区位特点,坚持把发展总部经济作为经济发展方式转变和产业转型升级的重要突破口,加大总部经济培育和扶持力度,完善总部经济发展软硬件设施,总部经济发展取得积极成效。2012年江东区正式开启现代化核心城区建设新征程,总部经济被摆上优先发展位置,全区上下涌现出韵升集团、宁波银行、昆仑信托等一批规模大、竞争力强的优秀总部企业,并日益成为江东区财政增收和经济社会发展的重要推动力量。但在宏观经济环境趋紧多变的当下,江东发展总部经济依然面临着融资瓶颈制约、配套服务设施滞后等现实难题。随着江东总部经济的快速发展和城区地位的不断提升,深入分析江东总部经济发展的产业基础和优势条件、客观梳理制约总部经济发展的瓶颈因素,以推动总部经济转型发展成为江东的现实选择。

一 发展总部经济的战略意义

总部经济是在信息网络技术快速发展背景下,企业通过空间资源整合优化形成的一种新经济形态。总部经济强调战略资源优势并创造有利条件,吸引国内外

---

* 刘良飞,宁波市江东区发展和改革局局长。

经济实体和行政组织、民间组织总部在区域内集聚布局，进而实现企业价值链与区域资源空间配置的最优化。因此，从产业结构演化进程上看，总部经济符合国际经济发展的新趋势和新潮流，对区域经济发展具有较强的影响力和带动力。加快江东区总部经济转型发展，对优化和提升产业结构、增强城区高端资源的集聚能力、保持和提升江东城区竞争优势意义重大。

（一）加快总部经济转型发展是推进江东产业结构转型升级的必由之路

近年来，宁波大市范围内总部经济发展起步快、势头猛，总部经济发展已基本渡过最初的起步阶段并逐步向成熟阶段迈进。江东区当前正深入推进产业结构转型升级，总部经济作为产业转型升级的重要组成部分，不仅是落实全市"城镇化大平台、集群化大产业、战略性大项目、总部型大企业"战略部署的具体举措，也是江东主动服务宁波先进制造业基地、现代物流基地和国际港口城市建设的重要途径。江东区必须要深刻认识城区资源环境特别是土地资源等要素约束趋紧以及企业生产经营、商务成本上升等实际，不断挖掘整合总部经济在产业分工链条上的高端引领优势，切实加强总部企业扶持，合理引导总部企业加强企业经营要素流的集聚、控制和优化，进一步增强产业集聚和辐射效应，加快全区产业结构转型升级步伐。

（二）加快总部经济转型发展是推动"两强两品"战略实施的必然要求

江东区现代化核心城区建设已全面开启，"两强两品"战略正有序实施。从核心城区建设内在要求和"两强两品"战略内涵看，其基本要求都是要把握产业经济发展内在规律，依托现有优势资源，创新发展路径，坚持走"高端发展、集聚发展、集约发展、特色发展、融合发展和创新发展"之路。推动总部经济转型发展，就是要在原有总部经济发展基础上，加快构建"总部—基地"的发展架构，引导总部企业健全完善现代化的组织结构和开放型的经营体系，不断放大总部企业在管理决策、研发营销等产业链高端环节上的延伸功能，以有限的资源产生最大的效益，进而走上高端、创新的可持续发展之路。

（三）加快总部经济转型发展是提升江东城区综合竞争力的迫切选择

随着市委、市政府入驻江东，江东区在整个宁波大市范围内的区位优势和环境优势客观上得到了一定程度的放大和提升。但同时也对江东经济社会发展提出了更高要求。从建设核心城区的总体要求上看，加快总部经济转型发展，顺应了江东城区提升发展的迫切要求，同时也能推动区域内企业与周边县区企业在要素资源上开展分工合作，有效拓展江东外部发展空间，增强城区综合竞争力。从当前江东核心城区建设进程看，和丰创意广场、中信泰富等一批城市综合体正式投入使用，东部新城已由开发建设进入功能培育的新阶段，宁波市金融中心等一批高端商务楼宇逐步形成规模，管理服务机构正加快入驻，这为江东加快总部经济转型发展提供了更加有利的条件。作为宁波核心区的江东区，要进一步增强责任感和紧迫感，抢抓江东发展这一难得历史机遇，采取切实有效的措施，以总部经济转型发展带动区域综合竞争力的大幅提升。

二 总部经济发展现状

江东区总部经济起步早、发展快，总部企业数量、纳税贡献以及产业带动呈现出稳健增长态势，总部经济集聚发展、高端发展趋势进一步显现。截至目前，江东区共有总部企业162家，2011年总部企业实现营业收入863.7亿元，贡献税收17.8亿元，占全区公共财政预算收入的32.3%，总部经济已成为江东经济社会发展的重要推动力量。

（一）总部经济发展规模日趋壮大

企业总部梯队培育初显成效，江东区总部经济主要有以下三种类型：集团型总部。以集团企业为主，涵盖工业和服务业领域。工业集团型总部企业主要集中在高新技术行业，如以韵升为代表的企业集团；服务业集团型总部企业则以实业投资为主，呈现多元化的经营方式，如宁波伟立投资集团有限公司，主要由江东现代家园市场、现代门窗市场、现代大酒店等6家子公司组建而成。当前，江东区共有企业集团35家，注册资本130亿元。地区型总部。主要是江东区近年来招大引强选优引进落户的企业。包括浙商银行、招商银行等银行地区分行，以及联邦快递、蒂森克虏伯电梯等世界 500 强分支机构，目前江东区已累计落户银行地区分行 16 家，世界 500 强分支机构 22 家。职能型总部。以本地工业企业为主，主要是指受中心城区土地资源要素制约，将销售、结算或者研发总部留在江东，而将生产基地迁往具有一般资源比较优势区域的企业。例如野马电池、东力传动等在江东成立销售公司、研发中心等。

（二）总部辐射带动效应日趋显现

作为资源配置的中枢，企业总部集聚必然会带来资金流、技术流、人才流、信息流的汇集，从而促进区域经济的发展。促进产业结构升级。江东区总部企业数量的增加，带动了一大批为总部服务的金融、保险、法律、会计、咨询等现代服务业，促进了江东区产业结构优化升级。2011 年，江东区服务业实现增加值 226.6 亿元，占地区生产总值比重达到 61.8%，其中与企业总部需求相适应的金融服务、中介服务、信息服务等现代服务业占服务业增加值的 8.3%。带动地方税收增长。总部企业的税收主要包括企业自身的税收贡献和公司总部员工的个人税收贡献。2011 年，江东区总部企业实现税收 17.8 亿元，占到全区税收的 32.3%。其中大企业总部税收带动明显，宁波银行占全区金融业税收的 16.6%，韵升集团占工业税收的 22.3%，广天日月占建筑业税收的 19.1%。起到龙头示范效应。江东区总部企业中有韵升、宁波银行、建工集团 3 家上市公司，对区域企业的带动作用显著。目前，轿辰集团、向阳渔港上市工作取得实质性进展，吉品科技、达升物流等企业启动上市计划，"上市一批、培育一批、储备一批"的企业上市梯队已经形成。

（三）总部经济空间布局日趋优化

总部企业加快集聚，主要分布在以下区域：东部新城"三大中心"，是江东区未来最重要的总部基地，目前国际金融服务中心一期已有招商、东海、恒丰、华夏、渣打银行等 14 家金融、保险总部机构入驻，预计年底还有国家开发银行、进出口银行等进驻，入驻金融机构超 20 家。由宁波银行、工商银行等四家银行总部投资 38 亿元的二期项目正加快建设。国际贸易和会展总部基地、国际航运物流服务中心也集聚了一批贸易、会展和物流总部企业。波特曼中心，是江东区航运物流企业总部的集聚地，目前已有阳明海运、地中海航运、长荣海运等世界500强和世界前20强班轮企业地区总部5家，占宁波市拥有量的1/3。一批高端商务楼。至2011年底，江东区共有高品位商务楼宇44幢，上东国际商务区是江东区规划打造的以总部商务办公为核心的服务业集聚区，目前集聚了迪赛控股等20余家总部企业。中信泰富、世纪东方广场等高端写字楼也集聚了中海油、西安杨森、韩进等一批总部企业。

（四）总部经济发展环境日趋改善

加强总部经济发展研究，严格界定总部经济发展类型，加大总部经济服务与扶持，总部经济发展环境进一步优化。加大总部经济发展扶持力度。按照宁波市发展总部经济总体要求，结合"服务强区"建设和江东总部经济实际，科学界定总部企业类型，研究出台《关于加快总部经济发展的若干意见》、《江东区总部经济发展三年行动计划（2011～2013年）》、《江东区总部企业认定办法》和《江东区促进总部经济发展实施细则》，对不同类型总部企业实施分类扶持政策。积极落实总部经济发展政策。在产业发展资金中统筹安排总部经济发展专项，对总部企业在购置办公用房、企业上市等方面给予激励扶持，为总部经济发展营造良好的政策环境。加大总部企业服务扶持。完善政府与总部企业交流沟通平台，建立总部企业高层人士与区领导直接约见制度，定期举办政企座谈会、沙龙、论坛和俱乐部活动。由区政府牵头举办专题推介会，根据总部企业需要，协助企业包装推介企业招商项目，提供周到细致的个性化服务。

三 "十二五"期间总部经济发展环境和发展重点

"十二五"及未来一段时期是江东区全面实施"两强两品"战略、加快建设现代化核心城区的关键时期。随着宏观经济环境和产业调整发展变化，总部企业必然面临资源配置全球化、功能布局模块化等新形势和新问题的冲击和影响，在新的发展环境和要求下，江东区总部经济要实现转型发展势必要充分发挥自身优势，抢抓机遇，应对挑战，积极实现新跨越和新提升。

（一）总部经济转型发展外部环境

1. 转型升级步伐加快带动总部经济发展进入新一轮战略调整期

在当前资源配置全球化、功能布局模块化的宏观背景下，跨国公司加快调整全球战略布局，除加快转移加工、制造等低端环节外，还不断将地区总部和研发中心、营销中心等职能部门向发展中国家转移和重新布局。江东区作为长三角南翼的几何中心，经济发展水平较高，投资环境优越，一直是承接国际产业转移和跨国公司地区总部、职能机构布局的重点区域。随着宁波市产业升级和一体化发展的加快实施，江东总部经济转型发展将面临较好的外部环境和发展机遇。一方面，宁波市加快了培育总部企业的步伐和节奏，以培育更多的本土总部企业，推动宁波产业转型升级。因此，在总部企业扶持培育上必定会调整出台新一轮的政策体系，江东总部企业转型将会得到更多的政策扶持。另一方面，随着江东总部企业招商引资步伐的加快和总部企业扶持政策的调整，宁波周边特别是浙江中西部地区具有较强发展潜力的企业，为充分利用外部人才、技术、信息和服务等高端资源，将重新进行组织结构和生产布局调整，为江东招引一批行业带动强、税收贡献大的总部型企业入驻带来巨大机遇。

2. 总部经济发展重视程度提高将带动总部经济发展环境加快优化

近年来，发展总部经济成为推动经济发展方式转变的重要推动力，宁波乃至全省都在调整完善总部经济发展规划和扶持政策，2010年浙江省出台了《关于加快发展总部经济的若干意见》。宁波市也制定出台了《宁波市总部经济发展规划研究》，并借助2012年组织召开的首届"宁波帮大会"，推出了一系列国内外甬商投资设立区域性总部和研发、营销等职能机构的优惠新政策，为江东区引进更多优质总部企业提供了更为有利的政策环境。此外，江东区服务企业质量和层次也在不断提高，区政府致力于将"服务"打造成总部企业培育和招商引资的"金名片"，走访企业、服务企业、为企业经营排忧解难正成为江东区各街道、部门的一项常态化工作任务。

3. 城市空间布局调整客观提高了江东发展总部经济的区位优势

江东区是宁波市"老三区"之一，随着宁波城市经济的快速发展，城区空间布局不断调整，特别是近年来正在大力推进的城市"东扩"战略，进一步拓宽了宁波经济社会发展的空间范围。今年下半年，宁波市行政中心将正式迁入东部新城，江东必然成为城市中人流、物流、信息流、资金流高度交集的中枢，知名度和影响力将大幅提升，客观上提高了江东区对区域资源的配置能力，将有利于吸引更多的总部资源会聚江东。同时，伴随着江东现代化核心城区建设和"两强两品"战略的实施，大力发展总部经济，打造现代服务业发展的"6611"格局正成为江东未来产业转型的主方向。在加快总部经济转型发展过程中，江东区不仅可以利用独一无二的区位优势集聚更多的优质总部企业，而且可以借助良好的区位优势快速融入上海、杭州等大城市辐射半径，为吸引更多总部企业来江东创新创业奠定基础。

（二）总部经济转型发展面临的优势和挑战

一方面，江东区作为宁波市未来的核心城区，现代服务业发展迅速并逐渐形成了以金融服务、文化创意、会展贸易、航运物流、专业服务和现代商贸"六大经济"为支撑的产业体系，培育了韵升集团、宁波银行、广天日月等一批知名本土总部企业。从产业基础看，江东区具备相对完善的现代服务业产业体系，而且产业链条紧密，块状聚集明显，具有协作半径小、物流成本低、综合配套能力强等特点，更有利于总部型企业集聚发展。另一方面，江东区总部经济起步早、发展快，总部经济已经涵盖了金融服务、都市工业等各个行业，且在宁波本地积累了广泛的客户资源，形成了高效的协作网络体系。部分总部企业将生产基地、加工厂搬迁到更具成本优势的地区，无形中提升了江东发展总部经济的知名度和影响力，而且对国内外相关产业的总部企业和分支机构形成较强的吸引力。

江东加快总部经济转型发展虽已具备了良好的基础和现实条件，但同时面临着总部经济提速发展的瓶颈制约，特别是在当前，宁波辖区内各县区已纷纷出台优惠扶持政策，加快引进培育总部企业，总部资源的争夺将更加激烈。此外，宁波各县区间总部经济同质化发展倾向也比较严重，各县区纷纷把金融类总部企业、总部企业核算中心等作为总部企业培育主方向，从而给江东总部经济转型发展带来较大的竞争和挑战。

（三）总部经济转型发展重点方向

面对复杂多变的经济形势和宁波各区县间总部经济发展的激烈竞争，江东区要依托现有的产业基础构筑起总部经济发展新优势，必须要从江东实际出发，找准总部经济转型发展的主攻方向。"十二五"期间，江东区将构建以东部新城为核心，以财富中心、中信泰富广场、滨江国际广场等高品质"百幢楼宇"为载体，以现代服务业、现代商贸业、传统优势产业、战略性新兴产业为发展重点，建立比较完善的总部经济发展环境、政策框架和服务体系，加快引进、培育符合江东产业发展要求和城区功能定位的综合型、职能型总部企业，努力实现总部企业数量和质量全市领先。具体来看，江东区发展总部经济的重点如下。

——重点行业。依托产业基础和发展优势，积极发展现代服务业、现代商贸业、传统优势产业、开放型经济、战略性新兴产业等领域的企业总部。大力拓展高端产业链，着力培育金融服务、航运服务、文化创意、科技信息等现代服务业总部。推动商业发展模式创新，着力培育综合贸易、跨国零售、连锁经营等现代商贸业总部。支持传统优势产业向"微笑曲线"两端延伸，着力培育都市工业、建筑业总部。依托国际贸易展览中心，着力培育营销服务体系内外对接的国际贸易、服务外包等开放型经济总部。主动承接宁波市战略性新兴产业发展，着力培育节能环保、电子信息等新兴产业总部。

——重点类型。根据总部企业承担的功能，重点培育综合型和销售、研发、结算、管理等职能型总部。鼓励企业设立综合型总部，承担企业决策管理、行政管理、资产管理、资金结算、研发、采购等总部职能；鼓励企业设立销售总部，进行市场开发、售后服务等；鼓励企业设立研发总部，进行研发活动、研发业绩管理等；鼓励企业设立结算总部，进行资金管理、投融资等；鼓励企业设立管理总部，进行战略决策、行政管理等。

——重点区域。优化总部经济空间布局，努力打造优势总部基地。加快东部新城功能培育，突出"三大中心"建设，重点发展金融服务、航运物流、国际贸易和会展企业总部。加快和丰创意广场企业集聚，完善基础配套服务，努力培育研发设计、检验检测、工业设计等总部。加快城市综合体建设，突出规划引导、功能提升、资源整合，促进现代服务业和现代商贸业等总部集聚。加快存量资源盘活，积极打造特色楼宇，培育都市工业和建筑业总部。

四 加快总部经济转型发展对策建议

(一) 突出规划引领,强化总部经济发展统筹协调

坚持"规划先行、规划引领"原则,按照总部经济中长期发展规划,切实抓好阶段目标和重点任务,统筹协调、有序推进总部经济培育和发展。加强总部经济转型发展统筹。结合东部新城、和丰创意广场等总部经济聚集区建设实际,重点做好总部经济发展与江东区"十二五"规划、"两强两品"战略实施的衔接工作,确保总部经济规划与江东发展实际实现"无缝对接"。加大总部企业培育力度。切实落实江东总部经济培育计划,有步骤、有重点地落实各项任务。注重总部经济培育问题反馈,全程跟踪总部经济推进过程,及时总结、发现问题并提出改进意见,切实提高总部经济规划引领的科学化水平。推动总部企业模式创新。引导企业加快构建现代企业制度,积极推进企业上市步伐,重点抓好轿辰集团、向阳渔港等企业上市,梯队培育吉品科技、达升物流等完成股改企业。以提高企业创新研发能力为目的,推进总部企业申报国家高新技术企业和科技型企业,深入实施服务业创新试点、示范企业培育行动。

(二) 突出载体打造,着力拓展总部经济发展空间

以功能区块和重点楼宇为依托,推进大平台和大企业互动发展,加快总部企业向重点区块、重点楼宇集聚,培育形成若干个功能配套完善、总部企业集聚明显、经济社会效益显著的总部基地。着力打造三大总部基地。全面加快东部新城三大中心建设,积极吸引金融、航运物流、会展贸易类大企业大集团入驻,打造形成汇集三大产业的总部基地。充分利用十六城联邦良好的楼宇资源,强化业主主导、政府引导、市场运作,吸引国内外大中型贸易企业或销售机构入驻,打造贸易企业总部基地。巩固上东国际总部楼宇发展成效,强化楼宇企业整规和服务,进一步完善周边配套设施,加快集聚国内外大型企业。加快建设高端商务楼宇。大力推进财富中心、城市之光、宁波中心等十大城市综合体建设。规划建设一批相对集中、配套完善、管理成熟的甲级写字楼,加强策划包装和改造扩容,培育一批金融楼、航运楼、中介楼等特色楼宇,着力打造在宁波市具有一定知名

度、美誉度的特色总部楼。促进留用地开发与总部发展联动。加快10%留用地开发，加快制定出台10%村级发展留用地开发建设实施意见和经营管理办法，大力支持区龙头企业、高新技术企业与股份经济合作社利用留用地发展总部经济和楼宇经济。创新10%留用地开发模式，鼓励与国内外大企业合作开发建设总部基地。

（三）突出政策导向，健全完善总部经济发展扶持体系

深化认识环境也是生产力，更加注重政策环境吸引企业，全方位推进总部经济发展。健全完善总部经济发展政策。在认真贯彻落实《宁波市关于加快总部经济发展的实施意见》及现有总部经济发展政策基础上，多方学习借鉴杭州拱墅区、深圳福田区等总部经济发展先进地区的政策经验，围绕总部企业认定标准、认定流程、资金支持等政策扶持要点，结合江东实际制定具有较强操作性的总部经济扶持政策体系。完善总部经济分类扶持政策体系。在总部企业走访调研基础上，科学界定制造业、服务业等不同产业类别总部经济扶持标准，并结合总部企业发展不同阶段，建立科学的阶段性扶助机制，分类、分阶段落实扶持政策。加大总部企业人才引进扶持。结合"智慧江东"和"智力江东"打造，制定并落实一系列促进人才引进的激励政策，重点加大总部企业引进人才在置业、医疗、教育等重点领域的扶持力度，以优惠的人才扶持政策，吸引高端人才集聚江东，着力打造江东总部经济发展"人才高地"。

（四）突出服务效率，着力构建总部经济发展合力

加快构建总部经济管理服务体系，研究制定总部经济发展重大问题和相关对策，着力强化发展总部经济的合力。探索总部企业招商新模式。围绕总部经济发展规律和江东实际，积极开展总部企业产业链招商，重点加强对已入驻总部企业的跟踪服务，切实挖掘发挥"以企引企，以商招商"后续影响，吸引总部企业配套项目或后续项目继续落户江东。完善总部企业沟通联系机制。实施重点总部企业"一对一"结对服务，建立区重点经济部门领导干部联系重点总部企业制度，明确要求各部门主管或分管领导定期联系服务1~2家区级总部企业。深入推进"总部企业破难解题"专项行动，结合"三思三创"主题实践活动，鼓励领导干部走进总部企业生产经营一线，及时掌握梳理总部企业实际需求，协助企

业解决一些实际问题。加大总部企业服务力度。不定期举办辖区重点总部企业互动活动，重点加大总部经济政策宣传解读，适时开展优秀总部企业上市辅导讲座，为有特殊发展需求的总部企业提供常态化服务，着力构建起专人、专线的总部企业长效服务机制。

（五）突出品牌培育，不断加大总部经济推介力度

积极拓展总部经济宣传渠道，通过电视、互联网、报刊等多种媒体资源，大力宣传江东推动总部经济转型发展的重要意义，提高全区上下对总部经济转型发展重要性的认知。定期开展主题宣传周活动。依托"总部经济论坛"、"总部经济重点项目推介会"等载体，积极宣传江东总部经济发展思路、重点方向及政策环境，充分展示江东总部经济发展成效、总部聚集区建设经验，不断增强江东区发展总部经济的吸引力、知名度和影响力。实施总部经济品牌战略。大力支持和鼓励江东知名民营品牌企业"走出去"，在省内外乃至海外地区设立生产基地，实现跨区域、跨国经营，切实增强总部企业在更大区域范围的品牌影响力和控制力。组织企业参加重要展会。鼓励总部企业参与重点项目推介会、全国性总部经济论坛以及行业洽谈会、交流会等，引导带动江东总部企业品牌向城市品牌、区域品牌转型提升，不断提高江东发展总部企业的品牌效应。

B.14
南京市鼓楼区总部经济发展实践与展望

南京市鼓楼区人民政府

鼓楼区是江苏省、南京市最重要的政治中心、文教中心和商贸中心，随着经济持续快速增长，鼓楼区资源环境的约束日益明显，特别是城区空间资源有限已成为制约鼓楼经济增长的主要瓶颈。鼓楼区城区面积仅26.62平方公里，占南京市的1/248，可开发用地面积更少，转变经济发展方式、实现科学发展的任务非常紧迫。为此，2002年，鼓楼区提出了"区域空间有限，科学发展无限"的战略思路，较早提出将发展总部经济作为优化鼓楼区经济结构、提升综合竞争力和发展层次的重要支点。经过十年的发展，鼓楼区已成为国内外著名企业落户南京的首选之地。目前，鼓楼区汇集了以西门子、朗讯、爱默生、博西（博世—西门子）等为代表的世界500强企业和著名大企业的地区总部、分支机构50余家，总部经济发展初具规模。2011年，鼓楼区总部企业共实现税收40.4亿元，占区财政总收入的46.9%，比2004年的30%增长了近17个百分点，总部经济对区域经济的拉动作用日趋明显。

一 突出优势、扬长避短，大力发展总部经济

早在1997年，鼓楼就率先国内其他城区提出了"税源经济是全区事业的生命线"的思路，之后，又进一步提出了"大企业、大集团"的发展战略。2002年，在此基础上，鼓楼区开始将发展总部经济作为经济工作的重中之重。这一思路的演变过程，实际上就是区委、区政府带领全区干部在艰苦探索和实践中不断丰富和发展税源经济思路，赋予税源经济新内涵、注入新活力的过程，是对中心城区经济发展规律的深入认识和实践。

鼓楼区商贸繁荣，经济发达，但发展后劲不足，空间狭小、资源紧缺是制约鼓楼加快发展的最大障碍。2002年，鼓楼区开始将发展总部经济作为区域经济

实现再次突破的着力点，正是基于对区情深刻而清醒的认识。

鼓楼区是南京市经济、文化发达的中心城区，具有五个优势：一是商贸繁荣，经济发达，区财政收入近十年一直稳居南京城区之首，有利于支撑总部经济快速发展；二是科教人才资源雄厚，有20所大学、70多家科研院所、10多万名专业科技人员，其中两院院士41人，占南京市的53%、江苏省的48%，全区1/3以上居民受过高等教育，有利于公司总部以较低的成本进行知识密集型价值活动的创造；三是历史文化资源丰富，区内有石头城遗址、颜鲁公祠、郑和宝船厂遗址等大批著名古迹，颐和路民国公馆区至今仍保存着近400幢民国建筑，被誉为"中国近现代建筑的样板区"，有利于为总部经济发展提供宽容多元的人文环境；四是专业化服务支撑体系完善，鼓楼聚集了南京最好的五家五星级酒店和三所三甲医院，拥有大批高水平的金融、法律、咨询服务机构，区内信息网络发达、道路等基础设施完备，有利于总部企业的高度集聚；五是行政和人脉资源丰厚，主要得益于鼓楼区是江苏省党政军首脑机关的所在地，有利于总部企业进行便利的信息获取和沟通。

提出"总部经济"这一全新理念，还来源于鼓楼区对自身发展环境的反思。从全国来看，近年来，随着经济全球化的深入以及北京、上海等一线城市市场竞争的日趋激烈和市场容量的日趋饱和，企业的经营成本在增加，而利润却日趋平均化，于是一批有战略眼光的国内外特大企业开始纷纷向南京这样区位条件好的二线城市转移。从江苏和南京来看，国际产业的中高端环节向江苏转移的规模和速度迅速放大，长三角区域经济一体化进程和城市化速度加快，南京作为区域中心城市的集聚和辐射功能不断加强，在教育、科技、人才、研发、金融、营销、物流等高级生产要素上的自身优势日益凸显。正是基于对发展环境的重新认识，2002年以来，鼓楼区以建设和发展区域性总部、专业化总部为重点，抢抓国内外大企业在南京设立地区总部、研发中心、营销中心、结算中心的机遇，政府不仅争取其在鼓楼落户生根，而且全力保障和促进这些总部企业的健康成长。

二　鼓楼区总部经济发展成果

经过几年的努力，鼓楼区发展总部经济取得了一定成果。全区总部经济发展呈现出以下六大特点。

一是培育壮大了像苏宁电器、苏宁环球、江苏金浦、金盛、新城市等一批本土企业。其中苏宁电器最具有代表性，苏宁电器从当初的区街企业成长为中国商业连锁第一品牌、亚洲50强之一，品牌价值达815.68亿元。江苏金浦集团以先进制造业、房地产业、现代服务业为三大核心产业，集研发、生产、销售、商贸、金融业、商业、地产、现代服务业为一体，先后被授予中国优秀民营企业、江苏省百强企业等称号，并跨入中国企业500强行列。

二是吸引壮大了像朗讯、爱默生、博西（博世—西门子）等十多家世界500强地区总部或分支机构。其中博西最具代表性。自1994年进入中国家电市场以来，博西家用电器（中国）有限公司已经成为这个竞争激烈的市场中最成功的国际白色家电外国制造商之一。至今，博西（中国）雇用员工约8800名，2010年度销售额达96.3亿元人民币，销量达353万台。

三是迅猛发展了像联创、南瑞、艾志科技等一批科技型总部企业。特别是联创，成立于1997年，凭借领先的技术产品、规范的质量管理、优秀的企业文化，成为拥有12家控股科技公司、3家境外投资科技型公司，科研人员近万人的中国软件旗舰企业，并力争要在2019年进入世界软件企业前十强。艾志工业技术集团公司是专业从事工业运行维护技术的高科技集团化管理公司，凭借领先的技术和管理优势，目前已成为国内同行业中规模最大和技术最先进的高科技企业之一。

四是推动了产业结构的优化升级。随着企业总部的加快集聚和总部经济的加速发展，鼓楼区的产业结构也发生了较大变化，全区服务业比重不断上升，目前服务业增加值占GDP的比重已达到91%。商贸流通等传统服务业加速提档升级，信息服务、商务服务等生产性服务业呈现出蓬勃发展之势。金融、保险、会计、信息等高端现代服务业快速发展，形成了比较完善的服务经济体系。

五是对财政收入的贡献越来越大。2005年总部型企业实现税收8.6亿元，占全区财政收入的比重为34%；到2011年，全区总部型企业实现税收达40.4亿元，占全区财政收入的比重达到46.9%。全区纳税前100大户2005年共实现税收15.1亿元，占全区财政收入的比重为60.2%，其中第100名大户的纳税额为360万元；到2011年，前100大户共实现税收60.9亿元，占全区财政收入的比重达到71%，其中第100名大户的纳税额跃升为800万元，成为推动全区经济发展的中坚力量。

六是促进了全区经济又好又快发展，为中心城区经济发展提供了新思路。近年来，鼓楼区经济总量、经济效益和经济发展质量在全国同类城区中位居前列。2011年，全区实现财政收入86.1亿元，总量、增量均居全市六城区前列。其中，总部企业发挥了至关重要的作用。

三 鼓楼区发展总部经济的主要举措

（一）加强招商，是鼓楼区发展总部经济的重要手段

通过不断创新招商思路，鼓楼区在加快搭建产业发展平台的基础上，以政府为主导，着力加强同外国政府、行业协会、知名企业和著名学府的沟通合作，形成了多层次、开放式、国际化的招商体系。

鼓楼区的招商重点主要侧重三个方面。一是提升园区经济发展水平。积极探索江东软件园和十四所园区建设的经验，由政府介入，做好搬迁企业存量资源的再利用。二是积极推进新建载体的招商工作。高标准、高质量地加强服务，引入规模大、效益好、知名度高的企业，充分发挥其集聚效应。三是加强对现有楼宇及企业的跟踪走访。各部门之间通力合作，从楼宇项目开工建设到招商、管理、企业入驻，全程跟踪服务，同时做好闲置资源的盘活工作，及时反馈有价值的项目信息。加强对驻区总部企业的跟踪服务，及时掌握企业重组、搬迁、发展新项目等引起税源变动的信息。

（二）科学规划，是鼓楼区发展总部经济的重要支撑

以科学规划为先导，完善城市空间布局，以优化提升城市整体服务功能为目标，推动城区发展规划和产业布局的战略性调整，建设基础设施现代化、服务功能国际化的完善的城市服务体系，把中心城区的集聚力和辐射力提高到一个新的水平，更好地发挥规划对总部经济发展的引领作用。

我们从鼓楼现实和潜在的优势资源出发，依托湖南路商圈、国家级的南京大学——鼓楼高校国家大学科技园、江东软件园、模范马路科技创新街区以及石头城遗址、宝船厂遗址、颐和路民国公馆区这些具有全国影响的特色空间资源，打造以生产型商务集聚区、消费类商业集聚区、高科技产业集聚区、文化产业集聚区

等错位构成的四大类产业集聚区，以资源的集约化利用和优化总部经济空间布局为目标，培育一批各具特色的总部基地。同时积极引进和培育与总部相配套的金融、保险、会展、商贸、航运、物流、法律、培训、中介咨询、广告传媒、电子信息网络等专业化服务机构，力求以良好的专业化服务体系，与总部企业积极互补构建出不同的经济集群；还通过"精致鼓楼"、"平安鼓楼"、"教育鼓楼"、"和谐鼓楼"等一系列创建活动，进一步优化对发展总部经济同样重要的社会化要素。

（三）提升服务水平，是鼓楼区发展总部经济的重要保障

区委、区政府始终树立"为企业排忧解难就是解决政府自身发展困难"的理念，经常走访企业，了解企业的生产经营状况，真正做到"想企业所想，急企业所急"。建立"一站式"的行政服务中心，积极为企业提供工商注册、税务登记、银行开户、财务审计、统筹保险和法律咨询等方面的"一站式"服务，并根据投资者的不同情况，提供各种优惠政策"套餐"，营造了良好的投资环境。

四 鼓楼区总部经济未来的发展原则及定位

鼓楼区总部经济发展虽取得了一定成果，但仍面临着较多困难：一是总部企业的流动性较大，对所在区域的基础设施、专业化服务、法律政策环境等均有很高要求。鼓楼区区域空间狭小，如何突破空间瓶颈制约，留住区内总部企业，面临严峻挑战。二是高端载体入驻企业质量有待进一步提高，政府如何筑巢引凤、腾笼换鸟，从政策层面加以因势利导，形成优势产业集群，还需深入研究。三是招商手段和招商模式有待创新，加紧出台适合总部经济发展的招商奖励办法，以此提升总部经济发展层次。

（一）未来鼓楼区总部经济发展将遵循四大原则

1. 市场为主与政府引导的原则

遵循市场经济规律，积极培育与总部经济相适应的高级生产要素，关键是形成大型企业集团在鼓楼设立总部的环境条件，形成使这些企业"愿意来"的内生激励机制。同时，政府为总部经济制定扶持发展政策，提供公平制度环境，创造良好发展条件，促进总部经济和区域发展形成良性互动。

2. 总部经济与产业辐射的原则

借鉴国际、国内城市转型和发展经验,将发展总部经济作为推动现代服务业、先进制造业和高新技术产业发展的重要途径,促进产业结构优化升级和城市功能提升,形成新的经济增长点,推动城市可持续发展。总部企业具有管理和服务职能,具有显著的服务经济特征。加快发展总部经济既是壮大提升服务业尤其是现代服务业的必由之路,也是促进现代服务业、高新技术产业和先进制造业融合发展的可行之路。

3. 引进总部与培育总部的原则

优化服务环境,拓展市场空间,吸引更多以内外资非银行金融机构为代表的企业总部入驻鼓楼。同时,积极利用近年来南京服务经济发展的成果,推进本土企业和已落户企业向总部型企业过渡,不断优化发展环境,留住本土企业总部,鼓励优势企业做大做强。

4. 错位发展与协调发展的原则

由于地处长三角经济带,鼓楼总部经济需要实现与上海业已形成的全方位的金融体系错位发展,与苏锡常发达的制造业产业体系错位发展。根据城市的功能定位、产业基础和布局发展要求,发挥鼓楼自身优势,引导总部企业集聚发展,避免城市间盲目竞争,推动与其他城市的错位发展与协调发展,走具有鼓楼特色的总部经济发展道路。

(二) 发展定位

1. 苏皖地区大型企业集团和上市公司的总部

南京和鼓楼在苏皖地区具有区位中心的地理优势,可以直接面向苏南、苏中、苏北三大江苏区域,同时对安徽东部的城市具有直接辐射能力。同时,苏皖地区尤其是苏南近年来形成了为数众多的具有相当影响力的大型民营企业集团和上市公司,鼓楼的区位条件对这些企业继续做大做强具有较强的吸引力。因此,鼓楼可以充分利用区位优势,重点吸引江苏其他地区和安徽的先进制造业、高新技术产业和现代服务业总部企业,进一步确立鼓楼区的总部经济在南京的优势地位。

2. 国内特大型央企和民营集团的第二总部、行政中心、财务中心等

随着企业集团经济的快速发展,部分央企和大型民营集团将行政总部、财务中心等重要机构从母公司相对分离，成为相对独立机构。同时部分大型企业集团还出现了成立多个总部的趋势。由于历史的原因，这些公司的最初总部位于北京、上海等地。但仍可以积极引进中央直属企业、国内500强以及在行业中居龙头带动地位的国内大型企业集团、上市公司，在鼓楼设立相对独立的行政总部、财务中心、信息中心等，提升进驻鼓楼总部经济圈的层次和级别。

五 鼓楼区总部经济未来发展策略

1. 明确总部经济的规划范围

明确中央路总部大街，湖南路—鼓楼"金三角"商务商业片区、新街口及河西商务商业片区，以湖南路、中央路、中山北路三边所构成的"金三角"地块为核心地带，对鼓楼金三角地带进行高强度开发，重点发展以非银行金融机构为代表的总部经济。

2. 以鼓楼角的紫峰大厦、国际商城等代表性载体为依托，建设金融中介机构集聚区域

大力发展法律服务、会计审计、信用评级、资产评估、投资咨询、精算公估、金融资讯等金融中介机构。努力推动股权投资、信托租赁、证券期货等金融产业发展。

3. 云南北路周边的老城区进行更新改造，建设综合性金融商务区

重点规划和调整该地段商务楼宇的业态，再建一批"五星"酒店和高档商务办公区，形成高楼林立、现代化的商务集聚区。制定相关政策，积极引进银行、证券、保险、典当、拍卖等金融机构，形成业态明显、功能突出的金融商务区，同时提供高水准的居住、餐饮、休闲、娱乐、会展等服务，努力将寰宇地块建设成为该地区金融机构发展的标志性地块。

4. 融合金融和信息技术创新，在新模范马路周边建设若干金融资讯信息服务平台

重点推进金融软件开发、金融数据处理、后台数据处理、银行卡支付结算等金融资讯信息服务企业的集聚和建设。

"十年磨一剑"，站在新的起点上，鼓楼区必将锐意改革、开拓进取，推动全区总部经济获得更大的发展。

B.15
杭州市下城区总部经济现状及发展策略研究

中共下城区委员会　下城区人民政府

总部经济是我国经济全球化、信息化和市场化后出现的一种新的经济现象，是指某区域由于其特有的资源优势，吸引企业将总部在该区域集群布局，将生产制造业基地布局在具有比较优势的其他地区，而使企业价值链与区域资源实现最优的空间耦合，并由此对该区域经济发展产生重要影响的一种经济形态[①]。发展总部经济，是中心城区经济社会发展到一定阶段的产物，是中心城区进一步加快发展方式转变和实现城区功能提升的重要战略选择，也是进一步提升区域经济核心竞争力、实现城区经济社会科学发展的一种新模式。在总部经济模式下，各类总部企业的高度集聚能有效地整合中心城区有限的资源要素，充分发挥中心城区产业、环境、区位等优势，实现区域资源要素的最佳组合。杭州市下城区地处长三角金南翼，近年来，凭借其省会城市中心城区特有的优势日益成为总部经济的重要集聚地之一。

一　下城区总部经济的发展历程、现状和特点

下城区是杭州的核心城区和（武林）中央商务区，总面积31.46平方公里，常住人口52.61万，下辖8个街道72个社区。近年来，下城区委、区政府针对辖区空间小、土地资源极度缺乏等实际，立足区位特点，顺应周边制造业快速崛起、区内服务业加速发展、现代服务业日益兴起的趋势，紧紧围绕"繁华时尚之区"城区战略定位，深入推进"南精北快"总战略和"服务业导向、民主民

---

① 肖永芹、董路宁：《上海发展总部经济的优势、现状及对策》，《经济前沿》2006年第8期。

生、文化引领、环境立区"四大分战略,始终坚持把招商引资作为"一把手工程"和"生命线工程",大力发展总部经济、楼宇经济、特色街经济、会展经济等具有中心城区特色的经济形态。2011年,全区实现地区生产总值544.75亿元,同比增长10%;实现财政总收入123.45亿元,同比增长16.29%;其中地方财政收入71.09亿元,同比增长11.25%;两项收入均列全省90个区(县、市)第6位。2012年上半年全区实现服务业增加值236.7亿元,其中服务业增加值占地区生产总值比重达91.96%,列浙江省90个区(县、市)第1。近年来,下城区先后获得"国家可持续发展实验区"、"中国商业名区"、"中国现代服务业十强区"之一、"全国和谐社区建设示范城区"、"全国法治县(市、区)创建活动先进单位"、"全国科技进步先进区"、"全国社区服务示范区"、"全国社区教育示范区"等30多项国家级荣誉称号。

(一)发展历程

杭州作为长三角的两个副中心城市之一,也是较早提出发展总部经济的城市之一,下城区在其中起到了十分积极的作用。下城区委、区政府认为,在土地要素资源极度缺乏的中心城区,总部经济的发展与楼宇经济的发展是相伴相生、密不可分的,各类商务楼宇就是总部经济发展的主战场。因此,下城区以楼宇经济作为发展总部经济的重要载体,从2002年起步,大致经历了"探索—规范—提升"三个阶段的有序发展过程。同时,下城区的总部经济(楼宇经济)的探索实践也对周边其他城区形成了示范效应,带动了其他地区总部经济(楼宇经济)的快速发展。

1. 探索阶段(2002~2007年)

下城区重点通过加强规划引导、推出扶持政策、培育特色楼宇、优化管理服务等做法,明确发展定位,优化服务环境,大力吸引总部企业集聚,初步树立"向蓝天要空间、向空间要效益"的总部(楼宇)经济发展理念,建立起政府与企业"共建共享"的总部经济发展共识,大力发展具有区域特色的总部经济、楼宇经济。下城区总部经济初具规模,产生了浙江省第一幢年税收超亿元的写字楼(标力大厦)、嘉德广场"金融总部楼"等特色楼宇。2006年,下城区与浙江工业大学联合成立"杭州市下城区发展总部经济研究"课题组,在研究北京、上海以及纽约、香港等城市总部经济发展情况的基础上,对下城区发展总部经济的有利因素、不利因素及发展现状进行了深入调研,提出了加快下城总部经济发展的基本构想和保障措施，形成了调研成果，该成果对引领下城总部经济发展发挥了积极的作用。

2. 规范阶段（2008年）

在规范发展总部经济的同时，下城区开展了楼宇经济的规范管理，通过科学制定规划、合理研究计划，研究制定了《楼宇经济发展规划》，形成"两核、三带、七区块"的格局，其中，两核为武林CBD核心区和创新创业新天地核心区；三带为庆春路、环城北路和建国北路"两横一纵"发展带；七区块为武林门区块、西湖文化广场区块、嘉里中心区块、和平会展区块、中河区块、石桥商贸物流区块和城北体育公园区块；制定了《下城区发展楼宇经济三年行动计划》、《下城区促进总部经济发展的财政扶持政策》和《下城区发展楼宇经济考核办法》，并设立楼宇经济发展专项资金，建立起楼宇动态信息库，实行"一楼六员八人"，为每幢楼宇确定了一个管理服务团队，打造服务平台，提升服务质量。下城区还首创"楼宇经济指数"，积极推进总部（楼宇）经济规范化、系统化建设，着力构建楼宇（总部）经济发展的下城模式。

3. 提升阶段（2009年至今）

围绕楼宇载体强化总部经济的引进和培育，下城区启动了"楼宇综合服务中心"筹建工作，探索实现经济服务、民生保障、城市管理、综合治理、党群建设"五进楼宇"，并在省外经贸广场"楼宇综合服务中心"成功试点的基础上，于2010年在全区范围内全面推广，将企业找服务转变为政府送服务，真正实现政府服务企业"零距离"，并由此开创了"楼宇社区"的理念。下城区还联手浙江省标准化研究院专家，研究制定了《楼宇综合服务中心标准化建设实施指导意见》、《下城区楼宇经济综合服务中心标准体系》、《楼宇公共服务规范》等系列规范化文件，确保楼宇综合服务中心建设的标准化。经过不断的探索实践，下城区总部经济、楼宇经济工作取得了显著成效，"亿元楼"数量占全市的2/5以上，楼宇"入驻率、注册率、贡献率"等各项指标稳步增长，下城总部经济（楼宇经济）模式的影响力进一步增强。

（二）发展现状

1. 高端企业云集，集聚区块业已形成

经过近年来的高速发展，下城区已发展成为杭州市的金融中心、商贸中心、文化中心和会展中心。目前，年地方财政收入超千万元的总部企业有 82 家，共实现年地方财政收入约 41.29 亿元。区域内已经聚集起沃尔玛、摩根士丹利、万宁等世界 500 强企业 20 家；浙江物产集团成为全省首家世界 500 强企业，先后有 7 家企业入选民营 500 强，目前下城区有全国 500 强和民营 500 强企业 14 家；黄百鸣工作室、西湖创意集市等 100 余个优质文创项目进驻中北创意街区。尤其是中央商务区（CBD）作为总部经济最为明显的空间形态，下城区充分发挥杭州（武林）中央商务区的集聚效应，以武林商圈、延安路和庆春路两侧等为重点发展区域，集聚了大量金融保险、文化传媒、信息通讯、商贸商务、中介服务、服装设计、会展等现代服务业和部分先进制造业，武林商业商务集聚区、庆春路延安路金融集聚区、中山北路文化创意街区等区块已经成为众多优质总部企业的投资热点。目前，杭州（武林）中央商务区集聚的总部企业在数量上占全区的 70%以上，在空间上已经初步形成以现代服务业为主的总部集聚区，目前杭州（武林）中央商务区核心区每平方公里财政总收入和地方财政收入分别为 19.46 亿元和 10.57 亿元，形成了较为明显的企业总部集群现象，是杭州商业活动的集聚地、风向标，被授予"中国最具投资价值 CBD"称号，2012 年正在积极申报创建国家级示范 CBD。

2. 金融机构密布，配套服务功能完善

进入杭州的花旗、汇丰、东亚和三井住友 4 家外资银行的杭州分行均落户下城区，主要金融机构的总量占全杭州市近 60%，金融企业的总部占全市的 50%以上，2011 年金融业实现增加值 162.24 亿元，占地区生产总值比重达 29.78%，占全市的 22.18%。初步形成了银行、证券、保险、信托、租赁等多种金融业态并存，全国性、区域性、地方性金融机构多元发展的格局，使金融业成为下城经济发展的一张"金名片"。

3. 产业特色明显，竞争优势错位发展

服务业一直是下城区的支柱产业。近年来，下城区坚持"服务业导向"战略，致力于发展金融服务、文化创意、信息软件、电子商务、物联网等符合下城实际的重点产业，努力实现从"服务业大区"向"服务业强区"转变，积极打造服务业"首善之区"。2012 年上半年，文创产业限额以上企业主营业务收入达到 136.66 亿元，同比增长 6.2%。电子商务产业方面，电子商务产业园入驻企业 224 家，实现营业收入 3.2 亿元，同比增长 22.5%，同时积极参与杭州市申报

"国家级跨境电子商务试点城市"。以《浙江日报》、《杭州日报》、杭州广电集团等重点文化企业为龙头的文化创意产业园区正在逐步形成,和平会展中心等场馆的会展展览面积达60.31万平方米,占全市的63.27%,每年承接国际国内各类会展数量稳居杭州市的半壁江山。

4. 楼宇优势突出,城区发展空间拓展

下城区在全国首创"楼宇经济指数",率先提出"楼宇社区"理念,通过楼宇经济"三年倍增"计划和"腾笼换鸟",大力引导同一行业、功能相近的企业在楼宇内聚集,培育了一批颇具规模的特色总部楼宇。如坤和大厦高端总部特色楼、嘉德广场金融特色楼,广利大厦、宏都商务楼等中介服务楼,国都发展大厦外贸特色楼等。到2011年底,楼宇入驻率达97.88%、注册率达82.51%,贡献率每平方米3083元,全区税收超1000万元楼宇达到60幢,其中超亿元楼宇16幢,均列全市第1,楼宇经济总体排名进入全国10强。

5. 区域统筹发展,"南精北快"成效初显

下城区针对南北部区域发展不平衡的现状,坚持以"南精北快"发展战略引领区域统筹发展,先后制定出台了《精品南部发展规划》、《加快北部发展规划》、《"四个中心"建设五年规划》等一系列南北区域统筹发展的规划,努力形成"南有CBD,北有新天地"的中心城区发展新格局。近年来,下城区不断丰富"南精北快"的内涵,进一步优化空间布局,提升区域功能,促进南北融合互动。"南部"区域立足精而优,坚持精致化、国际化、品牌化发展,通过精益求精、精耕细作,武林广场高端商业商务集聚区、庆春路延安路金融集聚区等六大产业集聚区总体呈现"规模扩大、空间拓展、活力增强"的发展趋势。"北部"区域立足快而好,坚持高端化、集聚化、品质化发展,快中求强、快中提质,进一步优化北部地区规划,努力将北部杭州创新创业新天地打造成为杭州商业商务新亮点、下城新一轮发展的核心增长极和重要引擎,目前北部地区对全区经济的贡献率已达到40%以上。

(三) 发展特点

下城区总部经济发展至今,主要呈现以下三个特点。一是本土企业发展迅速。下城区不同历史时期发展起来的大企业、大集团具有一定的基础实力和竞争优势,经过多年的发展,这些企业积极抢占市场,不失时机地向外扩张,从而成长为跨区域经营的大企业、大集团,为发展下城区的总部经济作出了很大贡献。如浙江物产集团跻身全省首家世界500强企业、汉鼎信息科技股份有限公司成为下城区首家自主培育的上市企业。二是引进企业效益明显。下城区注重选商引资,开放型经济全面发展。近年来下城区成功引进摩根士丹利、利宝保险、法兴银行、金盛保险、国泰产险、爱和谊日生同和财产保险、迪士尼英语培训中心等世界500强项目20个,信达资产、南方水泥等央企区域总部落户下城区,近五年来累计引进内资684.31亿元,实际利用外资12.41亿美元,总部集聚效应日益明显。三是潜在资源发展潜力巨大。经调查统计,下城区注册资金在5000万元以上的内资企业有220家;销售额在1亿元以上的企业有419家;年纳税额在100万元以上的有966家,其中年纳税额在1000万元以上的有120家,年纳税额在1亿元以上的有20家。这些企业都有巨大的发展潜力,也是下城区发展总部经济重点培育的对象。

二 下城区发展总部经济的相关做法和实践

总部聚集是总部经济的形式要求,内涵建设是决定总部企业档次和类型的重要因素。下城区以总部集聚区建设为契机,加强政策引导,完善楼宇配套设施,提升服务水平,努力为总部经济发展提供良好的投资发展环境。

(一) 加强引导,完善专项政策

充分发挥下城区《1+X经济扶持政策》、《下城区促进总部经济发展的财政扶持政策》的引导作用,通过设立楼宇经济专项资金,加大对总部型企业的扶持力度。坚持"人才强区"战略,不断改善人才引进环境,加大总部企业紧缺人才,特别是高层次创业创新型人才的引进和培养力度,为总部企业吸纳高端、科技领军和行业紧缺人才提供全方位服务。

(二) 明确目标,选择招引总部

立足本区域的产业基础,选择现代服务业等具有产业基础比较优势的企业总部为重点招商目标,实现产业基础与企业总部所属领域的耦合,提高企业总部的根植性和归属感,形成区域特色产业文化,使企业品牌的扩张与区域品牌的塑造实现互动发展,进一步增强总部企业集聚区的吸引力、凝聚力和辐射力。一是突出金融总部。作为彰显下城特色、引领转型升级的核心产业,金融服务业占据了下城区招商引资的头把交椅。下城区云集了200余家各类金融机构,汇丰、花旗、摩根士丹利、爱和谊、国泰产险等世界500强金融项目也纷纷落户下城区。杭州市庆春路已具有浓重的"金融街"金融氛围,空间的集聚效应高,具备了极好的品牌传播效果。二是突出500强企业。重点瞄准三类500强企业:世界500强、中国500强和民营500强,目前落户下城的世界500强企业已经达到20家,中国500强和民营500强企业也达到了14家,500强企业正成加速集聚的态势。三是突出区域总部和行业龙头。按照"招大引强"的原则,重点招引国内外实力雄厚的知名企业,仅2011年下城区就引进1000万元以上内资大项目175家,到位资金138.53亿元,占总引进企业到位资金的81.42%。累计引进合同资金200万美元以上外资大项目资金57427万美元,占总合同资金的98.14%,为总部企业的培育和发展奠定了良好的基础。

(三)创新理念,建设楼宇社区

下城区全区上下牢固树立服务意识,着力打造"服务型政府"。为提高整体服务水平,下城区将社区管理服务的理念运用到楼宇经济、总部经济发展中,在全国率先提出了"楼宇服务社区化"的理念,探索"楼宇社区"建设模式。楼宇社区作为企业的"娘家人",专门为企业和员工提供社区化的服务,增强企业归属感,打造楼宇文化,为企业营造良好的发展环境,扶持企业做大做强。全区计划建成27个楼宇社区,覆盖全区103幢目标楼宇,通过楼宇社区综合党委、楼宇社区服务中心、楼宇社区促进会"三位一体"的楼宇社区工作机制,齐心协力推进楼宇社区建设。

(四)突出重点,落实服务内容

进一步落实区四套班子领导联系大项目制度,定期联系走访重点企业,定期举办金融服务业、世界500强企业等专题交流午餐会、企业联谊会、异地商会(协会)座谈会等活动,协调解决在楼宇规划建设、招商引资等方面遇到的各类困难。在总部楼宇建立楼宇社区服务中心,街道设立楼宇服务窗口,选派专职联络员进驻楼宇,开展经济服务、民生保障、城市管理、综合治理和党群建设

"五进楼宇"企业服务机制，开辟重点企业"绿色通道"，做好政策宣传、数据收集及情况反馈等全方位跟踪服务。

（五）完善标准，优化考核方法

下城区坚持高水平招商、高质量服务的"双高"目标，积极探索综合性的考核办法，一方面完善招商引资的指标考核，另一方面对楼宇服务工作开展标准化考核。在招商引资的指标上，充分体现"招大引强"的工作思路，对引进500强项目、总部企业、上市公司、央企国企、鼓励类行业大项目、高新技术项目、浙商回归等优质项目予以加分。在服务考核方面，出台了《下城区楼宇社区服务中心标准化建设实施意见》，对服务中心的服务流程、服务时间、服务场所、服务内容进行了标准化规定，确保服务质量的高标准。同时开展"5A楼宇社区"评比，将楼宇配套设施和综合服务水平列入重点考评内容，并对优秀的楼宇社区进行奖励。

三 当前下城区发展总部经济存在的问题和不足

1. 高端人才匮乏，还不能适应总部经济快速发展的需求

发展总部经济急需大量高端企业管理和服务人才。下城目前积极实施"人才强区"战略，打造人才洼地，但仍缺乏吸引高端人才的有效平台，高层次人才的职业培训体系还不够健全，高层次人才占下城人才总量的比重较低，尤其是如金融工程师、会计师、精算师、律师等高级专业人才及具有丰富实践经验的复合型管理人才非常短缺，还无法适应发展总部经济的需求。同时，政府有关部门在为企业提供包括会计、法律、金融、技术研发、产品设计、知识产权服务等专业化服务方面还不够到位等。

2. 总部经济特色性还不够

受城区权限制约，下城区对总部经济聚集区的规划与政策引领力度还不够，导致总部经济缺乏有特色和明确的功能定位，存在同质化和低层次竞争。

3. 总部经济相关配套功能不够完备

总部经济聚集区是企业总部云集的空间区域，各种类型的企业总部对现代服务业提出了巨大的需求。虽然下城区是服务业大区，服务业占GDP比重已接近

92%，但现代服务业比重还偏低，尤其是金融、物流、会计、法律等生产性服务业层次较低，业务种类单一，难以适应企业总部的多元化和个性化需求。

四 未来下城区加快总部经济发展的思路与构想

按照中央和省、市加快转变发展方式、推进经济转型升级的战略部署，未来下城区将牢牢抓住有利机遇，借鉴国内外先进经验，结合自身区位、产业优势，紧盯"服务业强区"这个发展目标，着力发展高端的二次、三次产业+文化创意产业，提升传统服务业、加快发展现代服务业、大力发展高新技术产业，加快推进总部经济发展步伐，努力探索一条具有区域特色的总部经济发展新路子。

（一）基本原则

1. 立足当前与着眼长远相结合

既要突出重点、有所作为地推进基础设施、公用事业和一批总部办公楼项目建设，又要切实抓好中央商务区的建设。

2. 发挥优势与错位发展相结合

坚持错位发展策略，扬长避短，把发展"浙商企业总部经济"、"特色产业总部经济"作为下城区总部经济的主要定位。

3. 政府引导与市场运作相结合

发挥政府在统筹协调、科学规划、政策导向以及环境营造等方面的作用，同时着力引入市场竞争机制，引导各类总部经济资源在下城区总部功能区聚集。

4. 留住总部与引进总部相结合

既实施本地企业"留根工程"，推动本区规模企业、品牌企业、优势企业总部性质机构率先进入总部集中区，又要实施各类"引根工程"大力吸纳各类外埠企业、境外企业来下城设立地区总部、分支机构或办事处。

（二）加快形成三大总部集聚区

为更好地推动总部企业在下城的落户和发展，下城区提出并积极向杭州市争取把城北"创新创业新天地"、杭州（武林）CBD和杭氧杭锅城市综合体列入杭州市总部企业集聚区建设规划，有规划、有目标、有步骤地在这三大区块招引国内外总部企业，提升配套服务，形成总部企业集聚区。

1. 杭州（武林）CBD 总部企业集聚区

位于下城区南部区域，充分利用杭州（武林）中央商务区的传统发展优势，以"高起点规划、高标准建设、高强度投入"三高原则，重点建设一批高档次国际甲级商务楼宇，吸引国内外总部企业入驻。已建成的总部楼宇有坤和中心、环球中心、深蓝广场，此外还有标力大厦等60余幢楼宇，总建筑面积约200万平方米；规划建设中的总部楼宇有杭州香江国际大厦、嘉里中心、地铁上盖物业、百井坊巷项目等，总建筑面积约130万平方米。

2. 创新创业新天地总部集聚区

位于下城区北部核心区，总用地面积56.7公顷，总建筑面积115万平方米，是国内首个以工业遗存为主题开发的百万方超级城市综合体项目。按照标准厂房和楼宇经济有机结合的原则，该项目可通过引进跨国公司总部和承接市属企业总部迁入，促进高端服务业的快速发展。项目规划区位优越、道路交通完善、业态规划全面，将成为杭州城北新的繁华商业地标。

3. "城市之星"总部集聚区

位于下城区中部区域，规划用地面积约150万平方米，总建筑面积约300多万平方米，将打造集商业、商务办公、高档居住社区等多种业态于一体的新型城市综合体。作为近年来杭州实施"城市有机更新"、工业遗产保护、旅游综合体打造中的重点和亮点，此项目具有不可替代的环境优势和规划优势，发展潜力巨大。

（三）具体举措

一是做强服务业"首位经济"。立足"繁华时尚之区"城区战略定位，大力实施"服务业导向"战略，完善服务业发展规划，着力提升现代服务业发展规划、层次和能级，使以金融和商务为重点的现代服务业成为吸引跨国公司总部的重要因素。要发挥龙头企业的带动作用，重点抓好一批商贸、金融和文化创意产业等现代服务业产业项目，扶持符合中心城区产业发展导向的中小企业做大做强，形成区域特色产业文化，提升企业核心价值，使企业品牌的扩张与区域品牌的塑造实现互动发展，进一步增强总部企业集聚区的吸引力、凝聚力和辐射力。同时，积极引导一批符合产业发展导向、具有品牌优势和规模优势的辖区企业做大做强，在较短时间内提升"走出去"的实力，加快成长为总部企业，积极培育一批主业突出、带动能力强的大企业、大集团。

二是抓紧招商引资"生命线"。始终把招商引资作为"一把手"和"生命线"工程，坚持招商引资高端取向，创新土地、楼宇、央企招商等"八大招商模式"，通过驻京、驻沪、驻港等招商联络处的平台作用，加强与央企、国企和世界500强企业的联系与交流，从而在招大引强上取得新突破。加快"下城区招商引资资源共享信息系统"建设，按照"一楼一档"的方式，加强与楼宇物业公司的配合，完善动态的楼宇经济信息管理系统，实现对楼宇经济、总部经济的网络化、信息化、实时化管理。充分利用楼宇资源和北部存量资源，大力引进和培育生产性服务企业，力争在金融、设计、物流、会计、法律等方面为总部经济发展提供完善配套。

三是做优投资环境"金招牌"。以政策支持为引导，通过打造政策"洼地"吸引总部企业落户，充分发挥好《1＋X经济扶持政策》的作用，特别是其中的促进总部经济、楼宇经济的专项政策。通过设立楼宇经济专项资金，加大对总部型企业的扶持力度，并对高端优势企业采用"一企一策"、"一事一议"的专项扶持。抓住浙商回归的有利时机，引进一批有影响力的大项目。加强与总部企业的对话机制，推行政府部门与总部企业对口联系服务制度，提供更加人性化和符合总部企业需求的服务内容，提高政府服务效率，切实解决现有总部企业发展中的实际问题，培育扶持总部企业做强、做大。不断改善人才环境，实施"武林英才"计划，加大总部企业紧缺人才特别是高层次人才的引进和培养力度，为总部企业吸纳高端人才、科技领军人才和行业紧缺人才提供全方位服务。

四是夯实楼宇经济"主抓手"。以楼宇经济作为发展总部经济的主要依托，围绕"优势企业集群化、重点行业集聚化、资源利用集约化"的总体思路，进一步完善和落实《发展楼宇经济三年行动计划》。从强化政府服务入手，突出服务的规范和精细，发挥好"一楼六员八人"楼宇服务团队的功能和作用，完善楼宇经济信息管理系统，从硬件和软件两方面开展"楼宇综合服务中心"标准化建设，推进楼宇社区化服务。深入研究总部企业尤其是跨国公司的投资及选址趋势，通过完善相关政策、优化服务、创新招商模式、增强中介服务等措施主动出击，不断增强下城区对国内外大型企业总部的吸引能力，依托区内的坤和中心、环球中心、省外经贸广场等高端楼宇资源大力招引世界500强、中国500强、民营500强、央企国企以及全国性、地区性行业龙头企业和企业总部项目，加快区内总部型企业的集聚。

B.16
武汉发展总部经济的战略思考

姚 莉*

总部经济是经济全球化和区域经济一体化发展到一定阶段的必然产物，也是当今国际化大都市和区域中心城市全面发挥功能的一种必然趋势。近年来，总部经济已成为我国大城市经济转型与持续发展的新热点，北京、上海、广州等城市成为我国总部经济发展的领跑者。武汉要提升城市影响力，建设国家中心城市，加快发展总部经济既是其自身发展定位的迫切要求，也是推进武汉城市圈"两型"社会建设、促进湖北在中部地区率先崛起的重要途径。

一 武汉总部经济的发展现状

据北京市社科院发布的《全国35个主要城市总部经济发展能力排行榜（2010）》显示，武汉总部经济发展能力在全国位列第9，是中部六省唯一入选前十强的城市。近年来，在湖北省、武汉市政府的支持下，随着东风集团、葛洲坝集团等大型国有企业纷纷将总部迁往武汉，武汉总部经济有了较快的发展。目前，武汉市总部经济发展呈现"三足鼎立"的格局：2003年武昌区率先提出建设总部经济区；2004年江汉区依托王家墩中央商务区明确将经济形态定位为"总部经济"；同年黄陂区通过市场运作，由卓尔集团在盘龙城投资兴建了为中小企业量身定做的总部大楼——"第一企业社区"。

——武昌总部区。武昌总部区以洪山广场为核心，以中南路、中北路为纵轴，以武珞路、八一路、新民主路和中山北路为横轴，面积约5平方公里。自2003年起，武昌提出打造公司总部区，中铁十一局、中建三局、上海锦江之星华中分公司等一批有实力的企业先后将总部迁入武昌，中国出口信用保险公司、

---

* 姚莉，湖北省社会科学院经济所副研究员，主要研究方向为区域经济、产业经济。

中国人寿保险公司、渤海财保、法国阿尔斯通、联想集团、香港和记黄埔、香港华润置地、保利集团等一大批国内外知名企业集团也纷纷在武昌设立区域分支机构。从入驻的总部企业来看，截至2009年底，武昌区已集聚各类总部企业136家，其中国际国内大企业总部、区域总部78家，省内大中企业生产与管理相分离总部企业49家，在区外有三个以上分支机构的武昌本土总部企业9家。从财政贡献上看，截至2008年底，武昌公司总部区8800余家企业共完成财政收入24.5亿元，占武昌区区税收总量的49.42%；从品牌形象建设来看，江南金融商务中心、中部设计之都等品牌形象取得了一定的知名度和较好的美誉度。金融保险、文化创意、信息技术服务、商贸旅游等现代服务业在武昌国民经济中的比重不断提高，能够为国内外总部企业提供优质的生产和生活服务，使得武昌总部经济发展后劲十足。

——江汉总部区。江汉总部区是以王家墩中央商务区为依托，以新华路和建设大道为轴心的总部经济圈。总部区内现代服务业发达，金融、交通、通信以及商务休闲等优势明显，已着手建设以王家墩为主体的中央商务区（CBD）。江汉总部区内现有公司总部36家，下属184个分公司。其中，按总部管辖区域大小划分，全国性总部1个（合众人寿保险有限公司）、区域性总部2个，省级总部6个、市级总部27个；按行业划分，商品零售企业总部10个，金融保险业总部8个，交通运输业总部5个，住宿餐饮业总部3个，科研、信息传输、商务服务及房地产企业总部7个，电力燃气业、建筑安装业总部3个；按年纳税额大小划分，1亿元以上的总部1个，5000万~1亿元的总部1个，1000万~5000万元的总部12个，1000万元以下的总部22个。2007年，36个总部性公司完成税收11亿元左右，占区财政总收入的24%左右。

——黄陂总部区。黄陂总部区主要指盘龙城的"第一企业社区"，地理上西倚武汉天河国际机场，东临阳逻深水港，南邻汉口火车站，携岱黄高速和机场高速两条高速公路，背靠外环，由民营企业卓尔集团投资兴建，打造集独栋办公、生态办公、智能办公于一体的企业总部社区，主要吸引国内知名企业、省内优秀企业和市内成长企业总部入驻。整个项目占地1200余亩，由300多栋面积在1000~1500平方米的独栋办公楼组成，已成功引进长虹、步步高、夏新、熊猫、红蜻蜓、捷瑞、意尔康等80余家企业的营销中心。目前，已有5000多人搬入社区办公，当一期入驻园区企业的注册、税务登记全部完成后，将有100家企业入驻，税收贡献将达亿元以上；整个三期建设完入驻后，将形成5亿~8亿元的税收规模，年产值将在100亿元以上。

此外，以东风集团、神龙公司为主导的沌口开发区现代制造业企业总部基地，以东湖高新、烽火通讯、华工科技、凯迪电力等为主导的东湖国家自主创新示范区本土创新企业总部基地正在逐步形成。

二 武汉总部经济发展存在的问题

总体上看，目前武汉总部经济尚处于初级发展阶段。现阶段，武汉的总部经济发展还存在着一系列问题。

一是总体规模不大，质量效益不高。根据《全国35个主要城市总部经济发展能力排行榜（2010）》，武汉总部经济水平在全国处于第Ⅱ能级，与北京、上海、广州等城市差距较大，与同处第Ⅱ能级的杭州、成都、宁波、南京、天津、青岛相比，在很多方面也落后较多。目前武汉总部经济发展缺乏具有高端品牌和国际竞争力的集团公司支撑，总体规模偏小，产业集聚度不高。在跨国公司和大企业集团的办事处或经营机构中，以武汉为总部的企业数目较少，真正意义上的企业总部和核心机构不多，未形成规模效应，质量效益不高。

二是同城竞争明显，缺乏统一规划。目前，武汉市总部经济呈现"三足鼎立"的局面，武昌、江汉、黄陂三家区级政府纷纷打出"总部经济"的招牌，面向省内、全国乃至跨国企业大力招商，提出各种优惠政策吸引总部入驻。虽然各区的总部经济定位有所不同，但全市总部经济还是缺乏统筹规划和错位发展，造成了一定的资源浪费和恶性竞争，阻碍了武汉市总部经济的整体发展。武汉市目前还没有成立专门负责总部经济发展的领导机构，对全市发展总部经济缺乏相关的指导意见和统一规划，现有的财税、GDP核算、政府业绩考核等制度也不适应总部经济的发展要求。

三是支撑条件落后，扶持力度不够。根据《中国总部经济发展报告（2009~2010）》的评估，武汉在人才、科技、研发、商务设施、专业服务、政府服务等发展总部经济的支撑条件方面均落后于北京、上海、广州等地，硬件设施和配套服务有待完善。同时，武汉推动总部经济发展的力度不强，在城市规划、用地、招商、税收等政策措施上支持力度不够，北京、上海、天津、武汉，以及南京、深圳、广州、成都等发展总部经济的大城市都出台了办公用房购置补贴、个人所得税地方留成返还和引导资金扶持等激励性政策，并明确了支持发展总部经济的协调部门和机构。

虽然武汉总部经济发展存在一些问题，但武汉具有发展总部经济的良好机遇和基础条件。第一，国家实施促进"中部崛起"战略为武汉发展总部经济提供了难得的历史机遇；第二，武汉城市圈"两型"社会综合配套改革试验区建设为武汉发展总部经济注入了新的活力；第三，武汉独特的区位优势和便捷的交通通信设施为武汉总部经济的发展创造了有利条件；第四，较强的城市品牌效应和产业基础为武汉总部经济发展提供了良好的载体；第五，丰富的科教人才资源和较发达的知识型服务业为武汉总部经济发展提供了有力保障。

三 加快武汉总部经济发展的思路对策

新时期武汉发展总部经济，要坚持以科学发展观为指导，加强全市总部经济统一规划发展，合理布局总部集聚区，大力吸引跨国公司国内大中型企业的华中地区分支机构和区域总部落户，积极培育湖北省及周边省份的大中型企业总部，按照"产业集群化、技术创新化、发展专业化、配套智能化"标准，着力发展高新技术产业、先进制造业、现代服务业等类型企业的研发、营销或采购总部。加快建设比较完善的总部经济发展环境、政策框架和服务体系，吸引更多的企业总部向武汉集聚，促进武汉产业结构升级和城市经济转型。大力提升城市影响力，努力构建国家中心城市，提升武汉对中部地区乃至全国的辐射和带动作用。

一是加强统一规划，做好总部基地建设。依托现有的中央商务区（CBD）、特色产业集聚区等空间载体，立足不同类型、不同层级的总部企业对区位、基础设施与商务配套设施的不同需求，科学规划总部经济聚集区域。市里要成立"培育和发展总部经济领导小组"，制定全市性的"总部经济发展规划"，出台《武汉市加快培育和发展总部经济的意见》，建立市政府与总部机构定期沟通的机制，统一规划发展各区总部经济。与此同时，要高起点做好全市总部基地建设规划。依托江汉王家墩中央商务区（CBD）打造金融中心、跨国公司总部基地；依托武昌东湖文化产业区打造文化创意产业总部基地；依托东湖开发区"光谷金融港"打造国内最大的金融后台服务中心总部基地；在其他合适的地区建立制造业、物流业的总部基地,以及商业、服务业的总部基地。

二是完善软环境,提供高效的政府服务。政府应加快职能转变,提高政府办事效率,减少政府行政性审批,落实各项服务举措,树立清正廉洁的政府形象,积极建设公共服务型政府。推进"法治武汉"建设,加强法规制度环境建设,提供稳定安全的社会大环境。提升武汉市文化品位,营造良好的人文环境,同时进一步规范市经济秩序,优化社会诚信环境,为跨国公司的入驻营造公平合理的市场环境。此外,在发展武汉总部经济过程中,还应不断创新总部经济服务组织。近些年,上海、北京等国内其他城市出现了"总部服务社"(总部服务社将不同入驻企业资源和服务需求进行整合,实现不同企业在激烈的市场经济竞争中的资源共享和企业联盟),武汉在发展总部经济过程中要大力发展和创新类似于总部服务社的组织机构。

三是加快城市建设,塑造宜居宜业武汉。武汉要加快推进综合基础设施建设,努力改善城市交通、通信网络等基础设施条件,加大商贸楼、酒店式公寓、星级酒店、写字楼等商务配套设施的建设,极力打造高效、便捷的商务活动环境。高标准建设便利的生活、文化配套设施,包括国际学校、国际医院以及文化类博物馆、商业文化广场等。搞好生态建设和环境保护,大力实施城市"绿、净"工程,建设滨水园林城区,塑造环境优美、空气清新的现代滨江都市新形象,提升城市档次,打造"宜居宜业武汉"。

四是构建专业化服务体系,为总部企业提供有力支撑。现代化的金融网络,专业化的咨询、会计、法律、研发、金融、营销、物流等知识和技术含量比较高的中介组织,是企业总部进行有效的战略价值活动的有力支撑,也是满足总部人员对高质量生活环境的要求。要加快武汉现代服务业发展,促进先进制造业和服务业深度融合,在实现城市功能转换基础上,逐步实现制造业经济向服务业经济的转换,为总部企业提供各种强有力的专业化服务。

五是针对不同企业区别对待,积极出台优惠政策。对总部企业的优惠政策要区别对待,针对特定对象出台专门的优惠政策。如引进跨国公司的全球总部,武汉应拿出最优惠的专门政策;针对综合总部、地区总部、职能总部机构也应分类给予优惠政策。如给予总部机构直接的"落地补贴",北京的标准是1000万元,深圳是2000万元、广州是5000万元、苏州是6000万元,武汉可根据实际情况,提出自己的补贴标准。对于总部机构的高层个人,还可给予特殊政策。如对个人

所得税给予优惠、个人购买别墅和高档房产的房产税给予减免（或先征后返）、给子女教育提供重点学校指标等。

六是提高招商引资水平，全方位发展和培育企业总部机构。在对象上，要大力引进世界500强、中国500强、行业100强、民营100强企业；在层次上，要吸引跨国公司、国内外金融机构、大企业、大集团来汉设立全球总部、综合总部、区域总部、职能总部（研发中心、营运中心、采购中心、结算中心）；在工作方式上，要坚持"培育一批"与"招来一批"相结合：培育一批，就是夯实城市的软硬件基础，让武汉本土的企业总部真正扎根、发展壮大，并到全国、全球设立分支机构或制造基地，逐渐成长为跨区域经营的大企业集团；招来一批，就是主动承接转移，把外面的企业总部引进武汉。

七是加强总部聚集区与制造业基地的功能合作，促进区域发展的良性互动。结合武汉城市圈各城市发展实际，应重点考虑先进制造业企业生产基地由武汉市向周边城市外迁、省内优势企业总部从周边城市向武汉市迁移、武汉市优势企业在周边城市设立生产基地等三种总部经济发展路径。加强武汉总部聚集区建设，应积极推进中心城区与其他周边乃至远郊区工业园区等制造业基地的功能合作，形成总部经济发展强有力的产业依托。作为总部引入区，对总部迁移进来的所得税收，要协调处理好总部转移过程中的利益关系，建立利益共享机制，使各个地区的资源优势和积极性得到充分的发挥。

参考文献

姚莉：《以总部经济推进武汉城市圈建设》，《中国总部经济发展报告（2010～2011）》，社会科学文献出版社，2010。

姚莉、潘凯：《总部经济推进武汉城市圈建设的实现途径》，《当代经济》2010年第21期。

姚莉：《培育与总部经济相适应的高级生产要素》，2006年10月9日《湖北日报》（理论版）。

姚莉：《推动总部基地发展的实现途径》，《统计与决策》2006年第8期。

姚莉：《总部经济：城市经济新引擎》，载《中国总部经济发展报告（2008～2009）》，社会科学文献出版社，2008。

陈继勇、刘威：《关于大力发展"武汉总部经济"的对策与建议》，《湖北社会科学》2007年第4期。

赵弘主编《中国总部经济发展报告（2010～2011）》，社会科学文献出版社，2010。

B.17
成都市锦江区大力发展总部经济，打造国内一流的现代化国际性生态型精品城区

中共成都市锦江区区委　成都市锦江区人民政府

锦江区位于成都东南部，是成都市核心城区、中央商贸商务区。全区面积62.12平方公里，常住人口69万人，户籍人口42万人，辖16个街道办事处、64个社区。"濯锦之江，源远流长"，锦江拥有千年古刹大慈寺、百年商圈"春盐商圈"、"中国第三街"春熙路商业步行街、"中国白酒第一坊"水井坊、世界上最早的纸币"交子"、"五朵金花"三圣花乡……在锦江，绿色、低碳、健康和可持续理念已融入区域发展，全区正大力实施生态文明建设，努力打造国内一流的现代化国际性生态型精品城区。

2011年，全区实现地区生产总值509.8亿元，财政一般预算收入34.5亿元，社会消费品零售总额455.4亿元，固定资产投资317.6亿元，城镇居民人均可支配收入24826元，农民人均纯收入15825元，三次产业结构调整为0.1∶18.7∶81.2。区内汇集全市近半数的世界500强企业、半数以上的甲级写字楼和五星级酒店，数量和品质均居全市之首；服务业增加值占GDP比重超过81%，成为成都现代服务业发展的标杆。先后入选"中国现代服务业十强区"、"中国十佳投资创业城区"、"中国十大最关爱民生区"，并荣获"中国最具投资价值金融生态示范区"和"全国和谐社区建设示范城区"等称号。

一　锦江区发展总部经济的背景与优势

（一）锦江区大力发展总部经济的背景

首先，是实现中心城区产业升级的必然。当今世界城市经济发展已经

进入服务经济时代，服务业已成为城市经济增长的核心动力。现代服务业是服务经济时代的支柱产业，是以信息技术为依托，广泛运用新组织方式、新管理模式、新技术的服务业，具有知识、技术、信息、人才高度密集的特征，而总部经济则是现代服务业的高端环节。区域性中心城区发展这样的产业具有较强的比较优势和竞争优势。另外，全球产业结构调整和产业转移的重心由制造业转移到服务业，在"中国制造"向"中国服务"转变的过程中。作为特大城市中心城区的锦江区必须紧紧抓住这个历史机遇，以积极的产业政策引导产业结构调整，实现经济发展方式的转变，走可持续发展的道路。

其次，是顺应中心城区功能定位的必然。纽约、伦敦、巴黎、北京、上海、广州等城市的实践证明，大城市已经成为现代服务业发展的重要支撑，而中心城区则是总部经济和现代服务业企业的最佳集群发展地。在这方面，纽约曼哈顿、伦敦金融中心、巴黎拉德芳斯以金融业、专业服务、创意产业、时尚产业为主导而成为区域经济发展的领头羊，国内北京、上海、广州、南京等中心城市也是如此。同样，锦江区作为中心城区，成都市中心商业区的全部、中央商务区的核心部分和在建的现代金融中心的全部都在锦江辖区内，其城市功能定位和在区域经济发展中的应有作用决定了锦江必须将发展总部经济和现代服务业作为区域经济的核心产业。

最后，是把握发展机遇的必然。成都市作为中西部地区特大中心城市，四川省委、省政府要求成都着眼于建设现代服务业高地，有效服务工业、服务社会、辐射西南。成都市委、市政府高度重视现代服务业的发展，提出了大力发展高端产业和产业高端的工作要求。锦江区作为成都市的中心城区，有基础、有能力把握这个机遇，发挥优势、加快发展，在全市现代服务业发展中争做领头羊，并在全省范围内率先形成以现代服务业为主的产业结构，更好地服务全市、全省乃至中西部地区经济社会发展。

（二）锦江区大力发展总部经济的比较优势

随着西部大开放的不断深入，作为成都市的核心区域，锦江区的投资环境也日趋优越，区域内世界 500 强数量、甲级写字楼数量、五星级酒店数量、商业商务楼宇数量及面积均居全省城区之首，已成为全省乃至中西部地区重要的对外经济合作区域，为全区发展奠定了良好的环境基础。

"服务经济"特征明显——早在1990年，锦江区服务业增加值占地区生产总值的比重就达到了60%以上。2001~2011年，服务业增加值年均增速达到12.8%，已经形成了以服务业为主导的产业结构。2011年服务业实现增加值413.7亿元，占全区生产总值的81.2%。社会消费品零售总额和增幅保持全市五城区第一，2011年实现社会消费品零售总额455.4亿元，增幅达到19.1%。金融机构聚集，全区已汇集各类金融机构268家，占全市金融机构总数的60%以上，是西部城区金融机构种类最为齐全的区域，金融机构数量和产值保持全市第一。外资银行和保险机构数量众多，外资银行8家，占全市的73%；外资保险10家，占全市的80%；入驻成都的14家世界500强保险机构中有12家进驻锦江，占全市的85%。

区位优势得天独厚——锦江区是成都市CBD核心区域，成都市的商贸繁华区，拥有春熙路—盐市口百年商圈，是成都市人流、物流、信息流最密集的区域，是规划的西部商贸中心、西部金融中心的重点区域，其特殊的地理位置不仅具有衔接南部和东部城市副中心的功能，而且辐射带动全市现代服务业发展的区位优势最强。

投资环境开放领先——锦江区拥有开放的投资环境，连续两年被评为四川省区（市）县综合竞争力第一，连续四年实际利用外资居全市五城区首位。截至2011年底，区内各类跨国公司及分支机构达289家，其中：世界500强企业95家，占全市的46%；全球五大知名地产咨询服务机构尽数入驻，四大会计师事务所中的三家落户锦江区。

载体设施潜力巨大——锦江区现有已建成的中高等级商务商业楼宇69栋，其中甲级写字楼9栋，在建甲级写字楼达10栋以上；五星级酒店8家，占全市的67%。2011年新增商业商务面积约50万平方米，其中新增大型商业卖场20万平方米、写字楼面积21万平方米、酒店面积9万平方米。

交通设施完善健全——锦江区交通便利，紧邻成都双流机场和新建成的成都东客站，地铁一号线通过中央商业区，地铁二号线贯穿全区，规划中的三号、四号、六号、九号线从区内通过，同时区内路网日益完备，路面交通良好，立体交通网络完善。

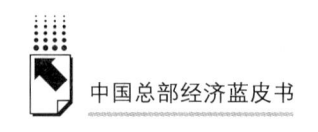

二 锦江区推动总部经济发展的主要措施

(一) 制定总部经济发展规划

1. 明确发展方向

根据现有产业发展基础，立足区域发展实际，锦江区深入调研、积极探索。2007年提出了构建以总部经济为龙头的现代服务业主导产业体系，2010年，围绕成都市"世界生态田园城市"建设，提出构建以总部经济为龙头，现代商贸为基础，金融服务、文化创意、休闲服务为新增长点的集聚化、高端化、国际化"1+4"现代产业体系，明确了产业发展方向。总部经济作为一种占用资源少、经济贡献大的高端产业形态，特别适合锦江区这样的中心城区发展，锦江区最终明确了重点发展具备总部经济形态特点或总部经济效应特点的"总部经济型企业"的发展战略。

2. 制定发展规划

为进一步强化规划对产业发展的指导作用，锦江区立足区域实际，顺应产业发展规律，按照发展"总部经济型企业"的发展战略，制定了《锦江区总部经济发展规划》，明确了围绕主导产业、知名企业区域性总部、支柱型本土总部的发展重点，规划了"一轴四片"的总部经济发展空间布局，确定了招引一批、培育一批、转化一批的总部经济发展路径，科学指导全区总部经济健康发展。

(二) 建立总部经济推进体制机制

1. 成立领导小组，确保工作任务落到实处

锦江区于2009年成立了总部经济工作领导小组，将区商务局确定为牵头服务单位，牵头总部经济发展的推进协调工作。将总部经济发展工作纳入政府工作目标，各功能区管委会作为责任单位，建立总部企业对口协调服务机制，并定期召开会议，安排部署全区总部经济发展工作，协调解决总部企业生产经营中的重大问题。同时，建立监督考核机制，将总部经济工作责任纳入全区服务业年度目标考核，建立监督考核机制，定期检查督促。

2. 建立政府与总部企业对话机制

企业服务机构对总部企业实行常态化服务,建立专人、专线联系制度,随时倾听总部企业诉求,协调解决有关问题。同时,区领导与产业部门领导定期走访企业,与企业进行零距离沟通,及时了解企业在发展过程中出现的问题、诉求与建议,并做到及时处理,及时反馈。

3. 建立总部企业楼宇服务机制

在2010年7月,完成了以功能区为责任部门,工商局、国税局、地税局、投促局、房管局、街道办事处为成员单位的"1+6"楼宇服务团队的组建任务,形成以首席服务员为主、6名服务员配合共有107人组成的楼宇服务团队,一楼一团队,将对总部企业的服务深入楼宇内部,与企业零距离接触。

4. 建立并完善总部企业信息库

在2010年,建立总部经济楼宇信息平台,将全区69栋商务楼宇内企业情况纳入信息平台内,实时掌握企业发展情况,实现总部企业管理服务智能化。同时,进一步细化企业总部认定工作,制定和细化了企业总部的认定办法和申报程序,建立"总部经济型企业"复查和优胜劣汰机制。

(三) 营造良好的总部经济发展环境

1. 完善总部经济发展政策环境

2010年,出台了锦江区关于大力发展总部经济的意见,明确了锦江区总部经济扶持政策。统筹安排发展总部经济专项资金计划,按照现代服务业发展资金"集中扶持、规模使用"原则,加大对总部经济的扶持力度,建立科学性、操作性强的总部经济梯度扶持计划。

2. 完善总部企业基础设施配套

加快以道路交通、通信信息服务、基础生活配套为重点的城市基础设施建设,营造良好的经济发展环境,为总部经济发展空间布局提供了优质的基础设施支持。

3. 优化总部企业融资环境

大胆探索金融创新,完善金融市场功能,依托东大街金融产业集聚区发展金融交易市场,深化国内一流的中小企业融资超市建设,并积极引导红庙子产权交易中心、四川林产权交易中心、基金服务管理中心筹备建设,为总部企业发展营造良好的融资环境。支持总部在锦江的金融机构参与债券发行、银团贷款、国有资产重组和企业上市。整合扶持企业上市的政策资源，支持总部企业利用资本市场进行融资，协调解决总部企业在境内外上市融资过程中出现的问题。

4. 完善总部经济商务配套

以世界 500 强和成都本土优势企业为重点，聚集了一批世界知名的咨询、策划、设计、市场调查等咨询业区域性总部、分公司、办事处，引进了一批以人力资源服务、知识产权服务、财务服务和科技服务等为内容的专业服务业区域总部、分公司和办事处，倾力打造"商务锦江"品牌，不断提高服务业的规模与能级，为大力发展总部经济构建了完善的配套产业链。目前，仲量联行、世邦魏理仕等全球五大行齐聚锦江，法国领事馆、新加坡领事馆、美国商会、欧盟商会等一批国际机构纷纷落户锦江。

5. 实施总部经济人才战略

针对总部企业对高端人才和复合型人才的需求，锦江区建立了总部人力资源贮备库，加大对战略管理、资本运营、研发设计、法律服务等领域人才的引进力度，加快金融保险、信息服务、文化创意、各类中介等行业紧缺人才的培养与引进力度。与行业协会等中介机构共同牵头，会同有关企业"走出去"引进锦江区急需的国内外高级人才。加强与境内外高校、职校、科研院所、培训机构的合作，建立锦江区总部人才培训基地，结合重大项目开展培训，培养造就一批实用型高素质人才，力争成为成都市的总部人才聚集中心、总部人才信息中心以及总部人才配置中心。2011 年，锦江区启动人才聚集战略，以建立西部金融人才服务体系为核心，与西南财经大学共同组建了西部规模最大、覆盖范围最广、金融人才最全、服务最优的金融专业人才中心——四川金融人才中心。

三 锦江区总部经济的发展路径

经过短短几年的发展，锦江区已初步构建起以总部经济为龙头的"1+4"主导产业体系，通过总部经济发展，有力地带动了区域现代服务业发展，服务业国际化、现代化程度不断提高，并形成了一批特色总部聚集区和总部大楼，全区服务业持续保持高位增长，一、二、三次产业结构不断优化。2011 年，总部经济型企业实现应税销售（营业）收入 370.7 亿元；全口径税收贡献达到 26.5 亿元，占全区全口径税收的37%；地方实得贡献达7.5亿元，占区级地方税收收入的35.7%。

（一）实施"招培转"三个一批，壮大总部企业发展基础

1. 招引一批，引进知名企业总部

借鉴国内外总部经济发展成熟区域的经验，发挥占据成都特大中心城市CBD主要部分的区位优势，大力引进知名企业。全力争取省内二级城市及西部其他城市的本地成长型企业在锦江设立总部；力争国内发达地区中有意拓展西部市场的大型企业或跨国企业西部地区总部落户锦江；积极争取有意进军中国市场且尚未在中国设立总部或分支机构的跨国公司在锦江设立中国区总部。

通过"招引一批"，锦江区国际化程度不断提高。截至2011年底，入驻锦江区的世界500强达95家，跨国公司289家，专业服务配套日趋完善。服务业的高速发展也给商贸业这一锦江区传统优势产业带来了更多国际化元素，锦江区国际一线品牌数量达50个，国际知名品牌数量达232个，国际品牌旗舰店数量和面积规模位居国内第3、西部第1。

2. 培育一批，壮大本土企业总部

充分利用本土资源优势，发展辐射力强、稳定性高、区域贡献大的本土总部。积极鼓励本地大型商贸企业进一步拓展异地业务；利用本土餐饮优势，培育一批有地方特色的餐饮企业总部；鼓励发展便利店、连锁超市等商业连锁，扶持有实力的商贸企业上市扩张。大力发展本地新兴产业企业总部，以网络信息服务、生物医药、数字传媒创意和金融信息服务等行业为突破，培育本地知识密集型企业总部。根据国际国内经济形势，鼓励本地企业积极入股或收购知名度高、信誉度好、在业内有较大影响力的企业品牌。

通过"培育一批"，不断引导企业发展壮大，引导总部企业"走出去"，扩大总部企业辐射范围。连锁总部企业舞东风不断拓展门店，在短短的三年内门店数拓展至500余个。王府井百货、万达广场等一批总部型企业在锦江区发展壮大，不断拓展业务辐射范围，2011年，王府井百货销售达34.48亿元，再次刷新西部单店百货销售纪录。

3. 转化一批，促进企业总部梯度转型升级

加大对有意提升总部能级的企业的引导培育，鼓励跨国公司和国内大型企

集团由办事处到区域性总部的梯度转型升级，逐步形成具有综合职能总部及行政管理、研发中心、投资中心等高端职能的总部企业聚集。

通过"转化一批"，企业总部梯度转型升级，全区总部企业能级不断扩大，对地方贡献不断提升。通过总部经济楼宇信息平台，掌握世界500强、上市公司、跨国公司等企业在锦江发展情况，成功引导仲量联行、佳能等一批知名总部企业成都分公司梯度转化升级，提升总部能级，扩大总部企业辐射范围。

（二）重点打造特色总部经济聚集区，形成总部经济聚集效应

随着经济的不断发展，城市内可利用空间资源不断减少，锦江区充分利用现有资源改造和新建项目打造，成功形成了一批总部园区和总部大楼，吸引了大量总部企业聚集发展，专业化、聚集化程度不断提高，聚集效应日趋明显，吸引并带动相关产业和现代服务业高速发展。

创意总部商务区位于三环路外侧，紧邻高新区，与市级金融总部商务区一路之隔，交通便利，商务配套环境成熟。2009年以来，为加速促进产业提档升级，该区域着力推进生产企业向总部转型、生产厂房向总部基地转型、工业经济向服务经济转型，大力发展总部经济。截至目前，该区域共有总部项目17个，其中7个已建成投产的项目均为工业企业转型建设的总部楼宇，净用地约189.7329亩，建筑总面积为73.98万平方米，引进企业620户，员工约9000人；已转型并在建的项目有10个，建成后建筑面积将达150万平方米。目前，已吸引五冶集团、博瑞创意成都、中软高科等一批数字传媒类总部企业入驻，该园区获得"国家级数字传媒出版基地"称号。

仁恒置地广场在2011年正式挂牌"锦江区总部经济发展基地"，成为锦江区首座总部大楼。通过总部楼宇政策与总部经济基地授牌，将楼宇业主的发展诉求与政府产业聚集发展规划要求相融合，促进楼宇健康发展。楼宇内商贸中心共聚集国际品牌100余家，其中，路易威登、迪奥等世界一线品牌16家，有8家为西南地区旗舰店。2012年上半年，路易威登旗舰店单店销售额全国排名第2，普拉达、迪奥单店销售额全国排名第3，仁恒置地广场已成为高端国际商贸品牌聚集高地。写字楼已进驻企业92家，其中世界500强企业18家，跨国企业50家。2011年，楼宇内入驻企业在锦江区缴纳税收1.3亿元，商业中心实现销售额12.56亿元。仁恒置地广场总部大楼的打造，使仁恒置地广场与周边的航天科

技大厦、川信大厦形成总部经济楼宇集群，形成了一批以商贸、金融、专业服务为主的总部经济集群，探索出一条总部经济都市楼宇发展道路。

红星路35号园区成功由过去的军工厂、学校升级改造成为知名文化创意聚集区，园区获得四川省文化产业示范基地、四川省工业创意设计产业示范园、四川省科技企业孵化器和"2010第五届中国创意产业年度大奖"、中国创意产业最佳园区等一系列荣誉称号。园区建成后的3年间，洛可可、深圳嘉兰图、深圳浪尖、长虹设计中心等纷至沓来，目前20余家国内顶尖设计公司悉数入园，聚集发展，园区一期入驻率达到100%。目前，定位以发展家具设计产业为主、主动介入网络信息技术等产业的园区二期已建成，丙火创意产业机构、天涯社区西部总部及区域电子商务总部等新的文化创意企业已经陆续入驻。

B.18
青岛市市南区大力发展总部经济，加速企业国际化进程

青岛市市南区人民政府

近年来，市南区按照青岛市委、市政府提出的"以世界眼光谋划未来，以国际标准提升工作，以本土优势彰显特色"的发展战略，在"全域统筹、三城联动、轴带展开、生态间隔、组团发展"的全市城市空间发展格局中找准定位，充分发挥胶州湾东岸核心城区的区位优势，发挥承载青岛百年历史人文菁华，发挥山、海、湾、岛、城为一体的自然禀赋，突出发展金融商务、总部经济、时尚商业和商务旅游，抢占总部经济制高点，经济结构更加开放，产业布局更为集约，城区品质更加优化。在此背景下，市南区总部企业扎根青岛，纷纷走出国门，在海外设立生产基地、研发中心、营销中心等总部机构，国际化成为企业经营发展中最亮丽的一张名片。

一 市南区发展总部经济的主要优势

市南区位于市区南部沿海一线，是青岛市的政治、经济、旅游、文化、科技、金融、商贸中心，是青岛市委、市政府及大部分中央、省、部、委驻青岛机构所在地。城区依山傍海，气候宜人，环境优美，是2008年北京奥运会、残奥会帆船比赛举办地。区内集中了青岛市90%以上的高档宾馆、酒店和写字楼，商务办公条件优越。拥有省级以上科研机构14家，博士后流动站5个，博士点18个，硕士点110个；驻区两院院士17名，外聘院士5名，泰山学者18人；金融、海洋科技、软件等高层次人才总量达18.75万人。市南区服务经济发达，2011年，服务业增加值占生产总值比重达91%，为总部经济发展创造了良好的产业环境。区域发展呈现如下特点。

（一）区域性金融中心

全区聚集了 140 余家金融机构，约占全市的 90%。其中，金融机构区域性总部 65 家，占全区总部企业的 50%。全市 23 家外资金融机构有 22 家坐落于市南区，汇丰银行、渣打银行、瑞穗实业银行、三菱东京日联银行、韩国釜山银行、新加坡华侨银行等知名外资银行以及恒安标准人寿、海康人寿等世界 500 强保险机构进驻市南区，齐鲁银行、威海商业银行等山东半岛城市银行也纷纷落户于此，形成了各类金融机构协调发展、结构合理、功能完备的现代多元化金融体系，成为全省金融机构数量最多、业态最丰富的区域性金融中心。

（二）区域性企业总部中心

全区拥有总部企业 129 家，其中，世界 500 强区域性总部 41 家。税收过亿元的写字楼 17 座，占全市总数的 74%，全市 12 座 5A 甲级写字楼全部位于市南区。各类中介服务企业 6000 余家，占全市的 22%，普华永道、毕马威、安永、仲量联行、戴德梁行、世邦魏理仕、第一太平戴维斯等国际知名会计师事务所、地产咨询公司等中介服务企业先后落户市南区，以高端中介、法律服务为代表的咨询服务业企业数量占青岛全市的 50% 以上，形成山东半岛最强大的总部经济服务体系。

（三）东北亚重要的国际航运服务中心

全区拥有 3000 余家物流企业，占全市总数的 50%，丹麦马士基、美国总统轮船、地中海航运、法国达飞轮船、中国远洋、中国外运等全球航运业巨头会聚市南区，东北亚重要的国际航运服务中心初步形成，其中，外资物流企业超过 530 家。2011 年，青岛国际航运交易所船舶交易额突破 18 亿元。

（四）国家海洋科研中心

全区海洋科研水平居全国前列，拥有国家级海洋类科研机构 5 所，省级以上海洋科研机构占全市的 80%；高级海洋科技人才 4000 余人，占全国的 30%；其中，涉海领域两院院士 16 位，占全国的 70% 左右，承担着全国 50% 以上的国家级海洋科研项目。

（五）区域性文化创意产业中心

全区拥有文化创意产业园区（街区）5个，园区企业总数500多家，文化创意产业类注册企业1900家。其中，创意100产业园被国家版权署授予"重点版权示范园区（基地）"荣誉称号。微软、用友、IBM、水晶石数字科技、四维空间、青广动画、动漫研究院等国内外知名软件、动漫、游戏企业分别入驻青岛软件园、青岛国际动漫游戏产业园，市南区已成为区域文化创意产业中心。

（六）全国重要的商务旅游中心

2011年，全区接待游客2240万人次，旅游总收入259亿元，接待游客人次及旅游收入两项指标约占全市的50%，获得首届"中国休闲、旅游营销创新奖"、"山东省最佳旅游生态示范区"等荣誉称号。拥有国内首个以游艇俱乐部为主题的4A级景区——银海国际游艇俱乐部，"国家滨海旅游休闲示范区"——奥帆中心，全国唯一的大型专业军事博物馆——海军博物馆。

（七）全国重要的时尚商业中心

2011年，全区消费品零售总额316.81亿元，拥有家乐福、佳世客、百盛、百安居、海信广场、阳光百货、巴黎春天等国内外知名零售商业企业23家，汇集了路易威登、爱马仕、普拉达、卡地亚、香奈儿等数百家全球著名商家和品牌，以及迷你岛、可好、海滨等主要品牌连锁超市企业。

二 市南区总部经济发展的主要特点

（一）促进产业优化升级

总部经济集中了企业价值链中的最高端部分，通过集约方式带动产业结构转型升级。市南区经济正在向国际化、高品质和服务型转变，构建了以国际金融、全球物流、高端商业和知名中介为主体的总部经济体系。目前，国际金融商务核心区、文化创意产业园区和国际航运服务区三大总部集聚区，承载了全区90%以上的总部企业。近年来，市南区先后获得"中国金融生态区"、"中国高端服务业发展示范基地"等荣誉称号。

（二）吸纳税收效应凸显

总部经济通过优化配置资本、人才、信息、科技等资源，实现了高附加值和高税收产出。全区现有已投入使用的、建筑面积5000平方米以上的商务楼宇122座，总建筑面积400万平方米，楼宇企业1.7万余家。2011年，122座楼宇实现全口径税收67.6亿元，占全区总税收的49.22%，亿元楼达17座，税收贡献最大楼宇"青啤大厦"税收近9亿元。全区总部企业实现全口径税收57.21亿元，占全区的41.66%，其中，青啤集团等14家企业税收过亿元。预计到2016年，全区商务楼宇总面积达500万平方米，亿元楼达20栋，国内外500强等大企业区域性总部达150家，总部企业税收占全区比重达50%。

（三）高端商务人才集聚

总部企业集聚带来信息、创新、管理等溢出效益，不仅为企业创造了发展共赢的外部环境，也使得更多的总部企业、更多的资金、人才、技术向市南区集聚，特别是有效集聚了研发、营销、资本运作、战略管理等高端人才，对区域经济发展起到重要的支撑和引领作用。据初步统计，2011年全区本科及以上各类企业经营管理人才总量达5.24万人，总部企业高管人员达6000余人，约占11.4%；其中，外籍高管人员达200余人。

（四）对外辐射力增强

总部经济有助于提升区域的商务环境和综合环境，加速城市国际化进程。目前，全区有国家级总部企业9家，省级总部企业24家。地中海航运、中航三星人寿、华润集团、海航集团、中国国际金融一大批知名企业区域总部落户市南区。马士基、肯德基等区域型总部设在青岛的大企业，服务触角延伸至全省乃至省外，海信、新华锦等企业纷纷到境外设立分支机构，提升了青岛市的国际知名度和影响力。

三 国际化是市南区企业发展的必由之路

（一）市场化竞争决定了企业必须加快国际化进程

"入世"十年来，国内各行业、各领域对外资的限制逐步放开，跨国公司依托其固有优势，大举进入中国市场，而我国企业低成本优势不断削弱，在与跨国公司的竞争中面临重重困难；与此同时，国内土地、资源、人口、环境等资源瓶颈逐步显现，结构性产能过剩、市场竞争加剧，迫切需要在全球范围内优化配置资源，推进产业升级和结构调整，保持和增强市场竞争力。这些客观市场环境，倒逼企业加快国际化经营步伐，以全球化视野和手段统筹利用境内境外两种资源，在更高平台、更广空间上实现转型发展。

（二）国际宏观经济环境有利于企业的国际化进程

受国际金融危机、欧洲主权债务危机等因素影响，发达国家经济复苏乏力，增长缓慢，部分国家出现融资困难、资产贬值、资本市场流动性不足等情况，欧美国家不少优质项目价值被低估，为我国企业对外投资、并购知名品牌和先进技术提供了有利时机。同时，金融危机后，经济全球化仍在继续深入发展，国际产业调整转移将在更广范围、更大规模、更深层次上进行，形成更加错综复杂的国际分工和产业发展格局，也为我国企业抢占市场先机提供了机遇。

（三）对外开放一直是青岛最重要的优势和特色

青岛是中国首批14个沿海开放城市之一，拥有保税港区、国家级经济技术开发区、高新技术产业开发区、出口加工区等国家特殊政策区域，工业总产值突破1万亿元，形成了家电电子、石化化工、汽车机车、纺织服装、食品饮料、机械钢铁等六个先进制造业千亿级产业集群，新一代信息技术、高端装备制造、节能环保、生物产业、新材料、新能源、新能源汽车等战略性新兴产业产值突破2000亿元，进入了制造业和服务业"双轮驱动"新阶段。截至2011年底，青岛累计外商直接投资超过300亿美元，与世界57个城市建立友城关系，101家世界500强企业在青岛投资项目。青岛港是中国五大贸易口岸之一，2011年青岛口岸年对外贸易进出口额超过1000亿美元。青岛港建有中国最大的集装箱泊位，年港口吞吐量和集装箱吞吐量分别突破3.8亿吨和1300万标箱，居世界港口前十位。青岛国际机场开通航线108条，年航空旅客吞吐量1170万人次。

（四）市南区具备加快实施国际化战略的基础条件

市南区作为青岛市的中心城区和对外开放的窗口，最大限度地承接了青岛市对外开放的优势。截至2011年底，市南区有外资企业588家，外资企业累计投资总额19.92亿美元、累计注册资本12.79亿美元。拥有进出口经营权的外贸企业6036家，实现进出口总值138.03亿美元，占全市进出口的19.5%，同比增长34%。其中，出口67.70亿美元，同比增长23.5%；进口70.33亿美元，同比增长45.9%。市南区的进出口总量、出口总量、进口总量均居全市首位。全年境外投资项目26个，投资总额超过2亿美元；对外投资合作业务遍及亚洲、欧洲、北美洲、拉丁美洲、非洲等60多个国家（地区），青岛啤酒、海信集团、新华锦集团等一批企业已在海外站稳了脚跟，为更多企业"走出去"实现跨国经营积累了经验，起到了示范效应。

四 市南区企业国际化发展的实践

（一）发展历程

市南区企业国际化是伴随着改革开放的不断深入而发展的。改革开放以来，市南区企业开始尝试进入国际市场。初期方式比较简单，主要是承揽对外承包工程转包业务，为对外劳务合作提供服务或设立贸易公司、代表处。20世纪初，市南区境外投资业务出现前所未有的发展势头，一批青岛企业以其行业、产品、技术、设备、资金、管理、市场和品牌优势，成功"走出去"，境外设立生产企业、开展境外加工贸易、境外上市融资、承揽工程承包、对外劳务合作等多位一体的"走出去"格局初步形成，实施国际化战略取得明显成效。

（二）企业国际化发展的主要途径

一是企业普遍采取"贸易先行、投资跟进"的发展策略。迈出国门，面临全新的政商环境、社会文化、市场氛围、消费人群，有着很大的发展风险。如何能将"走出去"的风险降到最小？在这一点上，市南区总部企业普遍采取了"贸易先行、投资跟进"的策略，先通过出口产品投石问路，进而着手投资建厂。实践证明，"贸易先行、投资跟进"的策略是一条稳健的国际化发展道路。如百年青啤，从"出生"就带国际"血统"，产品一直在全球销售，但直到2011年，青岛啤酒才在泰国投资设立第一家海外工厂，正式迈开国际化经营的第一步。新华锦集团自2002年成立十年来，累计完成进出口额超过180亿美元，连续五年居山东省进出口企业首位。自2009年，新华锦集团开始了以跨国公司模式进行战略转型发展，开展了一系列的海外并购和投资建厂，相继收购了世界男发两大批发商——美国OR公司和美国NI公司，在柬埔寨建立了发制品生产加工企业，形成了研发、生产制造、营销完整的产业链条。再以众地集团为例。历经十余年的国际市场开拓，该集团2003年在日本从知名百货企业松阪屋旗下收购了已有283年历史的阳光寝装株式会社，在东京设立全资设计研发机构东京中地株式会社，在新加坡和国内香港、北京、上海、大连等地也设立了直属分支营业机构，与欧美日发达国家的零售巨头（永旺、伊藤洋华堂、家乐福、麦德龙、联合利华等）和知名品牌制造商建立了合作关系，完成了全球化经营布局。

二是企业进入国际化市场一般遵循"由易到难"的原则。发达国家市场虽然很大而且发育成熟，但成长慢，进入难，成本高，不易成功。市南区企业大都采取了"农村包围城市"的策略，投资区位选择上由近及远，先从亚洲邻国和其他新兴市场入手，然后伺机切入发达国家市场；投资规模上，先小规模新建，再大规模并购，稳扎稳打，边做边学，取得了良好效果。以双星轮胎为例。近几年，该集团加快海外市场开拓步伐，重点在迪拜、俄罗斯、波兰、南非、尼日利亚等建立双星自主品牌直销库、专卖店等，双星自主品牌建设成绩斐然，出口额不断攀升。2011年，双星轮胎出口总额实现近3亿美元。再以海信集团为例。该集团2003年开拓澳洲市场，目前产品已经全面进入澳洲三大主流连锁卖场，Harvy Norman的170多家店，Goodguy80多家店，JBHi-Fi80多家店都在大力推荐海信产品。2008年2月份，海信在以色列启动了自主品牌国际化战略，通过与以色列实力强大的EXIT公司合作，海信的广告遍布大街小巷。4月份，以色列最重要的财经报纸《Globes》联合第三方专业调研机构组织的消费者满意度调查中，海信排名第1，成功跻身以色列高端平板电视市场。另外，在俄罗斯、印度、巴西、南非等国家，海信电视均拥有比较高的知名度。在此基础上，海信产品陆续登陆美国、加拿大、西班牙、意大利等强势市场，海信产品逐渐以高端的品牌形象覆盖全球市场。

三是初步实现了由"青岛制造"到"青岛创造"的转变。在参与国际化经营时，我国大量企业采取了OEM的方式。OEM方式可以充分发挥我国企业在生产制造环节的竞争优势，同时避免自己在研发和品牌营销环节的竞争劣势，从而在国际市场获取一定的利润。但是仅靠代工，赚的永远是血汗钱。只会制造，没有品牌，即使制造得再好，技术再好，也只能被整合在别人的平台上，从而失去自己的自主权和主动权。因此，从长期来看，只有自主创新才能提升企业核心竞争力，只有自主品牌才是企业生存发展的必由之路。市南区知名总部企业也曾采用 OEM 方式，部分企业至今仍在沿用，但近年来越来越多的企业开始重视品牌的建设。以青建集团为例。该集团自 1983 年第一次承揽海外工程项目开始走出国门以来，市场已遍布东南亚、中东、非洲、大洋洲等 30 多个国家和地区，在海外 20 多个国家设有 40 多个分支机构。到 2011 年实现海外业务总产值 70 多亿元，基本实现青建全球营业额三个"三分之一"的战略部署（青岛市场占 1/3，国内其他城市市场占 1/3，海外市场占 1/3）。累计外派劳务约 4 万人次，在 ENR2011 年度全球最大 225 家国际承包商中综合排名第 127，在上榜的中国企业中排名第 26。2004 年，青建集团专门在国家工商总局注册"青建海外"品牌，如今，"青建海外"品牌已经在很多国家和地区具有较高的知名度。再以绮丽集团为例。2010 年，作为青岛市重点服装出口企业，该集团会同其美国合作伙伴共同出资 400 万欧元成功收购德国 HOHE 公司及其旗下芭芭莉娜（PAMPOLINA）等品牌，成为该品牌的唯一加工制造商，取得了其在亚洲地区的品牌经营权。德国 HOHE 是一家专业从事童装设计及销售的公司，该公司于 1974 年创立的芭芭莉娜成为欧美市场拥有较高知名度的国际顶级童装品牌，在全球最佳童装品牌中列前三名，销售网络遍及美国、英国、德国等 40 多个国家。收购完成后，绮丽集团逐步形成"设计在欧洲、生产在中国、市场销售覆盖全球"的运作架构，集中国内、国外两种优势资源，打造集设计研发、生产加工、品牌零售于一体的现代化跨国经营企业。

（三）政府在企业国际化发展中扮演的角色

一是加强引导，提高企业跨国经营意识。主动发挥行业管理职能优势，通过创新机制、创造性地开展工作，促进有关部门和企业转变观念，确立"走出去"发展的理念。市南区每年向区内数千家企业发放境外投资意向调查表，摸清有意向"走出去"发展的企业以及意向投资的类别、领域、国家等信息，在此基础上建立境外投资意向企业库。针对相当多的企业对国际化经营不够重视，也不知道如何走向国际的现象，充分利用新闻媒体、网站、座谈、报告会等形式，宣传典型，解剖实例，提高企业决策者的思想认识，为企业"走出去"实施国际化经营战略奠定了良好的思想和认识基础。

二是狠抓政策落实，加大企业扶持力度。通过网站、短信、专家讲座等方式，宣传国家、省、市在鼓励企业"走出去"方面出台的政策和扶持措施。特别是积极落实青岛市出台的《关于进一步加快实施"走出去"战略的意见》、《关于鼓励和支持全市品牌企业"走出去"的意见》、《关于鼓励支持非公有制企业对外投资合作的意见》等一系列政策措施，对企业境外并购、研发、资源开发等项目提供重点支持。积极帮助企业申报国家、省、市各类外经贸发展扶持资金数千万元。同时，积极组织开展银企对接，协助企业获取更加强有力的资金支持。

三是做好跟踪服务，推动项目早日落地投产。及时将境外重点展会信息传达给全区4000余家外贸企业，每年组织数百家企业参加境内外重点展会及跨国采购洽谈会，抢订单，扩出口，寻找并购研发项目、知名品牌、营销网络、资源开发等市场机会。根据有关规定，不断简化审批流程，帮助企业协调上级有关部门，加快办理相关审批手续。对项目指定专人负责，定期联系，及时掌握项目进展情况，协助企业解决项目推进中遇到的问题和困难，推动项目早日在境外开花结果。

五 市南区企业未来国际化发展的几点思考

当前，市南区企业在国际化发展过程中存在着许多突出问题：一是思想认识有待更新。众多企业特别是中小企业国际化经营意识不强，认为跨国经营是大企业的专利，缺乏"走出去"的胆略和勇气。二是项目质量亟待提高。企业境外投资规模仍然偏小，缺少一批投资额大、关联性强的大项目，优势产业项目对外投资不多；对外承包工程企业"点高面低"现象比较突出，带资总承包、BOT等附加值高的项目较少。三是人才瓶颈问题突出。缺乏熟悉境外投资法规和程序、市场分析、企业管理、市场营销等方面的跨国经营人才。派驻海外的工作人员大多缺乏国外生活和工作经历，难以驾驭复杂的市场形势和社会环境。为此，市南区加快企业"走出去"，要重点做好以下三方面工作。

(一) 坚持走国际化发展道路

目前，市南区企业国际化总体尚处于初级阶段，主要是为了开拓国际市场，还无法像跨国公司那样整合全球资源，实现最优配置，提高全球竞争力。青啤国际化发展道路对其他企业具有很强的借鉴意义。其前任董事长金志国曾表示："青啤的国际化，不是简单地将产品卖到国外，那只是赶远集。青啤所要的国际化是在国际市场整合、配置资源，并把产品销售到全球的、资本运作过程和结果共同的国际化。""不同于产品的'走出去'，在这条跨国之路上，青啤追寻的目标是以'融资本、融智慧、融资源、融文化'为特点的'融进去'。我们就是要以最好的文化融合度、最高的供应链效率和最优的资源配置能力融入海外消费者的生活。"青啤通过与AB、朝日的合作，H股上市实现了资本运作国际化；澳大利亚、法国、加拿大这些优质大麦产地，成为青啤主要的原料采购地；与英国、加拿大、德国等国的啤酒酿造技术研究中心深度合作，让青啤总能准确把握甚至引领世界啤酒行业的技术风向。

(二) 高度重视跨文化交流

《中国企业家》杂志调研发现，企业在国际化过程中，面临的最大挑战是当地政府政策限制和社会风险（73.68%），其次是国际文化差异（63.16%），然后是并购后的整合（52.63%）；构架国际化团队，全球化领导人应具备的素质中，排名第一的是全球化的视野、思想（89.47%），排名第二的是跨文化管理和沟通能力（57.89%），排名第三的是企业制定的战略目标（52.63%）。由此可见，在跨国经营中，能否恰当应对文化差异，在很大程度上影响企业国际化经营的成败。2004年，联想集团以12.5亿美元收购IBM旗下亏损的PC部门。此项收购让联想在后五年的发展中背负了较大的财务压力，2008年第四季度甚至亏损达1亿美元。其中，文化冲突、高管离职等问题是重要原因之一。克服文化差异最有效的手段就是充分本土化，把自身利益与东道国利益融为一体，积极吸引使用当地员工和管理人才，树立本土服务意识，扎根当地土壤中。

(三) 提高境外投资风险防范能力

要充分认识海外投资的风险，这些风险主要包括：受到外国政府歧视性的待遇，收购资源性企业或者是高科技企业可能受到较大限制；政局不稳风险，中东、北非等地区持续动荡；由于文化、环境上的差异，近年来罢工和暴力事件频发；当前世界经济不稳定带来的不确定性因素；偿付风险、信用风险；等等。因此，在积极"走出去"实施国际化战略的同时，要重视对海外市场的调查和可行性研究，对合作商的信誉、实力、优势要有充分了解，同时要遵守国际规则和所在国的法律，不断提高信誉，与所在国企业平等合作、互惠互利、共同发展。

B.19
成都市成华区总部经济引领内陆企业国际化新路径
——成华区龙潭总部经济城发展实践

余 莹*

大力发展总部经济是成华区深化发展内涵和优化产业结构的战略选择，是增强综合实力的重要路径，也是加快现代化、国际化城市建设的全局部署。目前，成华区正按照省、市党代会的安排和部署，坚持"领先发展、科学发展、又好又快发展"的发展取向，以"加快推进现代化和国际化"为工作主线，围绕"做大总量、提速转型、争先进位"的工作思路，全力打造"一核三轴六区"产业功能区，加快建设全域城市化、全面现代化、充分国际化的"中西部综合实力一流城区"。作为六大产业功能区之一以及全区总部经济发展的主要载体和平台，龙潭总部经济城通过发挥总部经济的龙头效应，演绎了一条内陆企业落实"走出去"战略的新路径。

一 基本概况

成华区成立于1990年，面积110.6平方公里，是成都市面积最大的中心城区，常住人口62万，下辖14个街道。作为国家"一五"、"二五"期间重点建设的工业基地，至90年代末成华区先后聚集了680余户中央、省、市国有大中型企业、事业单位和科研院所。随着成都城市建设重心和热点逐步向东向南转移，2001年，按照成都市委、市政府提出的"东郊工业区结构调整"发展战略，成华区通过"腾笼换鸟、退二进三"，由工业老区向现代服务业新区转变。2012

---

* 余莹，成都市龙潭总部经济城管理委员会发展规划部部长。

年，成华区围绕建设"中西部综合实力一流城区"的总体目标，提出规划建设"建设路商圈、八里庄创意商务区、昭觉寺文化旅游商贸区、龙潭总部经济城、新客站城际商旅城、北湖熊猫国际旅游休闲区"六大产业功能区，奋力推进重点产业跨越式发展，构建以总部经济为龙头，以现代商贸、商务服务、新兴房地产为支撑，以文化创意、都市旅游为特色的"132"现代产业体系。而作为六大产业功能区的重要组成部分——成都市龙潭总部经济城则肩负了成华区总部经济发展载体的历史重任。

（一）发展历程

2003 年，为顺利推进成都市"东调"战略，加快老工业基地产业结构调整，成华区设立了"龙潭都市工业集中发展区"，重点发展高附加值、无污染、低能耗的都市工业，实现由"老工业基地"向"都市工业区"的转型。

2007 年，为进一步提高土地的规模化集约化利用，提升产业发展层级，龙潭总部经济城将产业定位调整为"总部经济＋都市工业"的发展模式。同年，总部城被市委、市政府确立为"成都市总部经济试验区"，迎来从"都市工业区"向"总部基地"发展的第二次转型。

2009 年，龙潭总部经济城深刻领会、积极贯彻成都市建设"世界生态田园城市"发展战略，提升建设开发理念、发展定位，将产业发展与城市建设统筹规划，从功能较为单一的"基地"开发模式转型为"造城"模式，积极探索创新总部经济发展提档升级的路径。

（二）发展现状

经过数年发展，龙潭总部经济城充分发挥区位优势和后发优势，探索出独具特色、又好又快的总部经济发展新模式，目前已经荣获四川省"1525 工程"成长型特色产业园区、成都市总部经济试验区等称号，并被北京社科院列为"中国总部经济发展实践研究基地"，连续两年被评为"四川省和谐劳动关系产业园区"及入选"成渝经济区投资价值榜最具投资价值产业园区前十强"。

1. 总部经济规模化集聚发展的态势基本形成

龙潭总部经济城着力强化总部经济的招商引资功能，总部经济规模化集聚发展的态势基本形成。截至 2011 年底，龙潭总部经济城累计引进企业 395 家，其中总部类企业159户，占成华区总部企业总数的83%，已经发展成为成都市中心城区规模最大的总部经济集聚区。与此同时，龙潭总部经济城总部企业的发展能级不断提升，一批国家级、世界级的大型总部企业加速聚集，其中包括了中国建筑西南勘察设计研究院、中石油西南石油钻探设备研发基地等具有世界500强背景的企业6家，中国医药集团科技研发中心、中国航天科工集团研发基地等国内500强背景企业7家，中国医学科学院输血研究所等"国字号"企业9户，以及中国二重国家级企业技术中心、大型铸锻件数值模拟工程实验室等国家、省级技术中心16个，四川省内的三大国企中的二重集团、攀钢集团先后落户。

2. 以机电装备研发设计为特色的产业发展格局初步显现

按照市区产业发展规划，龙潭总部经济城重点引进以机电设备研发、环保产业及相关生产性服务业为特色的总部经济，初步形成了以"机电"为主导产业、以"工业研发设计"为特色的产业发展格局。截至2011年底，以中国二重集团国家级工程中心为龙头的机械装备和以成都航天通信设备研发基地为代表的电子通信设备等为主导的机电研发设计总部集群初具规模，机电类制造业总部企业总数达到63家，企业数量和注册规模均为总部经济城行业之最。

3. 总部经济发展效益显著提升

自2004年启动以来，龙潭总部经济城主要经济指标始终保持良性高速发展态势，经济效益显著提升。总部经济城产业规模不断扩大，规模以上工业总产值稳步增加。2011年实现工业总产值95.74亿元，2007年以来年均增长26%；实现规模以上工业增加值13.92亿元，占成华区规模以上工业增加值的19.54%。企业税收贡献效应提升显著，全年共实现全口径税收5.4亿元，年均增长20%以上，其中，蜀能、宝玛和同创等7家企业税收贡献均超过千万元。目前，龙潭总部经济城正沿着集聚千家企业、建设"千亿园区"的目标迈进。

4. 总部经济项目建设稳步推进

截至2011年，国家电网公司四川蜀能电力研发中心等72个项目全面建成投入使用；中国二重集团国家级工程中心、中石油西南石油钻探设备研发中心、上海裕都总部城等20个项目部分建成即将全面投入使用；攀枝花钢城国家级经济技术开发中心等22个项目正式启动并全力建设。2012年5月，四川华一投资、成都木文科技、青海南部矿业等六大总部项目集体落户龙潭，概算投资高达15亿元，进一步壮大了总部经济城的综合实力。

(三) 发展特点

1. 优化发展模式,实现"产城一体"

龙潭总部经济城充分借鉴纽约曼哈顿、北京丰台、上海陆家嘴等地的经验和做法,以国际一流标准进行总体布局和区域功能规划、城市设计。为加快产业功能与城市功能的有机结合,龙潭总部经济城创新性地提出城市空间"经济化"和城市载体"产业化",一方面,将楼宇建设融合在总部城的空间架构之中,打造市域东部的城市副中心;另一方面,用总部项目铸就"产业芯城",让城市建筑设计与产业发展有机结合。同时,结合《总部城产业发展规划》、《成都市龙潭总部经济城城市更新研究》、《成都市龙潭总部经济城交通实施规划》、《总部城控制性详细规划》、《总部城环境影响评价报告》、《总部城能源规划》等六个主要规划,推动现代化的城市形态、高端化的城市业态、特色化的城市文态、优美化的城市生态全面融合,实现了"产城一体"发展。

2. 构建服务体系,打造高端品质

为强化总部经济功能,推动总部经济快速发展,龙潭总部经济城树立起以服务促发展的理念,积极构建三大服务体系,全面提升总部经济城服务品质。一是构建"大物管服务系统",引入品牌物业管理公司,提供优质的绿化、安保、会务等物业管理服务。二是构建"商务服务体系",引入各类商务服务机构,建立"总部联邦商务中心",提供创意、会计、审计、人才培训等服务。三是构建"投资发展服务体系",引入国内外知名的投资咨询机构,建立"CEO智库",提供投资管理、咨询、评估等服务;同时,引入国内外知名的风险投资、担保、基金、信托等投资服务机构,为企业提供投资发展等服务。

3. 创新体制机制,提升管理效能

为实现加快发展,龙潭总部经济城着力在园区管理体制、项目促进机制和行政效能优化机制上实现突破,以体制机制创新发展,提升效能效率管理。一是建立了"政府审批充分授权、部门领导驻区工作、园区资金封闭运行、人事管理全员聘用、目标考核单独奖惩"的管理体制。二是建立了"一站式服务、形象进度即时管理、投产绩效考核、弹性地价、三清三促"的项目促建机制。三是建立了"首问责任制、限时办结制、责任追究制、社会评议制和绩效考核制"等行政效能优化机制。

二 内陆企业国际化发展的路径比较

全球化进程加快,西部大开发纵深推进,为内陆地区企业实施"走出去"战略提供了新的机遇。龙潭总部经济城以总部经济的发展模式,探索了与成华区传统途径不同的发展道路,创新了企业国际化的新路径。

(一)成华区企业国际化发展的传统途径

成都市地处西部内陆,既不靠海也不沿边,对外开放面临着地理区位上的劣势。在连续多年在城市总部经济发展能力评价中,成都市对外开放程度均排在第十三位以后,与中西部总部经济发展实力第一的地位严重不符。而成华区作为中心城区,在与其他区域或者国家发生经济联系时,同样面临着巨大的成本制约。

随着国民经济的发展与现代化进程的加快,成华区逐步认识到国际化发展对城市综合实力提升的重要性,因此也致力于深入实施"走出去"战略,推动区内企业参与全球竞合关系当中。在传统路径上,成华区主要依靠加强境外承包工程、外派劳务品牌建设,探索促进产品出口、开拓海外市场以及建立外派劳务基地等企业国际化道路。2007年至今,成华区共计实现外贸出口22.8亿美元,企业对外工程承包额达12.54亿美元,外派劳务5380人次。

(二)企业国际化传统路径存在的问题

从发展现实来看,依靠传统途径推动企业国际化还存在着诸多问题。一是对外开放程度不高,2011年,成华区实现外贸出口5.51亿美元,仅占全市的2.4%,与其他中心城区相比也存在差距;二是"走出去"企业实力不强,在对外承包工程和劳务合作中,企业更多的是依靠廉价的劳动力和低水平合作方式,合作的对象也大多位于东南亚、中亚和非洲等国家。因此,在过去很长一段时期内,成华区国际化发展战略更多的是体现在"引进来",而一直未能探索出有效的路径实现企业"走出去"发展,依靠传统途径的企业国际化进程缓慢。

(三)龙潭总部经济城推动企业国际化发展实践

总部经济是经济全球化发展过程中的产物,也进一步加速了企业全球化布局的趋势。在新的形势下，龙潭总部经济城开始探索总部经济的发展模式，通过发挥总部经济的规模集聚效应、优势平台效应、知识扩散效应等推动企业国际化发展。

1. 打造三大产业集群

为发挥总部经济的规模集聚效益，有效降低企业国际化经营成本，龙潭总部经济城结合现有资源情况和产业发展基础，围绕骨干企业形成相对集中的空间布局，按照"十二五"末实现千亿产业园区的目标，构筑以"机械装备、电子通信设备设计研发"为主导产业领域并积极发展壮大环保科技和环保服务总部集群。目前，以中国二重国家工程技术中心、四川宝玛科技等为骨干的机械装备制造研发产业集群，以成都航天通信设备等为骨干的电子信息产业集群，以中国节能集团、西南建筑勘察设计院为骨干的环保及建筑工程产业集群正加快发展壮大。机电装备和环保产业总部集群的形成，进一步发挥了要素和产业集聚的促进作用，通过规模化、集聚化发展，大大地降低了企业经营成本，有效地弥合了内陆城市面临的巨大贸易成本，为园区企业实施国际化战略增强了竞争实力。

2. 积极搭建服务平台

龙潭总部经济城在发展进程中，坚持"引进来"与"走出去"相结合，积极鼓励企业以总部经济模式"走出去"，通过搭建各类服务平台，支持优势企业对外直接投资和海外并购。一是通过搭建和利用公共资源服务平台，为园区企业提供金融、担保、投资、咨询管理、法律、咨询代理、营销推广、后勤服务、人才服务、科技服务等各方面的功能服务建设。二是通过建立总部城企业公共服务平台，融合了中国医药集团四川抗菌素工业研究所、中国医学科学院输血研究所、成都市计量监督检定测试院、成都三方电气有限公司等多家大型知名企业，探索建立完善企业联盟或行业联盟机制，使企业融入全球价值链分工体系。三是打造综合配套区服务平台，主要修建专家楼、星级宾馆、高档会所、银行、会展、餐饮休闲、幼儿园、学校、医院以及与世界接轨的"数据大道"等作为配套设施，为入驻企业提供便捷的服务。

3. 助推企业强强联合

总部经济作为国际分工的高端环节，是总部企业充分聚集、对经济社会发展产生强力带动和辐射作用的经济形态，具有知识含量高、产业关联度强、集聚带动作用大等显著特点。在推进企业国际化发展中，龙潭总部经济城充分把握了这一特点，集聚了不少具备国际化发展的核心优势，例如引进了亚洲最大的液压试验室、西部最大的电磁兼容器测试实验室、中国二重国家试验室以及一大批具有世界500强、国内500强背景的大型企业。通过助推企业强强联合，总部城实现了知识的有效扩散，提升了园区企业的自主创新能力，为提升企业的国际竞争力提供了一条新途径。仅就中国二重国家工程中心而言，入驻的是经国家五部委联合认定的国家级技术中心和国家级的工程实验室，而伴随企业入驻的还有大型铸锻件的国家工程实验室、重型机械设计研究院、飞机关键零部件研发的大型模锻件研究所等10余家科研院所，一个以二重国家级工程中心为主轴的、以机械制造研发总部为主的、具备国际竞争实力的企业集群开始形成。

三 以总部经济模式推动企业国际化发展的成效和启示

就发展现状来看，龙潭总部经济城尚处在国际化发展的初级阶段，但总部经济的持续发展壮大，为总部城企业开展国际化经营、提升企业国际竞争力带来了新机遇，以二重、波鸿等为代表的一批具备国际化经营实力的先锋企业已在国际市场初露锋芒。

（一）龙潭总部经济城推动企业国际化的发展成效

1. 二重抢占国际高端

中国二重集团是39家中央直属、"关系国家安全、关系国民经济命脉的重点骨干企业"之一，长期以来为国民经济和国防建设提供了大量的重大技术装备和武器装备。2007年，二重集团和龙潭总部经济城管委会签订入驻协议，在工业园区分别成立二重集团（成都）技术中心有限公司、二重集团（成都）国际贸易有限责任公司两家公司。现阶段企业在亚洲、欧洲、非洲、南（北）美洲、大洋洲的部分国家及企业有大量的技术和产品合作。

2. 宝玛参与全球竞争

四川成焊宝玛焊接装备工程有限公司是专门为汽车工业及其他工业部门提供焊接成套设备的开发、设计、制造的高科技企业。公司于2006年1月落户龙潭总部经济城，并于2008年4月建成投产，其焊接产品、技术广泛应用于法国标致、德国大众、沃尔沃、长安福特、海南马自达等车型生产线。

3. 输血研究所挑战国际难题

中国医学科学院输血研究所创建于1957年，从事输血医学科学研究、输血相关技术研究，为国家培养输血专业人才，为国家输血安全管理、应急医疗体系、输血科学技术发展作出了重要的贡献。输血研究所2007年入驻龙潭总部经济城，目前研制的"艾滋病检测试纸"已经申请国际专利，通过唾液检测艾滋病的准确率达到98%，产品远销欧美等国。

4. 三方电气产品远销国外

成都三方电气有限公司是全国电焊机标准化技术委员会秘书长单位、中国电器工业协会电焊机分会常务理事单位、成都市焊接装备协会理事长兼秘书长单位、成都焊接装备产业技术创新联盟副理事长兼秘书长单位，具有长期从事电焊机行业服务工作的经验及国家级EMC测试实验室，技术力量雄厚。2005年12月，公司正式入驻龙潭总部经济城。公司从2009年开始和德国汉诺威大学建立长期的技术合作，为欧洲、亚洲、美洲部分企业提供技术服务，产品已经远销至巴西、韩国、马来西亚。

5. 波鸿频频海外收购

2010年，波鸿集团携手上海大众集团及合作伙伴（美国天合、德尔福、德国博世、德国ABP、丹麦迪砂等），在龙潭总部经济城投入6亿元打造波鸿集团总部基地，规划建成科研、销售、培训、票务、采购中心与具有形象标志的城市精品展示中心。2011年以来，波鸿集团频频开展海外收购，已经完成了包括法国无锡诺龙、德国EB等国外并购合作项目，特别是拿下了拥有110年历史世界上最大的轿车与轻卡车铸铁排气歧管、涡轮增压器壳体及排气系统的生产企业——威斯卡特，而这也是四川企业实施"走出去"战略的最新大手笔。

6. 同创串联国际企业

四川同创工程机械有限公司是由成都市力士达工程机械贸易有限公司（1998年）与成都恒力达工程机械有限公司（1999年）合并而来，公司主要代理国际、国内一流工程机械品牌，满足和服务于集团客户对高端产品及品质的需求，专业从事整机销售、配件销售，技术服务。2007年1月入驻园区，公司和德国威克、日本住友、瑞典阿特拉斯·科普柯等长期开展合作，代理销售其产品。

7. 抗菌素研究所享誉国际

中国医药集团总公司四川抗菌素工业研究所是我国主要的药物研究开发机构

之一，隶属于中国医药工业研究总院，2008年正式入驻工业园区。目前，研究所已与国内外200多个企业进行项目合作，研发成果已全部推广至生产企业，大部分形成工业化生产，占据该品种主要的市场份额，部分产品已批量出口。其中，许多品种被列为国家基本药物，产生了显著的经济效益和社会效益。研究所全球首创抗结核利福霉素系列，创新药物利福喷汀得到了WHO的高度评价，开创了"间隔给药、督导化疗"新疗法。

（二）总部经济发展模式的启示和意义

1. 探索出了一条内陆企业国际化发展的新路径

企业国际化是企业向世界寻求经济增长点的表现，更是企业提升管理品质和市场竞争力的需要。但是，正如前文所言，成华区国际化发展面临着地理区位上的劣势，一直未能寻求到有效的路径实现企业"走出去"战略。龙潭总部经济城通过总部经济效益推动园区企业初步迈出了国内区域合作、拓展国际市场、在全球范围谋求发展空间的步伐，为内陆地区企业区域化经营战略升级为国际化战略提供了新模式和新思维，同时也探索出了一条新路径。

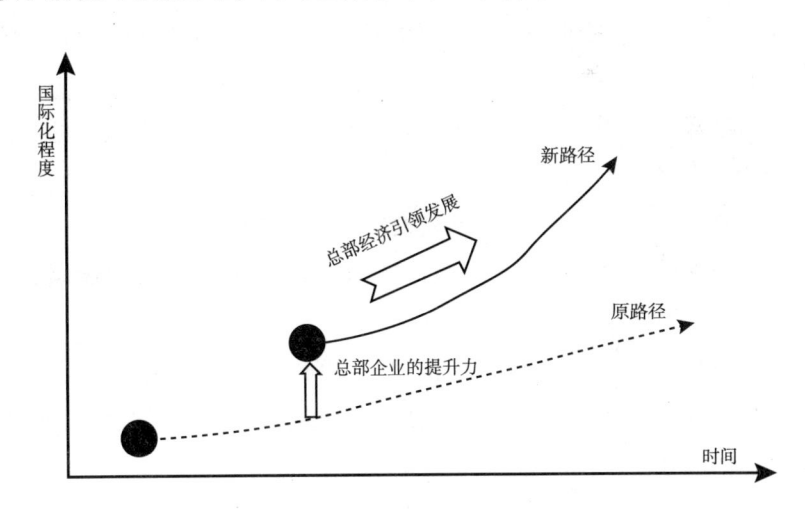

图1 总部经济引领内陆企业国际化示意

2. 实现了由被动适应向主动出击的华丽转型

在当今全球化发展中，西方跨国公司发展越发表现出咄咄逼人的态势：子公司广泛分布于发展中国家；规模越来越大，资本越来越雄厚；本地市场空间逐步

被占领，行业逐渐被垄断。发展中国家和地区的企业更多的只能被动适应国际化，在国际化发展中的主动性和经济收益却不明显。龙潭总部经济城依靠总部经济的发展模式，促进了企业的资本、市场、产业、产品、技术等要素进入国际循环，以更加积极主动的姿态应对国际化带来的挑战。

四　以总部经济模式推动企业国际化发展的思路与构想

（一）总体思路

今后，龙潭总部经济城将坚持以"工业设计研发"为主要发展方向，以"机械装备、电子通信设备设计研发"为重点发展领域，沿集聚四川、吸纳西部、连接全国、联系全球的国际化发展路径，将龙潭总部经济城建设成为总部经济发展省内的核心集聚区、西部的重要吸纳区、全国的重要接点、全球的重要支点。

——集聚四川。吸引全省制造业总部机构、研发中心、高端人才、金融等总部要素集聚，成为省内企业总部的主要集聚区和以机电装备制造业总部经济为特色的核心集聚区。

——吸纳西部。增强对整个西部地区高端装备制造资源的辐射、控制和服务能力，成为西部地区机电装备制造业区域性总部的重要吸纳区。

——连接全国。发挥机电装备研发设计的整体实力，拓展区域发展空间，在全国范围内完善机电装备制造业创新链和产业链，成为我国机电装备制造业发展产业链上的重要接点。

——联系全球。着力强化总部经济"引进来"和"走出去"的力度，加速国家级、世界级的大型机电装备制造业总部企业聚集，积极融入全球产业发展链条，成为全球机电装备制造业分工体系中的重要支点。

（二）奋斗目标

到"十二五"末，力争实现聚集规模企业1000家以上，年技工贸收入超千亿元，税收收入超30亿元；经过5～10年的努力，力争实现一批企业进入世界500强，一批企业进入专业领域世界500强，一批企业进入全国500强，将龙潭总部经济城建设成为在全国具有特色优势、在中西部具有功能优势、在四川具有速度优势的"中西部地区总部经济新标杆",国际化程度显著提升。

(三) 战略举措

1. 完善服务体系

一是完善公共服务体系。以龙潭总部经济城管委会为核心,推行一站式服务,实行工商、税务、报规、报建等代办机制,形成"一条龙"服务体系;建立完善"绿色通道"和"网上审批、远程办理",确保项目建设顺利推进;加大政策和资金支持力度、为企业提供更好的信息决策服务环境等措施,鼓励更多的优势企业"走出去";建设规范化服务型政府,探索推进涉外管理机制创新,营造诚信交易的大环境,逐步完善与国际接轨的政务环境。

二是完善专业化服务体系。加快发展现代服务业,建立健全银行、保险、会展、招商、商贸、物流、旅游、法律、教育、培训等专业化服务体系,不断提升服务业的规模与能级,推动服务业与总部经济的互促互利;建立健全发展投资、产权交易、技术交易、评估、信托、会计、审计、法律等中介结构,为商务总部和研发总部的发展提供国际化服务。

三是完善规划服务体系。坚持高起点规划、高标准建设、高品质发展,将把总部经济城打造成为产城相融互动、发展体系完备、集聚规模最大、综合效益最优、发展环境最佳的中西部"总部经济发展新标杆",为成华区实现"中西部综合实力一流城区"的目标贡献力量。完善园区以机电研发、销售、结算为主的生产性服务业产业规划,制定优惠产业发展政策,增添企业经营发展服务保障措施,扶优扶强,加快促进高端产业集聚发展,加快形成总部规模发展的竞争优势。

2. 打造跨国平台

一是积极搭建政府合作平台,积极组织企业参加国际经贸洽谈会和展销会,开展投资和市场拓展活动,指导企业制定"走出去"发展战略。鼓励和支持总部城企业主动与国外知名研究机构和企业开展项目合作与人才交流,同时加强与境外机构和企业的联系,不断拓展企业"走出去"的渠道。

二是企业搭建境外投资信息服务平台,包括企业境外投资意向信息平台、驻在国(地区)投资项目招商信息平台和投资中介机构信息平台、政策服务信息平台，筛选境外有价值的投资信息，向园区企业推荐，努力提高企业获取、判别境外投资环境信息的能力。

三是搭建跨国型的投融资平台，组织银企洽谈会，鼓励各类银行加强对境外投资企业的信贷支持，加强对"走出去"企业的外汇支持；加强与出口信用保险公司的合作，为企业走出去创造良好的融资环境。进一步改善投资环境，设立专项资金，探索创造联合收购新模式，鼓励跨国并购、跨国竞争和对外经济技术合作。

3. 构建企业联盟

深入贯彻落实"全域开放"战略，充分发挥地处成渝经济圈、成德绵经济带"桥头堡"等区位优势，围绕机电装备研发、中试、检验检测等优势总部，打造跨国企业战略联盟，占领或开拓国际市场，降低技术创新风险，提高国际市场适应能力和国际竞争力。

加快构建行业协会，鼓励行业协会整合行业资源在国外建立营销渠道，通过设立境外制造基地、建立海外零售网点和进入国外主流流通网络等形式，拓展国际市场空间。依托行业协会，加强企业国际性沟通与合作，接轨国际行业发展标准，将总部服务功能向国际延伸。

4. 加快项目建设

加快在建项目的进程。按照"以点连线、以线扩面"的建设原则，加强对总部城内重要节点、段、轴上项目的推进力度，加大协调服务力度，强化项目准入和退出管理，以保证引入企业整体质量好、建设速度快、发展后劲足，实现园区建设形象和影响力的提升。加强对总部经济项目建设的宏观指导和空间规划，按照制造业总部和服务业总部，分类处理好总部集群布局与分散布局的关系。

储备谋划重点项目。集中力量引进具有引领性、带动性的龙头项目和拥有核心技术、具有自主创新能力的高端重大项目，提升企业参与国际竞争的整体实力。扩大总部经济集群，加快形成企业总部的集聚效应和溢出效应，促进经济发展的高端化、集约化和规模化。

B.20
大连市西岗区大力发展总部经济走内涵式强区之路

王跃凌*

总部经济是由企业总部聚集所产生的新的经济形态，可以为大城市探索产业结构升级和城市功能提升，实现经济转型和可持续发展提供一个重要的战略选择。着力打造总部经济和楼宇经济，是西岗区确立的"品质西岗"发展战略的核心内容之一。发展总部经济可以打破西岗区地域面积小等瓶颈，实现经济格局新突破，加速产业结构调整和优化升级，不断提升经济发展的质量和效益。

一 西岗区总部经济发展取得显著成效

西岗区有58栋商务楼宇，近年来通过对这些楼宇的升级改造，逐步完善了商务楼宇的软硬件，增强了对品质企业的承载能力，并在政策上做足文章，相继吸引了一批总部企业落户西岗区，实现了区域经济内涵发展、品质提升、助推转型的新格局。

总部经济引进取得新成效。近年来，西岗区总部经济招商成效显著，总部存量资源不断增长，总部经济规模和实力不断提高。2012年以来，西岗区以规模型、效益型和功能型总部企业引进为重点，提升区域经济功能，推进产业结构调整，丰富辖区经济内涵，总部企业数量和规模均明显增长。仅2012年上半年，西岗区新引进的总部企业就达到53家，其中亿元以上项目22个，总投资额达172.8亿元，每个项目年区级税收都在200万元以上，预

---

* 王跃凌，大连市西岗区商务局副局长。

计全年将实现新增区级税收 1.62 亿元以上，为西岗区经济实现三年倍增奠定了良好基础。

总部企业行业领域较为集中。总体上看，西岗区总部招商成果所涉及的行业领域较为集中。从总部企业行业分布看，主要集中在现代服务业、房地产、商贸业、建筑业、科技产业等领域。全区共有总部企业 150 家，其中，现代服务业 36 家，占 24%；房地产业 31 家，占 20.7%；商贸业 28 家，占 18.7%；建筑业 25 家，占 16.7%；科技产业 17 家，占 11.3%；其他行业 13 家（图1），占 8.6%。

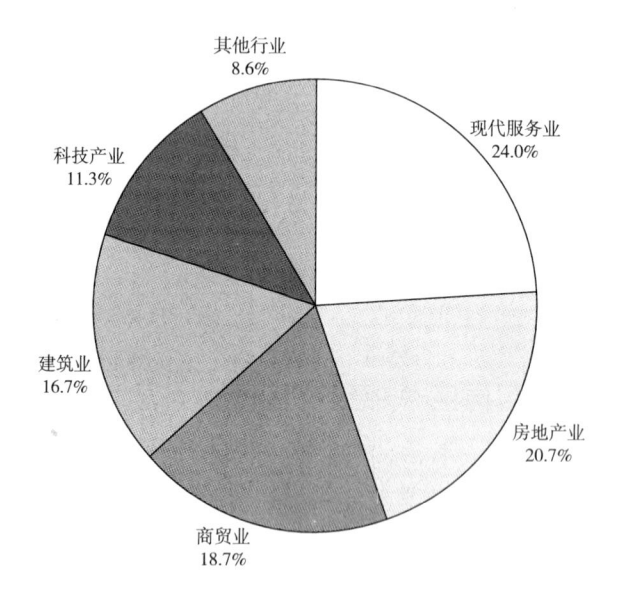

图1 2012年上半年西岗区总部经济行业分布情况

楼宇商务面积大幅增加。西岗区明确了楼宇提升改造目标，积极协调工商、税务、辖区派出所、房屋租赁中心等部门，实施"腾笼换鸟、筑巢引凤"策略，加快优化楼宇空间，按照"一楼一策"的原则推进楼宇提升改造。西岗区现有商用楼宇 58 座，总建筑面积 117.84 万平方米，商务面积 75 万平方米，全区楼宇共入驻企业 3837 家，占全区总企业数 10284 家的 37.3%。2011 年，实现区级税收 2.3 亿元。2012 年，通过购置万达国际酒店和盘活世纪财富广场、宝隆国际、良玖国际、凯乐酒店等楼宇，西岗区全年楼宇商务面积将增加 15 万平方米，全区楼宇商务面积将达到 90 万平方米。

二 西岗区总部经济发展思路

总部经济工作是一项系统工程，需要建立上下一致的工作理念和工作体系。西岗区高度重视总部经济工作，把总部经济作为西岗区实现经济跨越式发展的发力点，把2012年确定为西岗区"总部经济和楼宇经济年"，举全区之力推动总部经济和楼宇经济快速发展，建立了领导机制和工作体系，制定了《西岗区"总部经济和楼宇经济年"推进工作实施方案》，认真组织、精心部署，明确任务、狠抓落实，制定了《西岗区支持总部经济和楼宇经济发展的若干办法》，加大总部企业和楼宇企业的扶持力度，制定了指标考核体系，进一步强化了发展总部经济和楼宇经济在全区经济发展中的重要地位。

通过打造总部经济集聚区，实现对总部经济的引导。合理的规划引导有利于集中优势资源发展总部经济，提升楼宇功能和承载能力，推动总部经济形成集聚效应。西岗区以加强基础设施建设和提升专业服务水平为抓手，完善基础设施，提高区域综合服务功能，不断提升区域经济内涵和承载能力，积极构建金融、律师、房地产、现代商务服务、都市科技产业和创意设计产业为主的总部经济体系，打造总部基地城区品牌，重点打造新开路区域、八一路区域、站北地区三个总部和楼宇经济集聚区。其中新开路区域以万达大酒店改造为甲级写字楼建设为示范，对现有的近20座商务楼宇提升改造，对新开路地区进行新一轮的规划建设，通过建立协调机制，着力解决新开路地区的交通、停车、产业规划等问题，提升商务功能。付家庄区域以八一路区域特色商业街建设为突破口，充分发挥南部环境资源优势，吸引更多的总部类企业入驻。站北区域加快推进站北新区建设步伐，结合老建筑修复，增加商务功能，科学谋划站北特色总部经济集聚区建设。

打造高品质的总部经济载体，实施"五个一批"楼宇工程。为提升主城区经济承载能力，西岗区将重点实施"五个一批"楼宇工程，实施"腾笼换鸟、筑巢引凤"策略，加快优化楼宇空间，全力培育品质楼宇，将打造一批具有特色的商业街区和企业总部集群，打造总部基地城区品牌，提高区域综合服务功能。即建设一批，全力推进长江中心、鹰君中心、万邦中心、美国环球商务通东北亚服务中心和温商创业研发大厦建设；盘活一批，做好财富大厦、润德广场、宝隆国际、雅苑大酒店、凯乐酒店等楼宇的盘活工作；提升一批，通过"腾笼换鸟"提高鞍钢大厦、国茂大厦、大显酒店等楼宇的承载能力和经济总量；改造一批，推动越秀大厦、槐花大厦等楼宇向商务用途改造，扩大商务用途面积；稳定一批，对森茂大厦、中投保大厦、华信大厦、电信大厦、外经贸大厦等入驻稳定、税收贡献高的楼宇加大服务和政策扶持力度，确保楼宇高位健康发展。

加强特色商业街建设，营造总部经济发展的良好商业环境。西岗区把专业街区建设作为促进地区繁荣、塑造城区魅力，推动"总部经济和楼宇经济年"建设的重要手段。为打造良好的商业、商务环境，提升商业、商务服务功能，西岗区规划建设和提升改造了一批特色商业街，包括俄罗斯风情街将变身"远东风情城"、傅家庄地区改造等大手笔。一些街巷将被赋予新的内涵与商机：将高标准启动锦华日本料理街、高尔基路酒吧街、海珍品街、大同商业步行街等专业街区建设，增加特色元素和主题项目，提升特色街的专业化水平，提升商业服务功能。

积极开展多种形式的招商活动。西岗区把总部经济发展与当前辽海经济带开发建设相结合，将充分发挥大连在辽海经济带中的核心作用，开展有针对性的"走出去"、"请进来"招商活动，完善招商机制，在西岗区内树立人人都是招商主体的工作理念，实施全员招商。一是规划招商区域，将境外划分为欧美区、日韩区和中国港澳区三个重点招商区域，将境内划分为珠三角、长三角、京津冀、东北及内蒙古四个重点招商区域，建立长效招商机制。二是拓展招商模式，通过小组团招商、以商招商、特色产业招商、重点企业定点招商、网络招商等多种形式，不断加大招商宣传力度，扩大西岗区总部经济招商的覆盖面和影响力，吸引更多总部企业落户西岗。

三　西岗区发展总部经济的路径选择

从西岗区经济发展的角度来看，总部经济主要体现在以西岗区现有产业为基础，以提升城区功能和扩大经济总量为目的，发展立足大连的人才、信息、科技密集型高端产业，使其向内具有提升带动作用，向外具有辐射扩散作用，并通过这些产业的聚集，逐步实现产业转型升级和经济结构调整。

（一）以内涵为基础，以外延为导向

西岗区明确了"内涵式"和"外延式"并重的发展思路，坚持内外源并重、引进与重点培育并举，通过完善政策、强化公共服务，不断优化总部经济发展环境，做强总部经济规模、提升总部经济层次，增强总部聚集和辐射带动效应。

内涵式发展主要是指精心培育区内本土总部企业做大做强，培育了万达、实德、重工起重、华信信托等一批在国内具有较强影响的总部企业。外延式发展主要是指通过招商引资，吸引总部类企业来西岗安家落户，先后引进了沈宏集团、仲量联行、德勤华永会计师事务所、普华永道会计师事务所、盈科律师事务所、日本财险、三菱银行、沈铁港口物流等一批总部企业。通过培育行业特色和配套政策扶持等手段，西岗区目前已经形成了具有一定规模和辐射能力的产业集群。

（二）以政策为引导，以服务赢信任

结合"十二五"时期的新形势、新要求，西岗区形成了新一轮经济发展政策体系，以引进规模型、效益型、功能型总部企业和现代服务业为重点，提高扶持标准、规范认定程序，从前期扶持、办公用房、纳税等多方面，实行公开透明的企业扶持政策。并制定了包括教育、医疗、文化、养老等各方面的系列政策，保障投资者的经营无后顾之忧，努力形成党政主导、企业主体、市场配置相互协调的发展局面。加快转变政府职能，加强软环境建设，精简办事环节，简化办事程序，所有行政许可审批和公共服务事项全部纳入行政服务中心，实行一站式服务，并抓紧时间建设365大厦，作为政府职能的有效补充。充分尊重投资者，平等保护市场主体的合法权益，为企业投资兴业营造良好的体制环境和市场环境。

（三）以功能带发展，以发展促功能

一是通过提升城区功能，形成对总部经济的支撑。作为市场经济条件下的一种经济现象，总部经济是在区域之间存在资源禀赋差异条件下，企业追求成本最小化或利润最大化的一种企业自主在不同区域进行资源配置的结果。对一个城市或城区来说，完备的基础设施、成熟的商务环境、良好的政策环境、完善的专业服务等是发展总部经济的必要条件。提升城区功能，积极打造总部经济发展的软环境，是总部经济发展保持持久活力的重要因素。西岗区南北临海，纵贯大连主城区,地理位置优越。区内交通发达,人流密集、商业发达,站北特色总部经济区、奥林匹克高端商业区、香炉礁物流园区、傅家庄总部经济区、黑嘴子商务区、新开路商务区等已经形成了一定的规模,未来将不断完善配套设施,提升区域专业服务、搭建融资平台、构建政策服务体系,合理规划引导,积极吸引总部企业入驻。

二是通过总部企业的引进,提升城区功能。企业总部是企业的头脑和管理的核心,具有管理、研发、投资、营销等多种职能。企业总部对生产性服务业的需求领域较广,几乎涉及生产性服务业所涵盖的所有行业。充分结合产业基础与优势,不断完善总部聚集区发展环境,引进高端现代服务业总部企业入驻,带动与总部企业需求相适应的金融保险、商务服务、科技服务、信息服务等生产性服务业聚集,不仅能提升城市服务业整体水平,而且能通过集群效应增强总部经济和生产性服务业互动发展的竞争优势,显著提升西岗区城区功能。西岗区积极引进仲量联行、德勤华永会计师事务所、普华永道会计师事务所、盈科律师事务所等现代服务业总部,不仅提升了专业化服务水平,而且利用高端服务业的商业资源,将带动一批生产性服务企业落户西岗。

(四) 以总部为支撑,以指标为重点

近年来,西岗区总部经济发展较快、基础良好,随着政策和服务环境的进一步优化,西岗区总部经济将具有更为广阔的发展前景。2012 年西岗区以"总部经济和楼宇经济年"建设为纽带,以大项目建设为抓手,重点加快以站北特色总部经济区、奥林匹克高端商业区、香炉礁物流园区、傅家庄总部经济区、黑嘴子商务区、新开路商务区等组团的集聚区建设,加大总部企业的引进力度。

一是税收贡献高的总部企业。总部经济对总部所在区域将产生积极的税收贡献效应。企业总部一般是独立的经济实体,要向其所在地上缴所得税,总部与生产制造基地之间一般采取母子公司或总分公司的形式,基地的一部分应税利润将通过"合并纳税"或"投资收益"回流总部;同时,企业总部员工有个人税收贡献效应,在总部工作的高级白领,个人收入丰厚,必然要通过个人所得税形式为总部所在区域作出贡献。2011 年,西岗区共有企业 10284 家,其中总部企业共有 97 家,实现区级税收 7 亿元,总部经济以不到 1% 的企业数纳税占到全区纳税额的一半,充分体现出总部企业对区域经济的支撑作用。西岗区积极开展形式

多样的招商活动，花大力气抓重点纳税总部企业，从2012年初到现在，西岗区共引进各类总部企业近50家。

二是扛指标的总部企业。企业总部为所在城市提供了大量高智力就业岗位，雇用大量管理、营销和科研等高素质专业人才，成为吸纳高知识性人才的重要渠道。同时，总部经济通过产业乘数效应，带动了围绕企业总部经营活动的相关产业尤其是服务业的发展，服务行业吸纳劳动力就业的能力较制造业更强，从而吸纳更多就业人口。发展总部经济还能够带来丰富的智力资源、先进的商业模式、管理理念和思维方式，加快知识型人才的培养聚集，多元文化的融合与互动，进一步加快城市国际化步伐。西岗区通过GDP、固定资产投资、外资指标、内资指标、服务业指标等一系列指标进行评价筛选，有针对性地发展指标贡献率比较高的总部企业，充分发挥总部企业的就业效应、产业乘数效应、品牌效应等，带动相关产业发展。

三是重要职能总部。总部是企业的头脑和管理的核心，具有管理、研发、投资、营销等多种职能。职能总部的聚集也能够会聚大量高端经济要素，带动相关产业发展，提升区域品牌和形象，增强区域竞争力。西岗区在对总部企业招商时，不仅注重吸引综合型总部，还积极吸引研发中心、结算中心、销售中心等职能型总部，使之成为西岗区总部经济的有益补充。例如西岗区积极引进仲量联行的设备设施管理部，而且通过相关工作积极吸引其他职能部门入驻。

B.21
瓯海总部经济园：产业转型发展的领跑者

潘永明*

知识经济浪潮席卷而来，国际金融危机不期而遇，以民营经济为主体、传统产业为主导的温州如何抢占先机、破浪前行，是摆在政府与企业面前的共同课题。瓯海作为民营经济发展的先行区，审时度势，率全市之先在瓯海新城的黄金地块创建总部经济园，争当产业转型发展的领跑者。2010年7月，瓯海总部经济园被认定为首批浙江省现代服务业集聚示范区。

一 依托优势，高起点谋划

作为区域性二级城市的温州以及温州主城区之一的瓯海，发展总部经济的条件远不如北京、上海、杭州等地，而瓯海立足现实，依托优势，精心谋划，倾力打造，积极探索总部经济发展新路子。

（一）依托区位交通优势，合理布局

总部经济的发展应该以企业需求为根本出发点，通过提供适宜的软硬环境来提高吸引力。瓯海新城作为温州都市区拓展的腹地，承载着城市功能转型升级的重任，是温州发展总部经济最适合和最具备现实条件的中心区域。贯穿东西的瓯海大道与金丽温高速、甬台温高速、温州绕城高速公路交汇互通，辐射南北的温州铁路南站、潘桥国际物流基地启动建设，城际轻轨工程加速推进，随着温州高教园区的落户、瓯海新行政中心区的奠基，一条由站前商贸区—娄

---

* 潘永明，温州市瓯海区发展和改革局副局长。

桥工业园—新城商务区联结而成的城市经济发展主轴被勾画出来，受到了众多投资者的青睐。于是，2006年在这条发展主轴的中央黄金节点上孕育出了瓯海总部经济园。示范区一期规划用地近100亩，总建筑面积达16.3万平方米，共有15幢商务楼，南濒塘河，东北靠主干道，西临标准厂房，形成"三区"、"一环"的平面布局，沿河设置绿带、水景广场，中央簇拥商务花园，构筑出绿色和谐舒适的商务环境。

（二）依托产业基础优势，准确定位

瓯海是"温州模式"的发源地之一，轻工业是其主导产业，现已形成以鞋革、服装、眼镜、锁具、烟具、汽摩配等轻工产品为主的产业体系，拥有"中国锁都"、"中国眼镜生产基地"等"国"字号"金名片"。这些以劳动密集型为特征的产业，需要占用大量劳动力和土地资源，而现有用地和劳动力缺乏，致使部分企业将生产基地外迁，仅把管理、研发、营销的核心留在温州。但是，这些企业散布在开发区及工业园内，资源整合度、信息共享率较低，技术创新性、人才支撑力较弱，亟须创建一个集聚发展、整体提升的基地。瓯海顺势在娄桥工业园核心地带着力打造集聚度高、带动力强的总部经济园，使之成为集管理、营销、研发、展示等功能于一体的商务高地，同时发挥示范带动作用，不断拓宽产业发展空间，促进现代服务业与先进制造业融合发展。

（三）依托地缘人脉优势，突出特色

温州人每年在全国各地创造的GDP相当于温州本地GDP的总量，而且大多数在外温州人所从事的行业，与温州本地产业有非常强的关联性。同时，"恋乡不守土"的温州人家乡情结特别浓厚，反哺家乡、回乡创业的愿望十分强烈。瓯海有10万余人活跃在全国各地经商创业，6万多华侨分布在世界50多个国家和地区。随着内外温州人互动战略深入实施，结合在外瓯海人的地域特点和行业特征，各类侨联组织、行业协会、商会和联谊会不断组建，交流合作活动日益增多，有力地推进了"一城四区"建设。瓯海总部经济园作为"现代商贸区"建设的重要启动点，注重利用国内外两种资源、两个市场，着力打造"在外温商回归工程"，促进在外温州人经济与本土经济互动发展。

二　出台政策，高标准招商

良好的政策环境是总部经济得以发展的重要保证，特别是在总部经济发展起步阶段，政府要发挥好"看得见的手"的作用，切实制定针对性强、相关配套的政策措施，提高总部入驻率和资金到位率。

（一）适度设置"门槛"，明确招商方向

通过深入调研，经区政府区长办公会议讨论通过，瓯海出台了《瓯海区总部经济园企业入园暂行规定》及《瓯海区总部经济园企业入园实施细则》，明确入园条件：一是以温州市外企业为主，总资产不低于8000万元，年纳税额不低于300万元；二是在瓯海区重新注册登记成立企业，注册资本金不低于1500万元；三是企业在3年内每年纳税额不低于500元/平方米，还须交不低于600元/平方米纳税保证金。对符合入园条件的企业，根据评审评分标准，进行定性定量考核记分，择优入园。此外，还研究制定了《总部经济园企业申请入园手续办理工作流程》，公开招商程序，规范入园手续。

（二）积极搭建"平台"，加大招商力度

借全国各地温州商会负责人齐聚瓯海之际，举行总部经济园项目大型推介会，达成入园意向。组团在北京、上海、江苏南通等地开展招商引资推介活动，与10多家企业签订入园协议。在《温州日报》整版刊登总部经济园招商广告，设立招商热线电话，并在"中国·瓯海"网页开辟招商板块进行宣传推介，共有80余家企业申请入园。经评审筛选，最终入园企业为41家，其中在外温商回乡投资企业31家。

（三）自由组合"营盘"，提高招商成效

根据论证通过的《总部经济园用房挂牌出让前置条件》和《总部经济园挂牌出让标的物设置方案》，9幢6层独立式商务楼为一个标的物，1幢23层高楼、2幢12层小高楼、3幢17层小高楼的两层或两层以上为一个标的物。入园企业以意向认购的建筑面积选定商务楼层面积，自由组成土地挂牌竞标单位，最终以3123万元地价款竞得12宗净用地，用房平均出让价为3150元/平方米，整个项

目出让总价达 4.5 亿元，实现了二产用地发挥三产功能的目标。在成功挂牌出让后，入园的市外企业都在瓯海新设公司。该项目建成投用后，年纳税额将超亿元，亩产税收是区内一般工业园的 10 倍。

三　讲求统筹，高效能服务

总部经济是产业集群的高级形态，是一项庞大的系统工程。发展总部经济的主体是企业、是市场，但离不开政府的支持和引导。在瓯海总部经济园建设发展过程中，政府与企业密切协作，有力地完善服务机制，有效地整合资源要素，有序地推进工程建设，取得了阶段性成果。目前，瓯海总部经济园一期项目即将投入使用，二期项目正在谋划启动。

（一）强化领导，合力推进

创建总部经济园，是瓯海转变经济发展方式、提升区域经济竞争力的重大举措。因其涉及面广，需要组织协调的事项多、难度大，瓯海区政府建立了由区长任组长，常务副区长、分管副区长任副组长，相关部门单位主要负责人为成员的总部经济园建设领导小组，下设招商引资办公室和开发建设办公室，并明确责任分工，形成了工作合力。市、区两级政府还多次召开专题会议，就总部经济园用地功能调整与设计方案变更、土地使用权出让、建设手续与产权证办理审批等进行研究，提出具体意见，作出统一部署。在各级领导和有关部门的关心支持下，项目建设进展顺利。

（二）优化环境，协同推进

发展总部经济，既需要有良好的舆论氛围，也需要有良好的环境条件。从现实来看，企业关注的是投资环境和运营条件。为此，区政府专门抽调得力干部，实行全程跟踪服务；组织召开由工商、税务等职能部门参加的工作协调会，就企业登记注册、运营纳税等关键问题进行沟通解决，落实注册地点和运营场所；与金融机构进行对接，使需要贷款的入园企业得到了工商银行足额的授信，分期落实建设资金。在建设过程中，住建、消防等部门单位经常开展上门服务，指导工作，确保工程建设质量安全。

（三）细化配套，统筹推进

考虑到入园企业认购的楼房仅作办公之用，对企业总部办公区建筑采用跃层单元式设计，在 A 区裙楼 1~3 层设置综合配套服务区，包括展示中心、会议中心、信息中心、餐饮中心等。在娄桥工业园及周边地带，建设人才公寓、培训大楼、研制基地、检测中心等，与总部经济园进行有效链接服务。通过前期充分准备，瓯海总部经济园于 2008 年 3 月奠基，2009 年 2 月立桩，2010 年 10 月主体工程结顶，2011 年底通过预验收，现已进入装修，计划于 2012 年底交付使用。

四 创新思路，高水平发展

随着瓯海总部经济园开发建设进程加快，其集聚效应、示范作用和带动能力日益增强，极大地促进娄桥工业园整合提升、转型发展，在优化产业结构、增加经济总量、扩大社会就业、提升城市功能等方面发挥越来越重要的作用。当前，瓯海紧紧抓住温州"1650"大都市区框架全面拉开、金融综合改革深入推进的有利时机，以打造实业洼地、构筑总部高地为目标，以"四集"（项目集中布局、产业集群发展、资源集约利用、功能集合构建）为要求，强化创新，注重集聚，把总部经济园建设发展成为集商务办公、研发设计、创意展示、营销结算等功能于一体的现代服务业集聚示范区，引领和推动城市经济转型跨越发展。

（一）强化规划引导，拓宽发展空间

在城市总体规划的框架下，按照"瓯海新城"空间扩张和功能强化的总体要求，瓯海进一步优化总部经济园空间布局，强化示范区、转型区、提升区、配套区用地功能，体现集聚区主次分明、结构合理、设施齐全、运转高效的特征。近期，重点抓好占地 283 亩、建筑 24 万平方米的示范区二期项目前期工作，开展招商推介活动，打造浙商总部示范区和民间金融集聚区。同时，加快"退二进三"步伐，实施娄桥工业园整合提升方案，推进生态化改造，做好"筑巢引凤"、"腾笼换鸟"、"升级换代"等工作，促使总部企业分类集聚，构筑布局合理、功能完备的总部基地。

（二）整合要素资源，搭建发展平台

加强用地保障，将总部企业用地优先纳入年度土地供应计划，吸引更多的先进制造业本土总部、现代服务业高端总部、开放型经济跨境经营总部、战略性新兴产业区域总部入驻。加强人才支撑，建立人才培训平台，实施"总部人才素质提高工程"。加强金融创新，设立金融综合服务区，召开"总部金融服务论坛"，搭建项目融资平台，支持总部企业发展。建立总部企业服务中心，打造公共服务平台，引进知名的中介机构和一流的物业管理公司，为总部企业提供优质高效服务。

（三）完善扶持政策，增强发展动力

认真贯彻落实上级有关政策措施，研究制定加快总部经济和楼宇经济发展、推进"优二兴三"工作、支持工业企业分离发展生产性服务业的实施意见，重点在用地安排、财政扶持、人才保障、技改补助等方面实行倾斜，对实施科技创新、业态创新等企业予以奖励，激发发展活力，增强发展动力。发挥政策调控作用，提高企业总部的入驻率、项目资金的到位率、总部集群对经济和社会发展的贡献率、总部园区对城市综合实力和整体形象提升的支撑度。

（四）创新服务机制，营造发展氛围

进一步加强对总部经济园建设发展工作的组织领导，建立和完善联席会议制度，建立领导挂钩联系总部企业、总部高管约见领导等制度，保持经常联系，沟通协调解决发展中遇到的困难和问题。进一步发挥行政审批服务中心作用，建立重大项目绿色通道制度，优化发展环境。进一步优化法治环境和诚信环境，维护合法权益。进一步加大宣传力度，形成促进总部经济发展的良好氛围，提升瓯海总部经济园的品牌和价值，塑造现代化新瓯海的魅力和形象。

B.22
丰城市加快总部经济发展，引领产业转型升级

中共丰城市委　丰城市人民政府

丰城位于江西的中部，有1800多年的建县历史，面积2845平方公里，人口150万，县域经济基本竞争力蝉联第十届、第十一届全国百强，入围中部十强。2011年，全市GDP近290亿元，增长19.5%；财政总收入近34亿元，增长23.3%，其中地方财政收入达22.13亿元，增长23.9%，均列全省县市第2位。丰城是江南的主要焦煤基地，是全国十大商品粮生产基地之一，拥有"中国生态硒谷"、"药湖国家级湿地公园"、"中国高产油茶之乡"、"全国粮食生产先进县市"、"中国再生铝基地"、"全国社会管理创新综合试点县市"等十余张国家级名片。

2009年以来丰城市秉承"发展总部经济、加速丰城崛起"的理念，依托优越的区位交通和优美的生态环境优势，把总部经济作为"园区经济的新形态、城市经济的新亮点、现代经济的新特点"来培养，走出了一条中部地区县市发展总部基地的独特之路。2009年6月江西龙津湖总部经济基地经江西省发改委设立为全省首个省级总部基地，丰城开始步入经济转型和科学发展的新轨道，至此我们开始了总部经济发展美好蓝图的描绘。2010年、2011年龙津湖总部经济服务业基地先后被授予"中国总部经济发展实践研究基地"，"中国总部经济发展先行区战略联盟发起单位"称号。2012年5月，丰城龙津湖总部经济服务业基地被江西省政府授予"江西省现代服务业集聚区"称号。

一　丰城市总部经济发展主要优势

总部经济是市场经济发展的一种新形态，是经济社会发展的必然趋势，丰城

市发展总部经济有得天独厚的优势和潜力。

1. 良好的区位优势和交通条件

丰城市地处江西省中部,位于我国长江经济带与南北京九沿线发展轴的交接点,位于江西版图中心位置,是江西省南北交通要道,处江西省境内沪瑞高速、九景高速、赣粤高速、京福高速"天"字形高速枢纽的中心点;浙赣线、京九线、赣江与赣粤高速、105国道穿境而过,境内赣江为三级航道,有年吞吐量500万吨的赣江货运码头,1000吨货轮可直抵长江并通江达海;城区距省会南昌仅60公里,距昌北国际机场65公里,与我国经济发展前沿城市上海、深圳、广州、宁波、温州、厦门等呈现等距离放射状分布,区位辐射能力较强。同时,正在建设的丰昌大道途经总部经济基地,基地到南昌距离缩短为40公里。

2. 良好的政策环境和发展时机

当前,江西省一系列政策、措施出台,丰城总部经济迎来了发展的新一轮"春天",主要有三个方面的机遇:一是江西省委、省政府机关南迁带来的机遇。2012年3月,国家发改委正式下发批复,"原则同意江西省级党政机关搬迁置换项目,项目选址在南昌市红角洲卧龙路以北地块。"江西省级行政中心的南迁意味着南昌发展的下一个核心将更加靠近丰城。二是南昌打造江西经济的核心增长极带来的机遇。2012年6月,江西省制定了《关于全力支持南昌发展、打造核心增长极的若干意见》,明确了打造南昌核心增长极的发展目标,即到2020年,主要经济指标占全省比重力争达到1/3,制造业达到全国先进水平,产业竞争力明显提升,城市建成区面积达到500平方公里。江西省正在编制城镇体系规划,致力把南昌建成1000万人口的大都市区,打造一小时经济圈,推行同城一体化抱团发展。丰城市已被纳入南昌一小时经济圈内核心城市。三是现代服务业被纳入江西省重大战略部署带来的机遇。2012年5月,江西省出台《加快推进全省服务业发展的若干意见》,成立以省长为组长的发展现代服务业领导小组,并且从政策、资金、税收、用地、品牌创建、人才支撑、企业培育等多方面给予扶持。尤其是对全省省级现代服务业集聚区、省级服务业企业给予重点支持,丰城市龙津湖总部经济服务业基地被定为第一批"江西省现代服务业集聚区",在全省20个集聚区中排名第1。

3. 良好的经济基础和人才支撑

进入新世纪以来,丰城市一直是江西省经济发展先进县市,连续两年跻身全国百强行列,在第十一届县域经济基本竞争力排行榜上跃居全国第 97 位,中部第 9 位。科学发展环境单项评比是江西省唯一的 A + 级县市,入选全国最具区域带动力中小城市百强。全市已经形成新型能源、光伏电子、生物食品、精品陶瓷、资源循环利用等五大支柱产业,基本形成较为完备的产业链。中国生态硒谷、精品陶瓷、资源循环利用等产业基地基本建成,并且已有斯米克、东鹏、唯美、好帮手电子等一大批全国知名品牌企业入驻,为发展总部经济提供了良好的条件。同时,丰城正在实施"521"人才强市战略,计划五年时间,每年选录第一学历本科以上的优秀大学毕业生 200 名,5 年内共引进 1000 名高校毕业生充实企业和单位。政府还可根据企业的用人需求,全方位提供高学历、高素质、高技能、专业对口的"三高一对"式的人才引进服务,为企业选择急需人才、降低企业招聘成本提供便利。

二 丰城市总部经济发展的主要做法

丰城市作为全国百强县市,江西省的最好县市之一,要在高起点、高质量保持经济持续、平稳、较快发展,就必须在发展思路上求突破,在产业发展上求升级。以总部经济为代表的现代高端服务业,具有税收贡献、产业关联、消费带动、促进就业、资本聚集等五种乘数效应,能够促进产业机构调整、扩大城市发展规模、提升对外开放形象。因此,发展总部经济是实现丰城经济社会跨越发展的有效途径,我们着重抓好以下四项工作。

1. 注重战略布局

一是明确"产城一体"定位。丰城龙津湖总部经济基地建设融现代服务业发展与城市建设发展为一体,一方面围绕培育"十大中心",加快现代服务业发展;一方面将基地纳入城市总体规划,作为城市一个区进行规划和建设,做到与城市总体规划衔接、与工业园区规划衔接、与功能布局完善衔接,加快市政设施配套和基础设施建设,建设宜业宜居的城区。二是实施丰城南昌同城化战略。为主动适应以南昌为核心的区域经济发展需求,丰城市与丰昌同城化战略进行主动对接,着力在交通、市场、产业、体制机制等方面进行全面对接和融合,积极参与区域经济的产业分工合作、协作配套,尤其是把龙津湖总部经济基地作为对接融入南昌城市圈的"桥头堡",把总部经济建成融入南昌都市经济圈的连接点。

三是打造现代服务业核心集聚区。充分发挥总部经济基地"江西省现代服务业集聚区"品牌效应,加快总部经济发展,提升总部经济企业引进标准,把引进高端企业作为提升总部经济发展的质量和品位支撑,打造区域性、行业企业的总部聚集地。

2. 注重规划引导

丰城龙津湖总部经济基地规划充分依托龙津湖得天独厚的地理位置,全力打造江西省内首屈可指的、不可复制的高尚总部经济基地群落。在新一轮的丰城市城市总体规划(2010~2030年)调整中,总部经济基地被确定为城市总体规划"一城五区"中的城市生态经济区。总部经济基地计划总投资168亿元,规划面积18000亩,其中水面2600亩,计划用5~6年时间进行全面开发,按照建设"生态之城、宜居之城、创业之城"的理念,新建一个规模12平方公里的"新城",着力完善城市功能配套。同时,作为城市的重要组团,又区别于简单的城市建设,做到"三个注重":注重生态保护,保护湖滨景区自然生态环境平衡;注重绿地保护,保留原生态森林,规划绿地率达73%;注重水资源保护,加强区域内水环境治理,常年保持龙津湖"一湖清水"。

3. 注重品牌创建

丰城将品牌塑造作为保障发展总部经济品位的先导。2009年初,启动江西龙津湖总部经济基地建设,聘请了法国卓米诺建筑设计事务所进行规划设计,力争打造全省的样板工程、精品工程,致力于塑造环境最优美、区位最优越、政策最优惠、服务最优质的"四最"品牌。同时,为进一步宣传展示丰城总部经济发展优势、发展战略和发展成就,加强对外的交流合作,2010年开始丰城市连续3年参与协办中国总部经济高层论坛,成为中国总部经济发展先行区战略联盟发起单位之一,借助高层次、高规格和专业化的高端论坛会议,扩大影响,树立丰城总部经济品牌,力争把总部经济基地建成江西省乃至全国企业的总部、创业的港湾、生活的乐园、旅游的圣地。

4. 注重政策扶持

为加快推进总部经济基地的发展,丰城市委、市政府专门成立以市长为组长的全市总部经济发展领导小组,负责总部经济的协调、调度和推进工作,市委副书记专职负责主抓总部经济日常工作,从有关部门抽调30余人集中办公,负责总部经济规划布局、政策制定、资格认定、项目跟踪等工作,确保总部经济工作高效快速运转。为全力推进总部经济发展，加快总部经济基地建设，市委、市政府出台了《关于发展总部经济、加速丰城崛起的若干意见》和《关于培育发展总部经济的奖励试行办法》，在办理证照、供给土地、提供办公用房、财税扶持、企业融资、出口创汇、优化环境、企业用工等方面制定奖励扶持政策。市财政专门设立5000万元专项基金用于奖励扶持总部企业，全市还组织32支招商小分队，设立13个招商办事处，开展以金融业、商贸物流业、宾招服务业、电子商务为重点的服务业招商选资工作，加强现代服务产业配套，引导产业链的完善和延伸，推进总部经济向纵深发展。

三 丰城市总部经济发展主要成效

2009年，江西丰城龙津湖总部经济服务业基地成立以来，围绕"全国一流、全省最好"的目标，始终坚持高起点规划、高标准创建、高规格推动的理念，快速推进总部经济基地建设。目前，基地已完成投资10亿元，建成面积2平方公里，基地的各项功能日益完善，服务水平不断提升，总部企业加速聚集。

1. 总部效益日益明显

自2009年丰城龙津湖总部经济基地成立以来，一批规模较大、知名度较高的企业将区域总部或分支机构，以及一些具有单一总部职能的研发中心、物流中心、采购中心、结算中心进驻龙津湖总部经济基地，如中国水基科学院、中国无油涡旋压缩机研发中心、东鹏陶瓷、华伍股份、斯米克陶瓷、润田公司、唯美集团。截至2012年5月，基地共吸引222家总部企业入驻总部基地，入驻企业累计纳税5.6亿元，其中，2012年引进企业总部50家，企业纳税10727万元。全市32个乡镇（街道）都引进了总部经济项目，这些项目经营范围主要包括物流运输、煤炭贸易、再生资源回收、医疗贸易等。同时，为提升现代服务业发展水平，引进了港商投资2.5亿元的五星级花园大酒店和广东肇庆科培有限公司投资7亿元的洪州职业学院，尤其是香港玖龙纸业营销中心的入驻，为总部基地打造企业营销中心开辟了先河。

2. 创业活力日渐激发

随着总部企业尤其是科技型总部企业的聚集，高新技术产业快速发展，县域经济的吸附力和承载力得到不断提升，产业结构进一步优化，开放型经济势头强劲。2011年，全年实际引进内资32.2亿元、外资5240万美元，签约项目138个，签约资金近300亿元，其中投资亿元以上项目30个，投资10亿元以上项目10个。高新技术产业园区主营业务收入达309亿元，其中高新技术产业产值达34亿元，占规模以上工业增加值比重达30%。50平方公里的富硒现代农业产业基地——中国生态硒谷全年实现产值10.47亿元，带动农民增收2.2亿元。按照"建银行、引银行、改银行"的思路，成功引进赣州银行、九江银行、中科剑邑股权投资基金、洪源小额贷款公司等金融机构入驻，启动了农村信用合作社改制，打造区域性金融中心取得实质性突破。

3. 城市建设日趋完善

丰城市发展总部经济带来了城市规模扩张、功能完善、品位提升。丰城市城市建成区面积达12.1平方公里，目前已启动新城区三期15平方公里建设，丰城市将成为一座大气、秀美的现代化新城。总投资6亿元建设总长6千米的第二座横跨赣江的剑邑大桥，极大地拓展了城市发展空间，拉开了"一江两岸、一江三桥"面积达80平方公里的现代化中等城市框架，其中建成区面积达41.6平方公里，城市人口突破38万。目前，丰城已启动了龙津新区开发，赣江防洪大堤正在建设。近20平方公里的龙津洲地块的城市建设，将与总部基地12平方公里区域一起组合出拳，搭建起丰城最靓丽的城市板块。

四 丰城市总部经济未来发展构想

总部经济基地作为丰城城市建设的主战场、财政收入的增长极、现代服务业发展的新亮点，丰城市将进一步推进项目、优化环境、强化举措，加快总部经济发展，增强区域经济竞争力，努力实现丰城市"争当领头羊、领先中西部，百强再进位"现代化中等城市目标。

1. 突出产业发展，打造现代服务业集聚的核心区

充分发挥总部基地的区位优势、政策优势、环境优势、生态优势，利用好江西省加快现代服务业发展的有利时机，以总部服务业为主攻方向，大力开展招商引资，引进高端总部企业，提升总部经济发展质量。一是重点引进设计研发中心、营销中心、培训中心、金融结算中心、贸易服务中心、商务中心、旅游休闲中心。二是吸引本省、全国有实力的企业设立地区、区域总部。三是吸引在省内外发达地区或县市发展的一些有影响力的顶尖企业。四是培植特色产业企业总部，鼓励有实力的企业"走出去"，外建新的生产基地，把研发、销售、人才、品牌等根植丰城。五是加大宣传推介力度，紧盯世界500强企业和中国200强企业在总部经济基地设立地区总部或总部型分支机构。

2. 突出资源转化，打造城市水岸经济带

丰城市龙津湖总部经济基地坐落于江西省中部、赣江中下游、鄱阳湖畔、丰城市龙津湖风景区内，拥有得天独厚的自然景致、依山傍水的自然地理地貌。尤其是拥有2600亩的湖面以及毗邻的10公里长的赣江水面资源，是总部基地不可复制的独特资源，要做好水资源转化利用，必须围绕水岸经济带打造好转化平台。借助丰城深厚的水文化底蕴，通过引进有实力的企业，打造水中演艺、仿古水城、水上乐园、水上飞行俱乐部等游乐项目，充分借鉴其他城市水岸经济开发的成功实践，整合龙津湖、赣江岸边土地资源，积极争取多方支持，促进水岸经济发展，打造丰城总部经济发展新的增长点，全面挖掘水岸经济效益，把龙津湖总部经济基地打造成宜商、宜居、宜学、宜游、宜乐的水岸特色经济带。

3. 突出功能完善，打造文化旅游休闲城

着力完善城市功能配套，完善商务服务体系，构建高品位、人性化高尚居住社区，满足企业领袖和总部高管的工作生活需求。依托五星级花园酒店，借助民俗文化村、休闲娱乐区、水上乐园区三大平台，结合龙津湖省级森林公园，大力发展生态旅游产业，形成服务业的集聚氛围。抓住全省文化产业发展契机，吸引创意文化产业集群，建设创意文化产业园，把广电传媒、文化体育等相关部门及相关企业，集中到总部基地周边，形成相互依存、相互补充的能动关系，组成多用途、高效率、功能多元化而又统一的城市综合服务体系。以发展现代服务业、高新技术产业为先导，大力营造生态良好的发展环境和健康时尚的文化氛围，形成集文化创意、休闲娱乐、商务金融、高新技术、旅游会展等功能于一体的文化娱乐休闲区。届时，以现代服务业为主导的巨大发展潜能将得到挖掘，吸引文化创意产业、休闲旅游、高端科技园等优质发展要素的聚集，推动丰城总部经济的快速发展。

附 录
Appendix

B.23
一 全国部分城市新近出台鼓励总部经济发展政策辑要

上海市鼓励跨国公司设立地区总部的规定
沪府发〔2011〕98号

第一条（目的和依据）

为进一步扩大对外开放，鼓励跨国公司在本市设立地区总部，鼓励在沪跨国公司地区总部进一步集聚实体业务、拓展功能、提升能级，促进经济转型发展，根据有关法律、法规，结合本市实际，制定本规定。

第二条（定义）

本规定所称的跨国公司地区总部，是指在境外注册的母公司在本市设立，以投资或者授权形式对在一个国家以上区域内的企业履行管理和服务职能的唯一总机构。

跨国公司可以以独资的投资性公司、管理性公司等具有独立法人资格的企业组织形式，在上海设立地区总部。

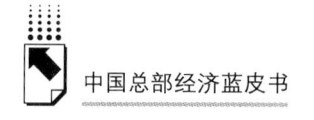

投资性公司，是指跨国公司按照商务部发布的《关于外商投资举办投资性公司的规定》设立的从事直接投资的公司。

管理性公司，是指跨国公司为整合管理、研发、资金管理、采购、销售、物流及支持服务等营运职能而设立的公司。

第三条（适用范围）

在本市范围内设立的跨国公司地区总部（以下简称"地区总部"），适用本规定。

第四条（管理部门）

市商务委负责地区总部的认定工作，协调有关部门开展对地区总部的管理服务。

工商、财政、税务、外事、人力资源和社会保障、出入境管理、外汇管理、海关、出入境检验检疫等部门在各自职责范围内，做好对地区总部的管理服务工作。

第五条（认定条件）

已经设立的外商投资性公司，可以直接申请认定为地区总部。

管理性公司申请认定地区总部，应当符合下列条件：

（一）母公司的资产总额不低于4亿美元。

（二）母公司已在中国境内投资累计缴付的注册资本总额不低于1000万美元，且母公司授权管理的中国境内外企业不少于3个；或者母公司授权管理的中国境内外企业不少于6个。基本符合前述条件，并为所在地区经济发展作出突出贡献的，可酌情考虑。

（三）管理性公司的注册资本不低于200万美元。

第六条（申请材料）

申请认定地区总部，应当向市商务委提交下列材料：

（一）公司法定代表人签署的申请书；

（二）母公司法定代表人签署的地区总部基本职能的授权文件；

（三）公司的批准证书、营业执照及验资报告（均为复印件）；

（四）母公司在中国境内所投资企业的批准证书及营业执照（均为复印件）；

（五）母公司法定代表人签署的对拟任地区总部法定代表人的授权文件和拟任地区总部法定代表人的简历及相应的身份证明文件（身份证明为复印件）；

（六）法律、法规和规章要求提供的其他材料。

前款规定未列明提供复印件的，应当提供文件的正本。

第七条（审查）

市商务委应当在收到申请书等材料之日起 10 个工作日内完成审查，并作出认定或者不予认定的决定。予以认定的，颁发认定证书。

第八条（经营、管理和服务活动）

地区总部按照国家和本市有关规定，可以从事下列经营、管理和服务活动：

（一）投资经营决策；

（二）资金运作和财务管理；

（三）研究开发和技术支持；

（四）商品采购、销售及市场营销服务；

（五）供应链管理等物流运作；

（六）本公司集团内部的共享服务及境外公司的服务外包；

（七）员工培训与管理。

地区总部因经营需要在本市设立分支机构的，由有关部门提供审批和登记便利。

第九条（资助和奖励）

新注册的投资性公司和管理性公司经认定为地区总部的，按照有关规定，可以获得开办和租房的资助。

地区总部具有经营管理、资金管理、研发、采购、销售、物流及支持服务等综合性的营运职能，且对经济发展有突出贡献，取得良好效益的，按照有关规定，可以获得奖励。

跨国公司设立亚洲区、亚太区或更大区域总部，符合相关条件的，可以按照有关规定获得资助。

资助和奖励的具体实施办法，由有关部门另行制定。

第十条（资金管理）

地区总部可以建立统一的内部资金管理体制，对自有资金实行统一管理。涉及外汇资金运作的，应当按照有关外汇管理规定执行。符合条件的地区总部可以按照有关规定，参与跨国公司外汇资金集中管理、境外放款等试点业务。

投资性公司可以按照《企业集团财务公司管理办法》，设立财务公司，为其

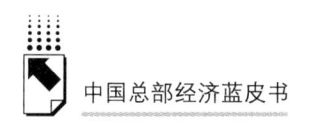

在中国境内的投资企业提供集中财务管理服务。

第十一条 （简化出入境手续）

对因商务需要赴香港、澳门、台湾地区或者国外的地区总部的中国籍人员，由有关部门提供出境便利。

地区总部需要多次临时入境的外籍人员，可以申请办理1～5年多次入境有效、每次停留不超过1年的访问签证；需要临时来本市的外籍人员，应当在中国驻外使领馆申请入境签证，时间紧迫的，可以按照国家有关规定，向公安部门申请口岸签证入境。

对需要在本市长期居留的地区总部外籍人员，可以申请办理3～5年有效的外国人居留许可。

地区总部的法定代表人等高级管理人员可以按照《外国人在中国永久居留审批管理办法》，被优先推荐申办《外国人永久居留证》。

第十二条 （简化就业许可手续）

地区总部需要在本市就业的外籍人员，可以向市人力资源和社会保障部门申请一并办理外国人《就业许可证》和《就业证》。其中，外籍高级管理人员和高级技术人员可以按照相关规定申请办理《外国专家证》。

第十三条 （人才引进）

地区总部及其设立的研发中心引进国内优秀人才的，可以优先办理本市户籍。

第十四条 （提供通关便利）

对符合条件的地区总部及其设立的研发中心，海关和出入境检验检疫部门为其进出口货物提供通关便利。

地区总部设立保税物流中心和分拨中心，进行物流整合的，海关、外汇、出入境检验检疫等部门对其采取便利化的监管措施。

第十五条 （参照适用）

香港、澳门、台湾地区的投资者在本市设立地区总部的，参照本规定执行。

第十六条 （施行日期和有效期）

本规定自发布之日起施行，有效期5年。

2008年7月7日上海市人民政府发布的《上海市鼓励跨国公司设立地区总部的规定》（沪府发〔2008〕28号）同时废止。

福建省关于促进总部经济发展的意见

闽政〔2011〕75号

为加快我省总部经济发展，不断提升城市综合竞争能力，推进福建科学发展、跨越发展，现就促进我省城市总部经济发展有关政策提出以下指导意见：

一、总体思路

按照市场主导与政府引导相结合、壮大总量与优化结构相结合、大力引进与重点培育相结合、循序渐进与创新突破相结合的原则，扶持总部经济发展，尤其是要大力培育和发展金融服务、现代物流、国际会展等服务业总部企业。一是积极争取省外企业在我省设立总部机构、地区总部机构或职能型总部机构，着力争取闽资为主民营企业总部回归和台资总部企业入驻。二是积极扶持省内现有总部企业发展。三是积极引导总部在省外的企业在我省新设独立法人资格的子公司，或将已在我省设立的分支机构改制为子公司。

二、扶持政策

（一）积极争取引进总部企业。

1. 认定条件。各地要充分发挥比较优势，因地制宜地确定本地区引进总部企业的对象、类型。对在我省新注册设立的且同时具备以下基本条件的企业，可认定为新引进的总部企业。

（1）在我省境内工商登记注册，具有独立法人资格，实行统一核算，并在我省境内汇总缴纳企业所得税。

（2）总部企业投资或授权管理和服务的企业不少于3个。

（3）营业收入中来自下属企业和分支机构的比例不低于20%。

（4）实际到位注册资本金不低于5000万元人民币，对于服务类中介组织、研发机构、软件、动漫创意、文化产业等总部可适当降低条件，年度入库税收（不含海关税收）不低于1000万元人民币。

2. 扶持政策。

（1）开办补助。对新引进的总部企业，根据总部类别、企业类型、实际到位注册资本金，划分不同档次，可给予实际到位注册资本金的1%～3%开办补助，补助金额最高不超过1000万元，从企业入驻后上缴我省地方级收入中的增值税、营业税和企业所得税（以下涉及的地方税收贡献额均按照本口径执行）中分年安排。

（2）办公用房补助。对新引进的总部企业，其本部租用自用办公用房，可按租金市场指导价的30%~40%一次性给予12~18个月的租金补助。其本部新建或购置自用办公房产，自新建成或购置之月起3年内，可按该房产实际入库的房产税的30%~40%给予补助。每个总部企业享受的办公用房补助原则上最高累计不超过500万元，从企业入驻后对地方税收贡献额中分年安排。

（3）经营贡献奖励。对新引进的总部企业，自认定当年起，可按该企业地方税收贡献额，前2年给予60%~80%奖励，后3年给予30%~40%奖励。5年后可继续享受本地现有总部企业的奖励政策。

（4）规费减免或返还。对新引进的总部企业，自认定当年起，其应缴纳的行政事业性收费属于地方政府审批权限范围内的部分，前2年可全部免收或返还，后3年减半征收或返还。5年后可继续享受本地现有总部企业的奖励政策。

（5）人才激励。对新引进的总部企业的高层次管理和技术领军人才，可根据不同级别按其当年在本地缴纳的个人所得税地方留成部分的50%，给予住房和生活补助。总部企业的高层次管理和技术领军人才，由各地研究认定。对符合《中共福建省委办公厅　省人民政府办公厅关于印发〈福建省引进高层次创业创新人才暂行办法〉等三个文件的通知》（闽委办〔2010〕2号）及各地、各部门有关规定条件的各类人才，可给予享受相应待遇。

（二）积极扶持省内现有总部企业发展。

1. 认定条件。各地要鼓励本地现有龙头骨干企业将总部建在福建，支持其在福建做强做大，认定条件参照新引进总部企业的条件，结合当地实际自行确定。

2. 扶持政策。

（1）支持建设总部大楼。各地要制订具体的土地优惠政策，规划优质地段，支持现有龙头骨干企业在福建建设总部大楼。

（2）经营贡献奖励。支持在福建组建具有独立法人资格的总部营销中心，凡将分布各地企业生产的产品集中在总部营销中心销售并开票的，可按其缴纳的税收贡献额地方分成部分给予奖励。各地可根据企业规模、新增税收贡献额，研究制订具体奖励标准。

（3）人才激励。对本地现有总部企业的高层次管理和技术领军人才，可根据不同级别原则上按不超过其当年在本地缴纳的个人所得税地方留成部分的50%，给予住房和生活补助。总部企业的高层次管理和技术领军人才，由各地研究认定。对符合《中共福建省委办公厅　省人民政府办公厅关于印发〈福建省引进高层次创业创新人才暂行办法〉等三个文件的通知》（闽委办〔2010〕2号）及各地、各部门有关规定条件的各类人才，可给予享受相应待遇。

（三）积极引导省外企业在我省新设子公司或将分支机构改制为子公司。

各地要引导总部在省外的企业，实行"母子"公司制，鼓励其在我省设立子公司，而非分支机构。要全面调查了解总部在省外并已在本地区设立分支机构的具体情况，掌握其税源状况及在本地区纳税情况，加强统计分析，对不同类型和规模的分支机构进行分类梳理，重点关注税源较大的分支机构，积极引导其改制为子公司。

对省外企业在我省新设子公司或将分支机构改制为子公司的，可给予以下扶持政策。

1. 经营贡献奖励。自新设子公司或将分支机构改制为子公司当年起，其对我省税收贡献额100万元以上且年度环比新增税收贡献额30万元以上的，前2年可按该新增量的60%～80%给予奖励，后3年可按该新增量的30%～40%给予奖励。奖励期限暂定为5年。

2. 规费减免或返还。自新设子公司或将分支机构改制为子公司当年起，其应缴纳的行政事业性收费属于地方政府审批权限范围内的部分，前2年可全部免收或返还，后3年减半征收或返还。

三、相关要求

（一）要进一步优化总部经济发展环境，各地可在注册登记、年检、行政审批、财政资金补助、进出口、出入境、产权保护、用地、用工、子女入学等方面为总部企业提供更加便捷的服务。

（二）本指导意见涉及的扶持政策，与我省出台的其他优惠政策类同的，企业可以按照就高的原则申请享受，也可以自愿选择一项享受，但不重复享受。

（三）本指导意见涉及的各项奖励、补助资金，按属地原则，由企业所在县（市、区）财政负责兑付。企业缴纳的税费，涉及省级、设区市级集中一定比例的，按奖励金额同比例返还给县（市、区）。

（四）各地出台扶持总部企业发展的政策，主要是吸引省外、境外企业来闽落户。省内现有总部企业在本省范围内重新变更注册地的，不享受新引进总部企业的扶持政策和其他优惠政策。

（五）我省国有及国有控股企业应将总部设在省内，其高管人员及总部中层管理人员应在总部领取薪酬并享受省内现有总部企业人才激励政策。

（六）各设区市人民政府和平潭综合实验区管委会应根据本指导意见，10月底以前制订或完善出台促进本地区总部经济发展的具体实施办法或细则，报备省政府后再下发执行。本文件为指导性意见，具体执行以各地实际出台政策为依据。

二〇一一年八月二十日

福州市鼓励加快总部经济发展的实施办法

榕政综〔2011〕191号

为进一步加快福州市总部经济发展，引导全市各县（市）区产业转型升级，提高企业资源配置能力，提升城市服务能级，发挥中心城市的辐射带动功能，根据《福建省人民政府关于促进总部经济发展的意见》（闽政〔2011〕75号）精神，结合福州市发展实际，特制定鼓励加快总部经济发展的实施办法如下。

一、总部企业认定条件和扶持政策

（一）新设立总部企业认定和扶持政策

1. 认定条件

凡在我市新注册设立的且同时具备以下条件的企业，可认定为新引进的总部企业。

（1）在我市境内工商登记注册和税务登记，具有独立法人资格，实行统一核算，并在福州市境内汇总缴纳企业所得税。

（2）总部企业投资或授权管理和服务的企业不少于3个。

（3）营业收入中来自下属企业和分支机构的比例不低于20%。

（4）实际到位注册资本金不低于5000万元人民币；中介服务、研发机构、软件、动漫创意、文化产业等总部企业实际到位注册资金不低于1000万元。

（5）年度入库税收（不含海关税收）在全省纳税不低于 1000 万元；中介服务、研发机构、软件、动漫创意、文化产业等总部年度入库税收（不含海关税收）在全省纳税不低于 500 万元。

（6）经特别批准的总部企业，企业未能达到以上认定条件，但企业具有行业领军优势地位或新兴产业、对市财政或经济增长贡献大，经市总部经济发展工作领导小组会议讨论通过，可适当放宽认定条件。

2. 扶持政策

（1）开办补助

注册资本 5000 万元至 1 亿元以下的，给予 2% 的开办补助；注册资本 1 亿元以上的，给予 3% 的开办补助。

对于中介服务、研发机构、软件、动漫创意、文化产业等总部，注册资本 1000 万元至 5000 万元以下的，给予 2% 的开办补助；注册资本 5000 万元以上的，给予 3% 的开办补助。

开办补助金额最高不超过 1000 万元，从企业入驻后地方级收入中的增值税、营业税和企业所得税（以下涉及的地方税收贡献额均按照本口径执行）中分年安排。企业注册资金分期到位的，每年按实际到位数进行计算和补差。

（2）用地优惠

①为充分发挥企业总部的产业集聚效应，境内外企业在我市设立的企业总部，原则上应相对集中规划布局。

②按同地段同用途基准地价的楼面地价确定的宗地价格为底价挂牌出让；以基准地价的楼面地价确定的宗地价格低于土地取得费、前期开发费及出让规费之和的，按成本价为底价挂牌出让。

③经认定符合条件的总部企业，可联合申请建设总部大楼。

④实施灵活用地年限和出让金收取方式。对国内外大型总部企业的供地，经市国土资源局审核并报市政府同意后，根据国内外大型总部企业发展需要，准予在法律规划的年限内合理确定用地年限，经批准可分期付款缴纳土地出让金。

⑤总部企业应按出让合同约定的期限和条件开发、利用土地，不得擅自改变土地用途，项目建成后应以自用为主，未经批准不得转让。

（3）办公用房补助

①新引进的总部企业，在本市新购建总部办公用房或租赁自用办公用房

的，给予一次性补助。总部企业投资购建办公用房（不包括附属和配套用房），自新建成或购置之月起3年内，可按房产实际入库的房产税的40%给予补助；租用写字楼的总部企业，按自用办公用房建筑面积计算，按照租金市场指导价的40%给予一次性18个月的租金补助。每个总部企业享受的办公用房补助原则上最高累计不超过500万元，从企业入驻后对地方税收贡献额中分年安排。

②总部企业在享受补贴和奖励期间不得转租、转让，不得改变办公用房的用途。如因特殊原因必须改变房屋用途、转让或转租，其已领取的补助应予退还。

（4）经营贡献奖励

经认定符合条件的总部企业，前2年，按企业对地方税收贡献额的80%给予奖励，后3年按企业对地方税收贡献额的40%给予奖励。

（5）规费减免

新引进的总部企业，自认定当年起，其应缴纳的行政事业性收费属于地方政府审批权限范围内的部分，前2年全部免收，后3年减半征收。

（6）人才支持

①总部企业引进的人才符合《福州市引进高层次优秀人才暂行办法》规定，经市政府认定后发放住房补贴、给予科研经费支持等。市引进人才服务中心和市人事人才公共服务中心将为总部经济企业引进人才提供优质服务。

②对总部企业个人所得税年纳税额在3万元以上的高管人员，可享受以下优惠政策：

i 市财政按其上一年度所缴工薪个人所得税地方留成部分的50%返还，返还期不超过三年。

ii 其子女入园、入义务教育阶段中小学，由市教育行政主管部门就近安排优质学校入学入园。

iii 招聘专业技术职务，不受评聘时限和岗位数的限制。优秀人员申报专业技术职务任职资格时，经市公务员局组织专家委员认定可破格评审。

IV 高管人员携配偶及未成年子女落户本市不受户口指标限制，凭相关证明到公安部门办理户口迁入手续。

③总部企业设立博士后科研工作站和院士工作站给予30万元的一次性建站资助；对进站开展科研工作的博士后，每年每人资助5万元。

④优先办理总部企业人员的因公出境申请。对总部企业负责人、中层管理人员、专业技术人员等根据企业的需要,按公安部规定进行备案后,公安出入境管理部门为其办理往来港澳商务1年多次或3个月多次有效签注;台湾居民可优先办理5年期《台湾居民来往大陆通行证》和1~5年居留签注或一年多次往返签注;因紧急商务活动急需办理出国、出境手续的,公安出入境管理部门及其他相关部门开辟"绿色通道",优先予以审批办理。

(二)现有总部企业认定条件和扶持政策

1. 认定条件

(1)在福州市境内工商登记注册和税务登记,具有独立法人资格,实行统一核算,并在福州市境内汇总缴纳企业所得税。

(2)总部企业投资或授权管理和服务的企业不少于3个。

(3)营业收入中来自下属企业和分支机构的比例不低于20%。

(4)实际到位注册资金不低于5000万元人民币;对于中介服务、研发机构、软件、动漫创意、文化产业等总部,实际到位注册资金不低于1000万元。

(5)上年度在全省纳税不低于1000万元,在本市纳税额不低于500万元;对于中介服务、研发机构、软件、动漫创意、文化产业等总部上年度在本市纳税额不低于300万元。

(6)企业所有具有独立法人资格的子公司应全部改制为分支机构。

(7)经特别批准的总部企业,未能达到以上认定条件,但企业具有行业领军优势地位或新兴产业、对市财政或经济增长贡献大,经市总部经济发展工作领导小组会议讨论通过,可适当放宽认定条件。

2. 扶持政策

(1)用地优惠

①经认定符合条件的总部企业,可申请总部办公大楼建设用地,总部办公大楼用地按同地段同用途基准地价的楼面地价确定的宗地价格为底价挂牌出让;以基准地价的楼面地价确定的宗地价格低于土地取得费、前期开发费及出让规费之和的,按成本价为底价挂牌出让。

②企业利用自有工业用地建设企业总部的,以现批准用途与原工业用途基准地价的楼面地价的差价补缴土地出让金,原工业用地使用权类型为划拨的,还应按规定缴交划拨工业用地转出让有关土地费税。

③经认定符合条件的总部企业,可联合申请建设总部大楼。

④实施灵活用地年限和出让金收取方式。对国内外大型总部企业的供地,经市国土局审核并报市政府同意后,根据国内外大型总部企业发展需要,准予在法律规划的年限内合理确定用地年限,经批准可分期付款缴纳土地出让金。

⑤总部企业应按出让合同约定的期限和条件开发、利用土地,不得擅自改变土地用途,项目建成后应以自用为主,未经批准不得转让。

（2）办公用房补助

①现有总部企业因业务发展需要新购建或新租赁自用办公用房的,按照新引进总部企业办公用房补贴标准的50%给予补助。

②总部企业在享受补贴和奖励期间不得转租,不得改变办公用房的用途。如因特殊原因必须改变房屋用途、转让或转租,其已领取的补助应予退还。

（3）经营贡献奖励

本年度比上年度对地方纳税额新增20%以内,按增量的60%给予奖励;新增20%至50%部分,按增量的70%给予奖励;新增50%以上部分,按增量的80%给予奖励。

（4）人才支持

比照新设立总部企业相关政策。

（三）省外企业新设立子公司或分支机构改为子公司的认定条件和扶持政策

1. 认定条件

（1）省外企业在我市新设立独立法人资格的子公司或将我市分支机构改为子公司。

（2）在福州市境内工商登记注册和税务登记,具有独立法人资格,实行统一核算,并在福州市境内缴纳企业所得税。

2. 扶持政策

（1）自新设子公司或将分支机构改为子公司当年起,对地方税收贡献额100万元以上且年度环比新增贡献额30万元以上的,前2年按新增量的80%给予奖励;后3年按新增量的40%给予奖励。奖励期限暂定为5年。

（2）自新设子公司或将分支机构改为子公司当年起,前2年全部免收市级行政性收费,后3年市级行政性收费减半。

二、认定审核程序和申报材料

（一）认定审核程序

1. 企业申报

总部企业申报工作实行属地化管理，各县（市）区政府负责对辖区内总部企业的申报材料进行核实，经县（市）区政府核实后，报市总部经济发展工作领导小组办公室核准。

总部企业申报时间一年两次，上半年3月1日至20日，下半年9月1日至20日。

2. 初步审核

市总部经济发展工作领导小组办公室对县（市）区政府核实上报的企业申报材料进行初审，并将企业申报材料转报相关部门审核。相关部门应对企业申报的材料在5个工作日内提出审核意见。市总部经济发展工作领导小组办公室根据相关部门提交的审核意见，综合提出审核意见。

3. 审定发证

经市总部经济发展工作领导小组办公室审核后，上报市政府审定通过后发放认定证书。

（二）申报材料

1. 现有总部企业申报材料

（1）企业法人代表签署的《福州市总部企业认定申请表》；

（2）企业营业执照、组织机构代码证、税务登记证复印件（原件查验）；

（3）符合本办法"总部企业认定条件和标准"的证明文件；

（4）经审计的企业上年度的财务会计报表复印件（原件查验）；

（5）税务部门出具的企业上年度纳税证明文件原件；

（6）下属控股公司或分支机构的证明文件复印件（包括工商营业执照、税务登记证明、批准证书等）；

（7）其他相关证明文件。

2. 新设立或迁入本市总部企业申报材料

（1）企业法人代表签署的《福州市总部企业认定申请表》；

（2）企业营业执照、组织机构代码证、税务登记证复印件（原件查验）；

（3）符合本办法"总部企业认定条件和标准"的证明文件；

(4) 母公司法人代表签署的设立总部或分支机构、履行基本职能的授权文件和对拟任总部企业法定代表人的授权文件，以及管理的下属控股企业或分支机构名单和基本情况（包括工商营业执照、税务登记证明、批准证书等）；

(5) 申请用地扶持的，提供企业与土地交易中心签订的《成交确认书》复印件，企业与国土资源局签订的《土地使用权出让合同》复印件，国土资源局颁发的《建设用地批准书》复印件、缴费凭证，土地使用证复印件等；

(6) 申请购置办公用房补助的，提供按市国土、房产交易登记有关规定办理的购房合同复印件、购房发票复印件、房屋所有权证复印件；

(7) 申请租赁办公用房补助的，提供经房地产交易登记部门备案的房屋租赁合同复印件、支付租金的发票复印件；

(8) 其他相关证明文件。

三、保障机制

(一) 组织机构

1. 成立市总部经济发展工作领导小组。该领导小组由市政府主要领导任组长，主管副市长任副组长，市发改委、经委、商贸服务业局、国土资源局、财政局、国税局、地税局、统计局、工商管理局、外经贸局、城乡规划局、人力资源和社会保障局、公务员局、文化新闻出版局、科技局等部门主要负责人以及各县（市）区政府主要领导为成员。该领导小组负责协调全市总部经济的发展规划、政策制定、资格认定的审定、奖励政策确定等工作。领导小组下设办公室，挂设在市发改委，负责总部企业资格综合审核及重大问题协调工作，协同有关部门进行总部企业的认定，建立总部经济工作联席会议制度。各县（市）区政府要成立相应的领导机构，负责落实本辖区的发展总部经济的工作。

2. 建立总部企业信息库。市工商管理局、国税局、地税局、统计局要增加总部企业的识别标志，建立总部企业信息库，定期反馈总部企业的数量和主要经济指标，为动态掌握总部企业的变动情况提供基础性资料。

3. 领导小组办公室会同有关职能部门对经认定的总部企业进行动态跟踪，每年牵头组织有关部门对总部企业的运作情况进行评价。

(二) 优化发展环境

为营造适合总部经济发展的环境，优化总部经济发展空间布局，加快制定《福州市总部经济发展规划》，明确各县（市）区总部经济规划区和集聚区，使全市总部经济形成清晰的功能区分，实现错位、互补发展。加强总部企业办公用地的保障，在每年新供用地中，提供一定比例的用地，以满足总部企业用地需求。在中心城区集中建设或改造一批高档商务楼宇作为总部经济发展的载体，加快推动总部经济发展。

（三）总部企业履约保障

1. 经认定的总部企业注册地在5年内迁离我市的，由该领导小组办公室责令其按一定比例退回所得奖励和补助。以虚假资料获得财政奖励和补助的，由该领导小组办公室责令其全额退回所得奖励和补助，情节严重的，将依法追究相关负责人的责任。

2. 经认定的总部企业不再具备总部职能或违反国家法律法规且情节严重的，市总部经济发展工作领导小组会议审定确认后，报请市政府取消其总部企业资格，其享受的有关优惠政策同时终止。

（四）政策实施

1. 企业总部税收按属地原则在总部经济区属地各县（市）区缴纳入库。本实施意见涉及的各项奖励、补贴资金，由市级财政和县（市）区财政根据现行财政体制按分成比例承担。

2. 市级财政每年通过预算适度安排总部经济发展专项资金，各县（市）区可根据地方总部经济发展及奖励情况每年相应安排专项资金。

3. 市级总部经济发展专项资金主要用于支持市属各区发展总部经济，对经认定的总部企业缴纳的增值税、营业税和企业所得税，涉及市、区的分享部分，按奖励金额根据市对区财政体制分担。

4. 扶持金融服务业总部发展的相关政策按《福州市人民政府关于印发福州市促进金融业发展若干意见的通知》（榕政综〔2010〕128号）和《福州市人民政府办公厅关于转发福州市促进金融业发展若干意见实施细则的通知》（榕政办〔2010〕225号）等政策实施。

5. 总部经济发展专项资金管理办法和资金结算办法，以及用于开展总部企业的认定、统计等后续管理费用，对各县（市）区发展总部经济考核奖励等，由市总部经济发展工作领导小组办公室和财政部门另行制定，并报市政府批准后实施。

6. 总部企业申请财税支持的申报、审批、拨款等程序，另行制定办法。

四、其他

1. 本办法自发布之日起试行，试行期5年。福州市人民政府关于印发《福州市鼓励境内外企业在福州设立地区总部的若干规定（试行）》（榕政综〔2008〕198号）同时废止。

2. 新设立的总部企业从认定次年起，享受本办法。同一企业不重复享受相同类型的奖励扶持政策。

3. 本实施办法由市发改委负责解释。

二〇一一年十二月十五日

海口市人民政府关于鼓励总部经济发展的暂行规定
海府〔2011〕145号

第一条 促进产业结构优化升级，加快总部经济发展，增强中心城市的辐射带动功能，不断提升城市综合竞争能力，结合本市实际，制定本规定。

第二条 本规定所称总部企业是指国际性、全国性企业运营总部或其子公司、管理中心、研发中心、采购中心、物流中心、财务中心、投资中心和营销中心等职能性总部。且总部企业应当符合以下条件：

（一）注册地在海口市，具有独立法人资格；

（二）实行独立核算，并按规定在海口市汇缴企业各项税收；

（三）符合海口市"十二五"发展规划和相关扶持政策，尤其是先进制造业、金融业、现代物流业、航空航运业、高端生产服务业和生活服务业企业；

总部企业的资格认定由海口市政府总部经济联席会议负责，具体认定办法另行制定。

第三条 市政府将根据土地利用总体规划、城市总体规划、产业规划统筹布局，每年优先保障企业总部办公用地指标需求，以招拍挂方式供应企业总部办公用地（不含配套等其他用地）。

对获得土地的总部企业，由海口市政府总部经济联席会议办公室采取"一事一议"方式以参照土地出让净收益（扣除土地一级整理成本和国家法律法规规定的各种税费、基金、专项资金等相关支出）金额最高不超过60％的标准对其进行奖励。

第四条　设立总部企业落户奖。新设立或新引进并经认定的总部企业，在认定当年给予最高不超过1000万元的一次性奖励，若租用办公用房的，再按市场租赁指导价的30％一次性给予12个月的租金补贴，补贴累计最高不超过200万元。具体奖励和补贴数额由海口市政府总部经济联席会议办公室根据总部企业规模、产业发展政策而定。

凡享受租用办公用房租金补贴的总部企业，5年内办公用房不得转租，不得改变用途。

第五条　对总部企业给予以下财政扶持：

（一）对新设立或新引进的总部企业，参照其缴纳税费情况予以资金支持。

自认定当年起，以其纳税市级留成部分为基数，前3年给予60％资金支持，后2年给予30％资金支持。其应缴纳的行政事业性收费属于地方政府审批权限范围内的部分，前3年可全部免收或返还，后2年减半征收或返还。

（二）设立突出贡献奖，鼓励落户海口的总部企业做大做强。

自认定当年起，以年度纳税市级留成部分为基数，对于纳税市级留成部分连续3年环比增幅超过30％的总部企业，市财政部门按照累计增幅金额的30％进行奖励。

第六条　新设立或新引入的大型航运企业，年缴纳的营业税在5000万元及以上的，前3年参照企业缴纳营业税市级留成部分90％给予资金支持，后2年给予50％资金支持；自获利年度起，前3年参照企业缴纳企业所得税市级留成部分90％给予资金支持，后2年给予50％的资金支持；对企业前3年经营期内，高级管理人员（指企业法定代表人以及对企业经营管理具有决策权或对风险控制起重要作用的副总经理级别及以上的现职人员，下同）年缴纳个人所得税，按市级留成部分给予全额资金支持。

第七条　总部企业的高级管理人员，自认定当年起，按其在本地缴纳的个人所得税市级留成部分的50％，连续3年给予生活补助。

第八条　总部企业的高级管理人员，可享受本市人才引进的相关优惠政策。在本市连续工作1年以上的，对本人、配偶及其未成年子女办理本市城镇非农业户口的、办理出国出境证件的，给予优先办理。在教育、培训、医疗等方面为总

部企业高层管理人员提供便利，子女入学的，享受本市城镇居民待遇。

第九条 在享受上述用地、用房、资金支持及奖励扶持的同时，下列总部企业在认定条件和鼓励政策上可以"一事一议"：

（一）对知名跨国公司、国内大型企业集团、行业龙头企业以及符合海口产业发展导向的新兴行业的领军企业；

（二）对一些特定类型或新兴业态的总部企业；

（三）对在外地开设独立核算分支机构转回海口结算、汇缴纳税以及申报认定的总部企业；

（四）对建设总部办公大楼等配套设施的总部企业。

第十条 凡享受本规定优惠政策的总部企业，应承诺10年内总部不迁离海口、不注销机构，否则市政府有权要求全额退回所享受优惠政策相应资金。

总部企业申请本规定的优惠政策，若与本市其他优惠政策属同类型的，企业可自行选择其中一种，原则上不重复享受。

第十一条 市政府设立总部经济联席会议以推进总部企业进入及发展，联席会议办公室设在市财政局，协调落实联席会议的有关决定，负责制定鼓励总部经济发展相关政策、总部企业的认定、协调服务等工作，为总部企业提供优质、高效服务。

第十二条 本规定由海口市政府总部经济联席会议负责解释。

第十三条 本规定自2012年1月1日起开始实施。本规定有效期2年，有效期届满后自行失效。

郑州市加快总部经济发展激励暂行办法

郑政〔2011〕109号

为认真贯彻落实《中共郑州市委、郑州市人民政府加快总部经济发展的意见》（郑发〔2011〕35号）的精神，结合我市实际，特制定本办法。

一、总部企业的认定

（一）认定条件本市认定的总部企业是指其核心营运机构、功能机构或省级以上分支机构设在本市，且在本市纳税入库，并符合以下条件的依法经营的企业：

1. 在郑州注册成立，具有独立法人资格，实行统一核算；

2. 符合国家、省产业政策，与中原经济区发展规划和郑州都市区发展规划导向一致的高成长性企业；

3. 在本市以外有 3 个以上分支机构；

4. 注册资金不低于 1000 万元人民币，年度入库税收（不含海关税收）不低于 1000 万元人民币。

（二）申报材料新设立总部企业认定：

1. 法定代表人签署的《郑州市总部企业认定申请表》；

2. 新设立总部企业的营业执照（复印件）；

3. 本市以外 3 个分支机构营业执照（复印件）、税务登记证（复印件）、隶属关系证明（复印件）；

4. 经会计师事务所审计的母公司上年度会计报表（复印件）；

5. 其他相关文件材料。

现有总部企业申报认定：

1. 法定代表人签署的《郑州市总部企业认定申请表》；

2. 经会计师事务所审计的本企业上年度会计报表（复印件）、企业营业执照（复印件）；

3. 本市以外 3 个分支机构营业执照（复印件）、税务登记证（复印件）、隶属关系证明（复印件）；

4. 纳税税票（复印件）；

5. 其他相关文件材料。上述文件材料注明为复印件的，在申请时应出示原件或在复印件上加盖企业公章，并注明与原件一致。上述文件材料未注明为复印件的需提供原件。非法定代表人签署文件的，需出具法定代表人授权委托书。委托依法设立的中介机构办理设立申请手续的，需出具由投资者法定代表人签署的授权委托书。

（三）认定程序总部企业的认定由郑州市总部经济发展工作领导小组办公室统一安排部署，认定程序包括：企业申报、初步审核、审定等。

1. 企业申报。市直各行业主管部门负责安排布置本行业内总部企业申报工作。申请总部企业认定的企业可从郑州市政务信息网站下载申请表格或到市直各行业主管部门领取申请表格，并按要求进行申报，提供各类有效证明材料。

2. 初步审核。市直各行业主管部门负责本行业内总部企业的初审工作，并提出书面审核意见报市总部经济发展工作领导小组办公室。税务部门对申报企业的纳税情况进行核实，并提出书面审核意见报市总部经济发展工作领导小组办公室。

3. 审定。市总部经济发展工作领导小组办公室对市直各行业主管部门和税务部门的初审情况进行审定后，报市总部经济发展工作领导小组研究确定总部企业名单，并对符合条件的企业进行奖补。

二、激励措施

（一）市政府设立总部经济发展基金，专项用于对重点总部企业落户、办公用房、经营贡献等进行奖补。由市财政局负责落实。

（二）根据现行财政体制明确的财政收入范围，对总部企业的奖励资金由受益财政分级负担，由市财政局统一拨付。由市财政局负责落实。

（三）新引进总部企业落户奖励。鼓励符合郑州产业政策的企业在我市注册设立。经认定为总部企业的，分三个档次，按注册资金分别给予1%～3%的一次性开办补助，补助金额最高不超过6000万元。

1. 注册资金5000万元以上的运营总部或营销总部，按注册资金给予3%的补助；

2. 注册资金5000万元以上的其他职能性总部，按注册资金给予2%的补助；

3. 其他符合条件的总部企业，按注册资金给予1%的补助。补助资金分5年支付，每年支付20%。由市工商局牵头，市质监局等部门配合。

（四）新引进总部企业办公用房补助。新设立并经认定的总部企业，购置的总部自用办公用房（不包括附属和配套用房），按每平方米1000元的标准给予一次性补助。综合型总部补助每个企业最高不超过1000万元，职能型总部最高不超过500万元。补助分5年支付，每年支付20%。租用的总部自用办公用房（不包括附属和配套用房），按租金市场指导价的30%给予一次性12个月的补助。如租赁自用办公用房租赁价格低于房屋租金市场指导价，则按其实际租价的30%给予补助。综合型总部企业的租房补助最高不超过200万元，职能型总部企业的租房补助最高不超过100万元。由市住房保障局牵头，市工商局、物价局等部门配合。

（五）总部企业经营贡献奖。经认定的新引进总部企业，自认定当年起，按对我市的增值税、营业税和企业所得税税收贡献额（该企业纳税中郑州市留成部分），前3年给予100%奖励，后3年给予50%奖励。经认定的本地现有总部企业，上一年度对我市税收贡献额（口径同上）1000万元以上且年环比新增税收贡献额500万元以上的，按照该新增量的30%给予奖励，奖励金额最高不超过500万元。对年度环比新增本地税收贡献额（口径同上）位列全市前十名的总部企业的主要负责人，按该企业当年新增贡献额的1‰，给予最高税后200万元的突出贡献奖。由市财政局牵头，省地税直属局、市国税局、市地税局、郑州新区国税局、郑州新区地税局等部门配合。

（六）金融扶持政策。引导金融机构加大对总部企业的信贷投放，协调组织银团贷款，鼓励金融机构开展产品和服务创新，探索对总部企业实行知识产权、收费权及大宗商品订单质押等融资。加快总部企业及其优质企业上市融资步伐，协调解决在境内外上市融资过程中的问题。对成功实现上市融资的总部企业，按照《郑州市人民政府关于加快推进企业上市工作的意见》（郑政〔2009〕35号）文件规定给予奖励。由市政府办公厅金融办牵头，市工信委、商务局、国资委、科技局等部门配合。

（七）土地扶持政策。在符合土地利用总体规划和城市规划前提下，将总部经济用地优先纳入年度土地供应计划，以满足经评价确定的总部经济用地需求。总部企业通过"招拍挂"方式取得的建设用地，其自用办公用房的建筑面积不少于总建筑面积的70%。符合工业用地结构调整有关规定，经批准允许企业利用原工业用地自行改造升级发展总部经济。鼓励企业节约集约利用已取得的合法产业用地，提高土地利用率。由市国土资源局牵头，市规划局、住房保障局等部门配合。

（八）对总部企业高管人员的服务政策。对经认定的总部企业，其高管人员需解决本市常住户口或本市居住证的，按政策解决本人、配偶及未成年子女的常住户口或居住证；教育部门每年对经认定的总部企业就近提供2名义务教育优质学位，专项用于解决本企业全职员工子女入学；人社、外事、公安等部门为在本市的企业总部人员因公出国（境）申请予以优先办理，为其聘用的外籍一般管理人员及其家属办理1年居留许可、为其聘用的外籍高层管理人员及家属办理1~5年居留许可等事项提供便利。由市人社局牵头，市公安局、教育局、外侨办等部门配合。

三、组织领导

成立郑州市总部经济发展工作领导小组，常务副市长任组长，一名副市长任副组长，相关部门负责人为成员，协调推进全市总部经济发展工作。领导小组下设办公室，办公室设在市财政局。承担日常管理服务工作，为总部企业申报、设立、建设等提供一系列服务，负责总部企业的认定和服务等有关具体工作及协调落实有关优惠政策。建立总部经济发展工作联席会议制度，联席会议的主要任务是：负责拟定促进总部经济发展有关政策，负责补助和奖励的审核工作，协调处理总部经济发展的重大问题，统筹指导、协调督促总体工作的开展。

四、制度保障

（一）设立总部企业首席服务官。市人民政府对经认定的总部企业，每户企业明确一个由财政、税务、行业主管部门各一名业务主管领导组成的首席服务官，协助解决企业遇到的各类困难。首席服务官名单报市总部经济发展工作领导小组办公室备案。

（二）建立总部企业"绿色通道"。简化行政审批手续和程序，提高政府服务效率，健全岗位责任制、服务承诺制、限时办结制、首问负责制、效能考评制和失职追究制，对重点项目实行联审联批。由市财政局牵头，各具有行政审批职能的部门配合。

（三）总部企业可以申请享受本市其他优惠扶持政策，但属于本办法规定的财政扶持政策和其他优惠政策不得重复享受。企业可自行选择其中一种优惠政策，选定后，原则上不得更改。

（四）经认定的总部企业，按规定应及时向市统计部门依法报送本企业总部情况统计资料。

（五）总部企业应承诺在享受本办法财政补助和奖励后在郑州经营期限不少于10年，10年内不得减少注册资金。

（六）实行总部企业年度复查和优胜劣汰制度，对连续2年不符合总部企业认定条件的，终止享受优惠政策。

（七）企业弄虚作假，采取欺骗手段获得财政补助和奖励等资助的，由市人民政府撤销其补助和奖励，责令退回补助和奖励所得，并记入企业信用信息档案；触犯法律法规的，依照有关法律法规的规定处理。

五、考评体系

加强对总部企业经济运行的统计工作，充分运用企业资产规模、经营收入、纳税金额、员工数量、资源消耗量等指标，建立对总部企业的综合评价体系。评价结果作为招商引资、政府奖补的重要依据。开展总部企业年度评价工作，年终评选出重点优势总部企业进行培育。由市统计局负责，相关部门配合，每年公布一次评价结果。

六、其他需说明事项

（一）对金融业的扶持政策，执行《郑州市人民政府关于鼓励金融机构入驻郑州的意见（试行）》（郑政〔2011〕56号）规定。

（二）本办法扶持对象原则上不包含房地产开发企业。

（三）郑州商品交易所按省政府有关政策执行。

（四）对一些特定的总部类型或新兴业态的企业，在认定条件和鼓励政策上，经市总部经济发展工作领导小组批准后可以一事一议。

（五）各县（市、区）政府、市政府各单位可参照本办法，制定具体的支持总部经济发展的实施方案。

（六）本办法自2012年1月1日起施行。

二〇一一年十二月十二日

B.24

二 2011~2012年中国总部经济发展大事记

1. 2011年6月20日，飞利浦（中国）投资有限公司与成都高新区管委会签署《战略合作备忘录》，飞利浦新的地区总部将设在成都高新区，其职能和业务包括在西部的地区总部、西部销售总部、网上销售技术支持中心、医疗保健事业部中国培训中心以及照明事业部研发测试中心等。

2. 2011年6月26日，上海市政府与惠普公司签订《战略合作备忘录》，惠普将整合现有在上海的数个办公地点为一个多功能惠普园区，在上海建立惠普信息产品集团中国地区总部。

3. 2011年6月27日，上海市商委与沃尔玛签署了《在沪发展电子商务合作框架备忘录》，沃尔玛将在上海设立沃尔玛电子商务中国区总部，全面负责沃尔玛全球电子商务在中国市场的运营。

4. 2011年7月29日，世界500强企业法国施耐德电气在武汉宣布，将在东湖高新区设立华中总部，项目包括覆盖亚太地区的技术和呼叫服务中心，以及华中地区分销中心、低压电气生产基地等。华中地区总部是施耐德在中国的第一个区域总部，未来还将面对国内中西部地区及亚太市场。

5. 2011年7月30日，全球最大的电讯费用TEM外包服务管理公司——天可电讯的亚太区总部落户昆山高新区。

6. 2011年8月8日，继首批中国商飞、宝钢集团、国家电网公司三家央企签约入驻世博园区后，中国华能集团、中国华电集团、中国铝业公司、中国中化集团等第二批十家中央企业集体签约入驻世博园区。按照规划，世博园区B片区将重点打造成为央企总部集聚区，占地面积18.72公顷，地上总建筑面积60万平方米。

7. 2011年8月20日，福建省人民政府出台了《关于促进总部经济发展的意见》。

二 2011～2012年中国总部经济发展大事记

8. 2011年8月27日，中航安盟财产保险公司总部落户签约仪式在成都举行，标志着中航工业集团和法国安盟的重要合作成果中航安盟财产保险公司总部正式落户成都。

9. 2011年8月28日，温州市人民政府发布《关于促进市区楼宇经济和总部经济发展的若干意见》。

10. 2011年8月29日，台湾50强集团企业台湾蓝天集团大陆总部落户上海。

11. 2011年9月19日，世界500强企业美国通用电气公司（GE）与西安高新区签署设立通用电气西安创新中心和西北区域总部的投资协议。中心将从事照明、航空、新能源等相关业务的技术创新和产品研发。

12. 2011年9月28日，中国中铁国际总部（南方总部）大厦奠基仪式在深圳南山后海中心区T102-0023号地块隆重举行，标志着中铁国际总部正式落户深圳。

13. 2011年1～9月，重庆市江北区引进总部企业34家，总部企业数量已超过100家，总部企业（非金融）前三季度实现全口径税收34.83亿元以上，区级税收7.25亿元以上，与去年平均进度相比增长69%。

14. 2011年10月13日，安邦财产保险股份有限公司子公司——和谐健康保险股份有限公司总部落户成都，这是继锦泰财产保险公司、中航安盟财产保险公司之后，第三家将总部设在成都的全国性法人保险公司。

15. 2011年10月14日，中智科技集团有限公司总部正式落户无锡滨湖区。随着中智科技集团总部落户无锡，"无锡中智云城科技有限公司"、"交大中智物联网研究中心"和"微软中智云计算研究中心"也同时揭牌。

16. 2011年10月18日，由北京市经信委等十多个部门联合编制的《中关村科学城发展规划（2011～2015）》发布，规划提出将总体部署发展太阳能光伏、风能、储能、智能电网等相关领域，做强总部和产品研发设计两个环节，并不断推动产业链向服务业延伸，打造中国能源科技产业总部基地。

17. 2011年10月20日，奔驰御用升级改装汽车公司——德国的卡尔森汽车（Carlsson）在上海外高桥保税区举行了中国总部开业仪式，以多方合资的形式正式进军中国市场。

18. 2011年10月28日，广州市服务业发展领导小组办公室会同市经贸委、外经贸局、金融办等有关单位组织开展了首批总部企业认定初审工作。按照广州相关规定，广州市财政预算安排了总部企业奖励补贴资金，主要用于总部企业落户奖、总部企业经营贡献奖、总部企业办公用房补贴等。经认定的总部企业，按认定当年缴入市、区（县级市）库的增值税、营业税、企业所得税合计的50%计算，给予一次性奖励，奖励金额最高不超过5000万元（含5000万元）。

19. 2011年11月15日，中国IT市场指数运营总部落户深圳华强北，指定的6个区域监测站分别为深圳华强北、北京中关村、沈阳三好街、郑州科技园区、武汉洪山区、成都科技街。其中，在深圳华强北建设的指数运营中心兼顾了南方地区指数发布和建设的平台职能。

20. 2011年11月17日下午，全球安防产业联盟总部入驻深圳、UL安防业务华南受理中心成立的剪彩仪式在福田上沙创新科技园隆重举行，标志着全球安防产业联盟总部成功落户全球安防制造中心深圳。

21. 2011年11月20日，泉州市人民政府发布《关于促进总部经济发展的实施意见》。

22. 2011年11月21日，腾讯在深圳的新总部大楼——腾讯滨海大厦在高新填海区举行了奠基仪式，项目建成后将成为腾讯动漫游戏及移动互联网的研发基地，可容纳超过1万名研发人员。

23. 2011年11月26日，浦东新区在"浦东新区跨国公司地区总部推进大会"上正式宣布了八项十二条实施意见，鼓励跨国公司地区总部在浦东设立投资、管理、研发、营运、产品服务、结算等中心，支持跨国公司地区总部拓展国际贸易功能、优化统一管理功能、发挥资金结算功能，拓展服务贸易等新兴业务。

24. 2011年11月，威士伯（Valspar）地区总部——"威士伯（上海）企业管理有限公司"在上海正式设立。2011年12月16日，威士伯全球运用科学与技术中心在顺德容桂国家高新区科技产业园正式成立。

25. 2011年12月2日，天津市滨海新区保税区管委会与菲律宾SM集团签署合作协议，标志SM集团中国北方总部正式落户滨海新区空港经济区。

26. 2011年12月12日，郑州市人民政府发布《加快总部经济发展激励暂行办法》。

27. 2011年12月14日，NU SKIN如新集团大中华创新总部园区动土仪式在上海举行，总额超过人民币3亿元，是如新美国总部以外的首个区域总部。伴随着大陆和台、港、澳地区人口老龄化加剧，NU SKIN在全球布局中更加看好该市场。

28. 2011年12月15日，《福州市鼓励加快总部经济发展的实施办法》出台。

29. 2011年12月15日，神州数码华南总部新大厦在广州市萝岗区科学城正式启用，标志着神州数码华南总部正式落户广州。

30. 2011年12月15日，阿里巴巴集团在深圳南山区后海片区为国际运营总部和商业云计算研发中心两个项目奠基，项目总用地面积16292平方米，建成后总建筑面积达8万平方米，计划于2015年竣工。

31. 2011年12月19日，上海市政府发布了新修订的《上海市鼓励跨国公司设立地区总部的规定》，进一步加大对地区总部提升能级和拓展功能的鼓励和支持。

32. 2011年12月28日，总投资达16亿元的"重庆旅游总部基地"在两江新区蔡家组团正式破土动工。该项目占地约117亩，总建筑面积25.6万平方米，集教育培训、信息咨询、研发设计、宣传营销、金融结算、商品集散于一体。

33. 截至2011年底，境外投资者在上海设立总部经济机构749户，其中，地区总部300户、投资性公司200户、研发中心249户。

34. 2012年1月7日上午，天洋电器股份有限公司驻石家庄区域总部正式落户桥东区，至此，桥东区驻区总部企业已累计达到42家。

35. 2012年1月16日，位于深圳市南山区高新技术产业园的百度国际大厦奠基，建成后的百度国际大厦建筑面积将超过22万平方米。大厦除了作为百度华南总部，还将作为百度国际总部和深圳研发中心。

36. 2012年1~5月，滨海新区共吸引国内外企业总部200家，德国大众变速箱、中粮集团、哮喘药生产基地、中国太重等国内外一大批符合新区发展要求的企业将中国总部和北方职能中心落户于此。按照滨海新区全年总部引进计划，2012年新区将力争吸引500余个跨国企业中国总部、央企综合职能总部和外省市超大型企业华北总部。

37. 2012年1~6月，上海市共认定跨国公司地区总部27家，设立外资投资性公司13家，研发中心14家。截至2012年6月底，上海累计批准设立外资投资性公司253家，认定跨国公司地区总部380家，设立研发中心348家。

38. 2012年2月8日上午,中国城市建设控股集团有限公司华东区域总部在包河区正式揭牌。作为中国城建全国三大区域总部之一,华东区域总部将围绕合肥经济圈、皖江城市带承接产业转移示范区及环巢湖流域等领域进行投资建设,整个业务范围逐步覆盖华东地区。

39. 2012年2月20日,天津经济技术开发区管委会与搜狐公司签署全面合作协议,搜狐视频总部正式落户天津经济技术开发区。

40. 2012年2月28日,中国商用飞机有限责任公司总部基地在上海世博园区正式奠基,这是世博园区首家奠基的中央企业总部基地。中国商飞公司总部基地将规划建设项目管理中心、金融服务中心、市场营销中心、国际交流合作中心、新闻中心等重要机构,预计在2014年完成建设。

41. 2012年3月1日,全国最大的现代服务业集群总部东北亚·波特城项目正式落户沈阳市沈北新区。

42. 2012年3月7日,中新天津生态城管委会与北京好乐买信息技术有限公司签署合作协议,好乐买公司电子商务总部项目正式落户天津。

43. 2012年3月20日,中国银行人民币交易业务总部落户上海,主要开展人民币债券自营交易、货币市场交易、贵金属交易业务和金融机构业务,在以上领域和总行有同等的管理权限,还负责统筹管理总行设立在上海的机构,这也是四大国有商业银行首家在沪设立"第二总部"的银行。

44. 2012年3月24日,深圳市政府与海信集团在五洲宾馆签署投资合作备忘录,海信集团将投资11.7亿元在深圳设立南方总部,统筹海信集团长江以南所有分公司业务,该总部运行后预计年营业收入达500亿元。

45. 2012年3月27日,上海文化产权交易所北京总部在海淀区正式开市,按照中央确定的试点部署,同时启动了中央文化企业国有产权交易系统。中国国际电视总公司、中国出版集团公司等首批14家中央文化企业,与上海文化产权交易所北京总部签订了战略合作协议。

46. 2012年4月17日,佳能中国有限公司华西区域总部在成都正式开业,这也是佳能继北京、上海、广州之后在华成立的第四个区域总部。华西区域总部管辖范围包括四川省、重庆市、云南省、贵州省及西藏自治区。

47. 2012年4月18日,大连西岗区委、区政府举行2012年入驻西岗区总部企业签约仪式,北京、上海、深圳、江苏等全国各地53家总部企业首季度纷纷选择入驻西岗区,其中亿元以上项目 22 家,总投资额 172.8 亿元,为老城区后续发展注入动力。

48. 2012 年 4 月 19 日,国内外近 50 个著名旅游城市和相关机构,在京共同成立世界旅游城市联合会。这不仅是全球第一个以城市为主体的旅游组织,也是首个总部落户北京的国际性旅游组织。

49. 2012 年 4 月 26 日,卡梅隆·佩斯集团与天津滨海高新区、天津北方电影集团签署合作协议,共同研发制作 3D 电影、3D 电视转播等立体影像技术及产品,打造世界级 3D 产业基地,并将集团总部落户天津滨海高新区。

50. 2012 年 5 月 7 日,北京优视米网络科技有限公司和上海杭州湾工业开发有限公司举行签约仪式,标志着优视米网络总部正式落户奉贤并建立创意文化产业基地。

51. 2012 年 5 月 10 日,富士康集团中国大陆新总部在上海浦东陆家嘴金融区江景地块举行动工典礼。上海新总部将承担富士康贸易、科技总部职能,但富士康在中国大陆的制造总部仍然会留在深圳。

52. 2012 年 5 月 10 日,海口市出台了《海口市人民政府关于鼓励总部经济发展的暂行规定》和《海口市人民政府关于鼓励总部经济发展暂行规定的实施细则(试行)》,对入驻海口的总部企业实施包括办公用地用房扶持、新入驻企业奖励、税收突出贡献奖励、财税扶持和高级管理人员个人所得税扶持等一系列鼓励措施。

53. 2012 年 5 月 11 日,随着北美等发达市场业绩增速放缓,美国消费品公司宝洁集团宣布拟将把全球护肤品、化妆品和个人护理用品业务总部从美国辛辛那提市迁往新加坡。该计划预计耗时两年完成,约 20 名管理人员转移到新加坡。宝洁预计在本财年的全年营收中,新兴市场将占 37%。

54. 2012 年 5 月 17 日,苏州市人民政府发布《关于进一步加快总部经济发展的若干政策意见》,《关于加快总部经济发展的若干意见》(苏府规字〔2010〕8 号)同时废止。

55. 2012 年 5 月 23 日,思科宣布其位于北京的思科中国研发中心(CRDC)分支机构正式成立。这是思科中国研发中心(上海)继 2011 年 11 月成立杭州、苏州、合肥分支机构以后的第四家分支机构。成立后思科北京研发中心将专注于视频等领域创新技术的研究与开发。

56. 2012年5月24日，漳州市政府出台《关于促进总部经济发展的实施意见》。

57. 2012年5月28日，经国家广电总局批复同意，中国（浙江）影视产业国际合作实验区授牌仪式在海宁举行。实验区将成为浙江省继金华横店影视产业试验区和杭州滨江影视动画基地后第三个国家级影视产业基地，以影视国际化合作为特色定位，总部设在杭州，基地建在海宁。

58. 2012年5月28日，中国文化传媒集团上海总部宣告成立。

59. 2012年5月30日，位于沈阳市沈北新区的东北总部基地首批百栋总部楼竣工交付。截至5月底，已经有近100家企业签约入驻总部基地，年底还将有126栋总部楼竣工。

60. 2012年5月30日，美国亚马逊集团正式与朝阳区政府签约，将亚太区总部正式落户北京CBD，一并迁入的还有其在美国的云计算中心，整个项目投资金额2.9亿美元。

61. 2012年6月7日，第三届中国民企投融资大会分会——"浙商回归与总部经济论坛"在杭州洲际酒店举办，论坛主要围绕"浙商回归与总部经济发展关系"、"如何实现总部回归"等问题进行深入交流。17个园区、4座大楼上榜"2012年浙商最佳总部基地"名单。

62. 2012年6月7日，南宁市人民政府与千橡互动集团签订项目投资合作框架协议，将集团旗下的"猫扑网"全球总部落户南宁。

63. 2012年6月8日，天津开发区管委会与日本富士通天（中国）投资有限公司签署投资协议，富士通天决定在开发区投资3000万美元注册成立富士通天（中国）投资有限公司，作为中国区总部，对其在华项目进行统一管理，提供技术支持。

64. 2012年6月15日，上海市浦东新区在全国率先成立了国内首个总部经济共享服务中心。中心将政府资源与社会专业机构服务资源有机整合，为总部企业提供集成服务，包括信息服务、协调服务、智库服务、咨询服务和生活服务等。此外，浦东新区还推出14项改革试点措施。

65. 2012年6月18日下午，2012中国·扬州地区总部经济（上海）合作恳谈会在上海香格里拉大酒店隆重举行。惠普、家乐福、阿尔斯通、西门子、甲骨文、吉凯恩6家世界500强企业，雅芳中国、日本冲电气工业株式会社等11家公司地区总部及20家重点企业近百名客商参加恳谈会，中信证券扬州财富中心（江苏）等8个项目现场签约。

66. 2012年6月18日，全球最大的临床研究服务机构昆泰公司与上海医药临床研究中心签署合作协议，并宣布在沪设立昆泰大中华区总部，拓展昆泰在华的实验室测试能力。新总部及在华发展必需的设施总投资约1400万美元，负责为中国及邻近亚洲国家的医药客户提供服务。

67. 2012年6月21日上午，福田区智慧城区战略合作正式启动，区政府将分别与三大运营商展开紧密合作，百栋总部楼宇将率先实现WiFi整体覆盖。

68. 2012年6月21日，阿斯利康宣布投资1亿美元、占地2.9万平方米，集亚太及中国总部、中国创新中心及部分全球职能中心于一体的地区总部在上海张江园区正式启用，同时也宣告上海成为继美国威明顿、英国伦敦后，阿斯利康的三大全球地区总部之一。

69. 2012年6月21日，柳工集团新欧洲总部在荷兰梅尔市建成开业，来自欧洲各国的数十位经销商在庆典后参观了柳工欧洲总部。

70. 2012年6月25日，海豚浏览器全球总部入驻成都高新区。

71. 2012年6月25日，上海紫竹国家高新区建区十周年庆典大会召开。园区面积13平方公里，已经吸引了微软、英特尔、可口可乐等跨国企业区域总部102家，中国网络视听产业基地、中国商飞等内资企业超过350家。未来将打造中国最大的跨国企业总部和民营资本创业、孵化的基地，同时与浦东张江高科技园区错位竞争。

72. 2012年6月28日，高傅财富中国区总部在上海举行落成仪式，该公司是澳大利亚三大理财顾问公司之一IPAC的创始人与其战略投资者美国上市公司SEI在中国组建的独立第三方财富管理机构。

73. 2012年6月28日，香港贸促会广州代表处与中央电视台证券资讯频道在广州签署合作协议，在电子商务平台上建立"金融交易咨询专业总部"。这将带动香港金融机构在粤设立消费金融公司，推动粤港之间的相互投资和金融合作。

74. 2012年7月4日下午，上海市政府与宝钢集团公司就推进宝钢上海宝山地区钢铁产业结构调整在沪签署协议。宝钢外迁的主要是不锈钢、特钢，约为宝钢本部30%的钢铁产能，但是宝钢本部8~10年不会搬离上海。

75. 2012年7月4日，全球最大的微创外科内窥镜设备制造企业德国卡尔史托斯内窥镜公司中国总部在张江高科技园区奠基。项目初期投资将超过 2 亿元人民币，预计 2015 年竣工并投入使用。

76. 2012 年 7 月 6 日，河北国际商务信息中心与沙玻玻璃集团（玻璃巴巴）在石家庄举行了中国玻璃现货电子交易平台合作签约仪式。根据协议，双方将合作建设国内最具权威性的玻璃现货交易平台即"中国玻璃交易网"（www.glasstrade.cn），平台总部设在石家庄（河北国际商务信息中心）。该平台将提供玻璃交易电子在线支付，构建 B2B、B2M、B2C 电子在线交易及物流配送等服务。

77. 2012 年 7 月 7 日，中国中小型工业设计企业总部工业设计成果交易展示中心在中国（大兴）工业设计基地首个启动园区 CDD 创意港正式挂牌，中国工业设计中小企业发展论坛同时举行。

78. 2012 年 7 月 7 日，位于四川成都新都区北部新城现代商贸综合功能区核心区内的婺商商会总部大厦主体工程开工，50 余家金华籍企业的主要代表在仪式上签订了入驻协议。项目总投资约 12 亿元人民币，由成都市金华商会会员企业四川婺商投资有限公司投资开发建设和运营。

79. 2012 年 7 月 9 日，阿克苏诺贝尔公司正式启用了位于上海的新中国总部办公地。阿克苏诺贝尔是全球最大的油漆和涂料企业、专业化学品的主要生产商，在中国拥有 7400 名员工，设有 29 个生产基地。

80. 2012 年 7 月 11 日，上海第 22 批跨国公司地区总部颁证仪式举行。截至 2012 年 6 月底，上海累计批准设立外资投资性公司 253 家，认定跨国公司地区总部 380 家，设立研发中心 348 家。

81. 2012 年 7 月 16 日，中国五矿集团与汕头市举行粤东物流总部新城电子商务基地揭牌仪式。项目总占地面积约 8 平方公里，开发周期 8~10 年，将以产业链总部经济及高端服务业为特色，打造生态智慧型绿色新城。一期 2 平方公里，预计实现 GDP245 亿元、税收 28 亿元，提供就业岗位 2.1 万个，目前招商引资完成意向签约 31 个项目，总投资额 90 亿元。

82. 2012 年 7 月 18 日，北京市商务委员会公布，截至 2012 年 6 月底，跨国公司在京总部企业和研发机构达到 639 家。根据美国《财富》杂志最近公布的 2012 年世界 500 强企业名单，44 家总部在京企业入围，北京成为"第二大世界 500 强总部之都"，仅次于拥有 49 家 500 强企业总部的东京。

83. 2012年7月11日，中国绿辰醇醚燃料总部基地项目签约仪式在杭州萧山临江工业园区举行，中国绿辰股份有限公司是由多家海外华商共同组建成立的一家国际化投资公司，2011年在华投资项目总资产达到21.27亿元人民币。

84. 2012年7月，戴尔服务业务中国总部大楼在厦门五缘湾商业中心落成，未来戴尔中国将从PC企业向服务和解决方案公司转型。

B.25 后　记

北京市社会科学院中国总部经济研究中心是我国第一个关于总部经济理论与发展实践的专门研究机构，近年来持续开展总部经济发展相关研究工作，自2005年起已连续出版了八部《中国总部经济发展报告》。蓝皮书结合我国经济发展的热点问题和最新趋势，每年确定一个主题开展深入研究，同时吸纳整合社会各界对总部经济的研究观点和研究成果，对总部经济理论不断充实和完善，为全国总部经济发展实践提供理论指导和决策参考。今年蓝皮书的研究主题为"总部经济助推'走出去'战略实施"，2012年1月正式启动课题研究与蓝皮书编写工作，历时六个多月的时间，最终形成了由总报告、评价报告、专题报告和城市（区）报告四个部分组成的研究成果。本书的编写和出版得到了社会各界的大力支持和帮助，我们在此表示衷心的感谢！

首先，我们要衷心地感谢北京市社会科学院领导和院学术委员会对总部经济理论与实践研究工作的大力支持。谭维克院长及周航、殷爱平、许传玺等院领导一直非常重视总部经济理论与实践研究工作，对《中国总部经济蓝皮书》的编写也给予了很多关注，多次对蓝皮书的研究与编写工作给予指导性建议和帮助。

在本书编写过程中，课题组得到了全国许多城市政府部门、总部聚集区的鼎力支持和配合，宁波市、中关村科技园区丰台园管理委员会、宁波江东区、南京鼓楼区、杭州下城区、成都锦江区、青岛市南区、成都成华区、大连西岗区、温州瓯海区、江西丰城市等政府部门总结各自总部经济发展的实践经验，为本书城市（区）报告的编写提供了最新研究成果和大量鲜活案例。

同时，本书的编写还得到来自国内知名高校、科研机构以及政府部门等单位的专家、学者的积极参与。青岛科技大学蔡苏文教授、江苏省地税局李麟研究员、天津社会科学院城市经济研究所陈柳钦教授、山东大学马克思主义学院徐国亮教授、浙江大学管理学院徐金发教授、江苏省社会科学院院长刘志彪教授、上海理工大学沪江产业经济研究所张永庆教授、湖北省社会科学院经济所姚莉副研

后 记

究员等专家学者，作为课题组成员为专题报告提供了最新研究成果，在此对他们表示由衷的感谢。

在本书出版过程中，我们还得到了社会科学文献出版社原总编辑邹东涛教授、蓝皮书系列项目负责人邓泳红主任等领导的大力支持，本书负责人周映希老师、责任编辑陈颖老师为本书的编辑出版付出了辛勤的劳动。

本书撰写时间有限，书中如有纰漏和不妥之处，敬请广大读者批评指正。

编 者

2012 年 7 月

权威报告　热点资讯　海量资料

当代中国与世界发展的高端智库平台

皮书数据库 www.pishu.com.cn

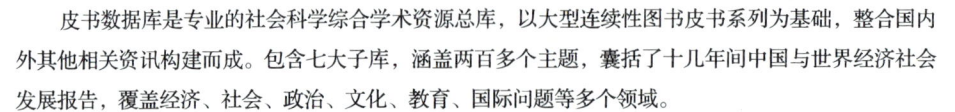

皮书数据库是专业的社会科学综合学术资源总库，以大型连续性图书皮书系列为基础，整合国内外其他相关资讯构建而成。包含七大子库，涵盖两百多个主题，囊括了十几年间中国与世界经济社会发展报告，覆盖经济、社会、政治、文化、教育、国际问题等多个领域。

皮书数据库以篇章为基本单位，方便用户对皮书内容的阅读需求。用户可进行全文检索，也可对文献题目、内容提要、作者名称、作者单位、关键字等基本信息进行检索，还可对检索到的篇章再作二次筛选，进行在线阅读或下载阅读。智能多维度导航，可使用户根据自己熟知的分类标准进行分类导航筛选，使查找和检索更高效、便捷。

权威的研究报告，独特的调研数据，前沿的热点资讯，皮书数据库已发展成为国内最具影响力的关于中国与世界现实问题研究的成果库和资讯库。

皮书俱乐部会员服务指南

1. 谁能成为皮书俱乐部会员？
- 皮书作者自动成为皮书俱乐部会员；
- 购买皮书产品（纸质图书、电子书、皮书数据库充值卡）的个人用户。

2. 会员可享受的增值服务：
- 免费获赠该纸质图书的电子书；
- 免费获赠皮书数据库100元充值卡；
- 免费定期获赠皮书电子期刊；
- 优先参与各类皮书学术活动；
- 优先享受皮书产品的最新优惠。

卡号：7811211985173148
密码：

（本卡为图书内容的一部分，不购书刮卡，视为盗书）

3. 如何享受皮书俱乐部会员服务？
（1）如何免费获得整本电子书？

购买纸质图书后，将购书信息特别是书后附赠的卡号和密码通过邮件形式发送到pishu@188.com，我们将验证您的信息，通过验证并成功注册后即可获得该本皮书的电子书。

（2）如何获赠皮书数据库100元充值卡？

第1步：刮开附赠卡的密码涂层（左下）；

第2步：登录皮书数据库网站（www.pishu.com.cn），注册成为皮书数据库用户，注册时请提供您的真实信息，以便您获得皮书俱乐部会员服务；

第3步：注册成功后登录，点击进入"会员中心"；

第4步：点击"在线充值"，输入正确的卡号和密码即可使用。

皮书俱乐部会员可享受社会科学文献出版社其他相关免费增值服务
您有任何疑问，均可拨打服务电话：010-59367227　QQ:1924151860
欢迎登录社会科学文献出版社官网（www.ssap.com.cn）和中国皮书网（www.pishu.cn）了解更多信息

社会科学文献出版社　　　　　　　　　　　皮书系列

"皮书"起源于十七八世纪的英国，主要指官方或社会组织正式发表的重要文件或报告，并多以白皮书命名。在中国，"皮书"这一概念被社会广泛接受，并被成功运作、发展成为一种全新的出版形态，则源于中国社会科学院社会科学文献出版社。

皮书是对中国与世界发展状况和热点问题进行年度监测，以专家和学术的视角，针对某一领域或区域现状与发展态势展开分析和预测，具备权威性、前沿性、原创性、实证性、时效性等特点的连续性公开出版物，由一系列权威研究报告组成。皮书系列是社会科学文献出版社编辑出版的蓝皮书、绿皮书、黄皮书等的统称。

皮书系列的作者以中国社会科学院、著名高校、地方社会科学院的研究人员为主，多为国内一流研究机构的权威专家学者，他们的看法和观点代表了学界对中国与世界的现实和未来最高水平的解读与分析。

自20世纪90年代末推出以经济蓝皮书为开端的皮书系列以来，至今已出版皮书近800部，内容涵盖经济、社会、政法、文化传媒、行业、地方发展、国际形势等领域。皮书系列已成为社会科学文献出版社的著名图书品牌和中国社会科学院的知名学术品牌。

皮书系列在数字出版和国际出版方面也是成就斐然。皮书数据库被评为"2008～2009年度数字出版知名品牌"；经济蓝皮书、社会蓝皮书等十几种皮书每年还由国外知名学术出版机构出版英文版、俄文版、韩文版和日文版，面向全球发行。

经济蓝皮书 BLUE BOOK OF CHINA'S ECONOMY	社会蓝皮书 BLUE BOOK OF CHINA'S SOCIETY	文化蓝皮书 BLUE BOOK OF CHINA'S CULTURE
金融蓝皮书 BLUE BOOK OF FINANCE	法治蓝皮书 BLUE BOOK OF RULE OF LAW	欧洲蓝皮书 BLUE BOOK OF EUROPE
气候变化绿皮书 GREEN BOOK ON CLIMATE CHANGE	西部蓝皮书 BLUE BOOK OF WESTERN REGION OF CHINA	世界经济黄皮书 YELLOW BOOK OF WORLD ECONOMY
THE CHINESE ACADEMY OF SOCIAL SCIENCES YEARBOOKS ECONOMY	THE CHINESE ACADEMY OF SOCIAL SCIENCES YEARBOOKS SOCIETY	THE CHINESE ACADEMY OF SOCIAL SCIENCES YEARBOOKS POPULATION AND LABOR

法律声明

"皮书系列"（含蓝皮书、绿皮书、黄皮书）由社会科学文献出版社最早使用并对外推广，现已成为中国图书市场上流行的品牌，是社会科学文献出版社的品牌图书。社会科学文献出版社拥有该系列图书的专有出版权和网络传播权，其LOGO（ ）与"经济蓝皮书"、"社会蓝皮书"等皮书名称已在中华人民共和国工商行政管理总局商标局登记注册，社会科学文献出版社合法拥有其商标专用权。

未经社会科学文献出版社的授权和许可，任何复制、模仿或以其他方式侵害"皮书系列"和（ ）、"经济蓝皮书"、"社会蓝皮书"等皮书名称商标专用权的行为均属于侵权行为，社会科学文献出版社将采取法律手段追究其法律责任，维护合法权益。

欢迎社会各界人士对侵犯社会科学文献出版社上述权利的违法行为进行举报。电话：010-59367121，电子邮箱：fawubu@ssap.cn。

社会科学文献出版社